상서 尙書 깊이 읽기

風與草: 喩中讀『尙書』
Copyright © Yu Zhong
Korean Translation Copyright © 2013 by Geulhangari Publishing Co.
This translation is published by arrangement with Peking University Press through SilkRoad Agency, Seoul, Korea.
All rights reserved.

이 책의 한국어판 저작권은 실크로드 에이전시를 통한 Peking University Press와의 독점계약으로 (주)글항아리에 있습니다. 저작권법에 의해 한국 내에서 보호를 받는 저작물이므로 무단 전재와 복제를 금합니다.

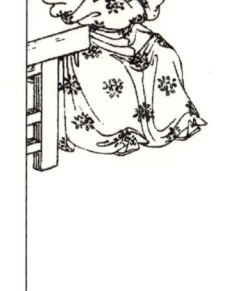

상서 尙書 깊이 읽기

동양의 정치적 상상력

위중 喻中 지음 ― 이은호 옮김

글항아리

한국어판 서문

  2006년 11월 짧은 한국 방문 동안 한국의 역사와 현실 그리고 정신문명과 물질문명은 나에게 강렬하면서도 좋은 인상을 남겨주었다. 6년여가 지난 지금, 이은호 박사의 번역을 통해 졸저『상서 깊이 읽기』가 한국의 지식세계에 편입되었는데, 이 또한 나의 '두 번째 한국 방문'이라 할 수 있다. 이번 방문이 한국의 독자들에게 동아시아 전통문화에 대한 깊은 인상을 남길 수 있기를 바란다.

  서문에서도 언급하듯이, 이 책의 요지는 바로『상서』가 "수천 년간 줄곧 동아시아의 정신세계와 고유문화를 창달해온 핵심 경전"이라는 것이다. 다시 말하면, 유구한 동아시아의 고유문화는『상서』와 같은 고대 경전들에 의해 만들어졌다는 의미다. 근대 이후 동아시아는 급격한 변화를 겪어왔지만 그 와중에도 변하지 않은 '정신적 핵심精神核心'이 있다. 일본의 마루야마 마사오丸山眞男(1914~1996)는 이를 '고층古層'으로 파악했다.『상서』와 같은 유가 경전 안에는 이러한 '정신적 핵심'과 '고층'이 포함되어 있다.

『상서』는 동아시아의 것이기도 하지만 세계적인 것이기도 하다. 역사적 의의로 보자면『상서』는 특히 동이東夷 문명에 속하는 것이다.『상서』가 동아시아 문명을 창조했을 뿐만 아니라 동시에 동이 문명도 창조했다. 따라서 천고千古의『상서』는 동이 문명의 문을 열 수 있는 열쇠이자 관문이기도 하다.

다른 한편 유구하고 찬란한 한국 문명은 오랜 기간 동이 문명의 한 부분이었다. 퇴계학退溪學이 발달했던 조선시대는 동이 문명 혹은 주자학으로 대표되는 유가 문명의 중심지였다.『상서』가 유가 문명의 핵심 경전이기 때문에 만약『상서』가 동이 문명에 속하는 것이라면 당연히 한국 문명에 속하는 것이기도 하다.

『상서』와 한국 문명 사이의 불가분한 관계를 설명하기 위해서는 문헌을 인용할 필요가 있다. 1428년 조선의 중신重臣 변계량卞季良은 왕명으로「기자묘비箕子廟碑」를 지었는데, 비문에는 기자에 대한 세종의 평가를 기록하고 있다. "우리나라의 문물과 예악이 중국과 대등하게 되었고, 지금까지 2000여 년에 이르게 된 것은 오직 기자의 교화에 힘입은 것이로다."(『세종실록』권40) 세종의 이 같은 표명은 한국 문명과『상서』의 최초의 연관을 잘 보여주고 있다. 왜냐하면 세종이 찬양하고 있는 기자가 바로『상서』에 자주 등장하는 은주殷周 교체기의 기자이기 때문이다.

『상서』가운데「미자微子」「무성武成」등의 편은 기자의 언행을 기록하고 있다. 또한 전통적인 견해에 따르자면,『상서』가운데「홍범洪範」은 기자의 손에서 나온 것이다. 만약 우리가 이러한 다수의 판단을 받아들인다면, 기자는 심오한 사상가 가운데 한 사람이라고 말할 수 있을 것이다.

『상서대전』을 살펴보면 "무왕武王이 기자의 옥살이를 풀어주었는데, 기자는 주나라의 석방에 수긍하지 않고 조선朝鮮으로 건너갔다. 무왕이 그 소식을 듣고 기자를 조선에 봉하였다"고 했고, 사마천의 『사기』 「송미자세가」에서도 그런 사실을 확인할 수 있다. "무왕이 은나라를 멸망시키고 곧바로 기자를 방문했다." 기자가 무왕에게 '홍범'의 사상체계를 천명한 이후 "무왕이 기자를 조선에 봉하고 신하로 삼지 않았다"고 했다. 『상서대전』과 『사기』 그리고 반고의 『한서』 「지리지」를 비교해보면, 기자에 관한 더 상세한 이야기를 알 수 있다. "은나라의 도道가 쇠하자, 기자는 조선으로 건너가 조선의 백성에게 예의禮義와 누에치기 그리고 직물 짜는 법을 가르쳤다. 낙랑조선의 백성은 8조항을 금하였으니, 즉 살인한 자는 즉시 죽인다. 남에게 상처를 입힌 자는 곡식으로 갚는다. 도둑질을 한 자는 그가 남자일 경우에는 그 집 남자종을 만들고, 여자일 경우에는 여자종으로 삼으며, 자기가 용서받고자 하는 자는 한 사람 앞에 50만 전을 내게 한다." 한국의 문헌 가운데 율곡 이이가 1580년에 지은 『기자실기箕子實記』에도 이 같은 역사를 상세히 적고 있는데, 율곡이 내린 결론은 "우리나라는 기자의 망극한 은혜를 입었으니, 그의 업적에 대해 집집마다 칭송하고 사람마다 익혀야 함이 마땅하다"(『율곡전서』 권14)였다. 이상의 사료들은 세종의 기자에 대한 흠모가 절대 아무런 이유가 없는 것이 아님을 잘 설명해준다.

『상서』 「홍범」 편의 함의는 바로 '천지天地의 대법大法'이다. 「홍범」의 작자인 기자가 한국 고대문명에 영향을 미쳤다면 『상서』가 끼친 영향은 두말할 필요가 없을 것이다.

기자 사후, 장구한 한국 역사에서 『상서』로 대표되는 유가 경전들은 지속적인 영향을 주었다. 372년 고구려에 태학太學이 설립되고, 『상서』 및 『주역』 『논어』 등을 가르쳤다. 682년 신라는 국학國學을 설립해 『상서』를 선수과목으로 지정했다. 936년 고려가 후삼국시대를 통일한 이후 유가 경전에 대한 관심은 더욱 증가했다. 광종 9년(958)에 정기적인 과거제도가 시작되자, 나라의 온 지식인이 『상서』를 익히기 시작했다. 그 가운데 두 가지 전형적인 사례를 들어보기로 한다. 첫째, 목종 8년(1005)에 문과에 장원급제한 최충崔冲(984~1068)은 한국 역사상 최초로 대규모의 사학私學을 설립했고, '해동공자海東孔子'라 일컬어졌다. 그가 수업한 내용은 주로 '구경삼사九經三史'였는데, 그중 '구경九經'에는 『주역』 『상서』 등 유가의 핵심 경전을 포함시켰다. 둘째, 1119년 8월에 예종은 경사經史도서를 전문적으로 보관하는 청연각淸讌閣을 설립했고, 한림학사翰林學士 박승중朴昇中에게 『상서』 「홍범」편을 진강하게 했다.(『고려사』 권125)

조선시대의 한국과 중국의 문화 교류는 더욱 심도 있게 진행되었다. 여말 선초의 학자인 권근權近(1352~1409)은 『상서』에 근거한 『홍범구주천인합일도洪範九疇天人合一圖』 『무일지도無逸之圖』 등을 그려 조선 건국의 정당성에 대한 사상적 배경을 뒷받침했다. 1426년 명나라 조정에서 조선에 『사서대전四書大全』 『오경대전五經大全』 『성리대전性理大全』 『자치통감강목資治通鑑綱目』을 각각 1부씩 보내왔는데, 거기에는 오경五經 가운데 하나인 『상서』가 포함되어 있었다. 『조선왕조실록』에 따르면 조선의 백관들은 이 사실을 축하하는 예식을 거행했고, 세종도 주연을 베풀어 백관에게 답례했다고 한다. 1501년 당시 14세였던 화담 서경덕이 사숙私塾에서 『상서』를 읽다가 「요전堯典」의 '기삼백朞三百' 구절에 이르러 그 뜻을 이해하지 못하자 스승에게 여쭈었는데, 스승은 "세상에 그 뜻을 분명히 아는 사람이 드물다"라고만 하고 가르쳐주지 않았다. 화담은 홀로 궁리한 지 15일 만에 그 의미를 깨달아 그 유명한 「복기견천지지심설復其見天地之心說」(『화담집』 권2)을 지었고 이는 지금까지 전하고 있다. 1501년에 태어난 주자학의 대가이자 "동방의 기자 이후 한 사람"으로 일컬어지는 퇴계 이황은 『상서』를 정밀하게 이해했다. 예를 들어 주자의 입장에서 보자면 『상서』 「대우모大禹謨」에서 밝힌 "인심은 위태롭고, 도심은 미약하니, 한 마음 한뜻으로 중도를 견지해야 한다人心惟危, 道心惟微, 惟精惟一, 允執厥中"는 "요·순·우가 서로 전한 밀지로서 최고의 도다."(『주문공문집朱文公文集』 권36) 주자의 이런 관념은 퇴계에까지 계승되고 발전되었는데, 퇴계는 「홍반洪胖에게 답함」(1565)이라는 편지에서 다음과 같이 말했다. "인심人心과 도심道心의 의의는 주자가 유감없이 밝혀놓았습니다. (…) 인심은 본래 형기形氣에서 발생하고, 도심은 본래 성명性命에서 발원한 것이며 (…) 그렇기 때문에 주자가 그 작용을 말하는 과정에서는 반드시 도심이 주인이 되고 인심은 그 명령을 듣게 해야 한다고 말했습니다."(『퇴계집』 권39) 다시 말해서, 공자·주자와 비견되는 퇴계 역시 『상서』 「대우모」의 '도심'이 바로 의리의 마음이며, 이 또한 일종의 최고의 도덕 원칙이라고 여겼던 것이다. 퇴계 이후 18세기 말에서 19세기 초를 살았던 다산 정약용(1762~1836)은 실학을 집대성했는데, 『상서』를 비롯한 육경을 사서

앞에 두었다. 정약용이 1822년에 직접 찬한 묘지명에는 그가 마음속에 품고 있던 경학經學의 순서를 "『시』『서』『예』『악』『역』『춘추』『논어』『맹자』『중용』『대학』"(『여유당전서與猶堂全書』「자찬묘지명自撰墓誌銘」)이라고 특별히 천명하고 있는데, 이는 곧 『시경』과 『상서』가 가장 중요한 유가 경전이라는 말이며, 다산의 『상서』에 대한 연구는 『매씨상서평梅氏尙書平』(9권),『상서고훈尙書古訓』(6권),『상서지원록尙書知遠錄』(7권) 등의 저작에 잘 드러나 있다.

『상서』「대우모」에 나오는 '도심인심론道心人心論'은 한국유학사에서 반복적으로 토론되었는데, 일재一齋 이항李恒(1499~1596)의 「노과회盧寡悔에게 주는 편지」, 고봉高峯 기대승奇大升(1527~1572)의 「곤지기困知記를 논함」, 우계牛溪 성혼成渾(1535~1598)의 「율곡에게 주는 이기理氣를 논하는 편지 1」, 사계沙溪 김장생金長生(1548~1631)의 「구봉龜峯 송 선생에게 올리는 편지」 등은 오래되었지만 주제를 생생하게 논하고 있다.

아마도 한국 독자들은 "우리도 전문적인 '조선 상서학'의 역사가 있으며, 『상서』와 우리의 관계도 잘 알고 있다. 그런데 당신의 책과 우리가 대체 무슨 관계가 있단 말인가?"라고 생각할지도 모르겠다.

여기에 대한 나의 답변은 다음과 같다. 『상서 깊이 읽기』는 중국의 법학교수가 『상서』에 대한 이해를 적은 것으로, 이 같은 이해는 근대 이후 동양과 서양의 두 문명이 지속적으로 교섭하는 바탕하에 이루어진 것이다. 이것이 『상서 깊이 읽기』의 기반이지만, 사실은 한국 독자들의 기반이기도 하고, 한국 독자들이 벗어날 수 없는 환경이기도 하다. 왜냐하면 19세기 중엽부터 시작된 개화기 이래로, 한국도 중국과 마찬가지로 동서양 문명의 교섭 과정에 처해 있기 때문이다. 이 점을 감안해 이 책의 한국어판 출간과 더불어 세 가지 취지를 덧붙이고자 한다. 첫째, 한중韓中 양국 간에 있어서, 공통 주제인 『상서』를 통해 동아시아 문명의 초창기와 시원을 공동으로 조망하고 중국 문화와 한국 문화 사이에 더욱 고차원적인 상호 소통이 촉진되었으면 한다. 둘째, 동서 문명 사이에 있어서 서양 문화의 시각으로 『상서』 속에 감추어진 문화코드를 밝혀내고, 또 『상서』의 입장에서 서양 문화의 심오함과 은미함을 밝혀내어 동서양 문화 사이의 상호 이해가 증진될 수 있기를 바란다. 마지막으로 고금古今에 있어서, 오래된 『상서』의 현대적 의의를 발굴하여 버릴 것은 버리고 알맹이만 취하되 한국과 중국 문명을 포함한 동아시아 문명의 현대적 혁신을 위하여 의미 있는 사상적 근거와 문화적 자원을 제공할 수 있기를 바란다.

끝으로 번역을 맡은 이은호 선생에게 특별히 감사의 말씀을 전하고 싶다. 이 선생은 '조선상서학'을 전공한 철학자로서 그의 노고로 나의 책이 정교하면서도 몸에 딱 맞는 한국식 옷으로 갈아입게 되었고, 동시에 새로운 시대에 천고의 『상서』가 새로운 활력을 얻고 새로운 매력을 더하게 되었다.

2012년 겨울

위중喻中

자서自序

『상서 깊이 읽기』는 어떤 책인가? 엄밀히 말해서 이 책은 『상서尚書』에 관한 전문 연구서나 학술서가 아니다. 왜냐하면 이 책에는 훈고訓詁 · 교감校勘 · 전주箋注가 없을 뿐만 아니라, 복승伏勝의 『금문상서今文尚書』와 매색梅賾의 『고문상서古文尚書』를 구분하지 않았으며, 원문의 정확한 번역에 대한 적극적인 의지도 없기 때문이다. 정확한 번역이 때로는 진정한 근본적 의리義理의 핵심을 정확히 찌르지 못할 때도 있다는 점을 하이데거는 여러 번 강조한 바 있다. 엄밀히 말해서 이 책은 『상서尚書』 '독서기讀書記'이며, 판본은 현대에 통용되는 청대淸代 십삼경 주소본十三經注疏本을 택했다. 그 판본의 『상서』는 모두 50편이며, 그 가운데 4편은 상 · 중 · 하로 나뉘어 있어 모두 합하면 58편이 된다. 한 편을 다 읽을 때마다 나의 생각과 감상을 기록했다. 세월이 지나 『상서』를 완독하게 되었고 '독서기'도 50편이 쌓였다. 이 책은 그런 독서기의 모음인 셈이다.

왜 『상서』를 읽어야만 하는가? 『상서』가 현존하는 동아시아 최고最古의 역사 문헌이기 때문이다. 공자가 편집한 제1판 이후 『상서』는 동아시아 역사의 장구한 물줄기를 따라 줄곧 전해져 내려왔다. 공자는 『상서』를 교재로 삼아 그의 삼천 제자를 길러냈다. 한대漢代 이후 『상서』는 권위 있는 교과서가 되어 장기간 존숭되었으며 수천 년 동안 동아시아 정신세계와 문화에서 핵심 경전의 위치에 있었다. 따라서 진정으로 동아시아 문명을 이해하기 위해서는 『상서』가 그 기점이자 열쇠가 되며 우회할 수 없는 나루터가 된다.

『상서』는 어떤 책인가? 왕실 문서 가운데 선별된 것들이다. 시간적으로 『상서』는 전설 속의 요堯로부터 시작해 춘추시대의 진 목공秦穆公에 이르며, 주로 그 시기의 대표적인 군신君臣의 말과 논의를 반영하고, 가끔은 그들의 행적도 기록하고 있다. 비록 군신 간의 언행이라는 것이 주제도 넓고 내용도 풍부하긴 하지만 몇 개의 공통된 주제로 집약될 수 있는데, 그것은 바로 정치政治이며, 더 세분화하면 '정政의 도道'와 '치治의 술術'이다.

왜 제목을 '바람과 풀風與草'이라고 했는가?(이 책의 원래 제목은 '바람과 풀'이다.) 표제를 택한 기준은 『상서』 각 편에서 반복적으로 논의되는 정치적 관계에 있는데, 그것은 바로 바람風과 풀草의 관계다. 군주가 정치를 행하는 덕德은 '바람'과 같고 백성이 교화되는 덕은 '풀'과 같아서, 바람이 풀에 불어오면 쓰러지지 않는 풀이 없듯이, 덕으로 백성을 교화하면 따르지 않는 자가 없게 된다. 따라서 바람과 풀은 사실은 '군주와 백성君與民'의 은유이며, 고대 정치에서 그 둘의 관계와 역할을 집약적으로 드러낸 것이다.

　왜 이 책을 썼는가? 책에 관한 책을 쓰며 일련의 독서기를 작성하고, 『상서』에 관한 소소한 이해를 적은 것은 절대 "성인의 말씀을 대신"하려고 한 것이 아니다. 더욱이 "옛 성인의 끊어진 학문을 계승"하는 것도 감히 바라지 않는다. 단지 이런 방식을 통해 『상서』에 묘사된 광활한 세계로 들어가서, 그 속에서 동아시아 문명의 유년기와 태생지를 돌아보며 초창기의 그림자 속에서 어떤 문명질서를 상상해보기를 바랄 뿐이다.

2011년 8월

위중

차례

한국어판 서문 _004
자서自序 _011

【제1부】 우서虞書

| 제1편 | 요전堯典 | 동아시아 문명의 창세기 _020
| 제2편 | 순전舜典 | 순의 정치 역정 _028
| 제3편 | 대우모大禹謨 | 선양의 이면에는 무엇이 있을까 _039
| 제4편 | 고요모皐陶謨 | 요순 시대의 사상가 _053
| 제5편 | 익직益稷 | 정치에서의 복식과 음악 _063

【제2부】 하서 夏書

| 제6편 | 우공禹貢 | 천하天下체계의 형성 _074
| 제7편 | 감서甘誓 | 선양제도의 종결 _085
| 제8편 | 오자지가五子之歌 | 최초의 태평성대를 바라는 충언 _094
| 제9편 | 윤정胤征 | 총자루와 칼자루 _103

【제3부】 상서 商書

| 제10편 | 탕서湯誓 | 혁명의 이유 _114
| 제11편 | 중훼지고仲虺之誥 | 여론 규제와 위기 관리 _124
| 제12편 | 탕고湯誥 | 덕성정치와 폭력정치 _133
| 제13편 | 이훈伊訓 | 사상가와 정치지도자 _141
| 제14편 | 태갑太甲 | 군주를 길들일 수 있을까? _149
| 제15편 | 함유일덕咸有一德 | 신념의 역량 _155
| 제16편 | 반경盤庚 | 군주는 정치의 원동력 _163
| 제17편 | 열명說命 | 현명한 재상이 성군을 만든다 _173
| 제18편 | 고종융일高宗肜日 | 국가와 제사 _181
| 제19편 | 서백감려西伯戡黎 | 옮겨가는 천명 _191
| 제20편 | 미자微子 | 정치 흥망의 노선도 _199

【제4부】주서周書

| 제21편 | 태서泰誓 | 정치법률화의 성공 사례 _210
| 제22편 | 목서牧誓 | 천인합일과 도법자연 _219
| 제23편 | 무성武成 | 국가 안정의 장정 _226
| 제24편 | 홍범洪範 | 점복은 일종의 정치술 _235
| 제25편 | 여오旅獒 | 누가 덕으로 복종하게 하는 것을 선양하는가? _245
| 제26편 | 금등金縢 | 오해받은 주공 _252
| 제27편 | 대고大誥 | 정치 동원의 예술 _261
| 제28편 | 미자지명微子之命 | 귀족 정신과 귀족 기상 _268
| 제29편 | 강고康誥 | 덕과 벌의 혼재 _275
| 제30편 | 주고酒誥 | 정치의 이성과 격정 _283
| 제31편 | 재재梓材 | 정권의 윤리 기반 _289
| 제32편 | 소고召誥 | 덕의 세 가지 면모 _295
| 제33편 | 낙고洛誥 | 대부정치代父政治 _301
| 제34편 | 다사多士 | 전쟁을 결의하고 어찌 물러날 수 있겠는가 _308
| 제35편 | 무일無逸 | 모범적인 군주의 초상 _314
| 제36편 | 군석君奭 | 성군현신의 유혹 _319
| 제37편 | 채중지명蔡仲之命 | 은혜정치 _328
| 제38편 | 다방多方 | 정치의 연꽃이 피어나는 진흙탕 _336
| 제39편 | 입정立政 | 천하의 소유권과 경영권 _344
| 제40편 | 주관周官 | 서주의 정치 체계 _351

| 제41편 | 군진君陳 | 바람과 풀의 은유 _359
| 제42편 | 고명顧命 | 정치는 희극과 같다 _367
| 제43편 | 강왕지고康王之誥 | 뜨거운 태양이 막 떠오를 때 _377
| 제44편 | 필명畢命 | 정치의 핵심 기술 _385
| 제45편 | 군아君牙 | 교화의 정치와 법전의 정치 _393
| 제46편 | 경명囧命 | 신복이 감당할 수 없는 무게 _400
| 제47편 | 여형呂刑 | 주 목왕의 법치 이념 _408
| 제48편 | 문후지명文侯之命 | 서주 말기의 5대 모순 _416
| 제49편 | 비서費誓 | 방백 체제의 장단점 _425
| 제50편 | 진서秦誓 | 위정재인爲政在人의 위기 _433

후기後記 _441
옮긴이 주註 _443
옮긴이의 말 _470

【제1부】
우서虞書

「우서虞書」는 『상서尙書』를 구성하는 네 부분 중 제1부로 오제五帝 시기를 기록한 문헌이다. 오제 시기는 대략 기원전 26세기부터 기원전 21세기까지다. 오제는 황제黃帝·전욱顓頊·제곡帝嚳·요堯·순舜을 말한다. 그 가운데 요는 당요唐堯, 순은 우순虞舜이라고도 한다. 물론 이「우서」가 오제 시기의 전체 역사를 기록하고 있지는 않고, 오직 요와 순의 역사만을 담고 있다. 그러니 오제 시기 후반의 역사로 대략 기원전 22세기에서 기원전 21세기 초에 해당된다.

「우서」에 기록된 역사는 다음과 같다.

요가 희씨羲氏와 화씨和氏에게 천문 관측을 통한 역법 제정을 명한 사실.

홍수로 인한 피해가 심해지자, 요가 곤鯀에게 치수를 명했으나 9년이 되도록 성공 못 한 사실.

순이 공공共工을 유주幽州로 추방하고, 환도驩兜를 숭산崇山에 유배시키고, 삼묘三苗를 삼위三危로 몰아내고, 곤을 우산羽山으로 내쫓은 사실.

우禹가 치수사업을 시작하여 큰 공을 세운 사실 등이다.

제1편 요전堯典

동아시아 문명의 창세기

「요전堯典」은 『상서』의 첫 편으로 『성경』의 창세기에 해당된다. 이 편은 동아시아 정치문명 초기의 상황을 묘사하고 있다. 시대 순으로 『상서』는 우서虞書 · 하서夏書 · 상서商書 · 주서周書 등 크게 4부로 나뉜다. 「요전」에 기록되어 있는 당요唐堯라는 인물은 우순虞舜 이전의 사람으로, 논리적으로 보자면 별도의 '당서唐書'에 들어가야 옳다. 하지만 『상서』의 구성에 '당서'가 없으므로 「요전」은 부득이 '우서'로 편입되었다. 이렇게 구성된 이유는 「요전」의 주요 인물은 비록 요이지만, 「요전」을 기록한 사람은 순 당시의 사관이기 때문이다. 결국 「요전」은 후대의 사관이 전대의 정치인을 묘사한 기록물인 셈이다.

「요전」의 주요 내용은 요의 덕행에 관한 것이다. 요의 덕은 "흠명문사가 마땅히 편안해야 할 바를 편안케 하시니, 진실로 공손하고 겸양하시어 덕의 광채가 사방에 끼치시며 하늘과 땅에 이르셨다欽明文思安安, 允恭克

讓, 光被四表, 格于上下"라는 문장으로 개괄될 수 있다. 그 가운데 '흠명문사 欽明文思'는 네 가지 도덕성을 포함한다. 정현鄭玄[1]의 해석에 따르면, "일을 공경히 행하고 낭비함이 없으며(欽), 사방을 널리 비추시며(明), 천지를 다스리시며(文), 도덕성이 순일하게 갖춰져 있다(思)"는 의미다. 이 네 가지 아름다운 덕을 실천하니 요는 성신誠信 · 근면勤勉 · 선량善良 · 겸양 謙讓의 품성이 더욱 드러나게 되었다.

그런데 이러한 덕성과 품성은 내포된 의미나 드러난 의미가 매우 모호하다. 이러한 것들은 요의 품성을 말한다기보다는 이상적인 정치지도자가 당연히 갖춰야 할 덕목을 의미한다고 할 수 있다. 여기서 우리는 아주 매력적인 정치지도자의 모습을 발견하게 된다. 그 핵심적인 특징은 무력武力이 아니며 지혜도 아니고, 오직 아름다운 덕성에 있다는 점이다. 이 때문에 정치의 덕성은 정치의 지혜보다 우위에 위치하게 된다. 이러한 정치지도자는 플라톤이 구상한 '철인哲人'의 모습과도 다르다. 철인에는 '지혜로운 자의 정치'라는 의미가 숨어 있으며 지도자는 마땅히 지혜가 충만해야 한다. 그러나 『상서』의 정치는 '덕성 있는 자의 정치'이며 지도자가 가장 먼저 갖춰야 할 것이 바로 덕성이다.

요가 아름다운 덕의 화신이었고 선지자의 위치를 점하고 있었기 때문에 그는 이러한 문화적 특성을 갖춘 정치 형태를 창조적으로 구축해 낼 수 있었다. 구체적으로 말하자면, 덕 있는 이들을 발굴 · 선별 · 임용하는 과정을 통해 그들이 행정보좌 역량을 최대한 발휘하게 했고, 결과적으로 가장 먼저 구족九族을 화목하게 만들었다. 이 구족에 대해 정현은 고조부에서 현손에 이르는 9대의 가족들이라고 설명했다. 당연히 그 속뜻은 가족 9명만의 화목을 가리키는 것이 아니라, 9대 이내의 같은 가문에 속하는 대가족 전체가 화목하게 함께 살아가는 것을 말한다. 어떤 사람은 종족 모두의 화목을 가리킨다고도 한다. 그러나 이는 제1단계로서 종족 내부 화목의 기초 위에 모든 관료에게 덕의德義를 알게 하고 예법을 가르치며, 더 나아가 만방의 제후를 조화롭게 해 천하의 모든 백성이 우애롭고 화목할 수 있도록 하는 것이다. 이것이 바로 요가 만들어낸 정치질서다. 자신의 아름다운 덕을 통해 가족에 영향을 미치고, 가족을 통해 모든 관료에게 영향을 주며, 관료를 통해서 각 지역의 제후에게 영향을 끼치고, 제후를 통해 온 백성에게 영향을 주는 것이니, 여기에서의 '영향'은 바로 '교화敎化' '관리管理' '조정調整'이다.

이러한 정치질서와 그 구축 방식은 페이샤오퉁費孝通(1910~2005)이 『향토중국鄕土中國』에서 말한 '등급 모델'과 유사하다.[2] 이것은 돌멩이를 물에 던지면 파장이 끊임없이 바깥으로 퍼져나가는 것과 같다. 요는 끊임없이 확산되는 동심원의 원심에 해당되며, 파동을 일으킨 돌멩이이기도 했다. 파동이 닿는 곳은 모두 교화가 미치는 곳이다. 요의 아름다운 덕성이 무한대로 풍부했기 때문에 그가 일으키는 파동은 끝없이 뻗어나갔고, 천하의 모든 백성이 직간접적으로 교화를 받았다. 이러한 정치 형태의 의미로 보자면, 이상정치의 유일한 동력은 바로 정치지도자이며, 그 은택이 온 사방에 퍼지고 만세토록 드리워졌으니 그의 아름다운 덕성은 다른 사람들보다 높았고, 다른 사람들은 모두 수동적이어서 누구나 요의 은택을 받을 수밖에 없었다. 한마디로 정치지도자는 곧 정치의 구심점이다.

그렇다면 요의 정책은 과연 어떤 것이었을까? 「요전」은 아래의 몇 가지 정책을 싣고 있다.

가장 먼저 역법曆法 제정을 주관했다. 요는 희씨羲氏와 화씨和氏에게 자세하게 천문을 기록하고, 일월성신日月星辰의 운행 법칙을 계산하게 해 역법을 완성하고 온 천하에 반포했다. 구체적으로 살펴보면, 희중羲仲을 동쪽에 거주시키고 일출을 맞이해 태양이 떠오르는 시각을 측정하되, 밤낮의 길이를 근거삼아 춘분을 확정하게 했다. 또 희숙羲叔을 남쪽에 거주시키고 태양이 남쪽을 운행하는 것을 측정해 하지를 확정하게 했다. 또 화중和仲을 서쪽에 거주시키고 태양이 지는 시각을 측정해 추분을 확정하게 했다. 마지막으로 화숙和叔을 북쪽에 거주시키고 북쪽 태양의 운행을 관찰해 동지를 확정하게 했다. 이렇게 수집된 정보를 토대로 요는 역법을 공포해 백관의 직책을 확정했다.

여기에서의 '역법'은 곧 '입법立法'이니, 역법 제정의 주관은 바로 입법을 주관한 것이다. 만약 역법이 없다면 모든 정치질서와 사회질서가 형성될 수 없으며, 시간을 잴 수도 없고 역사를 기록하지도 못하며, 그 의의도 응집될 수 없을 것이다. 따라서 역법이야말로 가장 기초적인 법이다. 「요전」에서 서술하고 있는 요의 공적은, 첫째가 역법 제정을 주관한 것으로 매우 심오한 뜻이 내포되어 있다. 인류 역사상 역법을 제정하거나 시간을 규정한 인물은 매우 영향력 있는 위인들일 때가 많다. 고대 동아시아에서 요는 최초로 역법을 제정한 인물로 존숭되고 있으며, 그러한 상징적인 의미로 그는 '역사'를 창조한 인물이 되었다. 요 이전의 동아시아에는 명확한 시간 개념이 없어 '오늘 저녁이 어떤 저녁인지 알 수 없었다.' 그러나 요 이후 시간관념은 명확해지고 역사 개념도 같이 깨어나게 되었다. 역법의 의의에 대해서「요전」을 기록한 순 시대의 사관이 명확한 자각을 하고 있지는 않았지만, 그들은 요의 많은 업적 가운데 가장 먼저 이러한 사실을 기록하고 있을 뿐만 아니라 그 복잡한 관련 세목의 서술을 마다하지 않았으니, 이것으로 본다면 조상들은 이미 일의 경중을 매우 정밀하게 파악하고 있었던 것이다.

이어서 인사人事 문제로 이어진다. 요와 여러 신하는 두 가지 측면의 인사 문제를 집중적으로 토론한다. 하나는 역법을 관장할 관리, 또 하나는 행정을 담당할 전문 관리를 찾는 것이다.

역법을 관장하는 관리 인선에서 어떤 신하가 요의 아들인 단주丹朱를 추천했다. 그러나 요는 그 의견에 동의하지 않았는데, 자기 자식이 성실하지 않고 말을 함부로 하며 남들과 말다툼하기를 좋아해 적합하지 않다고 여겼다. 행정 관리에는 환도驩兜라는 신하가 공공共工을 추천하면서 그가 치수사업에 공적을 세웠다고 말한다. 그러나 요는 공공이라는 자는 겉으로는 순종하는 듯하나 속으로는 따르지 않고, 겉으로는 공경하는 척하나 속으로는 태만히 하는 자라 말하고, 이 역시 부적절한 인물이라고 여겼다. 요는 당장 홍수가 범람하고 있어 백성이 가장 바라는 것은 바로 이 문제를 해결하는 것이라고 보았다. 그렇다면 누가 치수에 가장 적합한 사람일까? 신하들은 또다시 곤鯀이라는 인물이 적격이라고 추천했다. 그러나 요는 이번에도 동의하지 않았는데, 곤은 직무를 잘 수행하지 못할 뿐만 아니라 백성에게 민폐만 끼친다고 여긴 까닭이었다. 그러나 모든 신하가 곤에게 한 번의 기회를 주자고 강력하게 요구했다. 일정

시간의 팽팽한 대치 이후 요는 타협안을 제시했다. 그는 치수의 중책을 곤에게 내려주면서 일을 잘하도록 격려하고 행동을 삼가고 조심히 해야 한다고 당부했다. 그러나 9년의 시험 기간이 지나도록 곤은 확실한 성과를 내놓지 못했다.

지금까지의 내용을 음미해보자. 요는 자기 자식이 역법을 주관하는 관원으로 임용되기를 바라지 않았는데, 자신과 가까운 사람만을 등용하지 않았다는 점을 잘 보여준다. 이런 설명은 요가 완벽한 인간이라는 점을 밝히는 데 중요한 역할을 한다. 행정 관리를 선택하는 문제에 있어서도 신하들이 앞 다퉈 두 명을 추천했지만 요는 둘 다 동의하지 않았다. 이것은 요가 인물을 매우 잘 관찰하고 평가하여 일찌감치 공공과 곤에게 치명적인 약점이 있어 중책을 맡기기에 부적합하다는 점을 간파했다고 할 수 있다. 그런데 다른 한편으로 여러 신하를 모두 바보라고 말할 수는 없다. 신하들이 추천한 공공과 곤은 그들을 대변할 수 있는 대리인들이었다. 특히 곤의 임명은 요가 바라지 않았지만, 신하들이 충분히 내밀 수 있는 정치적 타협안이었다. 이는 곤이 정책 결정 과정에서 상당한 영향력을 지니고 있었고 이미 폭넓은 지지를 얻었다는 점을 말해준다. 그를 지지하는 사람이 대다수였고 결국 요의 의지도 꺾었다. 곤의 이러한 정치적 영향력은 그의 아들 우禹가 미래에 부상하는 것과 결코 무관하지 않다. 이외에도 주목할 만한 것은 요의 시대에 가장 시급하고 현실적인 공공사업이 치수治水였다는 점이다. 물을 다스릴 줄 아는 자가 바로 능력 있는 관리였다. 동아시아 정치사상과 실천 그리고 치수의 관계 안에는 복선이 잠재해 있다.

「요전」의 마지막 서사는 순에게 제위를 물려주는 것이다.

요가 나이가 들자 사방의 제후장로를 소집해서 왕위 계승 문제를 토론했다. "그대들 가운데 짐의 제위를 이을 수 있는 사람이 있겠는가?" 요의 질문에 제후장로들은 하나같이 자신의 덕성으로 보아 제위에 오를 자격이 되지 않는다고 사양한다. 그러자 요가 지위 낮은 사람이라도 추천해줄 것을 재차 요청했는데, 결국 많은 사람이 아직 장가들지 않은 순을 추천했다. 순은 무엇을 잘하는 사람이었을까? 순에게는 부모님과 동생이 있었는데, 아버지는 덕이 없고 어머니는 말하는 것이 순하지 못하며 동생은 오만하고 착하지 못했으니, '세 명의 악한 사람三惡' 사이에 있으면서도 순은 효성과 덕성으로 그들과 서로 화목하게 잘 지냈으며, 끊임없이 그들을 선도해 간악해지지 않게 했다. 이것이 순의 장점이었다.

신하들의 소개를 들은 후 요는 순이 썩 괜찮은 사람일 것이라 여기고 시험을 통해 그를 관찰해보고자 했다. 순은 아직 독신이었으므로 자신의 두 딸인 아황娥皇과 여영女英을 순에게 시집보내 순이 두 딸을 대하는 태도를 관찰했다. 집안을 다스리는 능력을 통해 국가를 다스리는 능력도 가늠해볼 수 있을 것이라 여겼다. 이에 요는 두 딸을 순이 사는 규수嬀水 가에 데리고 가서 시집보냈다. 어느 정도 시간이 흐른 뒤 요는 순에 대해 매우 만족했다. 결국 요는 순이 자기 자신을 잘 수양하고 공경을 행함으로써 다른 사람들을 편안하게 할 수 있었으므로 큰 임무를 맡겨도 괜찮다는 결론을 내리게 된다.

이 부분에서 「요전」은 갑자기 끝난다. 이는 요의 시대가 서서히 막을 내리고 순의 시대가 점점 밝아온다는 의미다.

요와 순 사이의 권력 이동을 분석해보면 그 과정에서 순의 덕성이 핵심으로 작용하고 있다. 우리는 순이 자신의 효성과 덕성에 의지하면서, 악인과의 관계에서도 악인들을 감화시킬 수 있었다는 점을 발견하게 된다. 이것은 가정 안에서 갖춰야 할 도덕성과 그 영향력으로만 볼 것이 아니라 정치지도자가 지녀야 할 덕목이자 자질로 꼽힌다. 순은 이러한 도덕성으로 두각을 나타내게 된 것이다. 순과 제후장로들이 사양의 뜻을 내비칠 때를 비교해보더라도, 제후장로들은 "자기의 덕성이 제위를 잇기에 부족하다"는 말로 표현하고 있다. 이외에 또 한 사람을 거론하지 않을 수 없는데, 바로 요의 아들 단주다. 그는 제위에 대한 사실상의 '생각'은 있었으나, 결국 아버지의 허락을 받아내지는 못했다. 요는 천하의 이익을 위해 자기 아들을 버리고 순을 승계자로 선택한 것이다.

「요전」을 읽은 역대 독자들은 모두 이런 감상을 얻게 된다. 즉 순이 왕위를 얻는 것은 덕성 때문이며, 그의 덕성이 요와 각 제후장로의 보편적인 동의를 이끌어낸 것이다. 요가 순을 선택한 것은 천하가 '이익'을 얻을 수 있었기 때문이며, 이는 온 세상 사람들을 위한 성왕의 정치 행위였다. 이러한 결론과 감상을 얻은 뒤 우리는 이런 결론이 모두 순 시대의 사관이 의도적으로 우리에게 전하고자 하는 것이었음을 알게 된다. 이 이름 모를 사관은 무엇을 말하려고 했을까? 도대체 그들의 의도는 무엇이었을까?

제2편 순전舜典
순의 정치 역정

「순전舜典」은 『상서』의 두 번째 편으로, 순의 언행을 기록하고 있다.

청년 시절의 순은 서민 계층에 속했는데, 그의 집안은 의외로 매우 고귀한 혈통이었다. 그는 오제五帝의 한 사람인 전욱顓頊의 7대손이었다. 「요전」에서 살펴보았듯이 순은 그의 '덕성'으로 요에게 이름을 알리게 되었고, 또한 요의 승계자가 되었다. 「순전」은 첫머리의 여덟 글자로 순의 미덕을 개괄하고 있다.

"준철문명, 온공윤색浚哲文明, 溫恭允塞."

이 말은 "순은 매우 지혜롭고 명석하며 온화하고 공경스러운 덕을 소유하셨고, 신의가 충만했다"는 의미다. 이러한 덕성을 요와 비교해보면, 대체로 같은 유형에 속하나 다만 단어 사용에 있어 신성한 색채가 많이 줄었다. 순의 덕성은 반짝이는 금과 같아서 계속 묻혀 있을 수 없었고 결국에는 조정에까지 소문이 퍼져 요의 부름을 받았다.

순은 정식으로 제위에 오르기 전 자질에 관한 테스트 기간을 거쳤는데, 그 와중에 몇 가지 특별한 현상을 볼 수 있다.

첫째, 고신高辛 가문의 8명을 선발해 조수로 삼고, 그들이 잘하는 다섯 가지 가르침인 아버지의 의로움父義, 어머니의 자애로움母慈, 형의 우애로움兄友, 아우의 공손함弟恭, 자식의 효성스러움子孝을 천하에 널리 시행하게 했다. 그 결과 가르침을 온 세상 사람들이 모두 따르게 되었고, 그것을 어기거나 대항하는 사람이 하나도 나타나지 않았다. 둘째, 조정을 운용함에 있어 순은 모든 관료를 총지휘하면서 각 사업을 일목요연하게 잘 처리했다. 셋째, 사방의 제후들을 접대하자 그들이 모두 숙연하게 순을 존경했는데, 정치지도자가 반드시 갖춰야 할 정신적인 감화력을 체득한 결과였다. 넷째, 여러 정책을 총괄하는 동안 음양이 조화롭게 되었고 날씨와 기후도 적절해 한 치의 오차도 없었으니, 순의 덕성이 하늘을 감동시켰다는 점을 잘 보여준다. 순의 이러한 공적을 살펴본 뒤 요는 순에게 다음과 같이 말한다.

"3년 동안 그대가 정책을 돌보는 사이 짐은 그대의 말과 행동거지를 유심히 관찰했다. 그대가 말한 것은 모두 다 실행되었다. 그대는 제위를 이어받으라."

그러나 이렇게 순리적으로 일이 마무리될 수 있는 중대한 시점에, 의외로 순은 자신의 덕성이 높지 못해 제위를 계승할 수 없다고 한다.

이처럼 남다른 행동은 중요한 정치적 선례를 남기게 되는데, 곧 제위에 오를 수 있을 때 자신의 덕성으로 감당할 수 없다며 그 자리를 사양하는 것이다.

이것은 무슨 의미일까? 가령 왕망王莽이나 위안스카이袁世凱처럼[3] 후대에 '실질적인 권력자에게 정식으로 왕위를 권하는 때'를 비춰보면, 이런 유의 사양은 사양하는 사람의 진심을 표현한 것이라 보기에는 의심스러운 면이 있다. 만약 이러한 표면적인 사양이 순으로부터 시작된 것이 맞다면, 순의 진심은 무엇이었을까?

첫째, 요는 여전히 건재한데도 순 자신이 왕위에 오른다면 다른 사람들에게 조급하게 왕위를 가져가는 듯한 인상을 주는 것은 아닐까? 둘째, 요는 비교적 건강한데도 왕위를 자기에게 주겠다고 말한 것은 요가 일종의 시험을 해보는 것은 아닐까? 셋째, 당시 다른 경쟁자가 없었기 때문에 승계 시기를 조금 늦추더라도 자신에 대한 명망과 좋은 인상을 한층 더 끌어올리기에 유리하지 않았을까? 넷째, 당시에 다른 경쟁자가 나타났고, 또 시기가 아직 무르익지 않은 상태에서 제위를 물려받는다면 경쟁자의 강한 반발을 불러일으키지는 않았을까? 다섯째, 한 걸음 물러남으로써 두 걸음 나아갈 수 있는 것과 같은 절묘한 정치력은 아니었을까? 이와 같은 가정들이 있을 수 있다. 이러한 생각들은 순의 진심이었을까? 우리는 그렇게 추측해볼 수는 있지만, 단정지을 수는 없다.

어쨌든 순은 그다음 해에 왕위를 계승한다. 정월 길일吉日에 요의 사당에서 순은 요로부터 책봉을 받는다. 비록 최고의 권력을 받았지만 순은 여전히 불안했다. 자신의 불안을 불식시키기 위해 순은 북두칠성을 관찰했고, 또 북두칠성에 일곱 가지 정책을 대응시킨 결과 자신의 왕위 계승이 하늘의 뜻과 완전히 부합한다는 사실을 알게 되었다. 그런 뒤에야 비로소 상천上天에 왕위 계승 사실을 보고할 수 있었다. 또한 사계절·날씨·해·달·별·명산대천과 사방의 신성한 대상에게도 똑같이 제사를 올렸다. 제사가 끝나자 이번에는 공公·후侯·백伯·자子·남男 등의 5계급에 맞는 둥근 옥을 준비해 사방의 제후장로들이 알현할 때를 맞춰 그들에게 그 둥근 옥을 증표로 나눠줬다. 2월에는 순이 동쪽으로 순수巡狩(왕의 지방 순시)를 떠나 태산泰山과 다른 산악에 제사를 올렸다. 동쪽의 제후를 접견하고 사계절의 절기와 한 달의 크고 작음, 간지干支 등을 결정했다. 법제와 길이 단위, 용적 단위, 무게 단위를 통일했다. 공·후·백·자·남의 제후들이 조회하는 예법을 규정했다. 다섯 종류의 둥근 옥과 세 종류의 비단 그리고 살아 있는 새끼 양과 기러기 및 죽은 꿩 등을 규정해 계급이 다른 귀족들이 조회할 때 바치는 공물을 분별케 했다. 조회가 끝난 뒤에는 다섯 종류의 둥근 옥을 귀족의 등급에 맞춰 되돌려줬다. 이어서 5월·8월·11월에는 남쪽과 서쪽 그리고 북쪽을 차례로 순수하여 동일한 예법으로 남악 형산衡山, 서악 화산華山, 북악 항산恒山에 제사를 올렸다. 돌아온 뒤에는 다시 요의 사당에서 제사를 올렸다. 이후 5년마다 순은 순수를 통해 사악四岳에서 각 지방의 제후들을 불러 그들의 정책을 살핌과 동시에 격려 또한 아끼지 않았다. 그러는 동안 순은 천하를 12주州로 나누고, 각 주의 명산에서 제사를 봉행함으로써 처음으로 시행된 지방 제도의 정당성을 확인받았다.

순의 이러한 정치 행위를 '입법 정치'라고 할 수 있다. 몇 가지 주요 사항을 살펴보면 다음과 같다.

첫째, 제사를 통해 정치의 정당성을 세웠다. 제위를 계승한 이래로 순은 천제天帝, 계절, 날씨, 일월성신, 산천 등에 끊임없이 제사를 올렸다.

모든 초월적인 것은 제사의 대상이 되었다. 왜냐하면 사람의 생명은 유한한 반면 그러한 초월적인 대상들은 영원하기 때문이었다. 그러한 영원하고 초월적인 대상에 제사를 올림으로써 유한한 인간의 생명을 영원한 대상과 연결시켜, 유한함과 우연성을 그 속에 귀의시키려 했다. 이는 아주 작은 씨앗 하나가 토지의 무한성에 기대 의지함으로써 비로소 하늘 위로 우뚝 솟는 큰 나무로 성장할 수 있는 것과 같다. 또한 작은 등불이 천정이나 벽에 고정되어 자기 자리를 차지한 뒤에라야 비로소 정상적으로 빛을 밝힐 수 있는 것과 같다. 제사의 기능 역시 이런 것이다. 만약 제사라는 의식 없이 어떤 군주가 우연히 세워진다면, 그의 권력과 지위 역시 확실하지 않으며 또한 안정적이지 못할 것이다. 그러나 일단 군주를 천제天帝나 산악山岳 및 기타 영원한 대상물과 연결짓게 되면, 군주는 영원성의 파생물이 되어 군주·권력·정치 행위가 정당성을 부여받고 나아가 어느 정도 영원성도 지니게 되었다. 『좌전左傳』에서 "나라의 큰일은 제사와 전쟁이다國之大事, 在祠與戎"라면서 제사를 전쟁보다 앞에 언급한 까닭이 무엇이겠는가? 그 이유가 바로 여기에 있다.

    순이 정식으로 즉위하기 전에는 제사를 행하지 않았는데, 그 이유는 그에게 그런 자격이 없었기 때문이다. 당시 온 천하를 대표해서 제사의식을 올릴 수 있는 정치지도자는 요였다. 그러나 순이 정식으로 제위에 오른 뒤에 가장 빈번하게 실천한 정치 행위가 바로 제사였다. 제사 올리는 대상은 주로 천제나 상천이었지만, 이미 말했듯이 단지 거기에 국한되지 않고 영원성을 지닌 모든 것에게 제사를 올렸다. 순으로부터 시작된 이러한 현상을 통해 후대 동아시아인의 신앙 방식을 이해할 수 있다.

유儒 · 불佛 · 도道 삼교三敎가 뒤섞이면서 유가의 공자, 불가의 석가모니, 도가의 노자뿐만 아니라 관우 장군 등의 무인武人들도 후대인의 제사 대상이 되었다. 이러한 신명神明의 다양화와 상호 호환성은 최소한 순의 제사활동으로까지 그 근원을 소급할 수 있다.

둘째, 만약 제사가 오늘날 헌법의 주요 내용인 정치 행위 정당성의 기초와 합법성의 근거를 제공하는 것과 유사하다고 한다면, 순의 즉위 초기에 헌법을 만들기 위한 기본적인 조항들을 규정했다고 할 수 있다. 의례 및 여러 상징성을 갖는 공물의 규정을 통해 순과 각 지방 제후들 사이의 권력관계를 확립한 것이다. 이는 조공관계의 초기 형태다. 더 나아가 정책 심사 과정에서도 모두 원칙적인 규정을 확립했다. 그 내용은 오늘날의 '헌정'에 속한다고 할 수 있다. 아리스토텔레스의 '아테네 헌정 The Athenian Constitution'4에 비춰보면 '우순헌정虞舜憲政'이라 할 만하다. '우순헌정'의 '5년 정책 주기' 같은 요소들은 오늘날의 정치체제에서도 이미 시행되고 있는 것들이다.

셋째, 구체적인 문제들도 고찰하지 않을 수 없는데, 바로 역법의 규정에 관한 것들이다. 「요전」의 기록에 따르면, 요의 집정 초기에 이미 역법을 체계적으로 관리하고 세상에 공포했다. 그런데 순은 제위를 이어받자마자 곧바로 역법 개정 작업에 착수하는데, 사계절의 절기와 분기, 천수天數에 대해서 새로운 규정을 마련한다. 역법 분야에서의 이러한 새로운 개혁은 정삭正朔을 혁신하는 것으로 단순히 기술적인 문제가 아닌 중대한 정치 문제에 속한다. 그 안에는 강력한 정치적 상징이 내재되어 있으며, 더 나아가 정권 교체를 의미한다고 할 수 있다. 중국 근대사로 본다면 중화민국 건국 초기에 즉각 청나라의 연호인 선통宣統을 폐지하고 민국원년民國元年을 세운 것과, 중화인민공화국 건국 초기에도 민국의 연호를 서력인 기독교 기년紀年 방식으로 바꾼 것 등이다. 역법의 개혁은 곧 정치혁명을 의미하는 중요한 상징이다. 순의 역법 개정 활동은 '유신維新'과 새로운 시대의 개창이라는 포부를 잘 드러내는 사건이라 할 수 있다.

법률 제정에 있어서도 순은 최초의 공헌을 세웠다. 그는 법에 의거한 형벌의 집행을 요구하면서도 한편으로는 유배와 추방의 법으로 형벌을 감하기도 하고, 채찍질로 범죄를 저지른 관리를 징벌하기도 하며, 몽둥이로 죄 있는 자들을 징벌하기도 했고, 어떤 범죄는 벌금으로 징벌을 대신하게도 했으며, 실수로 죄를 지은 사람에게는 형벌을 감면해주고, 겁 없이 함부로 죄를 지은 범죄자는 법에 따라 구속하도록 했다. 이 두 측면의 규정은 원칙과 융통성을 잘 결합한 것이다. 법에 의거한 형벌의 적용은 법률의 원칙성을 구현한 것이고, 그 외의 규정들은 법률의 변통을 통한 융통성을 잘 구현한 것이다. 이러한 법률 사상과 실천은 현대의 법률에도 지대한 영향을 끼쳤다고 평가할 수 있다.

이어서 「순전」은 순이 직접 4명의 죄인을 처리하는 사건을 기록하고 있다. 순은 공공共工을 유주幽州에 유배시키고, 환도驩兜를 숭산崇山으로 추방했으며, 삼묘三苗를 삼위三危로 내쫓고, 곤을 우산羽山에 유폐했다. 「순전」에서는 순이 이들 '사흉四凶'을 징벌하자 천하 사람들이 모두 기뻐했다고 적고 있다. 이에 대해 두 가지로 분석해볼 수 있다. 첫째, 순의 처리 방식은 앞에서 언급한 "유배와 추방의 법으로 형벌을 감"한 경우에 속하며, 일종의 융통성 있는 가벼운 징벌이다. 둘째, 그 죄인들은 순이 직접 처리해야만 했는데, 그들 모두 일반적인 위법 범죄의 조건을 갖춘 것이 아니었다. 그들 가운데 공공과 환도는 긴밀히 연관된 수구 세력이었다. 「요전」에서 이미 살펴봤듯이, 요가 정치후계자를 인선할 당시 환도는 공공을 추천한 적이 있다. 이런 제의는 비록 요의 거절로 무산되었지만, 사실은 공공과 환도가 형성하고 있는 세력은 당시 적지 않은 영향력을 행사하고 있었음을 보여준다. 그들은 순과 더불어 정치적으로 강력한 경쟁관계를 형성하고 있었고, 순의 권위를 잠식할 수 있는 위협자들이었다. 이 때문에 순은 제위에 오르자마자 그들을 먼 곳으로 분산 유배시켰던 것이다. 공공이 유배된 곳 유주는 북쪽 지역이고 환도가 추방된 숭산은 남쪽 지역으로, 그들이 두 번 다시 결당할 기회를 갖지 못하도록 한 것이다. 이외에 곤 역시 「요전」에 등장했던 인물이다. 요는 곤 역시 좋아하지 않았지만, 여러 신하의 '강력한 추천'으로 그에게 치수라는 중책을 맡긴다. 이 점에 대해서 자세히 살펴보면, 곤도 세력이 작지 않은 고위 계층이었고 오히려 공공에 비해서 더 비중 있는 인물이었음을 알 수 있다. 그렇지 않고서야 곤이 신하들의 강력한 추천을 얻을 수 있었겠는가? 곤이 9년 동안 치수를 했으나 별다른 성과를 이루지 못했기 때문에 요의 계승자가 될 수 없었다. 그러한 결론은 분명하고 타당해 보이지만, 주의해야 할 점은 그러한 기록이 순의 사관으로부터 나왔다는 점이다. 이로 인해 순은 곤을 동쪽의 우산에 유폐시켜, 곤과 뜻을 같이하는 고위 계층의 인물들과 일절 관계를 갖지 못하도록 했다. 삼묘를 비롯한 왕명에 불복하는 제후들은 모두 순에 의해 척결되었다. 정치적

사흉복죄도四凶腹罪圖.

인 위협이나 도전 세력을 제거하면서 '사흉' '죄인' 등으로 부른 것은, 바로 순 자신이 이미 덕성의 상징이 됨과 동시에 강력한 정치지도자임을 표명한 것이다.

「순전」의 마지막 부분은 순의 '포스트post 요堯 시대'의 정치강령과 인사人事 안배에 대해 기록하고 있다.

순이 제왕의 직무를 행한 지 28년 만에 요는 세상을 떠난다. 세상 사람들이 매우 슬퍼하여 3년 동안 온 세상에 음악 연주가 멈추었다. 3년이 지난 새해 정월에 순은 요의 사당에서 사방의 제후장로들을 소집해 의정議政 회의를 열고, 그 자리에서 세 가지를 강조한다. 첫째, 백성들이 먹고사는 문제와 직결되는 계절의 변화에 잘 순응하고 농사 시기를 어기지 않는다. 이것이 바로 가장 중요한 민생 문제였다. 후대의 관료들이 시행한 권농勸農 정책은 여기에서 비롯되었다. 둘째, 먼 지방의 사람들을 회유한 뒤에야 가까이 있는 사람들을 편안하게 한다. 이것은 일종의 통치 방법의 문제다. 셋째, 덕성을 강조하고 아첨하는 인간들을 배척하며 충신忠信으로 사방의 이민족을 대하면 반드시 감명하여 모두 복종하게 된다는 점이다. 이것은 정치적 전략의 문제다. 이 세 가지는 순의 정치적 성숙 시기의 정치강령이라고 할 수 있다.

인사 문제에 있어 순은 우禹를 총리대신으로 임명해 물과 땅水土을 다스리게 했다. 기棄에게는 농사를 담당하게 했다. 설契을 사도司徒로 임명해 덕성, 즉 정신문명의 건설을 담당하게 했으니, 아버지는 의롭고父義, 어머니는 자애로우며母慈, 형은 우애하고兄友, 동생은 공손하며弟恭, 자식은 효성스러움子孝을 가르치게 했다. 고요皐陶를 법관으로 임명해 법률을 운용하고 안팎의 혼란함을 다스리게 했다. 수垂를 백공百工[5] 직에 임명했다. 익益을 산과 물을 관장하는 관원으로 임명했다. 백이伯夷를 제사관에 임명했다. 기夔를 문교文敎 담당관으로 임명하고 어린 학생들에게 시가詩歌와 음악을 가르쳐 신과 인간의 화해和諧를 모색했다. 용龍을 납언納言(언론 담당)으로 임명해 위아래 의사소통의 문제를 담당하게 했다. 이들 관료 가운데 어떤 부류는 다른 사람의 추천을 거쳐 순이 승인했는데, 우禹, 수垂, 익益, 백이伯夷 등이 여기에 속한다. 나머지는 순이 직접 임명했다. 「순전」 본문에 따르면, 이러한 두 가지 임명 방식이 뒤섞여 운용되었고 엄격한 구분은 없다. 이것은 순이 관료를 임명할 수 있는 막강한 권력을 지녔다는 측면도 있지만, 제후나 신하들도 건의할 수 있는 상당한 권리가 있었음을 잘 보여준다. 이렇게 먼저 임명된 관료와 추가로 발탁된 관원은 모두 22명이었고, 이들은 비교적 완성된 '우순 내각'을 구성한다. 이들 내각 구성원에게 순은 각자 자신의 직무를 공경히 행할 것을 요구했다. 그들을 독려하기 위해 순은 3년에 한 번씩 심사평가 제도를 시행했다. 평가에 합격하지 못하면 바로 파면했고, 결과가 우수하면 승진시켰다. 이렇게 하자 모든 공무가 잘 다스려졌다.

    천하에 군림한 지 50년 되던 해에 순은 남악 형산을 순수하다가 붕어崩御했다. 일대를 풍미하던 성왕聖王은 마침내 창오蒼梧의 들판에 묻혔다.[6]

제3편 대우모大禹謨

선양의 이면에는 무엇이 있을까

「대우모大禹謨」는 세 가지 사건을 기술하고 있는데, 차례로 분석해보기로 한다.

첫째, 순과 우, 백익이 정치적 견해를 교환하는 자리로서 오늘날의 정책토론회와 유사하다. 당시 우는 이미 왕위를 섭정하는 위치에 있었으나, 순은 여전히 천자의 지위에 있었다. 백익은 「순전」에서 보이듯이, 순에게 발탁된 산택山澤 담당 관료이자 동시에 대법관 고요皐陶의 아들이기도 하다.

이들 3인의 토론은 우로부터 시작된다. 우는 다음과 같이 말한다.

수년 동안 스스로 대외적으로는 문덕교명文德敎命을 널리 펴고, 대내적으로는 요순의 도를 잘 지켰습니다. 만약 임금 스스로가 임금 되기가 얼마나 어려운지를 알고 신하들도 신하됨이 쉽지 않다는

점을 잘 안다면, 국정이 잘 다스려지고 백성의 덕도 닦일 수 있다는 것을 제가 깨닫게 되었습니다.[7]

순이 우의 견해에 찬성하면서도 거기에 덧붙여 다음과 같이 말한다.

만약 임금과 신하 모두가 신중하고 조심스럽게 맡은 일을 성실하게 하며, 임금은 어진 이의 보좌를 받고, 좋은 말씀들이 묻히지 않고, 들판에 어진 이가 버려지지 않아 어진 사람들이 모두 짐을 위해 등용될 수 있다면 천하가 안녕할 것이다. 이 때문에 군주는 많은 사람의 의견을 고찰하여 그 옳고 그름을 판단하고, 자신의 잘못을 버리고 다른 사람의 옳음을 쫓아야만 한다. 또 홀아비·과부·고아·독신자를 잘 대우하고, 곤궁하고 의지할 곳 없는 이들을 구휼해야만 한다. 예로부터 이런 일을 하실 수 있는 분은 오직 성군이신 요 임금뿐이었다![8]

백익이 이어서 말한다.

확실히 요 임금의 덕은 매우 광대하고, 통하지 않는 바가 없으며, 신묘함이 무궁하며, 문文은 천지를 관통하고, 무武는 혼란을 안정시켰습니다. 요 임금의 덕이 상천上天에 드러나게 되어, 그로 인해 상천은 요 임금에게 사해四海를 다 소유하게 하시고, 천하의 임금으로 삼으셨습니다.[9]

대우大禹.

우가 또 다음과 같이 말한다.

도道에 순응하면 길하고, 도를 거스르면 흉하니, 길흉의 드러남은 마치 그림자가 형체를 따르는 것과 같고 메아리가 소리를 따르는 것과 같습니다.10

백익이 재차 강조하며 다음과 같이 말한다.

임금은 다음 몇 가지를 주의해야 합니다. 어떤 일을 미연에 방지해야 하니, 법도를 어겨서는 안 되고, 안일함에 빠져서도 안 되며, 향락에 빠져서도 안 되고, 어진 이를 임용함에 의심하지 말며, 사악한 이를 파면함에 주저하지 말며, 의심스러운 모략은 받아들이지 말아야 하니, 이와 같이 한다면 도의道義가 보존되고 또 나날이 확대될 것입니다. 그와 동시에 정도正道를 위배하면서까지 백성들의 칭찬을 구하지 말고, 백성들의 바람을 어겨가면서 자신의 사사로운 마음을 충족시키지 말아야 하니, 만약 이러한 도를 항상 이행하고 오랫동안 견지한다면, 사방의 오랑캐들도 모두 천자께 조회할 것입니다.11

우가 말한다.

그렇습니다. 임금의 덕은 아름다운 정치를 실현하는 데 있으며, 아름다운 정치의 핵심은 백성을 잘 기르는 데 있고, 백성을 잘 기르는 근본은 바로 6부六府, 즉 수水·화火·금金·목木·토土와 곡식에 있음을 반드시 기억하셔야 합니다. 이외에도 '덕을 바르게 하는 것正德' '백성의 생활을 이롭게 하는 것利用' '백성의 삶을 윤택하게 하는 것厚生' 등의 3사事를 서로 조화롭게 해 이 아홉 가지(6부와 3사)가 잘 이뤄지면 노래(9가歌)로 칭송될 것입니다. 아름다운 덕으로 백성을 타이르고, 위엄과 형벌로 백성들을 감독하며, 9가로 백성을 격려하되, 이 세 가지를 함께 운용한다면 정치가 잘 이뤄지고 무너지지 않을 것입니다.[12]

순이 마지막으로 정리한다.

옳다. 그대(우)가 수토水土를 잘 다스려 황하는 맑아지고 바다는 잔잔해졌다. 그대가 6부와 3사를 잘 관장하여 그 이로움이 만세에 이어지고 그 공적도 영원할 것이다.[13]

이상의 대화는 우가 정견을 진술한 것에서 시작해 순이 우를 칭찬하는 것으로 끝난다. 우는 세 차례 발언했는데, 그의 정견을 개괄해보면 다음과 같다.

정치윤리적으로 임금과 신하 할 것 없이 모두 자신의 직책을 다해야만 한다. 원칙의 측면에서 정도에 순응하여 실천하며, 악을 제거하고 선을 고양시킨다. 실무 차원에서는 6부와 3사를 잘 다스려야 한다. 앞의 두 가지가 이론적이라면, 세 번째는 실천적인 것으로 이론과 실천이 결합되어 비교적 완성된 하나의 시정강령을 구축했다. 이러한 강령의 대부분은 유사 이래 동아시아의 정치 덕목에 모두 편입되었는데, 가령 직무를 삼가 성실히 수행하는 것, 덕성으로 몸을 바르게 하는 것, 백성을 기르고 삶을 윤택하게 하는 것 등이다. 우의 적극적인 정치입론과는 달리 백익의 두 차례 발언은 다음과 같은 특징을 보인다.

첫째, 요의 아름다운 덕을 칭송해 순과 우가 따를 만한 정치 모범을 제시한다. 둘째, 발언의 요지는 '정치에서의 금기 사항'이라고 개괄할 수 있다. 여기서 주의해야 할 점은 백익의 부친이 고요이기 때문에 순과 우가 주도하는 정치체제에서 비교적 특수한 발언권을 확보할 수 있었다는 점이다. 이것이 백익이 순과 우 앞에서 자신의 의견을 피력할 수 있었던 이유임과 동시에, 백익이 왜 순과 우의 대화에 끼어 자유롭게 발언할 수 있었는지를 설명해준다. 순의 두 차례 발언은 모두 우에 대한 동의를 표하고 있는데, 윗사람으로서의 관용과 격려를 잘 보여주며, 순 개인의 관점은 거의 드러내지 않은 채 다만 어진 이가 등용되지 않고 버려져서는 안 되며, 자신을 버리고 백성의 뜻을 따르며, 백성의 가난과 고통을 구제하는 것이 마땅하다고 했을 뿐이다.

「대우모」가 서술하고 있는 다음 사건은 순과 우 사이의 왕위 선양 문제에 관한 토론이다. 토론 참석자는 역시 세 명으로 순과 우 외에 다른 한 사람은 백익의 부친인 고요다. 이번 회의는 '이론'적이지 않고 실질적인 정치적 결단을 보여준다.

순이 먼저 말한다.

우여! 짐은 재위한 지 이미 33년이 지났고 나이가 많아 정무를 게을리 하니, 그대가 부지런히 노력하여 이 일을 맡아라.14

그러나 우는 받아들이지 않고 다음과 같이 말한다.

저는 덕성이 모자라 백성들을 다스리기에 부족합니다. 고요가 덕이 있어 백성들이 믿고 따르니, 임금께서는 고요에게 제위를 물려주시는 게 옳을 것입니다.15

우의 말을 들은 순은 고요에게 다음과 같이 말한다.

신하와 백성들이 짐의 명령에 복종하는 것은 모두 그대가 법관의 직을 잘 수행하기 때문이니, 그대는 오형五刑의 형벌로써 오상五常의 가르침을 보조하여 우리가 추구하는 법도에 완전히 부합하게 했다. 그대가 관할하는 형벌의 목적은 결국은 형벌 자체를 필요 없게 하는 데 있는 것이니 백성의 행동도 모두 중도中道에 맞게 되었다. 그것 역시 그대가 힘써 이룬 공일 것이다.16

고요가 대답했다.

백성의 행동이 중도에 부합하는 것은 모두 임금님의 덕행이 아름다워 한 치라도 어긋남이 없기 때문입니다. 임금님께서 허물없이 신하를 대하시고, 관용으로 백성을 이끄시며, 징벌은 후손에 미치지 않게 하되, 상을 내림에 자손들에까지 이어지게 하셨습니다. 죄가 의심스러울 때는 가볍게 처벌하시고, 공적은 의심스러워도 더욱 치하해주셨습니다. 죄 지은 사람을 풀어줄지언정 착한 사람을 죽이지 않으셨습니다. 임금님의 이런 인덕仁德의 정치가 백성의 열렬한 지지를 얻어 한 사람도 윗사람을 범하거나 사회질서를 문란하지 않게 만들었습니다.17

순이 말했다.

내 마음대로 하고자 하는 정치를 베풀고, 사방 백성들이 마치 풀이 바람에 따라 이리저리 눕는 것과 같이 잘 순응하게 된 것도 모두 그대의 아름다운 덕성 때문일 것이다.18

또 순이 우에게 다음과 같이 말한다.

홍수가 났을 당시 그대가 치수의 공을 세워 백성의 신망을 얻었다. 그대가 나랏일에 부지런하고, 집안일에 검소하며, 스스로 교만하거나 오만하지 않았다. 그대는 스스로 어질지 못하다고 여기나 세상 누구도 그대와 비길 자가 없으며, 그대 스스로 공이 없다고 여기나 세상 누구도 그대와 공을 다툴 수가 없다. 짐은 그대의 공덕을 높이 기리는 바요. 천도天道가 그대에게 이어졌으니, 그대는 장차 천자의 자리에 올라라. 인심人心은 위태롭고 도심道心은 미약하니, 한마음 한뜻으로 중도를 견지해야 할 것이다.¹⁹ 고찰할 수 없는 말을 듣지 말며, 독단적인 말도 듣지 말아야 할 것이다. 군주는 백성을 떠날 수 없고 백성 또한 군주와 떨어질 수 없다. 바라건대 그대가 삼가 군주의 도를 잘 지키고, 백성들이 원하는 바를 공경히 수행하여 천하의 곤궁한 백성들을 잘 기른다면, 천명天命이 그대의 몸에 영원할 것이다.²⁰

우가 여전히 사양했으나 순은 윤허하지 않았다. 이듬해 정월 초하루 아침, 마침내 우는 태묘大廟에서 순이 선양한 천자의 자리를 물려받는다.

이상의 대화는 순과 우 사이의 선양 과정을 잘 묘사하고 있다. 이 광경은 요와 순의 선양의 재현이라고 할 수 있다. 이러한 역사적인 장면은 선양이라는 것이 이미 아름다운 하나의 전통이 되었음을 잘 보여준다. 그러나 요·순·우 사이의 선양이 후대의 유한劉漢·조위曹魏·사마진司馬晉 사이의 선양과 동일한 것인지는 알 수 없다. 형식적으로는 이 두 선양에 어떠한 구별도 없는데, 모두 이전의 군주가 뒤를 이을 군주에게 왕위를 강력하게 요구하고, 뒤를 이를 군주는 계속해서 사양하지만 실질적으로는 받아들여지지 않고 할 수 없이 제위를 계승한다. 그러나 한진漢晉 시대의 사료는 비교적 자세하여, 우리는 유씨劉氏와 조씨曹氏 사이의 선양뿐만 아니라 40여 년 뒤 조씨와 사마씨司馬氏 사이의 선양이 모두 연출된 것임을 잘 안다. 요·순·우 사이의 선양에 대한 『상서』의 서술 배경이 '진실'인지 가공된 '허구'인지는 알 수 없다. 어쨌든 그 자세한 내막은 상식적으로 추론해볼 일이다.

　순과 우 사이의 선양은 요와 순의 선양과 다른 점이 하나 있다. 순이 요의 왕위를 사양한 주요한 이유는 덕성이 부족하여 제위를 물려받을 수 없다는 것이었다. 반면 우가 순에게 왕위를 사양한 이유는 현실적인 이유 때문이었다. 고요가 자신에 비해 훨씬 적합한 인물이고 백성의 신망도 많이 얻고 있었기 때문에 우는 고요를 추천한 것이다. 비록 순도 고요의 공훈과 덕성을 인정하긴 했으나 제위를 우에게 물려주겠다는 의지는 확고했다. 이는 당요 시대에는 순이 유일한 후계자로서 다른 강력한 경쟁자가 없었지만, 우순의 시대에는 우가 비교적 우월한 지위에 있긴 했으나 고요의 정치적 영향력과 백성들의 지지도 무시 못 할 수준이었다는 점을 보여준다. 바로 이러한 이유로 우는 순 앞에서 직접 고요를 추천한 것이다. 이러한 추천에는 두 가지 함의가 내재되어 있다. 첫째, 우 자신뿐만 아니라 순도 고요라는 존재를 무시할 수 없었고, 고요의 중량감과 지위를 인정하고 있다는 점이다. 고요에 대한 말은 모두 심리적인 위안과 정신적인 보상에 맞춰져 있는데, 설령 고요가 군주의 자리를 계승하지 못하더라도 그는 숭고한 도의道義적 지배력을 행사할 수 있게 되는 것이다. 둘째, 제위 계승에 임박한 우의 말은 최대한 사양하는 뜻을 줄임으로써 지지를 구한다. 우는 순 앞에서 적극적으로 고요를 추천함으로써 고요와 자신 사이의 정감적인 거리를 좁히고, 자신의 왕위 계승 이후의 정치 환경을 유리하게 이끌게 된다. 따라서 정치의 일반 원리로 보자면, 우가 고요를 추천하는 행위는 순과 우 사이의 합의된 결과라고 할 수 있다.

「대우모」에 기록된 셋째 사건은 순이 우에게 묘민苗民을 정벌하도록 명한 것인데, 그 이유는 묘민이 복종하지 않았기 때문이었다. 이때 우는 각 지방의 제후를 소집하여 다음과 같이 말한다.

> 묘민의 군주는 왕명을 따르지 않고, 정덕正德을 위반하며, 도의를 무너뜨려 군자君子들은 재야에 떠돌고, 소인小人들이 자리를 차지하고 있소! 이로 인해 백성들은 뿔뿔이 흩어졌고, 상천上天이 그들에게 재앙을 내리셨소. 지금 나는 순 임금의 명을 받들어 그대들을 이끌고 저 묘민을 정벌할 것이오![21]

그러나 30일 넘게 전쟁을 해도 묘민들이 여전히 불복했다. 묘민들이 항거하는 이유는 정당한 이치로써 깨우치지 않고 도리어 무력으로 협박했기 때문인데, 이는 힘으로 사람을 굴복시키는 것이므로 불복한 것은 당연했다. 이렇게 대치가 계속되고 있을 때 고요의 아들인 백익이 등장해 우에게 다음과 같이 말한다.

> 덕을 베풀면 상천을 감동시킬 수 있고, 아무리 멀리 있는 사람도 모두 감화를 받게 됩니다. 가득 채우고자 하면 오히려 잃게 되지만, 겸손하면 더 보태지는 것이 하늘의 상도常道입니다. 순 임금 초기를 회상해보면 부친의 악행을 대하면서도 순 임금께서는 항상 하늘을 우러러 울부짖고 부친에게 울부짖으며 자신의 책임으로 여겼지 다른 사람에게 책임지우지 않으셨습니다. 순 임금께서는 언

제나 공경으로 부친을 대하셨고 마침내 부친을 감화시켰습니다. 단 한 톨의 지성至誠한 마음으로도 신명神明을 감동시킬 수 있거늘 하물며 저 묘민들이 문제가 되겠습니까?**22**

우는 백익의 말이 옳다고 여겨 군사를 되돌려 돌아왔다. 철군한 뒤에 순이 문덕文德의 가르침을 크게 일으킴과 동시에 문덕을 상징하는 무용을 만들어 보였다. 과연 70일이 지나자 묘민들이 자발적으로 찾아와 조회했다.

  이 사건은 약간 의심스럽기도 하고 모순점도 있는 것 같다. 첫째, 묘민의 군주는 이미 사악함의 상징이었고 상천이 그들에게 재앙을 내렸으므로 우의 정벌은 상천을 대신해서 벌을 주는 것에 속한다. 그러나 정당하고 올바른 '천벌天罰'로써 정벌해도 복종하지 않고, 소기의 목적을 달성하지 못한 채 대치하다가 결국 회군하고 만다. 이것은 상천의 뜻과 순의 뜻을 받들어 행한 정벌 행위의 정당성에 의문점이 있음을 말해준다. 정벌의 의의로 보더라도 철군 행위는 '하늘이 내린 재앙'이나 '하늘을 대신한 처벌'을 부정하는 것이다. 둘째, 무력으로 묘민을 정복하지 못하고 돌아와 70일 동안 '문무文舞'를 편성하고 시연하니 묘민들이 감복하여 복종했다는 것은 납득하기 어렵다. 왜냐하면 문덕의 가르침을 베풂은 본래 순의 특기였기 때문이다. 즉 순이 임금이 된 이유는 덕으로 몸을 바르게 하고, 덕으로 나라를 다스렸기 때문이었다. 다시 말해서 문덕의 교화를 중시하는 것은 곧 순의 일관된 정치 원칙이었고 잠시라도 중단되지 않았다. 이 점에 대해서는 묘민들이 누구보다 잘 알고 있었을 것이다. 그러나 묘민이 이 때문에 귀의하지는 않았다. 왜 묘민이 장기간 항명하고 무력 정벌에도 불복하다가 '문무'가 만들어진 이후에 복종했겠는가? 만약 묘민이 그때 귀순해온 것이 사실이라면, 문덕의 교화와 문교의 무용의 시행 말고 또 다른 이유가 있었을 것이다. 다만 그 이유에 대해서는 우리가 정확하게 알 수 없을 뿐이다.

　이 사건은 순과 우의 묘민 정벌이 잘못된 결정이었고, 근본적으로 그들이 숭상하는 문덕의 정치 원칙과도 거리가 있는 정치적 패착이라고 할 수 있다. 그런데도 왜 「대우모」는 명예롭지 못한 교훈을 과장되게 서술하고 있을까? 그 이유에 대해서 몇 가지로 유추해볼 수 있다. 첫째, 순과 우 두 사람이 잘못을 깨우치고 고쳐나가며 자신을 버리고 다른 사람을 따르는 고귀한 품성을 잘 보여주고 있다. 둘째, 이러한 사례를 통해 무력과 문덕의 차이를 확실하게 보여준다. 무력으로는 일을 완성할 수 없지만 문덕을 닦으면 도리어 일을 완수할 수 있다는 것이다. 다른 사람들을 귀의시킬 수 있는 것은 문덕에 의한 교화이지, 미신이나 무력이 아니다. 이런 결론은 동아시아 정치철학의 기본 원리를 구성한다. 셋째, 이 사건의 주인공은 순·우·백익 등 3인으로 「대우모」의 첫 장면에 등장하는 인물과 동일하다. 우리를 의아하게 만드는 점은, 이 사건에서 백익은 순이나 우에 비해 두드러지게 지혜롭고 출중하다는 점이다. 이것을 어떻게 이해할 수 있을까? 왜 백익이 우를 지도하고 순의 잘못을 바로잡을 수 있도록 했을까? 백익은 비록 우순 초년기의 미덕을 칭찬하고 있지만 궁극적으로는 순과 우가 행한 군사행위를 비판했다. 백익의 말은 이렇게 해석될 수 있을 것이다. 고요와 백익 부자父子의 정치적 지위는 확실히 대단히 높았기 때문에 이 사건을 기록한 사관도 그 점을 반영하지 않을 수 없었으며, 그런 정치적 형국과 지형에 부담을 느꼈을 것이다.

「대우모」에 기록된 세 사건을 종합해보면, 주요 인물이 모두 3인이라는 점을 알 수 있다. 순과 우는 사건마다 등장하며, 고요와 백익 부자는 번갈아가며 등장한다. 백익은 두 번, 고요는 한 번 나온다. 이것은 순·우 교체 시기의 정국이 트로이카 체제였음을 말해준다. 순은 베테랑 정치지도자였고, 우는 차세대 정치지도자였으며, 또한 고요와 백익 가문도 막강한 세력의 지위를 누리고 있었다. 심지어 이 편을 기록한 사관도 고요와 백익이 속한 집단의 사람이었을 것이다. 그렇지 않다면 「대우모」 속의 인물들은 이와 같이 안배될 수 없었을 것이다.

제4편 고요모皐陶謨

요순 시대의 사상가

「고요모皐陶謨」는 고요의 정치적 지혜를 집중적으로 보여준다. 「요전」의 기록에 따르면, 고요는 순이 임명한 대법관이다. 통상적으로 고요는 동아시아 역사상 제1대 대법관으로 비춰지며, '법관'이라는 직업을 창시한 선조로도 알려져 있다. 동시에 그는 동아시아 역사상 정치적으로 최고 지위의 법관이기도 하다. 그의 견해는 사법이나 소송과 관련된 분야에 국한되지 않았는데, 즉 당시 가장 중요하고 근본적인 정치 문제에 대해 궁구했다. 어떤 문헌에서는 고요를 요·순·우와 나란히 '고대의 네 성인'으로 통칭하기도 하는데, 이러한 최고의 영예는 당연한 것이다. 그러나 「고요모」에서는 그러한 영예에 좀 더 정확한 지위를 부여한다. 이 편에서 고요를 주제로 한 부분은 주로 '위정爲政(정치를 행하는 것)' '지인知人(인재를 알아보는 것)' '안민安民(백성을 편안히 하는 것)' 등의 여러 분야와 서로 다른 측면의 정치적 문제를 서술하고 있다. 플라톤의 『대화』에서처럼 정치에 대한 고요의 기본 입장은 대화 형식으로 전개된다. 당연히 고요는 대화를 주도하는 사람이며, 전설적인 우는 반대로 지위를 낮춰 그를 보좌하는 역할과 경청하는 입장에 선다. 이러한 배역의 안배는 의미심장한 효과를 부각시켜주며 무언의 평가를 포함하게 된다. 이 때문에 「고요모」의 전문全文이 비록 400여 자에 불과하지만 소홀히 다루지 못하는 경전이 될 수 있었다.

먼저 고요가 어떤 말을 하는지 살펴보자. 대화는 고요가 하나의 명제를 제시하면서 시작된다.

만약 군주가 성신誠信을 다하여 고대 성왕의 덕성을 실천해나간다면, 어진 신하들의 보필을 받고 정치도 조화롭게 될 것입니다.[23]

이에 우가 그 말에 동의하면서 구체적인 질문을 던진다.

그렇다면 어떻게 해야 고대 성왕들의 덕성을 실천할 수 있겠습니까?[24]

고요가 대답한다.

한편으로는 삼가 몸을 수양하며 영원한 도道를 항상 생각해야 하며, 다른 한편으로는 구족九族과 친하게 지내 그들이 모두 군주의 뜻을 이해하고 따르도록 해야 할 것입니다. 삼가 몸을 수양하고 구

족과 친하게 지내면, 설령 가까운 곳에서 그 도를 행하더라도 먼 곳까지 영향을 미칠 것입니다.25

우는 재차 동의를 표하고 고요는 더 나아가 다음과 같이 말한다.

군주가 그 도를 행하기 위해서는 사람의 선악을 구별함에 있어서 착한 이를 골라 임용할 수 있어야 하며, 백성을 편안하게 함에 있어서 정치로써 백성을 안정시켜야 합니다.26

우가 말한다.

사람의 선악을 알 수 있다는 것은 바로 '큰 지혜大智'이며 백성을 편안하게 할 수 있다는 것은 바로 '은혜로운 정치惠政'니, 이 두 가지 모두 그렇게 쉬운 것은 아닙니다. 만약 요 임금께서도 이 두 가지를 잘할 수 있었는데도 조정에 환도驩兜, 묘군苗君과 같은 악인과 아첨꾼이 있을 수 있었겠습니까?27

이에 고요는 우에게 '지인'과 '안민'의 구체적인 방법에 대해 본격적으로 소개한다.

개인의 덕성을 이해하기 위해서는 아홉 가지 방면의 고찰을 해볼 수 있으니, 너그러우면서도 굳세며寬而栗, 부드러우면서도 꼿꼿하며柔而立, 삼가면서도 공경하며愿而恭, 재능이 많으면서도 꼼꼼하며亂而敬, 온순하면서도 강인하며擾而毅, 정직하면서 온화하고直而溫, 간략하면서도 올바르며簡而廉, 굳세면서도 독실하며剛而塞, 강하면서도 선량한 것彊而義 등입니다. 이 아홉 가지 덕행 가운데 세 가지만 견지하면 경대부卿大夫는 될 수 있으며, 여섯 가지를 견지하면 제후諸侯가 될 수 있을 것입니다. 만약 모든 백성이 이 구덕을 갖추게 한다면, 정무政務는 일사천리로 처리될 수 있을 것입니다. 안민을 이루기 위해서는 군주에게 다음과 같은 것을 요구합니다. 군주는 대접받을 것을 기대하지 말며, 사욕을 없애며, 일의 미미한 부분을 경계하며, 신중하고 조심하며, 나랏일은 하찮을 일이 하나도 없다는 것을 잘 알아야 합니다. 또 관직을 설치하여 정사를 보좌하게 하고, 사람들이 재능을 발휘할 수 있게 해야 합니다. 예의·덕 그리고 형벌은 모두 하늘을 근원으로 하기 때문에, 상천이 기본적인 인간관계를 규정하므로 군주는 마땅히 부의父義·모자母慈·형우兄友·제공弟恭·자효子孝의 다섯 상법常法을 널리 펼쳐야 합니다. 또한 상천은 기본적인 등급을 규정하기도 하므로 군주는 공작公爵·후작侯爵·백작伯爵·자작子爵·남작男爵의 다섯 예법禮法을 시행해야 합니다. 또 상천은 구덕을 갖춘 사람을 임명하여 오작에 나누기를 요구합니다. 상천은 죄 지은 사람을 벌주기를 바라기 때문에 다섯 형벌을 규정하여 가볍고 무거움에 따라 처벌해야 합니다. 또한 백성이 하고자 하는 바는 반드시 하늘이 부여한 것으로, 하늘의 뜻과 백성의 뜻은 서로 통하는 것이니 임금된 자는 공경하고 두려워

하지 않을 수 없습니다.[28]

고요의 이러한 정치적 견해는 '하나의 강령'과 '두 가지 기본 노선'으로 개괄해볼 수 있다. 이른바 '하나의 강령'은 바로 군주의 덕성을 가리킨다. 이것이 곧 훌륭한 정치의 시작점이자 관건이 된다. 정치가 제 궤도에 있는지, 백성들의 뜻과 얼마나 통하는지는 군주 자신의 덕성 수양 및 그런 덕성이 표출되어 실천되는가의 여부에 달려 있으므로, 훌륭한 정치의 시발점은 군주의 도덕 수양에 있게 되는 것이다. 군주의 덕성이 어느 정도 높은 수준에 도달하면 주위의 종족宗族을 감화시키거나 조화를 이룰 수 있다. 그러면 그것이 확장되어 종족의 개개인도 그들과 관계하는 다른 사람들에게 영향을 끼치게 된다. 이 때문에 군주의 덕성이 직접적으로 군주 주변 사람들에게만 감화를 주는 것 같지만, 주변 사람들도 그러한 덕성을 온 천하를 향해 끊임없이 전파하고 확산시킨다. 이것이 바로 고요의 정치철학의 정수精髓다.

고요의 정치철학은 「요전」에서 서술하고 있는 당요의 정치철학과 거의 차이가 없다. 그들은 군주가 정치의 구심점이자 제1의 원동력이라는 점에 인식을 같이하고, 군주의 '내성內聖'으로 '외왕外王'의 근거를 삼았다. 이러한 정치철학은 수천 년 동안 동아시아 주류 정치철학의 핵심을 구성해왔으나 근대 봉건왕조의 몰락과 함께 마침내 쇠락의 길로 접어든다. 이 정치철학이 쇠퇴한 원인은 바로 민주주의의 유입으로 유발된 '국민이 정치의 출발점'이라는 새로운 관념 때문이다. 서구의 선거제도, 특히 '대통령 선거'의 경우 미래의 정치지도자는 단지 국민 대다수가 선호하는 가치와 요구에 영합하는 것만으로도 '대선'에서 승리할 수 있다. 이로 인해 정치지도자의 사상이나 기대는 국민의 생각과 기대를 넘어설 수 없게 되었다. 정치지도자의 신성성神聖性 혹은 막스 베버Max Weber(1864~1920)가 말한 '카리스마Charisma'도 그 기반을 잃었다. 그러나 인류사 초기에 정치나 문명의 질서를 지도자 한 사람의 매력과 강하게 결부시킨 것은 어떤 특수한 현상은 아니었으며, 일정한 보편성을 띠고 있다. 가령 『성경』에 나오는 모세와 요·순·우 등은 유사한 매력을 지닌 지도자다. 후대 역사가 발전·변화되는 규칙으로 보자면, 이것 또한 신권神權 정치 시대의 필연적인 산물이라고 할 수 있다.

만약 '하나의 강령'인 군주의 덕성이 '실체적'인 정치적 문제에 속한다면, 그와 상응되는 '두 가지 기본 노선'은 '절차상'의 문제에 속한다고 할 수 있다. 따라서 훌륭한 정치를 실현하기 위해서 군주는 고대 성왕의 덕성을 실천함과 동시에 두 가지 절차적 방법인 '지인'과 '안민'을 필요로 한다.

이른바 '지인'의 방법은 주로 관료의 선발에 쓰인다. 요즘 유행하는 말로 풀이하자면 정치 노선의 선명성이 관료를 결정하는 요소라는 뜻이다. 우수한 관료를 선발하기 위해 고요는 아홉 가지 표준을 제시하는데, 사실 이 표준은 관료를 평가하는 기준인 셈이다. 이상적인 관료는 이 표준에 부합해야만 한다. 그러나 실천적 지혜를 가진 고요도 관료 모두에게 이 많은 표준을 갖출 것을 요구하지 않았으므로, 아홉 가지 표준은 실제로는 어떤 정치적 완성자의 모습을 묘사한 것이다. 한 번 더 양보해서, 고요는 만약 어떤 사람이 세 항목에 부합한다면 경대부가 될 수 있

고요도皋陶圖. 그림 속의 해치(또는 해태)는 독각수獨角獸라고도 하는데, 고대 전설상의 신령스러운 동물이다. 시비를 구별할 줄 알아, 사람을 보면 뿔로써 나쁜 사람을 가려낸다고 전한다.

고, 여섯 항목에 부합하면 제후가 될 수 있다고 생각했다. 이것은 어떤 한 사람의 지위와 그의 도덕적 수준은 비례관계에 있어야 함을 말한 것이다. 정치적 지위가 더 높은 사람은 그에 대한 요구도 더 엄격해야 하며, 그의 덕성 수양 역시 더 높아야만 한다.

비록 고요가 '지인'에 관한 표준을 제시하긴 했지만, 기술적인 관점으로 볼 때 이 아홉 표준은 사실상 엄격하게 구별되지는 않는다. 이들은 18개의 한자를 포함하고 있으며 모두 좋은 의미의 단어들이다. 혹자는 인간 덕성의 각 측면을 묘사하고 있는 단어들로 의미상 교차된다고도 했다. 이후에 완전한 인간의 모습을 묘사하기 위해 그런 단어를 한 번에 모아놓은 것이다. 이와 같은 전형적인 사례를 자희태후慈禧太后(1835~1908)29의 '효흠자희단우강이소예장성수공흠헌숭희배천흥성현황후孝欽慈禧端佑康頤昭豫莊誠壽恭欽獻崇熙配天興聖顯皇后'라는 시호에서 볼 수 있다. 황후 앞에 수식된 단어가 무려 23자에 이른다. 만약 이런 형식의 원류를 소급해본다면, 고요가 제시한 아홉 표준이 그 효시라고 할 수 있겠다. 이 말들은 원래 관료를 선발하고 평가하는 기준이었으나, 변화를 거치면서 군주 자신에게 해당되는 말이 되었다.

'안민'의 방법은 백성을 다스리는 데 그 중점이 있다. 고요의 논리에 따르면 그 방법은 다시 두 측면으로 나눌 수 있다. 하나는 사람을 중시하며 사람의 역량을 발휘하게 하는 것이다. 여기서 '사람'에는 국가를 운영하는 군주 및 모든 관료가 해당된다. 그 가운데 군주는 스스로 진심을 다해야 하며, 관료들이 충분히 자신의 역량을 발휘할 수 있게 해야 한다. 다른 하나는 제도 확립을 중시하는 것이다. 고요는 오륜五倫(다섯 윤리제도)과 오등五等(다섯 등급제도) 그리고 오형五刑(다섯 형벌제도) 등 총 3개의 제도를 역설했다. 오륜과 오등은 신분이 차이 나는 사람들이 무슨 일을 할 수 있고, 무슨 일은 할 수 없으며, 또 어떤 일을 해야만 하는지에 대한 직접적이고도 구성적인 규정을 확립한 것이다. 이러한 직접적이고 구성적인 제도에 비해 오형은 간접적이고 징벌적인 제도로, 주로 오륜과 오등 관계를 위반한 사람들을 대상으로 한다. 이것을 현대의 법체계에 비유해보면, 오륜과 오등 제도는 오늘날의 헌법·행정법·민법 등과 같이 질서를 구성하는 법과 유사하며, 오형 제도는 형법·처벌법과 같이 질서를 바르게 하는 법과 유사하다. 고요의 '지인'과 '안민'의 설정은 군신의 덕성과 능동성의 발휘라는 면과 동시에 확고한 제도의 확립이라는 면에서 완전한 정치 운영 도식[30]을 구성하기에 충분하다. 군신의 덕성을 강조함으로 인해 그런 덕성이 외부로 발휘되어 정치적 정당성의 근거와 도덕 기반을 확고하게 했을 뿐만 아니라 세속적인 정치에 형이상形而上의 의의와 가치를 부여하게 되었다. 이러한 초월적인 의의와 가치의 구비는 백성의 정신세계를 안정시킴과 동시에 동아시아의 초기 정치철학과 법철학을 잉태하게 되었다. 제도 확립의 강조는 그 목적이 정치 제도·기법·규칙의 완성에 있는데, 이는 정치적 형이하形而下의 측면에 속한다고 할 수 있다. 여기에 속하는 '오륜' '오등' '오형' 등은 동아시아 초기의 정치학과 법학을 개창했다고 할 수 있다. 정치철학이 주관적인 사람을 지향하고 사람의 덕성을 강조한다면, 정치과학은 객관적인 법을 지향하고 제도와 기술을 강조한다. 고요의 논리는 이 두 측면에 대해 비교적 완벽하게 접근하고 있다.

서양 사상사에서 플라톤은 초기에 철인에 의한 통치를 강조하다가 만년에는 법률에 의한 통치를 강조하여, 인치人治와 법치法治 관념에 대한 일대 변화 과정을 겪는다. 동아시아 사상사에서는 자사子思(기원전 483?~기원전 402?)**31**와 맹자孟子(기원전 372?~기원전 289?) 일파가 개창한 심성유학心性儒學이 정치적 결정 과정에서 '내성內聖'을 강조하게 되었다. 이에 비해 공양학파公羊學派**32**는 정치적 결정 과정에서 '제도'를 더욱 강조하는 입장이다. 이렇듯 축심 시기Axial Age**33**의 사상가들은 대부분 사람과 법, 심心과 물物, 덕성과 제도 등 이분법적 구분에 있어서 이것 아니면 저것 식의 선택을 했다. 그러나 주목해야 할 점은 '축심 시기'보다 훨씬 이전에 살았던 고요의 서술에서 이미 덕성과 법제가 결합된 문명질서적 요소를 찾아볼 수 있다는 점이다.

만약 동아시아 역사에서 전설상의 '삼대三代 시기'**34**가 존재했고, 삼대 시기에 고요라는 인물이 실존해 「고요모」가 확실히 고요의 사상을 담고 있다고 가정한다면, 고요의 정치사상은 삼대 시기의 정치적 실천을 상당 부분 투영하고 있다고 할 수 있다. 동아시아 초기 문명에 정치지도자로서 요·순·우가 차례로 등장했다면, 당시의 가장 중요한 사상가는 역시 고요라고 할 수 있다. 바로 이러한 고요의 대체할 수 없는 사상적 지위로 인해 「우서虞書」의 여러 편에서 고요가 모두 등장해 중요한 역할을 맡고 있는 것이다. 이 때문에 『상서』 각 편의 진위 여부를 떠나, 현전하는 『상서』 경문의 이와 같은 안배는 필연적이게도 논리적으로 진실한 동아시아 초기 문명의 특수한 정보를 담고 있다.

제5편 익직益稷
정치에서의 복식과 음악

편명의 '익직益稷'은 순의 대신大臣인 익益과 기棄를 가리킨다. 익은 백익으로 고요의 아들이며, 순이 산택을 담당하는 관리로 임명했는데 오늘날의 산림과 어업을 주관하는 장관에 해당된다. 기는 곡식을 주관하는 관리였으며 오늘날의 농림부 장관에 해당된다. '직稷' 또는 '후직后稷'이라는 호칭은 이름 대신 관직명을 부르는 것으로 그 사람을 '농림부장관'이라고 호칭하는 것과 같다. 익과 기가 「익직」편의 주인공인 것 같지만, 그들은 직접적으로 출연하지 않으며 사관의 기록에서도 그들의 언행은 보이지 않는다. 이 편의 주인공은 여전히 순·우·고요다. '익직'으로 편명을 삼은 이유는 우의 발언 가운데 익과 기가 보좌한 공적이 언급되기 때문이다.

내용과 논리상으로 보면 「익직」과 「고요모」는 사실상 연결되는 하나의 편이다. 이 두 편의 본문은 세 성인 사이의 동일한 회담을 기록하고 있다. 즉 「고요모」는 회담의 전반부를, 「익직」은 후반부를 기록하고 있다. 동일한 회담을 나누어 편집한 이유는 무엇일까? 한 가지 가능한 이유는 고요의 특수한 사상사적 지위 때문일 것이다. 본문에 등장하는 인물로는 회담이 끝난 뒤 순의 악관樂官인 기夔가 잠깐 출현해 가무歌舞와 가창歌唱의 무대를 마련하기는 하지만, 이번 회담의 주요 인물은 역시 순·우·고요이며, 이 세 사람 가운데 순은 최고의 정치지도자로서 그 자질과 정치적 지위가 다른 두 사람보다 현저히 높다. 그러나 회담 전반부에 순의 말씀은 보이지 않는다. 그 이유는 그 회담을 두 부분으로 나누고 각각의 편으로 만들다보니, 「고요모」에는 지위가 높은 순이 보이지 않게 된 것이다. 「고요모」에 등장하는 인물은 우와 고요밖에 없게 되었고, 그나마도 고요는 주연이고 우는 조연을 담당하게 되었다. 다각적이어야 할 토론은 두 사람 사이의 대화로 변해버린 것이다. 담화의 후반부인 「익직」에 이르러서야 순이 등장한다. 모르긴 해도 고요가 「고요모」에 기록된 정견을 말하고 있을 때, 순은 바로 옆에서 듣고 있었던 것이 확실하다.

고요가 자신의 의견을 말한 다음 고요와 순은 우에게 그의 생각을 말할 것을 요구했고, 우는 다음과 같이 말한다.

고요의 생각이 이미 매우 좋고 훌륭하니, 저는 다만 제 본분을 다할 것만 생각합니다. 제가 무엇을 할 수 있겠습니까? 가장 먼저 홍수를 다스리는 것입니다. 치수 과정에서 백익과 함께 사로잡은 짐승을 그들 무리 속으로 보내줬습니다. 홍수에 대한 근심을 해결한

다음 기棄와 함께 오곡五穀을 파종하여 그 양식을 백성들에게 나눠 줬습니다. 또 방법을 강구해 각 지역 백성들 간 양식의 불공평을 조정하고 소통을 가능케 했습니다. 이에 백성들은 먹을 것이 풍족해졌고 이로 인해 천하가 잘 다스려지게 되었습니다.35

이런 간단한 업무 보고를 마친 뒤 도리어 우는 순에게 직언을 한다.

임금님께서 계신 자리는 항상 조심하고 삼가야 하는 자리입니다. 임금님께서는 여러 세세한 일까지 심사숙고하셔야 하며, 정직한 사람을 신하로 앉혀 믿고 맡기셔야 합니다. 만약 능히 그렇게 하신다면, 임금님께서 팔을 흔들어 보이시기만 해도 천하의 백성들이 모두 호응할 뿐만 아니라 상천의 표창도 받으실 것입니다.36

순이 대답한다.

군신 사이는 서로 친밀하며 서로 믿음이 있어야지 함께 훌륭한 정치를 펼칠 수 있다. 신하는 임금의 눈이며, 귀이며, 손이며, 발인 것이다. 짐이 백성을 먹여 살리고 온 천하를 안정시키기 위해서는 모두 그대들의 도움이 필요하다. 짐은 그대들이 서로 다른 양식과 도안 그리고 다른 빛깔의 예복을 제작해 상하上下로 구별되는 등급 관계를 실현할 수 있기를 희망한다. 짐은 서로 다른 풍격과 선율의 음악을 통해 정치의 성패成敗와 치란治亂을 고찰할 수 있기를 희망하니, 그대들이 짐을 도와줬으면 한다. 또한 짐에게 과실이 있을 때도 그대들이 짐을 도와야 한다. 부화뇌동附和雷同하거나 뒤에서 비난해서는 안 될 것이다. 짐은 측근의 대신들이 모두 자신의 직무를 성실히 수행하기를 바란다. 어리석거나 남을 비방하기를 좋아하는 신하에게는 법에 따라 징계를 내릴 것이다.[37]

우가 대답한다.

신하들을 잘 부려야 하며, 잘 분변하셔야 합니다. 그들의 의견에 따라 받아들이고, 그들의 업적에 의거하여 평가하며, 그들의 공적에 대하여 물질적인 보상을 해주셔야 합니다.[38]

우가 이어서 말한다.

단주丹朱[39]는 자질이 나쁜 데다 오만하고 게을렀기 때문에 제위를 잇지 못했습니다. 저는 치수 대업에 전심전력하기를 바랐으며, 지금 온 천하가 안정되었습니다. 다만 삼묘만이 완강히 저항하며 자신의 직분을 다하려 하지 않습니다. 임금님께서는 이를 유념하셔야 합니다.[40]

순이 말했다.

우리의 덕교德敎를 펼치기 위해서 그대가 해야 할 임무는 삼묘를 복종시키는 일이다. 만약 그들이 계속 항명한다면, 고요에게 법에 따라 처리하도록 할 것이다.⁴¹

순의 말씀이 끝난 후, 악관 기가 등장하여 음악을 연주하니 선조先祖의 영혼이 차례로 강림하며, 각지의 제후들이 묘당廟堂에 올라 서로 읍하고 경의를 표했으며, 당상堂上의 군신들이 춤추고 노래하며 함께 즐거워했다. 순이 "신하들이 기뻐하고 군주가 분발하니 만사가 형통하도다"라는 노래를 지어 축원하자, 고요가 "군주가 현량賢良하고 신하가 현량하니 만사가 형통하도다"라며 화답했다.⁴²

순과 우의 정치토론을 시작으로 해서 군신 사이의 가무歌舞 화답으로 마무리짓는 것이 「익직」의 주요 내용이다. 그들의 반복되는 토론을 통해, 우는 실천가의 면모를 지녔으며 후대의 재상宰相과 같은 직책을 담당하고 있다는 것을 알 수 있다. 그는 분주하게 홍수를 다스리고 사방의 백성을 위로하며 공공사업에 전력을 다해 천하를 안정시켰으니, 그 공적이 실로 대단했다. 군신 사이의 현안 논의에 있어서도 우는 자신의 견해를 적극 피력했다. 그 주요한 요지는 세 가지로 요약할 수 있다. 우선, 군주는 정직한 인물을 골라 신하로 삼아야 한다. 둘째, 군주는 신하에게 임무를 잘 맡겨야 한다. 셋째, 군주는 신하에 대한 평가와 공로 치하에 주의해야 한다. 특히 셋째 건의는 군신관계의 제도화 추세를 반영한 일정한 제도 확립의 의의를 갖추고 있다고 할 수 있다. 그러나 「고요모」에서 보이는 고요의 계통화된 논리 구성과 비교해보면, 우가 우위를 점할 수 있는 부분은 실천력이며, 고요는 사상가적인 측면을 더욱더 부각시키게 된다.

「익직」본문에서 순 역시 제도 확립에 대한 적극적인 희망을 표출하고 있는데, 그 가운데 가장 주목해야 할 것은 두 가지다. 첫째, 순은 서로 다른 복식服飾을 제작해 명분名分을 구체적으로 실현함으로써 상하존비上下尊卑 관계를 사람들의 복식으로 가늠할 수 있기를 바랐다. 복식 제작에 있어 적용되는 서로 다른 도안과 채색, 양식 등은 모두 특정한 정치적 함의를 지녀, 실질적으로 모든 사람이 하나의 부호와 표식을 부착함으로써 생존 방식의 부호성符號性을 강화하게 된다. 둘째, 순은 여러 음악을 분변하기를 희망했는데, 그 서로 다른 선율 속에도 각각의 정치적 함의가 들어 있기 때문이었다. 음악의 분별을 통해 인심의 향배와 정치의 성패를 세밀히 살피고, 음악 이면에 있는 대중의 희망·요구·바람을 들을 수 있기를 바랐다. 따라서 음악을 들을 수 있는 능력은 바로 일종의 정치적 역량이자 집정執政의 능력이었으며, 음악에 대한 민감함은 바로 정치적 민감함으로 이어질 수 있었다. 비록 순의 이러한 견해가 신비롭게 보이긴 하지만 그 속에는 중요한 독창적 의의가 숨어 있다. 바로 음악과 정치의 연계를 통해 음악의 정치적 기능을 강조한 것이다. 순의 이 두 가지 이론은 후대의 '제례작악制禮作樂'[43]을 개창하게 된다. 일반적으로 제도로서의 '제례작악'을 세운 인물은 서주西周 초기의 주공周公[44]으로 알려져 있지만, 「익직」을 통해 보면 순이 복식으로 등급을 나누고 음률로 치란治亂을 분별했으므로 실제로는 이미 당시에 예악 문명의 모델

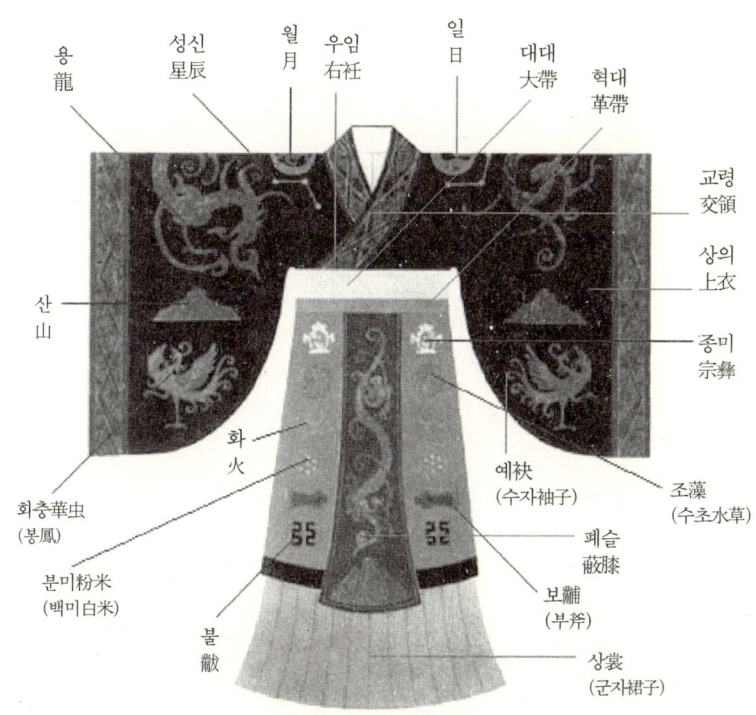

한대漢代 면복도冕服圖.

채도고彩陶鼓. 채도彩陶 평행平行무늬 고鼓. 높이 32cm, 직경 22cm. 2004년 간쑤성甘肅省 린타오臨洮에서 출토. 황토로 만들었으며, 흑홍黑紅색으로 채색되었다. 형태는 긴 나팔자루 모양이며, 자루 입구는 조금 볼록하고 자루 입구 바깥과 밑바닥에 같은 방향으로 하나의 귀 耳가 있어 끈을 묶어 몸에 두를 수 있게 되어 있다. 바닥은 비어 있고 나팔 모양이다. 바닥 외곽으로 한 줄의 돌출된 구멍이 있는데, 바닥에 가죽을 덮어 고정시키는 용도다. 채도고는 4000년 전에 이미 타악기가 있었다는 사실을 입증해주고 있다.

을 묘사하고 있음을 알 수 있다. 따라서 동아시아 초기 예악 문명의 과정은 우순 시대에 그 맹아가 싹터 주공에 이르러 완성되었다가 공자 시대에 이르면 쇠퇴한다. 순은 예악 문명의 잉태자이자 동아시아 초기 문명에서 가장 중요한 공헌을 한 인물이라 평할 수 있다.

순의 복식과 음악에 관한 견해는 비록 한 고대 성왕의 '멀리 내다보는 탁월한 식견'을 보여주는 듯하지만, 「익직」에서 보이는 순에 대한 인상은 도리어 사람들을 곤란에 빠뜨리는 것에 가깝다. 즉 그는 천자라는 지존至尊의 지위를 누렸지만, 우가 도리어 천자인 순에게 조심하고 근신할 것을 요구하며, 어떻게 해야 천하의 호응을 얻을 수 있는지, 어떻게 해야 상천의 지지를 획득할 수 있는지 등에 대해 반복해서 경계시키고 있다. 우의 이러한 권고에 대해 순은 동의의 뜻을 표한다. 그들 대화의 어투를 보면, 두 사람은 어떤 지위나 연령의 존비가 없는 평등한 관계인 것처럼 보인다. 이렇게 평등 관계를 만들 수 있었던 것은 바로 우가 치수사업에서 공적이 탁월하고, 정치적 업적이 뛰어나 실질적으로 이미 천자인 순과 동등한 권위를 누리고 있었기 때문이었다.(물론 성현聖賢의 기상을 보통 사람의 인식 수준으로 헤아릴 수는 없을 것이다.)

다시 「고요모」에서 비춰지는 고요와 우의 관계를 관련시켜 보면 우리는 다음과 같은 추론을 할 수 있다. 「고요모」와 「익직」 두 편이 반영하고 있는 시기에 최고위 지도층은 '트로이카 체제'를 형성하고 있었다. 고요는 걸출한 정치사상과 덕성으로 사상가의 역할을 담당했고, 지혜를 기반으로 '도의道義'적인 권력을 획득했다. 순은 자신의 자질로 천자의 지위에 올라 '장로長老'의 권력을 획득했다. 우는 자신의 공적과 수행력으로 '집행執行'의 권력을 행사했는데, 오늘날의 행정부 총리나 기업의 회장 역할과 유사하다.

「익직」끝 부분에는 군신 사이의 가무화답을 기록하고 있다. 악관 기는 주최자 혹은 사회자 역할을 맡았다. 특정 음악의 장단에 산 자와 죽은 자의 경계가 타파되어, 역대의 조상 영혼이 산 자의 눈앞에 강림한다. 「익직」이 묘사하는 이런 세목들은 순이 장악하고 있는 정권의 유래에 근거가 있고, 순이 옛 성왕의 합법적인 계승자이며, 그런 정치 유산의 합법적인 수호자임을 증명한다. 먼 조상들의 영혼이 강림했다는 것은 실질적으로는 살아 있는 사람들로 하여금 기존의 정치질서와 정치형태를 수호하게끔 하는데, 그것이 곧 합법적이고 정당한 정치질서이기 때문이다.

【제2부】
하서夏書

「하서夏書」는 『상서』의 제2부로, 하나라의 정치를 반영한 문헌이다. 하나라는 기원전 약 21세기에 시작되어 기원전 17세기 초에 망했다. 하나라의 제1대 군주는 우禹다. 우 이후에 계啓, 태강太康, 중강仲康 등으로 이어지며, 마지막 군주는 걸桀이다.

「하서」가 기록하고 있는 역사는 다음과 같다.
우가 도산塗山에서 제후들과 회동한 것.
우가 죽은 뒤 그의 아들 계가 천자의 자리를 계승하여 세습제가 선양禪讓으로 대체되자 유호씨有扈氏가 불복했는데, 계가 출병하여 감甘 땅에서 싸운 사건.
태강이 무도하여 정권을 잃게 되는 사건.
소강少康이 국가를 다시 일으킨 사건.
상商나라 탕湯이 하나라 걸왕과 명조鳴條 땅에서 싸워 하나라를 멸망시킨 사건 등이다.

제6편 우공禹貢
천하天下체계의 형성

「우공禹貢」 전문은 1193자에 불과하지만, 「우공」을 중심으로 파생된 주소注疏[1]나 연구서는 가히 한우충동汗牛充棟[2]이라 할 만하다. 옛날의 학자들은 대부분 '세금 바치는 법貢賦之法'으로 여겼다. 즉 '우공'은 '우禹가 제정한 구주九州의 공법貢法'이란 뜻이다. 이러한 해석은 「우공」이 주로 세금이나 공물의 납부를 규정하고 있기 때문이다. 그러나 후대의 학자들은 '역사지리학'의 관점에 무게를 두고 「우공」을 연구했는데, 즉 한 권의 지리서로 간주한 것이다. 그 이유 가운데 하나는 '세금 바치는 법'이 전편의 주제가 아닐뿐더러 그것을 다룬 내용도 겨우 299자에 불과해 전체 내용의 4분의 1에 지나지 않기 때문이다. 그러나 「우공」의 요지를 관련 내용의 글자 수로 헤아려서는 안 될 것이다. 『상서』 구성의 특성상 「우공」의 정치철학 혹은 법철학적 의의는 그 지리학적 의의에 있을 뿐만 아니라, '공부貢賦제도'의 의의에도 있을 수 있다. 따라서 우리는 「우공」

을 일종의 정치철학 또는 법철학 논문으로 파악하고 그 정치철학적 의미를 되새겨볼 필요가 있다.

표면적으로는 「우공」의 대부분이 구주의 산수山水 · 토양土壤 · 생산물 등의 지리적 요소를 소개하고 있고 문장은 단조롭게 의미만 간단히 전달하며 또한 이미지도 중복된다. 기주冀州에서 연주兗州, 청주靑州에서 서주徐州, 양주揚州에서 형주荊州, 예주豫州에서 양주梁州, 마지막으로 옹주雍州에 이르는 구주의 산수를 차례로 다스리고, 구주의 공부貢賦를 차례로 확정한다. 이러한 내용이 「우공」의 대부분을 차지하고 있는 것 같지만 실제로는 모두 장황한 밑바탕이나 서막에 불과할 뿐이고, 최종적으로는 천자天子의 위엄과 교화가 온 천하에 두루 미쳐 순이 우에게 부여한 검은 옥을 들어 보이며 성공적으로 일이 마무리되었음을 선언3함으로써 「우공」은 절정에 도달한다. 따라서 「우공」을 읽는 과정은 여행을 떠나 고생스럽게 수백 리 혹은 수천 리를 지나 목적지에 도달하면 눈앞에 아름다운 풍광이 펼쳐지면서 여정이 거기서 딱 끝나는 것과 같다고 할 수 있다.

「우공」의 최종적인 목적은 바로 천자의 위엄과 교화가 온 사방에 두루 퍼져 천하 지배를 실현하는 것이며, 근본적으로 정치공동체의 형성과 실현에 있다. 이로써 「우공」을 해석하는 키워드는 바로 '정치공동체' 혹은 '천하정치天下政治' 관념이라 할 수 있다. 우의 이러한 노력들은 모두 천하를 하나의 정치공동체로 만들어 통치하며 천하의 통합을 이뤄 정체성 있는 정치 영역을 완성하는 데 있었다. 「우공」의 논리에 비춰보면 '정치공동체' 혹은 '천하체계'의 형성과 실현 과정은 두 가지 대등한 방법을 포함하고 있는데, 하나는 구주의 구획과 공부제도이며 다른 하나는 오복五服의 구분과 그에 따른 계급 구조다.

먼저 구주의 구획을 알아보자. 구주의 개념과 구획은 우로부터 시작된 것은 아니지만, 우는 정치지도자로서는 처음으로 구주를 순회했고, 모든 구주의 범위 안에 자신의 흔적을 남겼다. 이것은 아주 중요한 정치 활동 가운데 하나다. 「우공」을 보면 가장 먼저 지리 공간의 측면에서 천하라는 추상적 개념을 구체적으로 '확정'한다. 비록 천하가 구주에 한정되지는 않지만, 우선 천하를 구주로 표현함으로써 구주가 천하의 모체가 되는 부분임을 말한 것이다. 구주의 확립과 확정은 천하를 충만하고 접촉 가능한 정치 공간으로 만든다. 천자는 천하의 주재자가 되어 구주라는 현실정치 공간 안에서 정책을 구현하고 발휘하게 된다. 만약 천하를 구주로 확정하지 않는다면, 천하는 하나의 불확정적인 개념이 되고 만다. 그러나 구주의 구획과 확정은 근본적으로 그런 상태를 바꾸어놓았다. 추상적인 천하 개념을 직접적이고 선명하며, 산과 물이 존재하는 구주로 변화시킨 것이다.

이러한 목표는 「우공」의 첫 문장에 암시되어 있다. "우부토禹敷土, 수산간목隨山刊木, 전고산대천奠高山大川." 이 짧은 12글자는 이미 「우공」의 의도를 시사하고 있는데, 그 의미는 "우는 구주의 범위 내에서 수토를 정비하고, 산림을 따라 나무를 베어 길을 내고, 각지의 높은 산과 큰 강을 존비尊卑의 등급을 매겨 서로 다른 예의禮儀에 따라 제사를 올린다"이다. 우의 이러한 수고는 본질적으로는 강토 개척에 해당된다. 이는 스페인·포르투갈·영국 등의 전성기 시대 탐험가들의 '신대륙 발견'과 유사

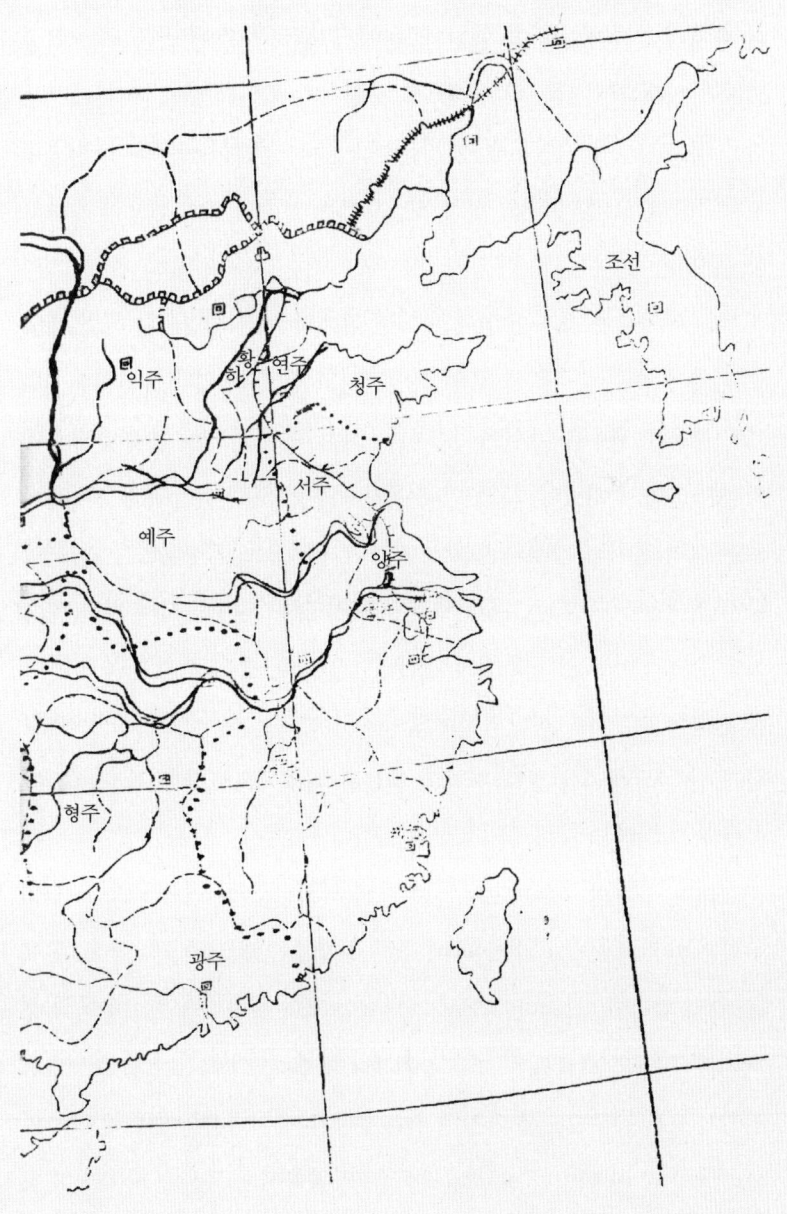

우공구주도禹貢九州圖.

한 정치적 효과를 냈다고 할 수 있는데, 그들이 도달한 곳은 모두 확실하게 자신의 정치권력 범위 안으로 포함시키게 된다. 우는 어디에서든 길을 내고 사당을 지었는데, 그것은 바로 앞서 언급한 신대륙 발견이 내건 기치와 같으며, 현대의 정치 개념으로는 일종의 주권 선포와 같다고 할 수 있다.

물론 동아시아 초기 문명에는 이런 현대적 주권 개념이나 국가 개념도 없었기 때문에 구주를 우의 식민지라고 할 수는 없다. 그러나 우의 그런 행동은 구주를 자신이 주도하는 정치 체계 안으로 편입시키는 데 확실한 도움이 되었다. 그로 인해 우가 구획한 구주의 산수는 결과적으로 자신의 정치적 지배와 통제가 가능한 구역으로 확정되었다. 바꾸어 말하면, 구주의 구획은 수리·교통·토지조사·자원탐사와 같은 기술적인 문제가 아닌 일종의 정치 행위였던 것이다. 우의 정치적 목표는 바로 천하를 통합하여 하나의 정치공동체로 만드는 데 있었다. 구주의 구획과 산수의 관리를 통해 천자의 권력은 이론상으로만 존재하는 것이 아니라 구주에 두루 미치는 권력이 되었다.

그러나 구주의 구획만으로는 여전히 부족한 점이 있었는데, 구주의 구획은 일종의 정적靜的인 안배에 지나지 않았기 때문이다. 구주를 '동적動的'으로 만들고, 그러한 구획에 지속적인 정치 생명력을 불어넣기 위해서는 구주 안의 사람들을 모두 동원해야만 했다. 그런 목표를 달성하기 위해서 우는 공부제도를 완성해 천자가 구주를 지배하는 제도적 장치를 마련하게 된다. 이러한 공부는 각 주에서 천자에게 물산을 바치는 것임과 동시에 천자에 대한 정치적 충성과 정치적 복종을 표시하는 것이었다. 공부제도를 통해서 천자는 중심이 되고, 구주는 범위 안의 정치공동체로서 제도상으로만 형성된 것이 아니라 끊임없는 역동성도 얻게 되었다. 바로 이러한 목표를 위해 우는 각 주를 순시하며 주마다 공물의 종류와 세금의 등급을 확정했다. 예를 들면 기주의 공물은 가죽옷이며 세금은 1등급 혹은 2등급이다. 연주의 공물은 옻·실·비단이며 세금은 9등급이다. 청주의 공물에는 소금·가는 갈포·누에실 등이 있으며 세금은 4등급이다. 서주의 공물에는 오색토·산山두루미·오동나무 등이 있으며 세금은 5등급이다. 양주揚州의 공물에는 금·은·동·옥 등이 포함되며 세금은 7등급이다. 형주의 공물에는 짐승의 털·상아·금·은 등이 있으며 세금은 3등급이다. 예주의 공물에는 옻·마·가는 칡 등이 있으며 세금은 2등급이다. 양주梁州의 공물에는 옥·철·은 등이 있으며 세금은 8등급이다. 옹주의 공물에는 옥·돌·보석류가 있으며 세금은 6등급이다.

각 주의 공물 종류와 부세賦稅의 등급을 확정하기 위해 우는 전형적인 주권성主權性의 권력을 향유하게 된다. 현대사회에서 국가권력의 핵심은 바로 세금 징수와 재정지출권에 있다. 가령 영국의 산업혁명은 그 본질이 세제稅制혁명에 있었다. 혁명 전에는 징세권과 재정지출권이 모두 국왕에게 있는 군주주권 체제였다. 그러나 혁명 후에는 징세권과 재정지출권이 의회로 넘어가면서 민주주의 체제로 바뀐다. 세금 징수와 지출권이 바뀜으로써 정치 체계가 바뀌는 것을 알 수 있다. 「우공」에서 우는 각 주의 세금과 공물을 확정하는데, 사실은 천자만이 누릴 수 있는 정치주권자로서의 권력을 행사한 것이며, 그 숨은 의미는 '내가 너희를 위해 세금을 확정할 수 있으며, 너희는 나에게 절대복종하라. 나는 너희 위에 군림하는 자다'라는 것이다. 부세의 등급은 세율의 높고 낮음으로 나타나는데, 우의 입장에서 보면 세율이 조금 높거나 낮고, 많이 거둬들이고 적게 거둬들이는 것 등은 모두 상대적이며 부차적인 문제들이다. 관건은 '내가 너희가 납부할 세금의 등급을 확정할 수 있다'는 것이다. 바로 공부의 납부 과정을 통해 천자와 구주 사이의 상하·존비·군신관계가 제도적으로 형성되었고, 일정한 규칙이 있는 정치공동체가 유효한 동작을 시작하게 되었다.

다음으로 오복五服의 구분을 보자. 「우공」의 뒷부분은 '오복'이라는 정식 제도를 확립하고 있다. 표면적으로 오복은 구주 체계 바깥에 별도로 설치된 지리적 구획이지만, 실제 의미는 바로 정치적 구획이라고 할 수 있다. 오복제도를 살펴보면, 서로 다른 지리 구역은 또한 서로 다른 정치적 지위를 갖는다. 우선 천자의 영지는 국도國都를 중심으로 반경 500리까지이며, 이 범위 안의 구역은 바로 천자의 영지로서 가장 존귀한 정치구역이 된다. 그다음은 전복甸服인데, 천자의 영지를 빙 두른 또 하나의 고리 모양의 구역으로 너비가 500리다. 전복 바깥에 차례대로 후복侯服·수복綏服·요복要服·황복荒服이 있다. 그것들은 모두 전복과 같이 천자의 영지를 중심으로 한 고리 모양의 구역으로 한 고리에 한 고리를 덧붙여 나가며, 그 너비는 모두 500리씩이다. 다시 말해서 오복은 천자의 영지를 중심으로 5개의 동심원을 형성한다.

이러한 정치적 구획은 돌멩이를 물에 던지면 일어나는 여러 겹의 파동 형상이다. 각각의 고리 모양의 구역은 모두 천자를 중심으로 형성되

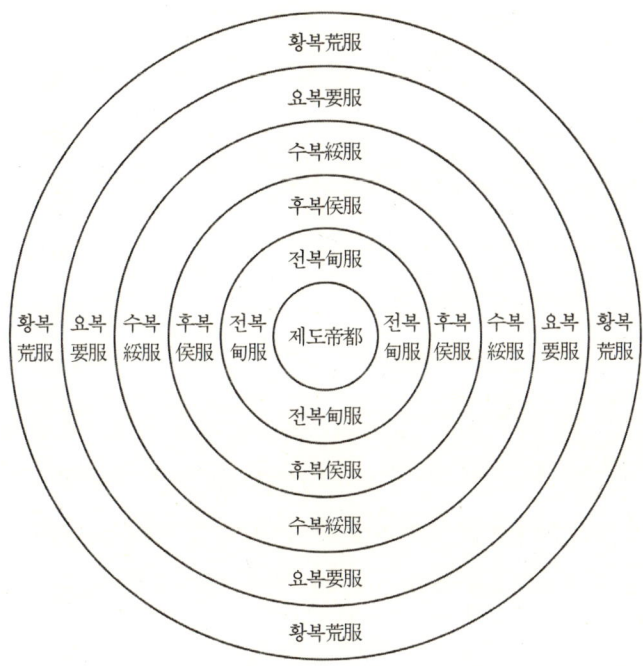

오복도五服圖. 제도帝都 전복甸服 후복侯服 수복綏服 요복要服 황복荒服.

었다. 이 때문에 천자가 자리하고 있는 '중앙'은 최고 권력의 중심일 뿐만 아니라 지리적으로도 진정한 원심圓心에 해당된다. 이러한 구획을 확정하기 위해 우는 '복服'이라는 서로 다른 의무를 부과했다. 가령 전복 안에서 국도와의 거리가 가장 가까운 100리 구역은 천자에게 짚풀이 달린 벼를 바치고, 200리 구역은 벼이삭을 바치며, 300리 구역은 벼를 바치고, 400리 구역은 거친 쌀을 바치고, 500리 구역은 고운 쌀을 바친다. 총괄하자면 전복의 구역은 주로 천자에게 농산물을 바친다. 전복 외곽의 후복 구역은 주로 부역에 종사한다. 후복 외곽의 수복 구역은 주로 천자의 정교政教를 책임지고, 천자의 안전을 수호한다. 후복 외곽의 요복 구역은 다른 구역과 평화롭게 지내야 하며, 상호 간의 규약을 준수해야만 한다. 요복 외각의 황복 구역에 이르러서는 신하로서 복종하는 관계는 유지하되 천자에게 공물을 바치지는 않는데, 대부분 유동적이고 안정되지 않은 상태로 지내기 때문이다.

오복 안의 주어진 '복'은 서로 다른 의무를 나누어 담당한 것이다. 서로 다른 의무는 또한 지리적인 원근遠近을 의미하기도 하고, 정치적인 원근을 의미하기도 한다. 중앙과 가까운 구역일수록 중앙의 통제력이 더욱 강해진다는 뜻이다. 반대로 바깥으로 갈수록 중앙의 통제력은 점점 약해진다. 가장 먼 황복의 바깥에 이르면 중앙의 지배력이 거의 미치지 않게 된다. 이런 통제력의 쇠락은 바로 천자 권력의 경계를 의미한다. 오복의 구역은 당시 동아시아인들이 상상할 수 있는 최대한의 공간이었을 것이다. 그 공간은 바로 지리적으로 가까운 곳에서 먼 곳을, 정치적으로 높은 곳에서 낮은 곳을, 문화적으로 문화에서 야만을, 정감적으로 친함에서 소원함을 나타내는 정치 모델인데, 페이샤오퉁이 『향토중국鄉土中國』에서 말한 '등급 모델'4을 적용해보면 오복이라는 일종의 제도적 안배를 통해 정치적인 등급 모델을 완성한 것이다.

구주의 공부와 오복 모델의 건설을 통해 비교적 성숙한 정권의 기틀을 마련했다. 구주는 그 권력의 영역을 구성한다. 각 주는 서로 다른 공물과 부세를 통해 중앙과 제도적인 교역관계를 형성한다. 이는 최초의 '중앙과 지방' 관계다. 중앙과 지방 관계 바깥에는 별도의 제도화된 '오복'이 있다. 오복은 비록 지도상에 구획된 정치 영역이지만 구주의 구획에 종속되지는 않는다. 그 이유 가운데 하나는 오복 안의 중앙과의 원근은 중앙과의 친소에 해당되지만, 구주 안에서는 중앙과 구주 관계에 엄격한 친소나 원근의 구별이 없기 때문이다. 다른 이유는 구주에 해당되는 각 주는 정치적으로 균등한 특징을 지니지만, 오복 안의 각 복은 정치적 지위가 서로 다르다. 구주 구획과 오복 구획의 병행은 초기 국가의 양대 속성, 즉 법률적 속성과 윤리적 속성으로 해석할 수 있다. 구주의 공물과 부세제도의 확립은 동아시아 초기 국가에서 이미 나타난 법률화와 객관화의 추세를 잘 보여주며, 더욱이 최초의 '중앙과 지방'이라는 법정화의 특징은 객관화되고, 법률화된 정권을 잘 묘사하고 있다. 이와는 달리 오복제도가 비록 각 '복'의 서로 다른 의무를 확정하긴 했으나 오복의 구획은 친소관계로 표준을 정했는데, 천자와 각 복 간의 친소관계는 의도된 혈연관계처럼 보인다. 이러한 등급 모델은 선명한 윤리적 속성을 지닌다. 만약 구주를 정치적인 지연地緣관계에 대응시킨다면, 오복은 정치적인 혈연血緣관계에 대응된다고 할 수 있다. 이 둘은 동아시아 초기 국가의 법률성과 윤리성을 대표한다.

　구주의 구획과 그 공부제도의 확립, 그리고 오복의 구분과 그 등급 모델의 확정은 상대적으로 성숙된 정치 형태와 문명질서가 이미 표출되었음을 나타내는 표식이기도 하다. 이러한 공적들이 「우공」편에 들어 있기 때문에 모두 우의 머리로부터 나온 것으로 생각되지만, 우 한 사람이 완성할 수는 없었을 것이다. 그 제도가 요堯의 옛 제도이며, 우는 단지 그런 제도를 회복시키거나 다시 세운 것에 불과하다고 여기는 것도 억측일 것이다. 이 두 제도는 동아시아 초창기의 정치에 대한 관념을 표현한 것으로, 초기 동아시아인의 이상적인 정치질서와 문명질서에 대한 상상과 기대의 표현이라고 할 수 있을 것이다.

제7편 감서甘誓

선양제도의 종결

『상서』에는 '~서誓'라는 편명이 많은데, 「감서甘誓」는 그런 서誓가 붙는 첫째 편이다. 전문은 111자로 매우 짧다. 편명에 보이는 '감甘'은 지명으로, 유호씨有扈氏가 관할하는 지역의 국도國都 남쪽 교외 지역이다. '서'는 군왕이 장수들을 훈계하는 문체 가운데 하나다.[5] 「감서」의 주인공은 하夏나라의 천자 계啓다. 계는 제후인 유호씨가 자신의 제위 계승에 불복하자 출병하여 정벌했는데, 전쟁터가 유호씨 국도의 앞마당이었다. 따라서 이 편은 계가 유호씨를 정벌하면서 발표한 전쟁에 임하기 전의 격문檄文을 기록하고 있다.

그런데 계는 왜 제후인 유호씨를 정벌해야만 했을까? 『사기史記』 「하본기夏本紀」에 그 배경이 실려 있다. 우가 천자가 되어 동쪽 순수를 하다가 회계會稽에서 붕어하자 정권은 신하인 백익에게 넘어간다. 백익은 고요의 아들이자 순이 임명한 산택山澤 담당 관리로서, 순·우 시대의 중요한 관료였다. 게다가 부친인 고요의 명망이 더해져 백익이 최고의 직위를 물려받는 데도 이상할 것은 없었다. 그러나 3년 후 백익은 우의 아들 계에게 정권을 양보한다. 전하는 바에 따르면, 계는 매우 현명했기 때문에 제후들의 지지를 얻어 제위를 계승할 수 있었다고 한다. 그러나 유호씨가 불복했다. 사실 유호씨는 외부인이 아닌 계의 동성同姓 형兄이었다. 그가 동생의 계위를 반대한 이유는 다음과 같다. 예전의 요가 순에게 제위를 전하고 순이 우에게 제위를 전한 것은 모두 천자의 지위를 어질고 덕 있는 사람에게 선양禪讓한 것인데, 계가 제위를 잇게 되면 우는 천자의 지위를 자신의 아들에게 주는 것이 된다는 것이다.(그전 3년간 백익의 집정은 우와 계 사이의 과도기라고 볼 수 있다.) 이 때문에 계의 왕위 계승은 기존의 왕위 계승법을 위반한 것으로 합법성을 결여한 것이 된다. 이런 이유로 유호씨는 계에게 직접 도전하게 되었다. 결국 그것은 실패한 도전이 되었고, 유호씨는 계에게 멸망당했다.

만약 유호씨가 계에게 도전한 이유를 계가 '어진 이에게 선양'하는 정치 전통을 위반했기 때문이라고 한다면, 계는 그런 관점을 어떻게 반박했을까? 「감서」의 기록을 보자.

전쟁에 임하면서 자기 장수들 앞에서 계의 논증은 매우 간결하다. "유호씨는 오행五行을 오만히 하고 천天 · 지地 · 인人의 정도正道를 폐기했으므로 상천이 그의 목숨을 끊으려 하니, 지금 나는 상천을 대표해서 그에게 징벌을 내릴 것이다."[6]

계의 고발은 자연법칙에 초점을 맞춰 유호씨가 수水 · 화火 · 목木 · 금金 · 토土가 교대로 운행하는 자연법칙을 존중하지 않는다는 점을 확신

정호서사도 征扈誓師圖

했는데, 이러한 자연법칙이 인사人事에서는 인仁·의義·예禮·지智·신信의 다섯 가지 품성品性으로 발현된다. 좀 더 구체적으로 말하면, 유호씨와 계는 동성지간이어서 군신 간의 의리뿐만 아니라 형제간의 친함도 있는 사이였다. 이 때문에 자연법칙에 비춰본다면, 유호씨는 마땅히 신하의 본분을 지켜야 할 뿐만 아니라 형제간의 우애도 고려했어야 했다. 유호씨의 도전 행위는 곧 군신 간의 의리를 위배한 것이기도 했고 형제간의 친함도 위배한 것이므로, 인·의·예·지·신의 다섯 가지 인륜의 도를 저버린 꼴이 되며, 또한 수·화·목·금·토가 서로 작용하는 자연법칙을 거스른 것이다. 후대의 동아시아 문화의 논리에 비춰보면 이는 천리天理를 위반한 것이므로 천리가 허락하지 않는다는 것이다. 즉 자신의 정벌 행위는 하늘을 대신한 징벌이라 할 수 있으므로 당연히 충분한 정당성을 갖게 된다.

유호씨와 계 각자의 관점을 비교해보면, 이것이 곧 합법성과 정당성의 싸움임을 발견하게 된다. 유호씨는 군주의 교체는 당연히 '어진 이에게 양보'를 핵심으로 하는 선양제도를 따라야 한다고 주장한다. 요와 순의 교체, 순과 우의 교체는 모두 '어진 이에게 양보'하는 법칙이 만든 결과였다. 그러나 계의 왕위 계승은 본질적으로 '부자父子 세습'으로 '어진 이에게 양보'라는 기본적인 정치 규칙을 깨버린, 일종의 위법 행위인 셈이다. 현대인의 관점에 비춰보더라도 이것은 위헌 행위이므로 합법성을 결여했다고 할 수 있다. 이러한 유호씨의 지적에 대해 계는 정면으로 반박하지 않고 좀 더 추상적인 오행 관념을 통해 인간의 행위가 천지天地의 운행 법칙에 부합해야 함을 호소한다. 즉, 유호씨의 군신관계나 형제관계의 훼손은 반역의 성질이 있으며, 자연법칙에 대한 무시 행위라는 것이다. 계의 관점에서는 이러한 오행을 핵심으로 하는 자연법칙이 좀 더 고차원적이고 정당한 규칙인 것이다. 그런 법칙의 위반 행위는 더욱 불의不義한 것이 되며, 그런 불의한 행위에 대한 정벌은 당연히 정당성을 지니게 된다.

그렇다면 누구의 논리가 더 설득력을 지닐까? 아마도 계의 논리가 좀 더 우위를 점했던 것 같다. 왜냐하면 유호씨의 논리는 정치지도자의 교체라는 하나의 구체적인 제도에만 호소하고 있는 반면, 계의 논리는 기초적인 자연법칙인 오행에 근거하고 있어 그 어떤 사람도 고차원적인 법칙에 감히 대항할 수 없었기 때문이다.

계의 논증 방식이 비록 비교적 우위를 점했지만 그의 논증 과정에도 조금 엉성한 부분이 있었는데, 대체 유호씨가 어떤 면에서 '오행'을 위반했다는 것이며 또한 어떤 측면에서 천·지·인의 정도를 위반했다는 것인가를 근본적으로 설명할 수는 없다. 그러나 전쟁을 하는 동안에는 상세한 논증이 필요치 않으며 또한 그런 논쟁 자체가 불가능하다. 그 당시에는 정제된 단 한 구절의 말로 대중의 마음을 한데 모으고 투쟁심을 유발시키는 구호로 삼으면 되었다. 한 구절의 구호가 바로 '기치旗幟'이며, 쓸데없는 수많은 말은 그 한 구절의 기치를 이기지 못한다.

그러나 전통적인 동아시아의 고전에서는 위와 같은 분석이 받아들여지지 않는다. 『상서정의尚書正義』[7]에는 "당요唐堯 시대에는 단주丹朱가 있었고, 우순虞舜 시대에는 상균商均이 있었으며, 하夏나라 때는 오관五觀[8]과 유호씨가 있었고, 주周나라에는 관숙管叔과 채숙蔡叔이 있었다"라고 하여, 유호씨를 다른 '나쁜 사람'들과 같이 열거하며 간신奸臣의 무리에 편입시켰는데, 그에게 반역자의 꼬리표를 붙임으로써 영구적인 '주홍글씨'를 새겨놓게 된다. 이런 판단이 비록 거룩한 경전에 수록되어 있긴 하지만 맹목적으로 믿을 필요는 없다. 왜냐하면 역사란 언제나 승자의 편에서 쓰이기 때문이다. 「감서」 본문에는 단지 계의 논리만 기재되어 있을 뿐 유호씨의 말은 없다. 그 원인은 유호씨는 패자로서 단지 판결을 듣는 입장에 처할 수밖에 없으며, 또한 역사의 승리자나 기록자가 임의로 그를 역사적 치욕의 대상으로 고정시킬 수밖에 없다는 데에 있다. 그런데 만약 전쟁의 승패로써 영웅을 가리지 않고 사상사적인 관점에서 고찰해본다면 유호씨의 주장은 사실 대단히 큰 의의를 지닌다. 왜냐하면 '어진 이에게 양보'라는 정치 원칙 아래 요는 순에게, 순은 우에게 제위를 물려줬으며, 이는 이미 하나의 정치 관례로서 정치관습법 혹은 불성문不成文 헌법을 만든 것이기 때문이다. 만약 지금까지 그러한 원칙으로 정치지도자를 뽑았다면, 상대적으로 안정적인 전통에서 점진적으로 완벽한 정치로 발전되었을 것이다. 또한 '부자세습'이 함축하고 있는 '천하는 곧 군주 한 사람의 것'이라는 의미에 비해 '어진 이에게 양보'가 함축하고 있는 '천하는 모두의 것天下爲公'의 색채는 정치 윤리와 품격상 확실히 계가 개창한 '부자세습'의 정치보다 우월하다고 할 수 있다. 이런 관점에서 본다면 유호씨의 언행은 수준 높은 정치 전통을 수호하고 있다. 만약 요·순·우의 선양이 실재했고 그러한 위대한 전통이 하나라의 계에 이르러 끝난 것이라면, 유호씨는 위대한 정치 전통의 순교자가 된다. 그는 비록 계의 무력에 죽임을 당했지만 그가 표명한 정치 관념은

대전우감도大戰于甘圖.

불멸의 가치를 지닌다.

   다시 계에 대해서 살펴보자. 『사기』「하본기」와 『상서』「우서」가 제공하는 실마리에 따르면, 일찍이 순 시기에 고요와 백익 부자의 정치적 명망은 대단했다. 그 당시 백익은 중량감 있는 정치인이었던 반면, 계는 아직 등장하지도 않는다. 고요만 하더라도 당시 최고의 사상가로서, 실질적인 영향력에 있어 군주의 자리를 누리고 있던 우에 못지않았다. 따라서 당시의 정치 전통에 비춰보면, 우 사후에 백익이 군주의 자리를 물려받는 것은 당연히 최선의 정치적 선택이었을 것이다. 실제로 우 사후에 백익이 정권을 쥐게 된다. 그러나 겨우 3년 만에 정권은 백익의 손을 떠나 계의 손아귀로 들어간다. 이치상 추측해본다면 이것은 상당히 잔혹한 정치투쟁의 결과물이다. 즉 계는 백익의 정권을 전복시킨 승리자가 된 반면, 백익은 그 정치투쟁의 실패자가 된 것이다. 물론 천하 대다수의 제후가 모두 계에게 귀순하여 '사태를 정확히 파악하고 대응을 잘했다.' 그러나 의연하게도 어떤 한 제후는 확실하게 이의를 제기했으니, 그가 바로 유호씨였다. 그는 계의 정치적 음모를 용납할 수 없어 분연히 떨쳐 일어났던 것이다.

   「감서」의 기록에 따르면, 유호씨를 정벌하기 위해 계는 장수들에게 다음과 같이 요구한다.

     전차戰車 왼쪽에 위치한 병사들은 화살로 적을 사살해야 할 것이며, 전차 오른쪽에 위치한 병사들은 창으로 적을 사살해야 할 것이며, 전차를 모는 병사들은 정신을 차리고 잘 몰아야 할 것이다. 명령에 복종하면 선조의 신위 앞에서 상을 내릴 것이지만, 명령을 어기면 사직社稷의 신위 앞에서 노예로 만들든지 사형에 처하는 징벌을 내릴 것이다.[9]

계의 이러한 명령은 아래의 몇 가지 측면의 구체적인 내용을 포함한다. 첫째, 그는 매우 강경한 인물로 정치철완政治鐵腕이라 할 수 있다. 즉 맹렬하게 상대방을 공격하면서도 엄격하게 병사들의 군기를 잡아 포상과 징벌이라는 양면으로 병사들을 독려한 것이다. 이러한 정치적 성격은 그가 최고 권력을 획득하는 데 일조했을 뿐만 아니라 '부자세습'이라는 전통을 개창할 수 있게 했다. 둘째, 선조의 신위와 사직의 신위는 각각 서로 다른 기능을 갖는다. 전자는 조상에게 제사하는 곳으로 군주의 혈통을 대표하며, 음양으로 따지면 양에 해당된다. 후자는 토지신과 곡식신에게 제사하는 곳으로 대지와 곡물을 대표하며, 음양으로 따지면 음에 해당된다. 이 때문에 어떤 사람을 상 주기 위해서는 선조의 신위 앞에서 행하는 것이며, 반면 어떤 사람을 벌 주기 위해서는 사직의 신위 앞에서 행하는 것이다. 셋째, 계가 병사들에게 내린 명령은 당시의 군사 운용을 잘 보여준다. 한 대의 전차에는 통상 세 명이 탑승하는데, 한 사람은 전차를 몰고, 한 사람은 활을 쏘며, 한 사람은 창을 드는데, 그들은 각각 그 직분을 맡아 서로 호흡을 맞춘다.

제8편 오자지가五子之歌
최초의 태평성대를 바라는 충언

「오자지가五子之歌」의 '오자五子'는 우의 다섯 손자이자 계의 다섯 아들을 말한다. 「오자지가」는 그 다섯 사람이 지은 정치를 주제로 한 다섯 수의 시가다. 중강仲康이라 불리는 한 사람을 제외하고는 다섯 형제의 이름은 전혀 알 수 없다. 그렇다면 그들은 왜 이 시가를 지었을까? 바로 그들 다섯 형제의 맏형인 태강太康을 원망하고, 그들의 조부인 우가 남긴 훈계를 회상하기 위해서였다.

애초에 계가 죽은 후 그가 개창한 '부자세습'에 비춰볼 때, 천자의 지위는 그의 장자長子 태강에게 전해진다. 그러나 태강은 전형적인 귀족 자제였다. 비록 군주의 지위를 물려받았지만 향락에 빠져 백성들을 돌볼 생각은 하지 않은 채, 군주가 갖춰야 할 덕행과 마땅히 행해야 할 책임을 완전히 상실해 모든 신하는 그에 대한 존경심과 충성심을 잃게 된다. 한번은 태강이 야외에서 사냥하고 노는 것에 탐닉하여 100일 동안 돌아오지 않은 적도 있었다. 태강이 사냥하며 돌아다니던 제후국 가운데 유궁국有窮國이 있었는데, 그 나라의 군주는 예羿였다. 예는 본국인 하夏나라 백성들이 태강의 악행을 견디지 못하는 것을 목도하고 무리를 통솔하여 태강을 하수河水 건너편으로 추방해버렸고 태강은 끝내 다시 돌아올 수 없었다. 이후 태강의 다섯 동생이 그들의 어머니를 모시고 하수 가에서 태강을 기다렸다. 그를 기다리는 과정에서 형제들이 다섯 수의 시가를 지었으니, 이것이 바로「오자지가」다.

　이 다섯 형제가 다섯 수의 시가를 공동으로 지었는지, 아니면 각자 한 수씩을 지었는지에 대해서는『상서』에 설명이 없으며, 우리가 깊이 탐구할 것도 못 된다. 이 다섯 수의 시가를 다 읽고 난 뒤 가장 먼저 받게 되는 인상은 바로 이 시가 '태평성대를 바라는 충언' 혹은 '태평성대를 그리워하는 비가悲歌'라는 것이다. 만약 이 다섯 수의 시가가 하나라 초기의 작품이 맞다면, 이는 최초의 '태평성대를 바라는 충언'인 셈이다. 한편으로는 태강의 재위 연대가 요·순·우의 시대와 멀지 않고, 성왕들의 릴레이 정치를 거치면서 이미 정치는 인화人和를 이루었고, 재야在野에 어진 이들이 버려지는 일도 없어졌다. 이들 성왕이 닦아놓은 기초로 인해 정치는 이제 막 전성기를 맞이하게 되었고 또한 매우 견고했다. 이러한 시대를 '태평성대'라 한다. 다른 한편으로「오자지가」는 태평성대를 기리는 노래가 아닌 전형적인 충언으로, "편안하게 지내면서 미래의 위험을 생각한다居安思危"는 사고의 산물이 아닌, "위험에 처하여 위험을 생각한다居危思危"는 사고의 산물이라는 것이다. 시가에서 표출되는 위기의식·경계의식·우환의식 등은 동아시아 초기 정치사상의 중요한 포인

트다.

그렇다면 「오자지가」는 대체 무엇을 서술하고 있을까?

단순히 내용으로 보자면, 제1수는 주로 백성과 나라의 관계를 말하고 있다. 백성들과는 친하게 지내야지 절대 그들을 소홀히 대해서는 안 된다는 인식이다. "백성은 나라의 근본이니, 근본이 견고해야 나라가 편안해진다"[10]는 구절은 지금도 종종 회자되는 동아시아 초기 민본 사상의 정형이다. 그러나 그 구절의 핵심 취지는 백성에 있는 것 같지는 않고 나라에 방점이 있는데, 그 뜻은 단지 백성이 안정되어야 비로소 나라가 평안을 얻을 수 있다는 것이다. 이러한 정치 관념은 주로 군주에게 고하는 말에 있는데, 조심스럽게 백성을 대하고, 심지어 더 낮은 자세로 임해야만 한다는 것이다. 군주가 나라를 다스리고 백성을 대하는 것은 한 줄의 낡은 밧줄로 6필의 말을 묶는 것에 비유되는데, 전전긍긍하며 깊은 물을 건너듯 해야지 절대 경솔히 해서는 안 될 것이다.

제2수는 주로 향락과 멸망의 관계를 말한다. 시가에는 "미녀·사냥·음주·음악을 좋아할 뿐만 아니라 화려한 궁전을 좋아하는 다섯 폐해는 단 한 가지만 범하더라도 반드시 망하게 된다"[11]는 우의 훈계가 전한다. 그러나 이 다섯 폐해는 보통 사람들의 기호에 꼭 부합한다. 명대明代의 장대張岱(1597~1679)[12]는 일찍이 자신이 찬한 묘지명에 "어려서는 귀공자여서 사랑받고 화려했다. 좋은 집, 예쁜 하녀와 친구, 좋은 옷, 좋은 말, 화려한 장식등과 불빛, 연극과 음악, 골동품, 화조花鳥 등을 좋아

오자작가도五子作歌圖.

했을 뿐만 아니라, 차를 마시면서 즐거운 생활을 하고 글을 읽으면서 시흥에 젖었다"라고 적었는데, 이와 같은 향락주의 표방은 풍족한 시민사회에서는 어떤 죄악도 되지 않을 뿐만 아니라 오히려 과시할 만한 고상한 행동으로 여겨지곤 한다. 그러나 「오자지가」의 취지에 따르면, 이렇게 군주에게 향락주의를 말하는 것은 재난에 가깝다. 왜냐하면 군주와 향락은 서로 무관하기 때문이다.

제3수는 요를 추억하면서, 만약 요가 다스렸던 도道를 위배하면 멸망에 이르게 된다는 관점이다.[13]

제4수는 우를 추억하면서, 만약 우의 법도와 제도를 위배하면 멸망에 이르게 된다는 것이다.[14]

마지막 제5수는 백성이 원수로 대하고 포기하여 쫓겨난 군주의 번민과 회한 그리고 부끄러움을 나타내고 있다.[15]

이 다섯 수의 시가는 다음 몇 가지 의미를 지니는데 차례로 살펴보자.

첫째, 그들은 요와 우를 언급했지만 계는 언급하지 않았다. 계는 오 형제의 아버지로서 그들과 가장 친하고 가까운 사람이므로 이치상 「오자지가」에서 중요한 부분을 차지해야만 한다. 그러나 계의 이름은커녕 그림자도 보이지 않는데, 이는 '실체와 명분'이 모두 사라진 것이다. 이렇게 '등장하지 않는 것'의 실체는 일종의 평가로서 무언의 평가를 내리고 있는 것과 같다. 그들은 계가 후손들의 동의를 얻지 못했다고 말한다. 만약 이 「오자지가」가 계의 아들 '오자'가 지은 것이 아니라 후대인들이 위조한 것이라고 하더라도, 그 의미는 계의 덕행이 「오자지가」의 실질적인 작자의 동의를 얻지 못했다는 것이 된다. 「오자지가」에서 언급되는 옛 성왕들은 단지 요와 우뿐인데, 그 가운데 요는 정치의 전통과 문명질서의 중요한 기반을 닦은 인물이며, 우는 그들의 조부다.

둘째, 그들이 천명한 민본 관념은 '백성본위百姓本位'나 '서민의 승리' 등으로 해석될 수 없으며, 현대의 '민주' 개념과도 다른 범주다. 사실 "백성은 나라의 근본이니, 근본이 견고해야 나라가 편안해진다民惟邦本, 本固邦寧"라는 사상은 군주에 초점을 맞춰 나온 것으로, 백성·나라·군주의 상호 관련된 요소로 구성된다. 이 셋 가운데 군주는 주체적인 지위에 있으면서 정치적 관계의 주동자 역할을 한다. 만약 군주가 백성들을 안정시킬 수 있다면 곧 자신의 나라를 안정되게 이끌 수 있으며, 나라의 안정은 군주 자신의 안락으로 이어진다. 그러므로 군주가 나라를 다스림에 있어 마땅히 최우선으로 백성을 관찰해야 하며, 항상 염두에 둬야만 한다. 이 때문에 민본 사상의 실체는 백성으로부터 그 근본이 시작되어 최종적으로 나라의 안정으로 실현되는 '치도治道'에 있다. 물론 이것은 군주가 중심이 되는 정치 관념이다. 다른 측면으로 보자면, 태강이 추방당함으로 인해 시가에서는 백성의 위대함을 강조하고 있으며, 강조점이 백성에게 있다는 것은 군주가 마땅히 두려워하는 마음을 품고 있으면서 항상 백성들의 요구에 부응해야 한다는 것이다. 이러한 '군주가 지켜야 할 수칙'은 『도덕경道德經』의 낮은 자세로 임하는 '군인남면술君人南面述'[16]과 호응하며, 후대에 유행하는 '재주복주론載舟覆舟論'[17]과 뜻이 통한다. 이런 각도로 보면 "백성은 나라의 근본이니, 근본이 견고해야 나라가 편안해진다"는 사실은 일종의 '군주론'인 것이다.

셋째, 그들은 정권의 흥망과 군주의 안위를 과거의 정치적 정통에 의지하는 일종의 정치적인 보수주의와 복고주의 경향을 띤다. 제3수는 요가 개창한 정치 원칙과 통치술을 견지할 것을 강조하고, 제4수는 우가 제정한 법률제도를 성실히 지켜나갈 것을 강조한다. 만약 그런 전통을 벗어난다면 저절로 멸망에 이르게 되는 것이다. 그런 사유 패턴에 따르면 정치적 황금 시대는 과거에 존재한 것으로, 과거로의 회귀나 과거의 지혜에 의지해야만 겨우 기본적인 정치질서를 유지할 수 있게 된다. 이런 '과거지향적' 사유 방식과 심리 상태는 경험을 존중하는 전형적인 농경사회의 산물이다.

넷째, 제5수는 정치적 번민과 회한 그리고 부끄러움을 나타내고 있지만 결코 고립된 의미는 아니며, 이런 의식은 『시경詩經』에서도 확인할 수 있다. 「오자지가」를 읽은 뒤 다시 『시경』 가운데 한 편을 읽으면, 그것이 동일한 작가로부터 나온 것 같다는 느낌을 받게 된다. 『시경』 「대아大雅·억抑」에 "기재우금其在于今, 흥미란우정興迷亂于政, 전복궐덕顚覆厥德, 황담우주荒湛于酒, 여수담락종女雖湛樂從, 불념궐소弗念厥紹, 망부구선왕罔敷求先王, 극공명형克共明刑"이라는 구절이 있다. 그 의미는 "지금 정치가 혼란하고 덕행이 추락했는데, 너는 술에 빠져 있구나. 너는 실컷 술을 마시면서, 너의 책임을 돌보지 않고, 선왕의 유훈을 삼가 따르지 않으며, 선왕의 엄숙함과 신중함을 소홀히 하는구나"다. 이것은 혼란을 좌시하면서도 어쩔 수 없는 상황을 말한 것으로, 「오자지가」의 기풍과 비슷하며 동일한 사상적 궤적을 갖는다. 「억」편은 서주西周 말기 정치적 쇠퇴에 대한 애상哀想으로 「오자지가」가 반영하고 있는 하나라 초기 상황과는 거리가 멀어 보이지만, 만약 「오자지가」가 『위고문상서僞古文尙書』[18]에 속하는 것이라면 「오자지가」와 「억」은 비슷한 시기의 작품이라고 할 수도 있으며, 「억」과 같은 정치적 시를 모방한 것이라고도 할 수 있다. 그 외에 「오자지가」가 표현하고 있는 정치적 한탄은 굴원屈原(기원전 340~기원전 278)의 『이소離騷』와 여러 면에서 통하는 곳이 있다.

『상서』에서 시가의 형식으로 정견政見을 표현한 편은 많지 않다. 바로 이런 이유 때문에 이 「오자지가」에 더욱 주의를 기울여야 한다. 시인은 낭만적이고 결코 실제적이지 않을 것 같지만, 사실은 정치에 대한 예리한 통찰력을 보인다. 동시에 시가는 정치를 표현하는 중요한 창구이기도 하다. 『시경별재詩經別裁』에서 양즈수이揚之水(1954~)[19]는 다음과 같이 말한다. "시인은 언제나 정치의 중심에서 적극적으로 활동하는 명석하고 깨어 있는 집단이다. 그들은 항상 정치적 책임을 짐과 동시에 문화적 책임을 지는데, 후자가 더 중요한 것 같다. 그렇다면 그들은 어떤 제도나 질서를 유지하려고 노력한다기보다는 어떤 품격과 정신을 견지한다고 할 수 있다." 이 말은 시인의 정치적·문화적 책임에 대해서 긍정한 것이다.

사실 시인의 정치적 의의는 여기서 그치지 않는다. 위대한 시인은 종종 위대한 입법가이기도 했는데, 호메로스의 『일리아스』, 헤시오도스의 『노동과 나날』, 동아시아의 『시경』과 같은 위대한 시가들은 문명질서와 정신질서에 대해 매우 심오한 규범을 만들어내는 작용을 하기도 했다. 위대한 시인과 그 작품들은 언제나 어떤 문화공동체의 정신과 영혼을 만드는 방식으로 한 시대를 개창하고 문명을 규정한다. 위대한 시인과 그 작품은 사람을 감동시키고 선과 악의 경계를 구분하여 '할 수 있는 것' '해서는 안 되는 것' '마땅히 해야 하는 것'의 범위를 책정하며, 나아가 정치공동체 미래의 이상형을 묘사한다. 이러한 방식을 통해 문명질서의 정신을 드러낸다. 위대한 시인이 남긴 시가는 비록 실증적 의의가 있는 법은 아니지만, 정신세계의 법으로서 세속의 법이 마땅히 준수해야 할 고차원의 법인 것이다. 「오자지가」의 정치적 함의는 바로 여기에 있다.

제9편 윤정胤征

총자루와 칼자루

'윤정胤征'은 윤후胤侯가 출정하여 다른 사람을 정벌한다는 의미다. 윤후는 하나라의 제후이자 하나라 천자인 중강仲康의 대사마大司馬이기도 했는데, 대사마는 군대를 주관하는 중신이다.

애초에 계의 장자인 태강이 죽은 후, 계의 둘째 아들이자 태강의 동생인 중강이 천자의 자리를 계승해 하나라의 4대 군주가 된다. 그 사이 천지와 사시를 담당하던 관료인 희씨羲氏와 화씨和氏가 음주를 즐기는 버릇으로 장기간 책임을 다하지 않자, 중강이 진노하여 윤후에게 군사를 이끌고 그들을 정벌할 것을 명했다. 이것이 바로「윤정」의 배경과 유래다. 이「윤정」은 윤후가 출정하면서 군사들에게 발표한 담화 내용을 기록하고 있다.

개괄해보면 윤후의 담화에는 두 가지 주요한 정신을 포함하고 있다. 첫째, 고대 성왕의 교훈은 이미 실천으로 검증된 나라를 다스리는 준칙이기 때문에 반드시 성왕의 교훈을 따라야 한다는 추상적인 정치 원리를 표방한다. 즉 군주는 상천의 경계警戒를 삼가야 하며, 대신大臣은 기본적인 정치 규칙을 준수해야 한다. 백관百官이 직책을 성실히 수행하여 군주를 보좌함으로써 군신들은 모두 현명했다. 매년 초봄이면 문교文敎를 책임진 관료들이 관련된 교령敎令을 거듭 천명했고, 백관도 서로 환기하며 충고한다. 만약 직무를 유기한 관료가 발견되면, 국가의 형법에 비춰 당연히 징벌을 내린다.

둘째, 희씨와 화씨의 죄상을 고발한다. 그들은 역법을 주관하는 관료이지만, 음주에 빠져 법으로 정해진 책임을 저버렸다. 9월에 갑자기 일식日蝕이 출현한 다급한 사태에 악관樂官은 분주히 북을 울리고, 재정을 담당하는 관료는 재물을 지출하여 천신天神에게 예를 올리고, 많은 사람이 분주히 일식을 구하면서 모두가 바빠할 때에, 희씨와 화씨는 의외로 아무것도 모르고 있었다. 이는 엄중하게 선왕의 『정전政典』[20]을 침범한 것으로 당연히 용서 없이 사형에 처해야 하는 것이었다. 담화가 끝난 후 윤후는 '천벌天罰'의 명분으로 병사들이 협조하여 두 가지 대죄악을 저지른 장본인을 정벌할 것을 요구했다.

윤후의 담화문을 자세히 살펴보면, 그는 군대 통솔자이긴 하지만 정치와 법률에 대해서도 깊이 이해하고 있는데, 이미 정치가의 이론 소양에 법률가의 이성과 치밀함을 소유하고 있음을 발견할 수 있다. 한편으로 그는 고대 성왕의 가르침을 이해하여 군신들이 마땅히 그 맡은 바 직무를 수행할 것을 주장했고, 정치적 교화의 가치와 의의를 잘 알아서 형법刑法의 억제 기능을 중시했다. 이런 측면으로 보면 그는 정치적 소양을 지닌 군사지도자였다. 다른 한편으로 그는 자신의 정벌 행위를 '천벌'이라고 칭했는데, 그 의미는 상천의 명命을 받들어 행하는 징벌이라는 것으로 곧 자신의 행동에 정당성을 부여하는 근거가 되며, "군대를 일으키려면 명분이 필요하다師出有名" 또는 "명분이 정당하면 말도 순리에 맞게 된다名正言順"[21]의 효과를 달성하게 된다. 이외에도 그는 희씨와 화씨의 정벌에 대해, 그 목적이 죄를 저지른 당사들을 처벌하는 데 있을 뿐 추종자들에게는 처벌을 면해준다는 점을 강조하고 있다. 이러한 축소지향의 형사 정책과 군사전략은 다수의 지지를 얻고 소수를 고립시키는 데 도움이 되며, 적을 만들지 않으면서도 소극적으로 흐르지 않게 된다.

윤후의 행동은 일차적으로는 순수한 군사행동이며, 윤후의 신분 역시 순수한 군인이었다. 그러나 윤후는 자신의 군사행동을 하나의 법률행위로 바꾸어놓았다. 그는 "하늘의 운행이 역법보다 빨라도 죽여 용서함이 없고, 하늘의 운행이 역법보다 느려도 죽여 용서함이 없다"는 『정전』의 구절을 인용해, 희씨와 화씨의 직무유기가 선왕의 『정전』을 위배했음을 거듭 천명했다. 이로 인해 희씨와 화씨가 모두 "죽여서 용서할 수 없는" 범죄자에 속하게 되는 것이다. 이러한 법률 추리의 도움을 빌려 윤후는 희씨와 화씨들에게 일종의 형사판결을 내린다. 이것은 그가 군인 신분으로 법관의 역할을 한 것을 의미한다. 그는 군인 신분과 법관 역할 사이를 마음대로 오가면서 조금의 간극도 느끼지 못한다. 이런 현상이 바로 "군사軍事와 형사刑事는 근원이 같다兵刑同源" 또는 "군사와 형사는 의의가 같다兵刑同義"는 말의 의미다. 『한서』「형법지」에 기록된 한 구절인 "대형大刑은 무장한 군인이 행하며, 그다음 형벌은 도끼를 사용한다. 중형中刑은 칼과 톱을 사용하며, 그다음 형벌은 끌과 송곳을 사용한다"는 널리 유행된 명언으로, 「윤정」의 핵심에 관한 정제된 개괄을 보여준다. 바꾸어 말하면 군사와 형사는 나뉠 수 없는 전통이며, 그 근원은 윤후의 이러한 법률적·군사적 실천에까지 소급될 수 있다는 것이다. 이 때문에 윤후의 그런 행동은 동아시아 전통 법률문화의 원형이자 핵심이라 할 수 있다. 그 핵심은 대단히 견고해 오늘날에도 중국에서는 관습적으로 군대를 '총자루'라 하고, 법률기관을 '칼자루' 혹은 '독재의 도구'라 한다. 이런 관습적인 사유 방식의 이면에는 이미 수천 년 동안 내려온 「윤정」의 정신이 있다고 할 수 있다.

'윤후의 희화 정벌'이라는 특수한 사안에 대해 주의할 점은 동아시아 문명의 초기에는 역법이 곧 나라의 대사였고, 하나의 기술적이고 장식적인 달력을 훨씬 뛰어넘는 의미를 지녔다는 것이다.

현대의 일상생활에서 역법의 법률적·정치적 의의를 탐구할 여지는 거의 없다. 어디에서나 볼 수 있는 휴대전화·컴퓨터·텔레비전·공공장소의 전광판 등에서 정확한 달력과 시간을 확인할 수 있으나, 어떤 사람이 달력으로 인해 법률을 어겼다거나, 어떤 사람이 그런 행위로 인해 엄한 처벌을 받았다는 소리를 듣진 못한다. 그 이유는 현대사회의 달력은 이미 공공성을 지닌 기본적인 것으로 누구나 자유롭게 사용할 수 있는 물건이 되었기 때문이다. 그러나 동아시아 초기 문명에서 시간의 신비는 일반 사람들이 알 수 있는 것이 아니었다.

적어도 누군가는 시간을 장악하고, 누군가는 달력을 장악하고, 누군가는 공공생활의 리듬을 장악했다. 그로 인해 동아시아 문명의 초기에는 시간에 대한 관리가 중시되었다. 『상서』의 첫 편인 「요전」에서 문명의 제1선지자인 요가 우선적으로 행한 일이 바로 사시를 주관하는 관료를 임명하고 달력을 편제하여 시간을 '관리'한 것이다. 그 후 야심차며 지혜롭고 용감한 우가 천하에 군림한 초창기에도 달력과 시간제도를 수정하여 인류의 공공생활에서 자신의 낙인을 찍었다. 이외에도 달력은 생산·제사·자연재해와 같은 인류 생활과 밀접하게 관련되어 있다. 예를 들면 천자인 중강이 윤후에게 희씨와 화씨를 정벌하도록 명령하게 된 도화선이 바로 희화씨가 일식을 예고하지 못했기 때문이었다. 이렇게 갑자기 나타나는 일식은 자연재해 혹은 천신이 보내는 경고의 상징으로 사회에 표출된 위기나 정치적인 위기를 나타낸다. 이렇게 갑작스럽게 찾아온 위기에 대응하기 위해 악관들은 허둥대고, 재화를 주관하는 관료들도 허둥대는 등 많은 사람이 허둥대기에 바빴다. 특히 권력의 핵심에 있는 천자는 막강한 적을 맞은 것처럼 매우 당황했을 것이라고 상상할 수 있다. 설령 「윤정」과 같은 함축적으로 짧게 표현하는 고대의 전적이라 하더라도, 윤후의 입을 빌려 당시 권력자가 그와 같은 위기에 대해 "희화씨의 혼란이 매우 심하니, 죽여 용서하지 말라! 죽여 용서하지 말라!"고 진노한 내용을 기록하고 있는 것이다.

 냉정하게 보자면, 한 번의 일식 보고 누락이 희씨와 화씨의 주요 죄상이다. 사실은 천자 중강의 희씨와 화씨에 대한 불만은 그 유래가 오래되었다. 그 근원을 소급해보면, 당요 시대부터 희씨와 화씨 양대 가문은 천지와 사시를 관장하기 시작해 역법을 담당하는 관료로 대대로 이어져 내려왔다. 그러나 중강의 형인 태강 시기에 이르면, 태강이 향락에 빠지

희화주황도義和酒荒圖.

자 대신들도 따라서 기강이 흐트러지기 시작했다. 이런 문란한 정치 풍조는 더욱 관습화되어 태강이 죽은 뒤에도 나아지지 않았다. 이로 인해 중강이 즉위했음에도 희씨와 화씨는 여전히 음주에 탐닉하고 정사를 태만히 했다. 그들은 사시와 역수曆數를 관리하는 직책을 수행하지 않고, 항상 "천시를 폐하고, 천간天干을 문란"하게 하여 일식이 있는지도 모르는 지경에 이른 것이다. 이것으로 천자 중강의 희씨와 화씨에 대한 정벌이 우연히 발생한 사안이 아니라 중강이 정치 풍조를 바로잡기 위해 상당히 엄격한 조치를 취한 것임을 알 수 있다.

중강이 직무유기한 희씨와 화씨를 공격한 사실은 실제로는 태강 시기에 성행했던 향락주의 풍조에 대한 일대 개혁을 의미한다. 태강에 대한 중강의 원한은 이미 중강이 창작에 동참한 「오자지가」에 보인다. 「오자지가」에 따르면, 중강은 '명군明君'의 반열에 오를 수 있을 것이다. 이것은 그의 형 태강과 비교해서 중강의 품격과 지혜가 더 낫다는 말이다. 그렇다면 중강은 어떻게 군주의 자리에 오를 수 있었을까? 이 의문은 『사기』「하본기」를 봐서는 해답을 찾을 수 없다. 왜냐하면 「하본기」에는 단지 "태강이 붕어하자 그의 아우 중강이 즉위했다. 중강이 붕어하자 아들 상相이 즉위했다. 상이 붕어하자 아들 소강少康이 즉위했다"라는 간단한 구절만 있을 뿐이기 때문이다. 사실은 중강이 태강의 뒤를 이어 하나라의 천자가 된 것은 쉽게 넘어갈 문제가 아니다. 『좌전左傳』양공襄公 4년에 기록된 위강魏絳의 이야기[22]에 근거해 「오자지가」를 재구성해보면, 그 사건의 경과에 대해 대략 추측해볼 수 있다. 후예后羿가 사냥 나간 태강을 축출한 뒤 기회를 틈타 태강을 폐위시켜버린다. 그런 상황에서 후예는 하나라 정권을 장악하게 된다. 중강 역시 저항할 힘은 없었다. 바꾸어 말하면, 중강이 천자가 된 것은 사실은 후예가 조종한 결과였던 것이다. 후예는 천자는 아니었지만 실질적인 권력자의 위치에 있었다. 이후 후예 자신은 새롭게 부상한 권신權臣 한착寒浞에게 피살된다. 소강 시기에 이르러서야 한착의 세력을 완전히 몰아내고 다시 하나라 정권을 회복하게 된다. 태강이 축출된 이후 100년 동안 하나라 정권은 후예와 한착의 세력이 장악했던 것이다. 중강이 비록 현명했으나 포부를 펼칠 수 있을 만한 정치적 공간은 상당히 제한적이었다. 이러한 정치 환경 속에서, 어쨌든 희씨와 화씨의 직무유기와 일식 보고 누락 등으로 인해 중강이 그와 같은 강력한 반격을 할 수 있었다는 점을 지금 우리는 이해할 수 있다.

원칙적으로 말하면 「윤정」의 주제는 여기서 끝나야 한다. 그러나 「윤정」 끝부분에 곁가지로 상商나라의 시조인 설契(후대에 현왕玄王으로 칭해짐)에 관한 고사가 서술되어 있다. 설에서 탕湯[23]에 이르기까지 14대를 이어가며 그 사이 국도國都도 여덟 차례 옮긴다. 탕은 처음에 박도亳都에 있으면서 「제고帝告」와 「이옥釐沃」 두 편을 지었다. 그 당시 인접해 있던 갈국葛國의 군주가 토지, 산천 및 종묘宗廟의 신위에 대한 제사를 거부하자, 지방 제후 신분인 탕이 용인하지 못하고 군사를 일으켜 갈을 정벌하고 「탕정湯征」을 지었다. 하나라 걸왕桀王이 나라를 부흥시키는 것을 돕기도 하지만, 실제로는 하나라 권력층의 내부 사정을 살피기 위해 탕은 자신의 현신賢臣 이윤伊尹을 파견해 걸을 보좌토록 했다. 유감스럽게도 걸은 어진 신하를 등용하지 못했고 이윤은 할 수 없이 돌아와야만 했다.

이윤은 박도의 북문北門에 들어서자마자 우연히 탕의 다른 대신인 여구汝鳩와 여방汝方을 만나게 된다. 잠시 이야기를 나눈 뒤 이윤은 그 두 사람이 어질고 덕망 있는 선비임을 알아차렸다. 이에 특별히 「여구汝鳩」「여방汝方」을 지어, 하나라의 실정으로 보좌하지 못하고 다시 박도로 돌아오는 사상의 여정을 기록했다.[24]

처음 이 고사를 읽으면 '뜬금없다'는 느낌을 받게 된다. 본래 '윤후가 희화씨를 정벌'한 사건을 말해오다가 어떻게 '상탕商湯과 이윤의 일'을 말할 수 있는가? 이에 대해서는 관련 주석을 보면 명백해진다. 원래 위의 고사는 「상서商書」의 어떤 편의 서문序文으로, 해당 편은 이미 존재하지 않고 경문經文도 망실되어 서문만 남게 된 것이다. 이 단독으로 남겨진 서문은 딱히 붙일 곳이 없어 「윤정」편 뒤에 붙여둔 것이다. 따라서 「윤정」편은 실은 「하서夏書」와 「상서商書」의 교차점인 셈이다. 「하서」 말미에 확실히 「상서」에 해당되는 부분이 딸려 있는 것이다. 여기까지 생각이 미쳤지만 여전히 석연치 않은 점이 많다.

【제3부】
상서 商書

「상서商書」는 『상서』의 제3부로, 상나라의 정치를 반영하고 있는 문헌이다. 상나라는 대략 기원전 17세기 초에 시작해 기원전 11세기 초에 끝난다. 상나라의 제1대 군주는 탕湯이다. 탕 이후의 군주에는 외병外丙, 중임仲壬, 태갑太甲 등이 있다. 상나라 마지막 군주는 주紂다.
「상서」가 기록하고 있는 역사는 다음과 같다.
상탕商湯의 천자 즉위, 상나라가 시작됨.
태갑이 무도하여 이윤에 의해 동궁桐宮으로 추방당함.
반경盤庚이 은殷으로 천도함.
무정武丁이 부열傳說을 재상으로 임명하여 천하를 잘 다스림.
주왕紂王이 서백西伯(주 문왕周文王)을 감금하자, 서백이 『주역周易』을 지음.
주周나라 사람이 호鎬에 도읍을 정함.
주 무왕周武王이 목야牧野의 전쟁을 일으켜 상나라를 멸함.

제10편 탕서 湯誓
혁명의 이유

「탕서湯誓」는 「상서商書」의 첫 편이다. 글은 길지 않으나 신하로서 천자를 공격하는 정당한 이유를 논증해야 하는 막중한 임무를 맡고 있다.

본래 오행五行을 핵심으로 하는 자연법칙에 비춰보면, 군주는 윗사람이고 신하는 아랫사람이며 군주는 존귀하고 신하는 비천하여, 아랫사람이 윗사람을 범하거나 비천한 사람이 존귀한 분을 범하는 것은 받아들여질 수 없는 반역 행위다. 그러나 「탕서」의 주제는 바로 이러한 오래된 자연법칙에 도전하고 있다. 동아시아 정치사상사에서 이는 창신創新이라 할 수 있으며, 그 혁명 의의는 자세히 탐구해볼 가치가 있다.

형식상으로 「탕서」는 상나라의 탕이 하나라의 걸을 공격하기에 앞서 자신의 장수들에게 한 담화다. 그 담화문에 대한 이해를 돕기 위해 배경을 조금 소개할 필요가 있다.

『사기』「은본기」에 따르면 탕의 시조는 설契이다. 설은 유명한 역사적

인물이다. 「순전」에서 그는 이미 순으로부터 교화敎化를 주관하는 관료로 임명되었는데, 우순虞舜 내각의 중요 구성원이었다. 동시에 설은 반인반신半人半神의 신비로운 인물이기도 하다. 「은본기」에는 설의 모친을 간적簡狄이라 했다. 간적이 목욕할 때 검은 새 한 마리가 알 낳는 것을 보고 그 새알을 삼켰는데 회임懷妊하여 설을 낳게 된다. 비록 설의 부친은 고귀한 혈통의 제곡帝嚳으로 알려져 있지만, 전설에 따르면 설의 출생은 생물학적으로는 그런 부친과는 관계 없어 보인다. 당연히 전설에서 말하고 있는 것은 설이라는 인물은 그 이력이 범상치 않다는 것이다. 한참이 지나 그는 우의 치수를 도와 큰 공을 세우며, 순이 임명한 교화의 관료가 되어 오교五敎를 시행함으로써 공적이 더욱 빛나자 상나라의 제후로 봉해졌는데, 이것이 상의 기원이 된다. 다시 말하면, 설은 상의 창시자이자 상나라를 일으킨 시조다. 설 이래로 군주들이 이어졌고, 14대째 이어진 이가 바로 탕이다.

  탕이 천자인 걸을 공격하기 전 두 명의 제후를 먼저 공격했다. 그중 한 명은 갈국葛國의 군주 갈백葛伯이다. 그 이유는 갈백이 여러 신령스러운 대상에 대한 제사를 소홀히 했기 때문이다. 그 공격은 확실히 성공적인 정벌이었다. 다른 한 명의 제후는 곤오昆吾였다. 그 이유는 곤오가 걸을 반역했기 때문이다. 탕은 곤오가 반역했다는 이유로 군사를 일으켜 곤오를 정벌했다. 토벌이 성공한 이후 탕은 승기를 타 걸을 토벌했다. 바로 그 중대한 시기에 탕이 「탕서」를 발표한 것이다.

  공격을 하려면 그냥 공격만 할 것이지 왜 담화를 통해 그 이유를 밝혔을까? 사관 역시 그 담화를 왜 기록했을까? 그 이유는 걸을 공격하는 것

유하혼덕도有夏昏德圖.

은 갈백과 곤오를 공격하는 것과 본질적으로 차이가 있기 때문이다. 갈백을 공격한 이유는 갈백의 직무유기와 그가 '신을 업신여긴' 죄를 범했기 때문이며, 곤오를 공격한 이유도 충분한데 곤오가 내란을 도모했기 때문이었다. 따라서 곤오를 공격한 것은 현행 정치질서를 수호하고 천자의 권위를 보호하는 데 그 목적이 있었다. 그러나 걸을 공격하는 것은 문제가 있었다. 왜냐하면 걸은 천자이기 때문이었다. 만약 천자도 공격할 수 있다고 한다면, 곤오라는 사람의 내란 행위도 정당성을 지니게 된다. 만약 곤오가 천자를 공격한 것이 정당성이 없다면, 탕 자신이 천자를 공격하는 것도 정당성이 없다는 것이 된다. 자신의 창으로 자신의 방패를 찌르는 것과 같이 탕은 자기모순에 빠지는 오류를 면하기 어렵게 된다. 그렇다면 탕은 어떻게 그럴싸한 말로 둘러댈까?

그의 논증은 두 가지 핵심을 포함한다. 첫째, 내가 걸을 공격하는 것은 절대 아랫사람이 윗사람을 범하고 신하가 군주를 정벌하는 행위가 아니라, 걸의 악행이 매우 심하기 때문에 상천이 나에게 그를 주살할 것을 명했으므로 천명을 어길 수 없다는 것이다. 둘째, 걸은 이미 군주의 도를 저버렸으므로 나는 다시 그의 신하가 될 수 없으며, 하늘이 그를 멸하려는 것은 그의 죄악이 아주 무겁기 때문이므로 이미 군주라고 할 수 없다는 것이다.

이 두 가지 논증은 비교적 효과적이면서도 문제의 본질을 꿰뚫고 있다. 첫째 논증의 장점은 현실적으로 이미 존재하고 있던 군신관계 이외에 또 다른 중요 관계인 천인天人관계, 즉 상천과 인간의 관계를 언급하고 있다는 점이다. 이는 기존의 정치 구조를 근본적으로 바꾸고 있다.

기존 정치 구조의 당사자는 천자와 신하였다. 이런 정치 구조 아래서 만약 신하가 군주를 정벌한다면 충분한 정당성의 근거를 구할 수 없는 것은 확실하다. 이제 새로운 정치 구조를 세움으로 인해 군신관계는 옅어지고 약화되어 더 이상의 지배적인 정치 관계가 못 되며, 천인관계가 부각된다. 천인관계에서는 신하가 상천의 명령을 직접 받을 수 있다. 상천은 신하에게 천자를 받들도록 명령할 수도 있지만 신하에게 천자를 주살하도록 명령할 수도 있다. 이제 탕 스스로 상천이 자신에게 걸을 주살하라고 요구한 지령을 받았다고 선언한다. 상천이 이미 인정했으므로 걸의 악행은 용인될 수 없었고, 탕에게 상천이 발포發布한 명령을 집행할 것을 직접 드러낸 것이다. 이로 인해 탕의 행위는 명령을 받드는 행위가 된다. 이는 '신하의 군주 정벌'이라고 할 수 없으며, 새로운 정치 관계, 정치 구조상의 해석이 된다. 이러한 정치 관계와 정치 구조는 바로 '상천-군주-신하'의 관계다.

둘째 논증은 또 다른 의미를 지닌다. 군신관계를 유지하기 위해서는 한 가지 기본 요건을 충족시켜야 하는데, 바로 군주된 자는 반드시 '군주의 도君道'에 부합해야 한다는 것이 그의 생각이다. 군도와는 현격하게 멀어진 천자는 근본적으로 진정한 천자가 아니며, 이미 진정한 천자가 아니라면 단지 일개 '가짜 군주僞君'에 지나지 않아 군신관계는 자연스레 소멸된다. 천자가 아닌 사람과 어떻게 군신관계를 형성할 수 있겠는가? 이것이 탕의 논리다. 이런 논리관계 속에서 걸은 '폭군暴君'이며 탕은 '폭군은 군주가 아니다'라는 논리에 의거해 걸이 '군주'의 자격을 갖추지 못했다고 판단한 것이다.

이상의 두 관점으로 보면, 탕은 걸을 공격한 정당성의 근거를 세움과 동시에 자기 자신의 행위를 곤오의 반역 행위와는 구별했으니, 제후 곤오는 단순한 반역자일 뿐인 것이다. 모반 과정에서 곤오는 상천이 내린 걸 주살 명령을 자신이 받았음을 표명하지 않았을 뿐만 아니라, 걸이 군도를 위반했다는 이유도 없이 먼저 걸과의 군신관계를 무시해버렸다. 그러므로 곤오의 행위는 단지 '내란'에 불과하다. 이러한 내란은 어떤 정당한 의의를 지닐 수도 없고 더욱이 성공할 수도 없다. 곤오와 비교하여 탕의 정벌 행위는 충분하게 도덕적 의의를 지니고 있었다.

방관자적인 입장에서 보자면 탕과 곤오는 둘 다 제후이자 천자인 걸의 신하인데, 두 사람 모두 천자를 공격한 것이다. 그렇다면 두 사람이 구별되는 점은 무엇일까? 우선 전쟁의 승패가 같지 않다. 그러나 다른 측면이 더 중요한데, 바로 곤오는 자신의 행위에 대한 논증을 진행하지 않았던 반면 탕은 자신의 행위를 위해 비교적 유효한 논증을 진행했다는 점이다. 정당화의 여부가 바로 '상탕혁명商湯革命'과 '곤오혁명昆吾革命'의 본질적인 차이이자 그들 두 사람의 운명이 나뉘는 분수령이 되었다. 논증 없이 군사를 일으켜 군주를 정벌하는 행위는 단지 무력 반란에 지나지 않지만, 논증이 있으면 군사를 일으켜 걸을 정벌하는 행위가 정당한 정치혁명이 된다는 의미다. 곤오는 단지 총자루만 알았던 반면, 탕은 총자루도 알았고 붓자루 또한 알았던 것이다. 단지 총자루만 아는 사람은 무장武將이고, 총자루와 붓자루 모두 쓸 줄 아는 사람이 바로 정치인이다. 이것으로 우리는 곤오의 실패로부터 탕의 성공 요인을 알 수 있다. 곤오와 다른 제후에 비해 상탕은 확실히 정치적 두뇌를 소유한 인물이었다. 역사는 그런 인물을 선택하는 법이다.

이상의 두 가지 논증은 겨우 걸을 공격한 근거를 이론적으로 논증한 것으로 '이치로써 밝힌 것曉之以理'이라 할 수 있다. 이외에 탕은 '정감으로 감동시키는 것動之以情'도 잘했다. 그는 장수들을 다음과 같이 연이어 깨우쳐준다.

> 그대들은 걸을 늘 원망하지 않는다고들 하지만, 그가 그대들의 농사를 방해하고 그대들의 재산을 수탈하고 가혹하게 세금을 거둬간다고도 말하고 있지 않은가? 이는 모두 걸이 그대들에게 자행하는 큰 죄인 것이오! 지금 상천이 나에게 그런 죄인을 징벌할 것을 명령했으므로, 나는 천명을 존중하여 그를 주살하지 않을 수 없소. 뿐만 아니라 걸은 부도덕한 신하들과 결탁하여 그대들을 한없이 부려먹으며 견딜 수 없는 고초를 주고 있소. 그대들은 걸을 태양에 빗대어 '저 나쁜 태양은 언제 떨어지려나. 우리는 너와 함께 죽기를 원한다'라고 기도하니, 그대들이 정녕 걸과 함께 죽고자 하고 그와 함께 살기를 원하지 않는 것으로 이는 바로 걸이 악인惡人임을 증명하는 것이 아니오? 이런 악인은 반드시 내가 죽여야 하오. 그러므로 그대들은 나를 도와 상천이 내린 명령을 집행해야만 하고, 나를 도운다면 반드시 상을 내릴 것이지만 거역한다면 가차 없이 엄벌에 처할 것이오.[1]

이 구절은 전형적인 '전쟁 전 동원 행위'로 간주할 수 있는데, 그 목적은 장수들이 전장에서 적극성을 띠게 하는 데 있다. 탕이 채용한 방법은 현대의 '하소연'과 유사하다. 그는 걸을 대중과 대립시켜놓고, 걸과 대중 사이에 화해할 수 없는 모순을 확실히 드러냄으로써 걸에 대한 장수들의 원한을 촉발시키고, 그들의 복수 충동을 불러일으키며, 장수들의 정서와 사기를 진작시켜 그들이 떳떳하게 걸 집단에 칼끝을 겨누게 하는 데 성공했다. 역사는 이것이 매우 성공한 전쟁 전 동원임을 증명한다. 탕의 공세에 걸은 속수무책이었는데, 유융有娀에서 패배하고 명조鳴條에서도 패배하여 탕에게 철저히 궤멸되었다. 하나라에서 상나라로의 전환은 이렇게 완성되었다. 이번 혁명과 후대 주周나라 무왕武王이 이끈 혁명을 더해 역사에서는 '탕무혁명湯武革命'이라 일컬어진다.

이 양대 혁명은 한대漢代에 유명한 대토론을 촉발하기도 했다. 『한서』 「유림전」의 기록에 따르면, 효경제孝景帝(재위 기원전 157~기원전 141) 시기에 원고轅固와 황생黃生이 천자 앞에서 탕무혁명에 관한 토론을 벌였다.

황생: 탕무湯武(탕과 무왕)는 천명을 받지 않았을 뿐만 아니라 하의 걸桀과 은의 주紂를 시해한 것입니다.

원고: 아닙니다. 걸과 주는 군도를 상실했고, 천하의 민심은 모두 탕무에게 돌아섰었습니다. 탕무는 천하 민심에 의거하여 걸주를 주살한 것입니다. 걸주의 백성들도 모두 그들과 같이하기를 원하지 않고, 탕무와 같이하기를 원했습니다. 탕무는 부득이하게 천자의 자리를 이은 것입니다. 이것이 천명을 받은 것이 아니고 무엇이겠습니까?

황생: 모자가 설령 낡았더라도 머리 위에 써야 하며, 신발이 비록 새것이라도 발에 신어야만 하는 이유는 무엇입니까? 상하의 구별이 있기 때문입니다. 걸과 주가 비록 군도를 상실했지만 여전히 천자이며, 탕무는 비록 성현이지만 여전히 신하입니다. 천자에게 과실이 있을 때에 신하들은 바른말로 간언하지 않는 것으로 천자를 존중하는 법인데, 도리어 그 과실로 인해 천자를 시해하고 자신들이 천자의 자리를 차지하는 것은 살인 행위가 아니고 무엇이겠습니까?

원고: 그대의 논리에 비춰보면, 우리의 고조高祖(유방)께서 진秦 2세를 대신해서 천자가 되신 것도 옳지 않다는 것입니까?[2]

효경제가 이 말을 듣자마자 "고기를 먹는 사람이 말의 간은 먹지 않는 것은 맛을 몰라서가 아니며, 학문을 논하는 사람이 탕무수명湯武受命을 말하지 않는 것은 안 배워서 그런 것이 아니다"[3]라는 입장을 밝힌다. 토론은 여기서 끝난다.

사실 황생과 원고는 매우 의미 있는 법리法理 문제를 제시한 것이다. 즉 탕무가 걸주를 주살한 행위가 범죄성의 살인 행위인가, 아니면 천명을 받은 정당한 행위인가? 황생의 입장은 법률실증주의로서, 그가 견지하는 바는 현행 질서를 수호하는 법률보수주의 입장이다. 반면 원고의 입장은 자연법학으로서, 그는 법률에 대한 도의道義의 우월성을 강조한다. 17~18세기 서구에서는 혁명이 성행했는데, 혁명 변호를 위한 자연법학이 매우 발달했으며, 원고의 논리와 상당 부분 서로 통한다고 할 수 있다. 19세기에 이르러 혁명이 완성되고 사회가 재건과 수리 시기에 접어들면서 분석실증주의 법학이 생겨났다. 황생의 관점은 분석실증주의 법학의 동아시아식 표현이다. 황생과 원고가 실마리가 될 수 있는 토론을 시작함으로 인해 동아시아 자연법학과 실증주의 법학을 심화시킬 수 있는 계기를 마련했다고 할 수 있다. 그러나 효경제는 이런 토론이 한고조漢高祖와 관련 있어, 정치적으로 민감했기 때문에 말을 아껴야 한다고 생각했다. 훌륭한 학술 주제는 이렇게 보류되어버렸다.

제11편 중훼지고仲虺之誥
여론 규제와 위기 관리

    중훼仲虺는 탕의 대신이자 정치 멘토다. 탕이 걸 정권을 와해시키자 걸은 남소南巢라는 변방으로 도망간다. 비록 걸에게 살 길을 남겨주긴 했지만 탕은 여전히 불안감과 양심의 가책을 느꼈으며, 후대 사람들이 그의 실덕失德한 행동과 천자를 쫓아낸 사실을 계속해서 질책할까봐 염려했다. 상탕이 한없이 자책하고 있을 때 중훼가 이 편을 썼는데, 그 주제는 "자책하지 말 것이며, 그 어떤 질책당할 것도 없습니다"라는 내용으로 상탕을 위로하는 데 있다. 다시 말하면, 이 편은 '군주의 뜻'을 헤아리고 있는 고전이자 전형적으로 '성인을 칭송'하는 작품이다. 그렇다면 중훼는 왜 성인을 칭송하는 글을 쓰게 되었을까?
    우선 정치철학적 측면에서 중훼는 탕의 걸 정벌에 대한 정당성을 논증한다. 그는 다음과 같이 말한다.

만약 군주께서 안 계셨더라면, 그는 백성들을 마음대로 하고자 하여 혼란에 빠졌을 것입니다. 따라서 상천이 총명한 성왕을 정해 백성을 다스리게 하여 혼란을 막게 한 것입니다. 그러나 걸은 상천이 정한 성왕이 아니었습니다. 왜냐하면 그는 성왕의 기본 요건을 갖추지 못했기 때문입니다. 이런 상황에서 상천이 특별히 당신(탕)께 지혜와 용기를 부여해 백성을 환란에서 구하게 하고, 백성들이 의지할 곳으로 삼으셨고, 나아가 천하를 안정시키고 온 나라를 바르게 해 우 임금이 개창한 정치로 백성을 이끌고 계속 나아가게 하셨습니다.4

이 말은 몇 가지로 분석해볼 수 있다. 일단 그는 '야만의 시대'5를 상정하고 있다. 다른 한편으로는 백성들이 '야만의 시대'에서 벗어날 수 있도록, 상천이 성인을 정해 질서를 세우게 하고 공공생활의 기본 질서를 유지하게 했다는 것이다. 탕이 바로 상천이 정한 그 성인이었다. 탕과 동시대를 살았던 걸은 비록 군주의 자리에 잠시 있었지만, 그는 성인의 요건에 부합하지 않았기 때문에 상천이 정한 성인이 아니었다. 이로 인해 탕이 걸을 대신해서 성왕의 신분으로 천하에 군림하게 되었으니, 이는 매우 정당한 결과였다. 동시에 중훼는 성인으로서의 탕은 당연히 우가 개창한 정치를 이어나가야 한다는 점을 강조했다. 이것은 바로 모든 하나라 정권이 정도正道가 아닌 샛길로 내달려, 우의 정치와는 완전 괴리되었다는 말이다. 그러므로 탕이 이어야 할 정통政統은 바로 우가 개창한 정치이지 하나라의 부패한 정치 전통이 아니었다. 이렇게 함으로써 계에서 걸에 이르는 정치적 계보는 비로소 지워진다. 설령 그들이 객관적으로 존재했을지라도 가치적인 측면에서는 존재하지 않은 것과 같은데, 그들은 시대착오적이며 어떤 가치와 의의도 없었기 때문이다. 이어서 중훼는 탕을 한층 더 위로한다.

걸의 죄는 천명을 어기고 백성을 학대하는 것에 있었습니다. 상천은 걸의 불선不善으로 인해 천하를 다스리는 중임을 군주께 위탁한 것입니다. 상천의 이러한 결정은 온 천하의 백성들에게 경각심을 주기 위함이기도 합니다. 왜냐하면 백성 대다수는 권력에 빌붙기를 좋아하고 성현을 멀리하기 때문입니다. 예전 우리 상이 하나라에 입조入朝할 때는 마치 잡초들 사이에 좋은 싹이 난 것과 같아, 비록 성현이 많았지만 권력이 없었기 때문에 많은 사람이 모여들지 못했습니다. 게다가 우리 덕망이 널리 퍼지자 더 위험해졌습니다.⁶ 이것은 숲의 우뚝 선 큰 나무가 바람을 많이 맞는 것과 같은 이치입니다. 이런 상황에서 군주께서는 여색을 멀리하고, 재물에 욕심내지 않았고, 덕망 높은 사람에게 관직을 내려주고, 큰 공이 있는 사람에게 상을 내렸으며, 좋은 말씀을 귀담아 듣고, 잘못을 고치는 데 주저하지 않아 당신의 큰 덕이 점점 천하에 밝혀졌습니다. 이로 인해 갈백을 정벌하는 것을 시작으로 군주께서 군사를 이끌고 동쪽으로 정벌 나가면 서쪽의 백성들이 군주를 원망했고, 군사를 이끌고 남쪽으로 정벌 나가면 북쪽의 백성들이 군주를 원망했습니다. 왜 원망했겠습니까? 그들을 후순위로 둔 것을 원망한 것입니다. 그들은 군주께서 하루빨리 강림하기를 간절히 바랐으니, 마치 오랜 가뭄 끝에 비구름을 바라고 죄인이 사면되기를 바라는 것과 같았습니다. 군주의 대군大軍이 이르는 곳에는 모든 집안사람이 기뻐하며, 군주가 강림한 날이 바로 그들이 부활한 날이라고 여겼습니다.7

어쨌든 필자인 나는 탕이 이 이야기를 듣고서 상당 부분 받아들였을 것으로 믿는다. 따라서 사실 이 이야기는 탕에게 고하는 말이 된다. 첫째, 걸은 비록 천자의 자리에 있지만 사실은 백성들의 적이며, 상천이 근본적으로 그를 인정하지 않았다. 지금 상천이 천하를 군주에게 위탁한 것이 가장 직접적인 증거다. 둘째, 군주 이전의 상나라는 하나라의 제후국으로 있었는데 마치 진흙 속의 한 송이 연꽃과 같았으며, 비록 덕성德性을 소유했으나 아직 힘이 없었다. 군주는 자신의 덕행과 지혜로 진흙 속의 연꽃을 구원했다. 셋째, 백성 입장에서 보면 군주는 바로 고난을 구원한 보살菩薩이다. 군주가 군대를 이끌고 향하는 것은 정벌이 아닌 감로수와 복음을 전하는 것이다. 백성들이 군주에게 하는 유일한 원망은 바로 "왜 이렇게 늦었냐?"는 것이며, "왜 우리를 오래 기다리게 했는가?"이다. 군주가 가지 않는다면 그들은 비록 살아도 죽은 목숨이며, 군주가 간다면 그들은 죽었어도 모두 부활할 것이다.

이렇게 고조된 칭송은 이전 사람들에게는 없었다. 요·순·우도 '향유'하지 못했던 것 같다. 그 말씀이 조금 거슬리긴 하지만 엄숙한 표정으로 말한 것이며, 그 의미가 조금 능글맞지만 사용한 단어 또한 매우 정중하다. 만약 이 '성인을 칭송하는 말'을 잘 구성된 의식과 함께 한다

상나라 탕왕.

면 그의 논증 효과는 배가될 것이다. 이러한 묘사에 비춰보면, 탕의 모습은 서양의 예수나 동양의 부처와 유사해진다. 이런 반인반신의 성왕이라면 무슨 부끄러움과 불안함이 있겠는가?

이 편 끝에서 중훼는 다시 위정爲政의 도를 말한다.

> 첫째, 어질면 도와주고 덕이 있으면 보좌해주며 충실하면 드러내주고 좋으면 진작시켜줍니다. 약하면 겸병하고 암담하면 공격하며 혼란하면 빼앗아버리고 망할 징조가 있으면 공격하는 것입니다. 둘째, 매일 덕을 닦으면 온 나라가 귀의해올 것이지만 얻고자 하는 마음이 넘치면 구족8은 흩어집니다. 셋째, 군주는 대덕으로 천하를 교화하고 중도中道로 백성을 인도하며, 의로써 일을 결단하고, 예로써 마음을 결속시켜 너그러운 도를 후대 사람들에게 전합니다. 넷째, 성현을 탐문하여 구하고 섬기는 자는 천하의 성왕이지만, 자기가 최고라고 여기는 것은 멸망의 징조입니다. 다른 사람에게 배우고자 하는 사람은 지식이 풍부해질 것이지만 고집스럽고 독단적이면 식견이 좁아질 것입니다. 다섯째, 모든 정권은 좋은 시작은 있지만 좋은 마무리는 없으며, 그 흥할 때는 강렬하지만 망하는 것은 순식간이며, 예가 있으면 흥하지만 난폭한 자는 망하는 법입니다.……9

중훼는 만약 천자가 하늘의 상도常道를 존숭한다면 천명을 영원히 보존할 수 있을 거라고 말한다. 이 대도는 '군주지감君主之鑒' 혹은 '군주수칙君主守則'이라 할 수 있다.

　이 편을 다 읽고 나면 중훼가 말하려는 두 가지 주제를 알 수 있다. 하나는 탕의 하 멸망의 합리성을 논증하여 탕이 자책하고 자괴하는 마음을 풀어주는 것이다. 다른 하나는 보편적인 정치 원칙을 밝히는 것이다. 첫째 주제는 중훼의 의도가 천자의 마음을 편안하게 하는 데 있다는 것이다. 논증의 효과를 높이기 위해 그는 수사법을 써서 비교적 화려하면서 힘 있게 표현하고 있다. 경문經文 가운데 비록 '천자가 매우 기뻐했다'는 식의 기록은 없지만, 썩 괜찮은 효과가 일어났을 것으로 짐작할 수 있다. 그 속에서 중훼는 정신과 의사나 심리상담사와 같은 역할을 한다. 최소한 이 글에서 그는 아주 훌륭한 심리상담사다. 둘째 주제에서 중훼의 견해는 다시 두 가지로 나뉜다. 한편으로 자신의 정치적 책임감과 지혜를 표현하려고 한다. 그가 일정한 원칙을 표현할 수 있다는 것은 그의 정치적 수양이 보통의 제후나 대신을 이미 초월하고 있음을 나타낸다. 다른 한편으로 그는 '천자를 길들이려는' 숨은 의도를 지녔던 것 같다. 왜냐하면 천자는 마땅히 다른 사람에게 배워야 하며, 현인에게 의뢰해야만 한다는 점을 강조하기 때문이다. 현인은 어디에 있을까? 현인은 바로 중훼 자신이다. 자신이 바로 천자 주변의 현인이므로, 자신이 천자의 스승이 될 자격이 있고 정책 결정에 더 많이 참여하거나 정치에 관여할 수 있으며, 나아가 정치적으로 막강한 영향력을 행사할 수 있게 된다.

　그런데 만약 우리가 이 편의 글이 확실히 탕 시대에 나온 것이라 믿는다면, 사정상 또 다른 가능성이 생겨나는데 그것은 바로 이 글이 탕이 의도한 것이라는 점이다.

이 편의 처음에 이미 설명하고 있듯이, 중훼가 글을 지은 이유는 탕이 하나라를 멸한 이후의 부끄러움과 불안감으로 인해 근심하고 있었기 때문이다. 그러나 탕이 어떻게 이 일로 불안했었겠는가? 만약 그가 정말 이런 '나약한 여성의 감수성'을 지녔다면 어떻게 하나라를 멸하는 위업을 이룰 수 있었겠는가? 「탕서」 편에서 걸을 정벌하는 전야前夜에, 탕 스스로가 이미 하나라 멸망을 위한 정당하고도 단호한 논증을 진행했다. 탕 입장에서 보자면 이런 문제는 논리적으로나 심리적으로 이미 해결된 것으로 볼 수 있다. 어떻게 일이 다 이루어진 후에 도리어 그 일에 대한 정당성을 회의할 수 있겠는가? 그러므로 탕의 마음이 불안하다는 말은 절대 사실이 아니다. 그렇다면 이 편은 탕과 중훼가 몰래 합작한 결과물인 것이다.

좀 더 합리적인 해석은 이러하다. 탕이 하나라를 멸한 이후 사회적으로 탕을 비난하는 여론이 나타나기 시작했다. 왜냐하면 제후가 무력으로 천자를 몰아낸 것은 예전에는 없었던 새로운 사건이었으므로 각종 논의가 일어나는 것은 불가피했으며, 더욱이 주도적인 정치 여론은 비판적이고 호의적이지 않았던 것이다. 이런 거대한 여론의 압력에 밀려 탕과 중훼는 중대한 선전 방안을 계획한다. 첫째, 탕이 걸을 몰아낸 후 스스로 매우 부끄러워하며 심리적으로 불안해한다는 소문을 먼저 낸다. 이러한 자세는 여론을 무마시켜 여론의 동정을 얻게 만든다. 이런 자세를 취함에 따라 탕의 대외적인 모습은 위엄 있는 정복자가 아닌 동정받을 만한 사람이 되는데, 그의 마음은 불안하고 끊임없이 자책하며 부끄러움을 견딜 수가 없었고, 마침내 벗어나기 어려운 심리적 고통을 받는 것처럼 보인다. 이것은 비판자들로부터 벗어날 수 있는 이유를 제공하는데, 사람들은 자기 잘못이라고 생각되면 끝까지 추궁하려 하지 않는 경향이 있다. 둘째, 다시 중훼가 군신群臣과 제후 그리고 여론을 대표해서 탕을 위로하면 탕이 자책의 그늘에서 벗어나는 데 도움이 되었을 것이다. 물론 여론을 이끌고 조종하려는 목적을 달성하려면 탕을 위로하는 것만으로 그칠 수는 없었다. 사실 탕이 근본적으로 필요로 했던 것은 탕이 하나라를 멸한 정당성을 정식으로 논증하는 것이었다. 게다가 여론의 관심을 돌리기 위해서는 논증의 중심이 '걸의 추방'이라는 사실에 머물러서는 안 되었으므로, 다시 끊임없이 사람들의 '옛날을 회상하는 마음'을 촉발시켜야 했고, 논증의 중심을 '탕은 구세주'라는 사실에 두어야만 했으니, 사해四海 안의 사람들이 눈이 빠지도록 그를 기다린 것이며, 그가 왜 저토록 늦게 왔는지를 원망한 것들이다. 이와 같이 해서 공공여론의 관심이 바뀐다. 이외에도 중훼는 경문 후반부에 위정의 도를 밝히고 있는데, 이 역시 그들 두 명의 군신이 공동으로 계획한 결과이며, 그의 의도는 적극적이면서 전망 있는 정치 수립 방안을 통해 대중이 적극적으로 앞을 향해 갈 수 있도록 하고, 두 번 다시 과거 일에 얽매이지 않게 하는 데 있었다.

　이런 분석을 통해 우리는 이 「중훼지고」를 새로 탄생한 정권의 위기처리 도구로 이해하고 싶어진다. 이 편은 일차적으로 성공한 여론 규제와 홍보 계획의 실례를 기록하고 있다. 이 편은 탕의 정치적 걸작으로, 뛰어난 정치가가 좋지 않은 여론 환경 아래에서 집권하는 능력을 잘 보여주고 있다.

제12편 탕고湯誥
덕성정치와 폭력정치

　상나라 수도 박도亳都에서 열린 제후 회의에서 이제 막 즉위한 천자 탕이 담화를 발표했다. 사관이 그 담화문을 기록했으니, 그것이 바로 「탕고湯誥」다.

　당초 탕이 걸을 공격하기 시작할 때 몇몇 제후가 뜻을 함께했다. 그러나 탕을 따르는 제후가 많지는 않았는데, 당시의 형세가 여전히 불확실해 많은 제후가 대체로 관망했기 때문이다. 탕이 걸을 몰아내고 상의 고도古都로 개선凱旋하자 각 지역의 제후들이 몰려들었는데, 이미 대세가 결정되었기 때문이다. 이때 조회하러 온 제후가 매우 많았으므로 탕이 '만방의 백성'이라고 할 수 있었는데, 그 칭호가 갖는 의미는 각 지역의 수령들이 모두 모였다는 것이다. 그들은 흔쾌히 새로운 천자의 훈시를 듣게 된다.

　탕이 제후들에게 행한 훈시의 주요 내용은 걸 정벌의 정당성을 재차 논증하는 데 있었고, 이것은 곧 이 편의 핵심 요지가 된다. 그 내용은 다음과 같다.

> 걸은 도의道義를 없애고 형벌을 남용하며 관리와 백성들을 잔혹하게 학대했소. 그대들은 그의 박해를 받아 여러 신령神靈께 억울함을 하소연하기도 했소. 하늘이 무너져도 솟아날 구멍이 있는 법이오. 걸의 학정에 대해 상천이 재앙을 내리시어 그의 극악무도함을 드러냈소. 이런 상황에서 나는 단호히 상천의 명령을 받들어 죄인 걸을 절대 용서치 않으려 했소. 그리하여 나는 검은 소를 희생으로 천신께 제사 올려 걸을 정벌할 수 있도록 요청했소. 동시에 이윤10에게도 나와 함께 힘을 모아 공동으로 걸을 물리쳐 그대들의 생명을 보호하기를 요구했소. 그 결과 우리 행동은 천명의 보호를 받았고, 걸이 스스로 자기 잘못을 알아 남소南巢로 멀리 도망가버렸소. 지금 초목이 번성하고 백성들이 즐거워하는 것은 천도天道가 한 치의 오차도 없이 정확하기 때문이오! 이제 상천이 나에게 그대들 나라와 집안의 안정을 맡겼으니, 그 목표를 실현하기 위해 난 걸을 몰아낸 것이며, 다만 그 행동이 천지天地에 죄를 지은 것은 아닌지 매우 두렵소!11

「탕서」와 「중훼지고」에 이어 벌써 세 번째로 걸 정벌의 정당성을 논하고 있으니 그 문제의 중요성을 알 수 있다. 또한 '상탕혁명'에 대한 당시의 논쟁이 오랫동안 가라앉지 않았다는 점을 설명함과 동시에 이 문제가 당시의 정치적 쟁점이었고, 그로 인해 크고 작은 모임에서 반복해서 강변하는 점을 잘 보여준다. 그렇다면 「탕서」와 「중훼지고」에서 이미 보여준 논리에 비해 이 「탕고」 편의 논증에는 또 어떤 정치 이념이 함축되어 있을까?

첫째, 「탕고」 편을 보면 정치적 정당성은 도덕에 기인하는 것이지 형벌에 의한 것은 아니다. 만약 어떤 정권이 단순하게 강제적인 형벌에 의지하면서 과도하게 형벌을 남용한다면, 얼마 지나지 않아 도의적 위기를 맞을 것이다. 탕의 걸에 대한 고발은 걸이 도의를 저버리고 형벌을 절제 있게 운용하지 않아 국가권력을 징벌하는 권력으로 축소시키고, 국가 정치를 폭력정치로 축소시키며, 집권 집단을 무력적인 위협으로 비호받는 폭력 집단으로 축소시켜버린 데 있었다. 「탕고」에 나타난 논리에 따르면 이런 집권자는 하늘의 뜻을 저버리고, 관료와 백성을 괴롭히는 것에 대해 이미 천벌을 유발시키고 백성의 원한을 야기해, 하늘과 백성들로부터 인정받지 못한다. 이로 인해 걸의 정치는 정당성이 결여된 정치로 타락하게 된다. 그런 정권과 그 지도자에 대한 정벌은 이미 천의天意에 부합하며 또한 민의民意에도 부합하게 된다.

둘째, 이 편은 현장에 있는 '만방의 백성'에게 직접 호소하고 있는데, 각 제후가 지닌 걸에 대한 좋지 않은 기억을 상기시킴으로써 그들의 억울함을 배가시켜 걸을 원수로 생각하게 한다. 이러한 '억울함을 하소연'하는 듯한 정치적 선동은 걸을 현장에 있는 사람들의 공공의 적으로 만드는 데 효과적이다. 걸이라는 공공의 적을 앞에 두고 탕과 각 제후는 '같은 편'으로 단합해 공동의 '우리'가 된다. 반면 걸 집단은 대립적인 '그들'이 된다. 카를 슈미트Carl Schmitt(1888~1985)는 정치란 피아彼我의 구별이라고 말한다. 마오쩌둥毛澤東(1893~1976)은 혁명의 최우선 과제는 누가 우리 적이며 누가 우리 친구인지를 명확하게 구분하는 것이라고 말한다. 이와 동일하게 실제로 탕이 제후들에게 호소한 내용은 "나는 그대들의 친구이고, 걸은 그대들의 적이다"라는 것이다. 정치적 실천에서 동서고금의 지혜가 상통하고 있음을 알 수 있다.

셋째, '존재'로 '당위'를 증명한다. 데이비드 흄David Hume(1711~1776)의 철학 체계에서는 '존재'와 '당위'가 구분된다. 존재는 사실을 대표하고 당위는 가치를 대표한다. 그러나 탕의 논증 과정에서 존재는 당위를 구성하는 근거가 된다. 걸을 정벌하고 몰아낸 것은 당위이며 정당한 것이다. 왜 당위일까? 다른 증거는 차치해두더라도, 직관적으로 눈에 보이는 증거는 걸이 확실히 정벌당했다는 것이다. '걸이 정벌당한' 이 사실은, 탕의 해석에 따르면 하늘의 결정이고 벌을 받아 마땅한 것이므로 '걸 정벌의 당위'를 증명하는 셈이다. 탕은 이런 일련의 인과관계 고리를 잘 엮었으니, "나는 걸이 그대들을 박해한 사실을 밝히고자 검은 소로 희생을 삼아 그 죄인을 징벌할 수 있기를 요구했소. 그 결과 상천의 동의와 지지를 얻어 그 죄인은 꽁무니를 뺀 채 도망했고, 이제 그대들은 구원되었소. 그대들이 걸의 손아귀에서 벗어났으니, 그대들은 구원된 것이오"라고 한 것이다. 이러한 사실은 걸 정벌이 '당위'임을 나타냄과 동시에 내가 너희의 구세주라는 점을 표명한 것이기도 하다. 탕의 이 말을 잘 음미해보면 어디선가 본 듯한 종교적 색채가 농후하게 풍기니, 탕 자신은 구세주이며 걸은 사탄인 것이다.

넷째, '마음이 불안'하다는 상투적인 말을 다시 거론한다. 이전「중훼지고」에서도 이미 이 문제에 대한 전문적인 해답을 제시했다. 이번에는 좀 작은 범주 안에서 분석할 수 있을 것 같다. 지금 '만방의 백성'들 앞에서 이 화두를 거듭 제시한 것은 표면적으로는 탕이 '겸손하게 대중의 마음을 구하는 것'이지만 실제로는 전진을 위한 일보 후퇴로서, 그 요지는 여론의 주도권을 쥐는 데 있다. 탕은 다음과 같이 말했다. "지금 걸을 정벌하여 마음이 매우 불안하며 천지에 죄를 지은 것은 아닌지 모르겠소." 탕의 이 말은 형식적으로 각 제후에게 가르침을 구하는 것 같지만 사실은 그 자신이 앞선 몇 가지 논증에서 이미 답안을 제시하고 있다. 바로 양심의 가책을 느끼는 것이 아니라 걸 정벌은 천지신령의 의지인 것이다. 탕의 그 말은 자신의 근심을 해소하기 위해서라기보다 철저하게 각 제후의 의심을 해소하기 위한 것으로, 스스로가 대화와 도의적 주도권을 견고하게 차지할 수 있게 한다. 그 말의 다른 의미는 '내가 이미 그 이상을 말했으니 너희가 또 무슨 말을 할 수 있겠는가?'라는 것이다. 요즘 유행하는 이론으로 풀이하면, 이는 탕이 대화의 주도권을 쥐게 된 전략이라 할 수 있다.

이상 네 가지 측면으로 탕은 재차 삼차에 걸친 걸 정권 타도의 정당성과 합법성을 논증했고, 이로 말미암아 신생 정권의 정당성과 합법성을 확립하게 되었다. 이제 앞으로 남은 문제는 새로 출범하는 정권의 미래에 대한 전망과 자신의 시정강령을 발표하는 것이다. 탕은 다음과 같이 말한다.

그대 여러 제후는 상도常道를 어겨서는 안 되며, 안락함을 탐해서는 안 되며, 상법常法을 준수하고 천도天道를 공경해야만 할 것이오. 그대들이 착한 행동을 하면 나는 절대 못 본 척하지 않을 것이고, 그대들이 죄를 짓는 것은 나에게 책임이 있는 것이며, 내가 죄를 지으면 그대들을 끌어들이지 않을 것이오. 우리가 한마음으로 협력하고 성심으로 이 준칙을 실천에 옮기면, 우리는 밝은 미래를 맞이하게 될 것이오!12

이 말에는 세 가지 핵심이 있다. 첫째, 그는 정상적인 정치질서와 사회질서의 신속한 건립을 요구하고 있다. 그는 상도·상법·천도 등의 요소를 강조했는데, 질서를 회복하고 하루빨리 혁명 시기의 '비상 정치'를 정상적인 '일상 정치'로 되돌려 세상을 효과적으로 다스릴 수 있는 중심을 구현하는 데 그 목적이 있었다.

둘째, 권선징악을 통해 명확한 선악관과 시비관을 확립하고 있다. 그는 제후들의 착한 행동에 대하여 대대적으로 포상해줌으로써 의식意識을 이끄는 지도자로서 정치적 중심을 구현하고자 했다.

셋째, 자기에게는 엄격하지만 남에게는 관대하고자 했다. 특히 이 부분을 주목해야 한다. 「탕고」의 원문은 "만방萬方이 죄가 있음은 나 한 사람에게 (그 책임이) 있고, 나 한 사람이 죄가 있음은 너희 만방 때문이 아니다萬方有罪, 在子一人. 子一人有罪, 無以爾萬方"이며, 이 구절이 후대에 끼친 영향은 실로 대단했고 정치적 함의도 매우 심오하다. 이 구절은 한편으로는 정치지도자로서의 책임의식을 잘 보여주고 있다. 정치지도자는 최고·최후의 정치 책임을 안고 있다. 그는 책임을 전가하거나 대신 책임질 사람을 찾을 수도 없다. 지도자는 책임을 떠안을 수 있는 포부와 기백을 가져야만 한다. 이것은 적극적인 측면이다. 다른 한편으로 이 구절에서 '나 한 사람'과 '만방'의 절대적 한계를 지음으로써 '나 한 사람'의 '만방'에 대한 교화敎化 권력과 그 책임을 잠정적으로 설명하고 있다. 탕이 말한 '나 한 사람'과 '만방'의 관계에 비춰보면, '나 한 사람'은 '만방'에 대하여 무한한 책임을 져야만 한다. 그러나 책임과 권력은 동전의 양면과 같아서 무한 책임의 다른 모습은 바로 무한 권력이 되기도 한다. 이러한 무한 권력이 지니는 의미는 '만방' 모두는 반드시 '나 한 사람'의 통제 아래에 놓인다는 것이다. 이 둘의 관계는 어린 자녀와 부모의 관계와 같아서 어린 자녀가 범한 모든 과실은 보호자인 부모가 그 책임을 져야만 하고, 다만 어린 자녀의 모든 행동은 부모의 가르침대로 따라야만 한다는 식이다.

　　동아시아의 수천 년에 걸친 정치 흐름에서 천자는 '백성의 부모', 현령縣令은 '백성의 현부모縣父母'라 했으며, 위정爲政의 준칙은 "백성을 돌보는 것은 어린아이를 돌보는 것과 같이 하라"였고, 백성을 '자민子民'이라 불렀는데, 이와 같이 오랫동안 전승되고 사람들이 습관적으로 사용하는 신조는 과연 어디에서 유래했을까? 아마 탕이 말한 '나 한 사람'과 '만방'의 관계가 중요한 시원이 될 수 있을 것이다.

　　경학사經學史[13]의 주류적인 관점에 비춰보면, 이「탕고」편은『위고문상서』에 속한다.『사기』「은본기」에도 '탕고'가 실려 있는데, 그 내용이 비교적 간단하며 주로 탕이 각 제후에게 제시한 요구 사항을 적고 있다.

첫째, 제후들은 "백성을 위해 공을 세우고, 자신의 일에 최선을 다해야 한다有功于民, 勤力乃事." 둘째, 제후들은 대우大禹, 고요皐陶, 후직后稷을 귀감으로 삼을 것이고, 고대 성왕의 좋은 말씀과 행동을 망각해서는 안 된다. 셋째, 제후들은 선왕의 도를 준수해야 한다. 이 셋은 『상서』「탕고」에 비해 소박하다고 할 수 있다.

　이 두 가지 '탕고'의 판본은 확실히 다르다. 우리는 여기서 그 진위를 판별할 수 없으며, 그것은 또한 이 책의 취지와도 맞지 않는다. 우리가 읽고 있는 것은 『상서』이므로, 『상서』「탕고」 편을 독서 대상으로 삼을 뿐이다. 사상사적으로 볼 때 설령 『상서』「탕고」가 『위고문상서』에 속한다고 하더라도, 그것의 가치가 매몰될 수는 없다. 그러므로 요령 있게 잘 읽기만 하면 '거짓僞' 뒤에 숨겨진 어떤 진실한 내용을 발견할 수 있을 것이다.

제13편 이훈伊訓

사상가와 정치지도자

'이훈伊訓'은 '이윤伊尹의 훈계'라는 뜻이다. 훈계 대상은 상나라 신임 천자 태갑太甲이다.

『사기』가 제공하는 자료에 따르면, 탕 임종 시에 그의 장자 태정太丁은 이미 세상을 떠난 뒤였다. 이에 태정의 아우인 외병外丙이 천자의 자리를 잇는다. 3년 후 외병이 죽자 천자의 자리는 외병의 동생인 중임仲壬이 잇고, 4년 뒤 중임도 죽는다. 그때 노신老臣 이윤이 태정의 아들 태갑을 천자에 앉힌다. 즉 태갑은 탕의 장손자이자 상나라의 4대 천자다. 그러나『상서』「이훈」에서는 탕이 죽자 태갑이 즉위한 것으로 되어 있다. 조부와 손자 사이의 천자 지위 계승에서 중간의 외병, 중임은 보이지 않는다. 이 두 가지 서로 다른 기술에 대해서는 뒤에서 다시 분석해보기로 하고 여기서는 거론하지 않는다.

태갑이 비록 고귀한 천자이기는 하지만 이윤은 그의 조부 탕의 정치

멘토였고, 그의 이력·연령·서열·정치 경력 등 모든 방면에서 태갑보다 훨씬 높은 위치에 있었다. 이로 인해 태갑 즉위 초기에 이윤이 탕을 제사지내는 의식에서 백관과 제후들이 보는 앞에서 신임 천자에게 훈계할 수 있었으니, 이것이 바로 '이훈'이다.

 이윤의 훈계는 세 가지 내용을 포함하고 있다. 훈계에 앞서 이윤은 태갑에게 탕의 덕정德政을 계승할 것을 요구한다. 이윤은 다음과 같이 말한다.

>하나라 초기의 군주들은 덕정을 시행하려고 노력하여 천재天災가 발생하지 않았고, 산천의 귀신들과 조수어충鳥獸魚蟲(날짐승, 길짐승, 물고기, 벌레)이 모두 편안했습니다. 걸의 시대에 이르러 그가 조상의 덕정 전통을 위배하자, 상천이 진노하여 탕의 손을 빌려 그를 멸하려 했습니다. 상천이 우리를 신뢰한 까닭은 선왕 탕께서 이미 박도亳都에서 덕정을 베풀었기 때문입니다. 이로 인해 상천의 명령을 받은 이후 곧장 명조鳴條의 전쟁에서 걸을 물리쳤던 것입니다. 우리 선왕 탕께서는 위무威武와 성덕聖德을 모두 지녀, 관용과 조화의 정치로 걸의 포학한 정치를 대신할 수 있었기 때문에 온 천하 사람들이 우리 상나라의 덕정을 신뢰했습니다. 이제 태갑은 덕정을 이어 신중하게 행하고, 사랑과 존경의 도를 세워 어버이와 어른으로부터 한다면, 집안과 나라가 다스려지고 사해에까지 미칠 것입니다.[14]

이훈의 훈계에서 핵심은 탕의 덕정을 잘 따르라는 데 있다. 그는 도덕이 정치의 최고 표준이기는 하지만 동시에 정치의 최저 표준이기도 하며, 정치의 유일한 표준이라고까지 말한다. 다시 말하면 정치는 바로 덕정이어야 한다는 것이다. 오직 덕정만이 정당성과 합법성을 지니게 된다. 신임 천자가 된 태갑은 가장 먼저 이 준칙을 따라야만 한다. 그 안에서 이윤을 대표로 하는 개국공신과 혁명의 원로들은 상나라의 입헌자임을 자임함과 동시에 이윤 자신도 당시의 지혜와 정치적 경험의 화신化身으로 자리하게 된다.

이어서 이윤은 세 가지 방면으로 탕이 남긴 정치적 유산을 정리한다.

첫째, 정치 자질 측면에 있어 탕은 모범이 된다. 그는 잘못이 있으면 고치고, 아랫사람의 권고를 잘 받아들이며, 민의에 순응하며, 남을 관대하게 대하고, 자기에게는 엄격하며, 높은 지위에 있는 사람은 아랫사람들의 사정에 밝고, 지위가 낮은 사람은 윗사람에게 충성을 다하는 것 등이다. 바로 이런 자질로 인해 탕은 최종적으로 천자의 자리에 오르게 되었다. 이러한 자질은 태갑이 당연히 배워야 하는 것일 뿐만 아니라 다른 사람들도 몸소 실천해야만 하는 것들이다.

둘째, 탕은 도처의 성현들을 찾아다니며 그들로 하여금 그들의 후배들을 돕게 했다. 이윤은 이 부분을 강조했는데, 이는 탕을 칭송하면서도 다른 한편으로는 자신과 다른 원로들의 정치적 명분을 쌓는 데 그 목적이 있었다. 그 말의 다른 뜻은 '본래 선왕께서 우리에게 너희를 보좌할 것을 요청했고, 그 때문에 너희를 훈시하는 것이 우리의 책임이다'라는 것이다.

셋째, 탕은「관형官刑」의 제정을 통해 백관을 다스렸다. 이윤은「관형」 가운데 세 가지 죄명을 열거한다. 평소 궁중에서 가무하고 집에서 음주를 즐기는 것은 무풍巫風의 죄다. 재물과 여색을 탐하고 늘 놀고 사냥하기를 즐기는 것은 음풍淫風의 죄다. 성인의 말씀을 따르지 않고, 충신의 간언을 용납하지 못하며, 나이 많고 덕이 많은 분을 멀리하고, 경망스럽고 어린 사람을 가까이하는 것은 난풍亂風의 죄다. 이 세 가지 죄는 관원官員의 10가지 허물[15]과 관련 있다. 이윤은 이 10가지 허물 가운데 경사卿士가 한 가지를 범하면 집안이 망하고, 제후가 한 가지를 범하면 나라가 망하며, 천자에게 허물이 있을 때 신하는 반드시 직간해야 하고, 만약 신하가 직간하지 않으면 간하지 않은 죄를 물어 묵형墨刑에 처한다고 말하고 있다.[16]

만약 우리가 위의 말을 신뢰한다면, 동아시아 법률사학은 탕으로부터 나온「관형」에 주목해야 할 것이다. 부패한 관료를 전문적으로 징벌하는 법으로서 역사상 최초의 '반反부패법'이라 할 수 있으며, 강력한 정권 건설의 의지를 표방하고 있기 때문이다. 그러나「관형」이 설령 일찍이 출현했더라도 이질적인 요소가 몹시 강하다. 그 이전 혹은 그 이후에라도 관료 집단의 부패를 대상으로 징벌을 제정한 법은 항상 보편적인 현상은 아니었다. 특히 후대에는 "예禮는 서인庶人들에게까지 내려가지 않고, 형벌은 대부大夫에까지 미치지 않는다"[17]는 신조信條 아래 모든 관료들에 대해 감독하는 조치가 없지는 않았지만, 정식 형법으로 관료 집단 내부의 부패 풍조를 공격해 효과를 보지는 못했다.

탕이 남긴 정치 유산을 회고한 후에 이윤은 태갑에게 다음과 같은 일반적인 요구를 한다.

> 조부의 덕을 공경히 새기고 조부의 법제를 삼가 준수하소서! 편안하게 있을 때에 위기를 생각해야 하니, 천명天命은 일정치 않아서 선정善政에는 복을 내리지만 폭정暴政에는 재앙을 내립니다. 선을 행함이 작다고 의심하지 말아야 하니, 작은 선도 만방을 적실 수 있는데 큰 선이야 말할 것이 있겠습니까? 작은 악이라도 행하지 말아야 하니, 작은 악도 종묘를 망칠 수 있는데 하물며 큰 악이야 말할 것이 있겠습니까?[18]

이 몇 구절의 말은 심오한 정치철학을 제시하고 있다. 정치의 합법성은 한 번의 고생으로 영원히 얻을 수 있는 것이 아니다. 그것은 집권자가 끊임없는 노력을 견지하여 지속적으로 증명해 보여야만 하는 것이다.

상천이 탕에게 천명을 위임할 당시 탕은 천명의 수탁인이 되었다. 그러나 이것은 탕의 후계자 모두가 천명의 수탁인이라는 의미는 아니다. 왜냐하면 천명은 변하기 때문이다. 만약 집권자가 지향하는 정치가 덕이 있는 정치라면, 상천의 계속적인 지지를 얻을 수 있을 것이다. 반대로 집권자가 지향하는 정치가 상천에게 악정으로 판단되면 상천은 재난을 내리고 그에 대한 위임을 거둬들이게 되는데, 이때 집권자가 계승한 천명도 끝난다. 그러므로 집권자는 반드시 부지런히 선정을 실천하고 악행을 멀리해야만 한다. 하나하나의 작은 선행을 통해 총체적인 선정을 이루게 되고, 하나하나의 작은 악행을 근절함으로써 자신의 정권이 항상 악정과는 멀어지게 된다. 이와 같이 해야만 오랫동안 상천의 동의를 얻을 수 있을 것이다.

이러한 정치 이념에 비춰보면 천자는 최고 혹은 궁극의 정치주재자가 결코 아니다. 천자는 상천이 초빙한 전문 경영인professional manager과 같아서, 그의 행동과 업적은 시시각각 상천이라는 회장님께 심사와 평가를 받고, 수시로 해고되기도 한다. 해고될 뿐만 아니라 엄청난 재난을 당할 수도 있다. 이러한 설정으로 보면, 천자의 지위는 확실히 부담이 없는 직위가 아니며 무궁무진한 노력을 해야 하는 자리다. 어투로 봐서 이윤이 태갑에게 제시한 이러한 훈계는 확실히 나이 어린 천자를 경계시키고 우환의식을 갖도록 하여 조심스럽게 천자의 직책을 이행하도록 하는 데 그 초점이 맞춰져 있다. 그러나 사상사적으로 보면 이윤의 이러한 말들은 여러 측면을 함축하고 있다.

첫째, 절대 권위의 상천과 정치 권위의 천자를 구분하고, 천자는 상천 및 그것이 대표하는 천의天意의 약속을 받아야만 한다. 후대에 이러한 관념은 점점 이데올로기로 변화되어 군주의 권력은 무시할 수 없는 제약을 받게 된다. 비록 이런 제약이 주로 심리적인 통제로 나타나는 것이긴 하지만, 확실히 존재하는 것들이다. 이것은 전통적으로 동아시아의 군주는 두려워하는 바가 있었다는 의미다. 또한 비록 군주제가 현대에는 이미 추악하게 비춰지지만, 이러한 이데올로기가 결합됨으로 인해 수천 년의 동아시아 전통을 거치면서 우리의 문명질서에 유효하게 정착했다.

현대에 유행하는 법학 이론에 비춰보면, 이윤이 말하는 천명은 완전히 똑같지는 않지만 서양의 자연법과 유사하다. 천명이 인류 질서의 규범인 것은 자연법이 인류 질서의 규범인 것과 같다. 유물주의적 해석에 따르면, 천명은 그림자도 종적도 없는 것이나 마찬가지다. 그것이 사람의 마음속에 있으면서 사람의 내심內心을 규범짓고, 나아가 사람의 외재外在세계를 규범짓게 된다. 자연법의 관점으로 보면, 이윤의 이러한 훈계는 동아시아 초기의 '상위법' 사상을 잘 보여준다고 할 수 있다.

둘째, 이훈의 태갑에 대한 훈계로 인해 우리는 고대의 정치 권위가 이원화되어 나타나는 특징을 발견하게 된다. 태갑은 천자로서 명실상부한 정치지도자이지만, 덕망 높은 이윤은 확실히 왕조의 사상가 역할을 담당하고 있다. 명분적으로 이윤은 태갑의 보좌인이었지만 실제로는 태갑에 대해 상당 부분의 권위와 제약을 행사했다. 이러한 정치지도자와 사상가의 양분은 전통적인 동아시아의 매우 두드러진 정치적 특징을 보여준다. 군주는 비록 구오九五[19]의 높은 자리에 있지만, 군주는 통상적으로 사상가의 역할을 대신할 수 없다. 사상가는 항상 다른 인물이 담당한다. 이러한 인물은 대체로 두 유형으로 나뉜다. 제1유형은 공자나 맹자 같은 순수한 사상가들이다. 이런 유형의 사상가들은 종종 후대에 인정을 받는다. 공자와 맹자 그리고 후대의 정자程子와 주자朱子가 이런 예에 속한다. 제2유형은 이윤, 그 이전의 고요, 이후의 주공周公과 같은 정치 원로들이다. 이런 유형의 사상가들은 주로 그들의 실제 정치 지위로 결정된다.

앞에서 이미 언급했듯이, 태갑의 지위 계승 시기에 관해 『상서』와 『사기』가 서로 다르게 기록하고 있다. 필자는 『사기』의 기록에 동의하는 편이다. 왜냐하면 사마천의 서술이 어렴풋이 그 사실을 노출하고 있기 때문이다. 탕 이후 세 명의 천자는 이윤의 조종에 의해 제위를 이을 수 있었다. 외병과 중임, 두 형제는 비록 차례로 제위에 올라 천자가 되었지만 3~4년 만에 모두 죽고 만다. 그들 두 형제의 제위 계승과 사망에는 이윤의 의중이 결정적이었을 것으로 추정된다. 태갑의 즉위 역시 이윤의 의지였다. 이런 관점으로 볼 때, 이윤은 비록 사상가였지만 천자인 태갑을 마음대로 훈계할 수 있었을 것이다. 그러나 그의 사상가로서의 신분은 공자·맹자·정자·주자의 신분과는 존재적으로나 본질적으로 구별된다.

제14편 태갑太甲
군주를 길들일 수 있을까?

『상서』는 체제상 '말씀을 기록한 것記'에 중점을 두고 있지만, 다른 편과 비교해서 「태갑太甲」 상·중·하 세 편은 고사故事를 이야기하고 있기 때문에 '사건을 기록한 것記事'에 가깝다.

전체 내용은 다음과 같다. 탕의 손자인 태갑이 천자의 자리를 계승한 후, 노신老臣 이윤의 훈계를 준수하지 않자 이윤이 글을 올려 그를 타일렀다. 그러나 태갑은 여전히 태도의 변화를 보이지 않았다. 이에 이윤이 여러 신하와 의논해 탕의 묘 근처에 동궁桐宮을 짓고 그곳에 태갑을 보내 거상居喪의 예를 행하게 하고, 두 번 다시 정치에 관여하지 못하게 해서 조부의 덕을 되새겨 잘못을 뉘우치고 선을 지향하도록 했다.[20]

3년 뒤 이윤이 정중한 예우로 태갑을 박도亳都로 불러들임과 동시에 지속적으로 태갑을 교육시켰다.

덕으로 정치를 행하면 다스려지고, 덕 아닌 것으로 정치를 행하면
어지러워집니다. 다스려지면 흥하게 되고 어지러우면 망하게 되
니, 군주는 반드시 치란의 도리를 밝혀야만 합니다. 선왕이 그 덕
을 잘 닦아 덕으로 하늘에 짝했으니 이것이 당신이 본받아야 할 모
범입니다. 차례대로 차근차근 나아간다면, 마침내 위대한 경지에
이르게 될 것입니다.[21]

세 편의 「태갑」이 기록하고 있는 내용은 두 가지 측면에서 해석해볼
수 있다. 첫째, 이윤의 이러한 훈계는 '성왕聖王의 길'을 제시하고 있다.
만약 이 훈계를 보충·가공·체계화시킨다면, 한 권의 군주 교육용 전
문 교재를 편찬할 수 있을 것이다. 그러나 군주가 마땅히 해야 할 것은
무엇인지, 할 수 없는 것은 무엇인지에 대한 규정은 이미 앞의 「이훈」편
에 보인다.

둘째, 「태갑」이 「이훈」과 다른 점은 「태갑」은 다음의 매우 중요한 메시
지를 함축하고 있는데, 바로 군주에 대한 교육은 매우 어렵고도 매혹적
인 일이라는 점이다. 후대의 역사에서 우리는 이와 유사한 모습을 제갈
량諸葛亮(181~234)이 후주後主 유선劉禪(207~271)[22]에게 한 교육에서 볼
수 있지만, 이런 것들은 보편적인 정치 현상은 아니다. 수천 년의 전통
에서 군주를 대상으로 한 교육은 특별히 주목받지 못했다. 왜냐하면 수
많은 제위를 계승한 군주 가운데 뛰어난 재능과 원대한 계략으로써 성
심으로 정사를 도모한 인물은 드물었으며, 대부분은 무지몽매한 향락자
들이었기 때문이다. 선조가 닦아놓은 기업基業은 결국에는 저러한 평범

한 계승자들에 의해 무너진다.

이윤이 후대에 숭고한 명성을 누리고 있는 중요한 이유는 바로 그가 군주 태갑에게 행한 교육에 있다. 엄밀히 말하자면 후대에는 그보다 나은 사람이 드물었는데, 그는 군주를 선왕의 묘지 근처로 보내 그곳에서 3년간 묘를 지키게 한 뒤 다시 불러들였다. 이런 교육은 사실은 징벌이며 어린 학생들에 대한 선생님의 징벌과 유사하다. 이런 엄격한 교육은 한편으로는 이윤의 권위에 의지한 측면도 있고, 다른 한편으로는 이윤의 지혜와 책임감에 의지한 측면도 있다. 이 두 조건은 모두 우연히 발생했다. 왜냐하면 군주를 유배시키는 교육 방식은 통상적인 방법이 될 수 없기 때문이다. 이윤이 군주를 훈계하고 교육한 사실은 나타났다 곧 사라져버린 특별한 예일 뿐이다.

결과적으로 선왕의 묘에서 돌아온 태갑은 회개한 듯했다. 그러나 그가 실제로 이윤이 제시한 군주의 도를 실천했는지에 대해서 우리는 알 길이 없다. 역사적 경험에 비춰보면, 이러한 교육의 가치와 실효는 높이 평가되지 않는 것 같다. 고대 희랍의 플라톤도 이와 비슷한 실험을 했다. 그는 시라쿠스 폴리스The polis of Syracus를 세 차례 방문해 그곳의 군주인 디오니시우스Dionysius를 이상적 군주인 '철인哲人'으로 훈련시켰다. 그러나 매번 실패하고 돌아왔으며, 한번은 노예로 팔려가 하마터면 자신의 목숨을 잃을 뻔했다. 세 차례에 걸친 '시라쿠스 여정'은 플라톤을 반성하게 했다. 군주를 훈련시켜 '철인'으로 만든다는 것은 경솔한 정치적 이상에 지나지 않으며 아주 위험한 활동이었다.

플라톤이 외부로부터 온 사상가였다면, 이윤은 군주 태갑의 보호자였다. 이런 특수한 신분으로 인해 이윤은 노예로 팔려가는 재앙을 면할 수 있었지만, 교육을 받은 군주가 잘못을 시인했다고 하더라도 교육시킨 군주를 진심으로 감복시켜 자신이 제시한 '성왕의 도'를 잘 따르게 할 수 있었을까? 설령 태갑이 단호하게 결심해 성왕이 되는 큰 뜻을 세웠다고 하더라도 그가 성왕의 지혜·담력·식견·기백·자질 등을 갖추고 있었을까? 후대의 역사적 사실은 태갑은 이윤이 기대하는 성왕이 되지 못했음을 증명하고 있다. 이런 관점으로 보자면, 이윤과 플라톤은 닮은꼴로서 군주 교육을 시도해 수고는 했지만 성과를 이루지 못한 실패자들이다.

흥미로운 점은, 비록 군주를 교육시켜 성왕으로 만들 가능성이 매우 적지만, 이런 일은 사람을 끌어당기는 특별한 매력이 있다는 것이다. 플라톤도 이를 매우 즐겼을 뿐만 아니라, 이윤 이후 지성선사至聖先師 공자와 아성亞聖 맹자도 일찍이 사방을 분주히 쫓아다니며 간절히 그 도를 구했다. 또한 남송南宋의 성인 주자와 근대의 캉유웨이康有爲(1858~1927)[23]도 똑같은 사업을 실천했으니, 군주를 요순과 같은 성군으로 양성하려 했다. 그러나 그들의 노력은 예외 없이 모두 실패로 끝났다. 이러한 순수 사상가들과 비교해서, 이윤은 명분상 신하였지만 사실은 천자의 보호자였다. 비록 특별히 좋은 조건을 누렸지만 그가 목표한 성과는 이루지 못했다. 그의 의도와는 상관없이 태갑은 이윤이 생각하는 이상적인 성왕이 되지도 못했다. 이것과 서로 호응되는 이야기로, 제갈량의 후주 유선에 대한 노력도 나라가 망하는 운명을 구제하지 못하기는 마찬가지였다. 군주에 대한 교육은 설령 특수한 정치적 자원을 장악하고 있더라도 헛수고로 돌아가며 실패에서 벗어날 수 없는 운명이다.

　엄밀히 말하자면, 군주는 근본적으로 교육을 통해 성왕이 되지 않는다. 플라톤의 '철인정치'는 허상이며, 이윤의 '성왕지치聖王之治' 역시 허상이다. 사실상 군주가 성왕이 되는 것은 불가능하며 그럴 필요도 없다. 왜냐하면 군주의 기능과 가치는 상징성에 있기 때문이다. 표면적으로 군주는 지고무상한 지위를 향유하며 하고 싶은 것을 다 할 수 있다. 만약 어떤 성왕이 출현한다면, 천하를 이상적인 낙원으로 만들겠다는 자신의 바람을 비출 수도 있을 것이다. 그러나 실제로 이것은 불가능하다. 어떤 군주라도 그의 정치 공간은 매우 한정적이며, 거대한 정치라는 기계 속의 하나의 특수한 부품에 지나지 않기 때문이다. 당연히 그(군주)는 금빛으로 빛나고 휘황찬란한 부품이지만 부품이기는 매한가지다. 그의 언행은 거대한 정치기계 가운데 그가 위치한 곳의 제약을 받으며, 선택의 여지는 거의 없다. 결국 일개 군주의 똑똑하고 그렇지 못한 자질이 정치와 사회에 일정한 영향을 끼칠 수는 있지만, 그 영향력은 절대 그렇게 크지 않다. 어떤 군주라도 반드시 정치기계의 운행 속도를 맞춰야 하기 때문이며, 그렇지 못하면 정치기계는 고장난다.

　그러나 이윤은 그 이치를 이해하지 못했던 것 같다. 그 연로한 대신은 책임감이 매우 강하여 나이 어린 태갑을 교육시킴으로써 이상적인 성왕으로 만들 수 있을 것이라 생각했다. 저렇게 평범하고 놀기 좋아하는 군주를 그는 계속해서 타이르고 유배 보내는 방식으로 징벌까지 행했다. 모든 훈계 수단과 징벌 수단을 동원한 뒤 그 높으신 노신은 마침내 피로감을 느낀다.

「태갑」 마지막에서 이윤은 매우 놀랄 만한 정견을 내놓는다. 그는 다음과 같이 말한다.

> 신하는 자신이 해야 할 직책을 다한 이후, 공을 세우고 물러나 명예를 지켜야 합니다. 만약 신하가 나아갈 줄만 알고 물러나는 것을 모른다면 탐욕스럽고 만족할 줄 모르는 자라 할 수 있습니다. 그 탐욕스럽고 만족할 줄 모르는 신하를 군주가 견딜 수 없다면 그에게 원한을 품게 됩니다. 만약 군주가 신하의 모략을 걱정하면 죽이고자 하는 마음을 품게 됩니다. 예로부터 신하가 공을 세우고도 물러나지 않으면, 대부분 집안이 망하고 멸족을 당했습니다.[24]

이러한 정견은 이윤이 이미 은퇴할 마음을 내비친 것으로 어느 정도 낙심했다는 점을 말해준다. 그 심리가 플라톤 만년의 각성과 같지는 않지만 어느 정도 공통점을 지닌다.

세 편의 「태갑」은 '교육과 징벌'에 관한 고사를 기록하고 있으며, '군주를 길들이는' 이야기다. 이 고사와 세 번에 걸친 플라톤의 시라쿠스 여정은 그 모습은 서로 다르지만 공통점이 많아 비교되며 묘한 풍미가 느껴진다.

제15편 함유일덕咸有一德

신념의 역량

'함유일덕咸有一德'은 '모두 일덕을 소유하다都有一德'라는 의미로, 본문의 "이윤과 탕이 모두 일덕을 소유했다"에서 나온 것이다. '일덕'의 문자적인 의미는 '순일한 덕' 혹은 '순정한 덕성'이다.

배경으로 보면, 이 편의 경문은 이윤이 천자 태갑과 이별하면서 당부하는 말이다. 애초에 태갑이 선왕 탕의 묘 근처 동궁桐宮에서 돌아온 뒤 조정을 재구성하게 된다. 이후 이윤은 계속해서 귀향의 뜻을 내비쳤고, 마지막으로 이별할 즈음에 이윤이 태갑의 덕성이 아직 순정하지 못한 것을 걱정하여 그에게 가르침을 전했다. 문장 가운데 '함유일덕'이라는 말이 있어 경문의 편집자가 편명으로 취했다.

이 편의 주제는 '일덕一德'이다. 이윤이 말한 요지는 다음과 같다.

천명은 무상無常하니, 항상 덕을 닦아야만 군주의 자리를 보존할 수 있습니다. 덕의 수양을 그만두면 바로 군주의 자리를 잃게 됩니다. 걸이 덕을 닦지 않자 상천이 좋지 않게 여겨, 새로 도덕이 순정한 인물을 찾아 천지와 백성의 주인으로 삼으셨습니다. 당시에 저와 탕이 순일한 덕을 갖추었기 때문에 천명을 받아 구주의 백성을 이끌고 걸의 폭정에 대해 혁명을 일으켰습니다. 우리 상나라가 걸을 대신한 것은 상천이 우리를 편애해서가 아니라 상천이 순일한 덕을 가진 이를 보살폈기 때문이며, 우리가 백성들의 지지를 구걸한 것이 아니라 백성들이 처음부터 순일한 덕을 가진 이에게 귀의한 것입니다. 만약 도덕이 순정하면 가는 곳마다 승리할 것이지만, 도덕이 순정하지 못하면 위기가 도처에 도사릴 것입니다. 지금 천명을 받았으니, 자신의 덕성을 더욱 새롭게 하고 한결같이 해야만 오랫동안 흥성하고 쇠퇴하지 않을 수 있습니다. 관료를 선발할 때는 어진 인재를 선발해야만 하고, 보좌하는 신하를 선발할 때는 충직한 사람을 선발해야만 합니다. 대신들이 군주가 덕을 펼 수 있도록 잘 모시는 일과 아래로 백성을 훈도하는 일을 매우 어렵게 여겨야 하고 신중히 해야만 하니, 대신들이 일심동체로 협력해야만 선정을 펼 수 있을 것입니다. 덕은 변하는 법이니 선을 위주로 해야 하며, 선도 변하는 법이니 순정함을 위주로 해야 합니다. 그러므로 천자는 마땅히 덕을 닦아 후세에 명성을 떨쳐야 합니다. 군주와 백성들이 서로 믿고 의지하되, 군주가 겸손하게 사람을 대하면 백성들이 온 힘을 다해 군주를 도와 으뜸가는 공적을 성취할 수 있을 것입니다.[25]

이별하면서 당부하고 있는 이상의 내용은 「이훈」「태갑」에서 보이는 이윤의 사상과 대체로 일치하는데, 덕성이 정치의 기반이 되며 집권자의 정치적 근거가 된다는 점을 강조하고 있다. 그러나 이 편에서는 새로운 관념을 하나 제시하고 있는데, 그것은 바로 '일덕一德'이다. 일덕은 경전의 해석에 따르면 다음과 같은 속성을 지닌다. 일덕의 발원지는 사람의 마음속 깊은 곳에 감춰져 있으며, 그것의 원리는 사람의 외재적 행위로 구현된다. 그 기본 원리를 장악하기 위해서는 확고하게 몸소 체험하고 힘써 실천해야지 절대 여타의 부정不正하고 사악한 충격을 가해서는 안 된다. 이것이 바로 일덕이다. 일덕과 상대되는 말은 '이삼덕二三德'으로 이삼덕은 어떤 평범한 사람이 사물의 전체를 보지 못하여 의지로써 결단하지 못하고, 성격이 우유부단해 지혜로운 사람과 함께 어떤 모의는 할 수 있지만, 어리석은 자와는 함께 어떤 일도 이룰 수 없는 것을 가리킨다. 간단히 말해서 일덕은 마음을 한결같이 하여 성왕의 도를 잘 지키는 것으로, 신념의 확고함이 산을 옮길 수도 있고 유혹을 뿌리치고 충격을 막아낼 수 있다. 이삼덕은 마음과 의지가 오락가락하는 것으로 확고한 기준 없이 의지가 박약하고 근본적으로 결정을 내릴 수 없다. 결과적으로는, 만약 일덕을 견지한다면 자신의 사업은 승리에서 시작해서 승리로 끝나지만, 이삼덕의 소용돌이에 빠진다면 위험한 상황이 꼬리에 꼬리를 물고 나타날 것이다.

그러므로 이윤이 말한 일덕은 사실은 신념에 관한 문제로, 견실한 신념으로 천자의 망설이는 의지를 결속시키는 데 그 목적이 있다. 이윤의 경력은 풍부했고 접해본 사람도 무수히 많아 어떤 사람을 보면 의지가 약하다는 것을 이미 알 수 있었다. 그것은 밀가루 반죽과 같아 어떻게 반죽하느냐에 따라 모양이 변하며, 어떤 외부로부터의 힘과 유혹이 그것을 변형시킬 수 있는 것과 같다. 태갑의 의지가 바로 그런 상황에 속했던 것이다. 그러한 상황에서 일덕은 일종의 신비한 첨가제와 같아서 그것을 물렁한 밀가루 반죽에 섞게 되면 밀가루 반죽은 강철과 같이 단단해지고, 그 형상도 고정되어 외부의 힘에 의해 변하지 않게 된다. 바꾸어 말하면, 일덕은 강심제와 같은 것이다. 종교가 없던 환경에서 일덕은 종교의 기능을 수행했는데, 어떤 사람은 그것을 일종의 종교성으로 규정하기도 한다. 기독교 교리 가운데 하나인 "믿음으로 의로움을 칭한 것"26의 '믿음'은 이윤이 말한 일덕으로 풀이할 수 있을 것이다.

후대의 유가사상이 정리되면서 이윤이 개창한 일덕 개념은 정심正心·성의誠意·격물格物·치지致知·수신修身·제가齊家·치국治國·평천하平天下의 완성된 체계27로 변화된다. 이 체계에 따르면 일덕은 제1단계인 정심·성의에 해당되며 그 핵심 목표는 마음의 한계를 제고시키는 데 있으니, 몽매하고 두서없는 마음 상태를 고요하고 안정된 상태로 만들어 그 속의 물욕·색욕·유희·태만과 같은 향락적인 요소들을 제거하고, 마음속의 굳건한 요소들, 특히 공적인 임무에 헌신하는 것과 영원함을 추구하는 바람을 강화시킨다. 이러한 기반이 다져진 뒤 제2단계 격물치지가 자리한다. 이 단계의 목표는 이성理性과 사물에 대한 인지능력, 즉 인식 전반의 능력을 제고하는 데 있다. 3단계는 '수제치평修齊治平'으로 그 목표는 세계의 개조改造에 있다. 이 세 단계의 절차 가운데 제1단계를 '내성內聖'으로 본다면, 제2단계와 제3단계는 '외왕外王'이라고 할 수 있다. 그러나 논리적으로 '내성'의 기초가 없으면 '외왕'이라는 거대한 목표를 지향할 수 없다. 이윤이 말한 일덕은 외왕도 아우르고 있지만 핵심은 내성, 즉 심성의 수양에 있다.

사상적인 측면으로 보면, 이윤이 태갑과 이별하면서 전한 말은 동아시아 심성학心性學을 개창했다고 할 수 있다. 자사子思와 맹자로부터 시작하여 육상산陸象山(1139~1192)**28**, 왕양명王陽明(1472~1528)**29**에 이르는 심성유학은 모두 이윤의 일덕 관념의 확장과 발전이라 할 수 있다. 방대한 심성유학 체계와 비교해서 제도유학制度儒學과 정치유학政治儒學의 발전은 상대적으로 더딘 감이 있으며, 이런 점에 비춰 장칭蔣慶(1953~)**30**과 같은 학자들은 심성유학에서 정치유학으로의 전환을 주장한다. 이러한 사상이 제기되는 결정적인 원인은, 그 원류를 따져보면 이윤이 정치를 떠나면서 주장한 '일덕'에 있다.

심성유학은 언제나 강렬한 이상주의 색채를 띠는 등 다소 편파적인 측면이 있는데, 존재나 현실적인 규정보다는 정신과 의식을 지나치게 강조해, 극단적으로는 '굶어 죽는 것은 사소한 일이지만 절의를 잃는 것은 매우 중대하다'라고까지 말한다. 현재의 지식 분류에 따르면, 심성유학은 인문학 방면에서 연구 성과물이 풍부한 반면 사회과학 방면에서의 연구 성과물은 상대적으로 적은 편이다. 그러나 이러한 지적은 동아시아 초기 문명에 대한 '동정적同情的 이해'를 하지 못한 데서 비롯된 것이다.

사실상 이윤이 일덕의 강조를 통해서 내성으로까지 이끈 점은 동아시아인들의 피안彼岸세계에 대한 바람을 상당 부분 만족시켜줬다. 일반적으로 어떠한 시대의 어떤 사람이라도 순수하게 생물학적 존재만이 아니라 사회적 존재이며 정신적인 존재다. 서양 초기의 대학大學은 의학醫學·법학法學·신학神學 등 3개 과목을 가르쳤다. 이러한 안배는 아무 이유 없이 이루어진 것이 아니다. 의학은 인간의 생물적 존재에 대응하고, 법학은 인간의 사회적 존재에 대응하며, 신학은 인간의 정신적 존재에 대응한다. 만약 인간의 생물적 존재와 사회적 존재가 차안此岸에 속하는 것이라고 한다면, 인간의 정신적 존재는 인간의 피안에 속하는 것이다. 인간의 피안은 바로 정신세계다. 서양 문명에서 인간의 피안세계는 유대교·기독교 등 종교가 제공하는 교의敎義로 정착되었다. 그러나 동아시아에서는 유대교나 기독교와 같은 종교가 없었다. 전통 동아시아인의 정신세계·피안세계는 심성유학에 의해 정착되었다. 맹자의 '호연지기浩然之氣를 잘 기르는 것'31과 왕양명의 '용장龍場의 각성'32 때 마음이 크게 감발하여 얻어진 '양지良知'는 바로 하나의 지식과 관념 형태로서 어디에도 실질적인 종교적 요소는 없다. 심성유학 가운데 이런 간결한 부분들이 사실은 전통 동아시아인이 양심養心·양신養神·양지養志해온 종교였다. 이런 것들은 서양의 하느님을 대신해 동아시아 사람들의 정신세계와 의식세계를 담당했다.

물론 이윤이 살던 시대에는 후대에 이름 붙여진 심성유학이라는 말은 없었다. 그러나 이윤의 일덕은 심성유학의 맹아라 할 수 있다. 비록 일덕을 언급할 당시에 상천의 인정, 백성들의 동의, 군신 간의 협심, 밝은 미래의 건설 등과 같은 일덕의 현실적인 수익 요소들에 대해서 많은 고려를 했을지라도, 일덕을 자세히 고찰해보면 정신적 이상향에 대한 추구가 더 강하다는 것을 알 수 있다.

이 편에서 이윤의 첫 마디는 "아! 하늘을 믿기 어려운 것은 그 명이 일정치 않기 때문이다嗚呼! 天難諶, 命靡常"33인데, 이 단 여덟 글자는 세상의 풍파를 다 겪은 어떤 지혜로운 자의 천명은 일정치 않아 천명을 믿기 어려우며 의지할 바가 못 된다는 천명무상天命無常에 대한 탄식이다. 이런 실망의 정서는 공자가 임종할 때 "태산이 무너지는구나! 기둥이 부러지는구나! 철인哲人이 죽어가는구나!"34라고 탄식한 것과 비슷한 환멸감이다.

원래 하상夏商 교체기에 탕과 이윤에게 가장 중요한 정신적 지주는 바로 천명이었고, 그들은 천명의 계승자라는 명분으로 혁명을 완수했다. 그러나 탕의 죽음을 목도하고, 태갑을 유배 보내기도 하고 훈계하는 등의 풍파를 거친 이후 천명에 대한 이윤의 신뢰감은 현저히 줄어들었다. 또한 그와 같은 원로의 안목으로는 탐욕스럽고 놀기 좋아하며 그저 평범하기 짝이 없는 태갑은 천명을 받을 인물이 아니었다. 또한 상 왕조에 도래할 쇠퇴를 이미 목격한 것이기도 했다. 말할 것도 없이 천명에 기대할 것이 없는 상황에서 이윤은 새로운 정신적 지주를 찾기 시작했는데, 그것이 바로 '일덕'이었다. 자신의 경험을 통해 얻어진 일덕은 이윤이 재건을 시도한 새로운 정신적 지주였던 셈이다.

'천명'을 의지하는 것에서 일덕을 의지하는 것으로의 전환은 초기 동아시아인들의 정신세계에 폭풍이 몰아친 것과 같았다. 이전의 동아시아인들의 정신세계는 외재적인 천명이 정착되어 있었고, 그 천명이 그들의 정신적 지주였다. 그러나 이윤이 정치를 떠나면서 제창한 일덕이라는 문제제기는 그들의 정신세계에 내재적인 일덕을 안착시키게 된다.

종전에는 문명질서의 논리가 천명에서 시작되었다면, 지금은 문명질서의 논리가 시작되는 지점은 일덕인 것이다. 외물外物에게 구하던 것에서 내심內心에서 구하는 것으로 전환되었고, 내심의 질서를 이끌어내 외재의 질서를 주재하게 되었으며, 내성으로부터 외왕으로 확장되었고, '정심·성의·격물·치지'로부터 '수신·제가·치국·평천하'로 넓혀 나가게 되었으니, 이런 전통 문명질서의 내부 논리는 바로 '경험'에 의해 이루어진 것이다.

제16편 반경盤庚
군주는 정치의 원동력

반경盤庚은 탕의 14세손이자 상나라의 제20대 군주다.

「반경」은 반경의 재위 기간 중 도읍을 박亳에서 은殷으로 천도하는 과정에서 반경이 발표한 담화 내용 등을 포함한 정치적 결단을 기록하고 있다.

『사기』「은본기」의 기록에 따르면, 반경 사후에 그의 아우 소신小辛이 즉위한다. 소신의 재위 기간에 은상殷商35은 쇠퇴하기 시작한다. 여러 신하가 전임 천자인 반경의 공적을 그리워했기 때문에 그를 추억하며 「반경」 세 편을 지었다. 이것으로 미루어보면 「반경」의 저자는 소신 시기의 사관일 것이다.

「반경」은 읽기가 매우 까다로운데, 현대의 연구자들만 그렇게 느낀 게 아니라 당나라 때의 한유韓愈36도 그렇게 느꼈다.37 이처럼 해석이 난해한 이유로 인해 학계에서 「반경」에 대한 해석은 중설衆說이 분분하다. 예를 들어 「반경」 상편 가운데 첫 문장에 관해, 어떤 사람들은 반경이 직접 말한 내용이라고 생각하지만 또 다른 사람들은 반경의 가까운 신하가 한 말이라고 주장한다. 또한 「반경」 3편의 순서에 관해 주류적인 관점은 상편이 기록하고 있는 역사적 사실이 가장 앞에 오며, 중편과 하편이 차례대로 배열된다고 본다. 그러나 청대淸代의 학자 유월俞樾(1821~1906)[38]은 그런 해석은 잘못이라고 보고, 정확한 순서는 중편이 반경이 천도하기 이전의 내용을 기록하고 있어서 가장 앞에 위치해야 하며, 하편은 반경이 막 새 도읍지로 옮긴 이후의 내용으로 그다음에 오며, 상편은 반경이 새 도읍지로 옮기고 시간이 어느 정도 지난 후에 발표한 내용이므로 가장 뒤에 와야 한다고 주장했다. 여기에서 우리는 유월의 관점을 채택해 「반경」 3편을 읽기로 한다. 우리가 주목해야 할 점은 「반경」 3편이 기록하고 있는 아래의 몇 가지 내용이다.

천도하기 전, 반경은 고위 귀족들을 소집하여 다음과 같이 말한다.

백성들과 선왕들이 동고동락했기 때문에 상천의 징벌을 받지 않았소. 지금 나는 선왕을 본받아 그대들을 이끌고 새로운 도읍으로 옮겨가 안락하고 안정된 생활을 누리고자 하오. 만약 그대들이 진심으로 협조하지 않는다면 함께 망할 것이오. 그대들이 나의 고심苦心을 헤아려 같은 배를 타고 같이 가기를 원하오. 만약 우리가 이곳에 계속 머문다면 나라를 다스리지도 못할 뿐만 아니라, 선왕께서 나를 책망하고 그대들을 징벌할 것이오. 지금 그대들이 어떤 좋지 않은 생각을 품고 재물을 탐하고 정사政事를 어지럽히는 행위를 한다면, 그대들의 선조도 그대들을 포기하고 중벌을 내릴 것을 바랄 것이오!39

새 도읍지로 옮긴 후 반경은 다시 대신들에게 다음과 같이 말한다.

노는 것에 빠져서는 안 되며, 나태해서도 안 되며, 온 힘을 다해 국가 건설에 매진해야만 하오. 우리가 도읍을 옮긴 것은 상천이 우리 선조들의 아름다운 덕을 회복시켜 우리가 나라를 잘 다스리도록 바랐기 때문이오. 그러므로 나는 상천의 뜻을 받들어 이곳 새 도읍에 영구히 있으면서 상천의 아름다운 뜻을 빛나게 할 것이오. 지금 나는 그대들이 자신의 책무를 다하기를 바라오. 나는 그대들이 하는 바를 잘 살펴볼 것이오. 나는 재물을 탐하는 사람은 배척하고, 민생을 돌보는 사람을 임용할 것이오. 그대들이 민생을 중시하고 백성들에게 은혜를 베풀며, 백성들과 한마음이 되기를 바라오!40

새 도읍지에서 어느 정도 생활한 뒤 반경은 다시 한번 신민臣民들에게 말한다.

선왕께서 구도로 옮긴 이후로 상천이 우리 백성들을 보살펴주셨으나, 백성들이 서로 협조했다고 하더라도 계속해서 생활을 이어갈 수는 없었기 때문에 우리는 다시 옮겨온 것이오. 천명에 복종하여 한 도읍에서 영구히 거주하지 않는 것은 선왕께서 남긴 전통이며,

그것은 우리 국운이 새로운 도읍지에서 지속될 수 있도록 도와주신 것이오!

그러는 동안 반경은 법제를 정돈하고 과거의 전장제도典章制度를 정리하여 여러 신하에게 알린다.

그대들이 사사로운 마음과 오만함을 버리고 전대前代의 대신들을 배워야 할 것이니, 그들은 선왕의 뜻을 집행함에 있어 쓸데없는 말은 하지 않았기 때문에 선왕의 존경을 받았소. 지금 그대들은 시끄럽게 떠들며 논쟁만 하고 있지 않소? 그대들이 백성들에게 나의 선의를 전달하기를 바라오. 그렇지 않으면 그대들은 장차 남을 해치고 자신도 해치게 될 것이오. 이전의 우리 선왕과 그대들의 선조는 오랫동안 환란을 같이하고 안락함도 같이 누렸기 때문에, 그런 연유로 나는 그대들에게 지나친 형벌을 내릴 수 없소. 그러나 누구든지 죄가 있다면 나는 형벌로 처벌할 것이며, 선행을 한다면 나는 작위를 내려줄 것이오. 나라가 잘 다스려짐은 그대들의 공로이며, 나라가 잘 다스려지지 않음은 나 한 사람의 과오요. 그러므로 지금 이후로 그대들은 자신의 책임을 다하고 말을 신중하게 하시오. 그렇지 않으면 나는 가차 없이 엄벌에 처할 것이오![41]

반경의 이러한 말들을 통해서 우리는 고대 군주정치의 기본 생태를 엿볼 수 있다. 이러한 정치생태는 통시적·공시적 등 두 가지 관점으로 분석해볼 수 있다.

  통시적인 관점에 있어서, 생사는 서로 밀접한 관계에 있으며 고금은 서로 연관된다. 반경은 선왕을 언급하면서 또한 대신들의 선조도 언급한다. 바꿔 말하면, 반경 시대의 권력 집단과 그 이전 상나라의 권력 집단은 불가분의 긴밀한 관계에 있다는 것이다. 한편으로 이전 군주가 확립한 정치 관례는 지금의 군주와 신하들도 거부할 수 없는 규범적 의의를 지닌다. 이전 군주가 해온 부정기적인 천도라는 선례로 인해 지금의 군주 역시 현실적 정황에 근거해서 천도한 것이다. 이전 군주가 백성들과 동고동락한 사실로 인해 지금의 군주 역시 그러한 정치적 유산을 유지해야만 했고, 그렇지 않으면 상천의 징벌을 받게 된다. 그러므로 선왕이 확립한 정치 관례를 무조건적으로 따르는 것이 군주의 의무이자 대신들의 의무인 것이다. 다른 한편으로는 선왕이 개척한 정치 실례가 현재의 군주와 대신들의 행위에 유효한 규범이 될 뿐만 아니라, 선조들의 영혼도 지금의 군신이 행하는 정치를 감독한다는 점이다. 다시 말해서 선조들의 영혼은 사라지는 것이 아니고 우리가 살고 있는 바로 이곳에 있다는 말이다. 이러한 관념은 당시의 군신들에게 모종의 강제성 있는 결속력을 형성하기에 충분했다. 바로 반경이 말한 대로 만약 우리가 나라를 잘 다스리지 못하면, 선왕은 지금의 천자를 징벌할 것이고, 대신들의 선조 역시 지금의 대신들에게 벌을 내릴 것이다. 이러한 선조로부터의 징벌은 다양한 재이災異를 통해 나타난다. 따라서 지금의 군주와 대신들에게 일종의 현실적인 제약을 구성하게 된다.

  반경이 보여준 이러한 관념은 독특한 것으로 간주해서는 안 되며, 당

반경천은도 盤庚遷殷圖.

시에 유행한 보편적인 관념으로 보아야 할 것이다. 이런 관념은 상나라 사람들의 조상숭배를 반영한다고 할 수 있다. 그러나 이것은 일종의 저예산 '정치통제술'이라 하지 않을 수 없다. 점복占卜의 방식을 통해 직접 선조의 의지를 알 수 있고, 모종의 절차화되고 꾸며진 의식을 통해 선조의 영혼을 현장에서 직접 맞이할 수도 있었다. 현재의 군주 입장에서 보면, 선왕과 선조들의 명의로 된 명령을 발포함으로써 그 명령에 신비한 역량을 부여할 수 있었다. 이런 관점에서 보면, 반경이 역대의 군주들을 반복해서 언급한 것은 선례의 정치 원칙을 따름과 동시에 매우 강력한 현실지향성을 함축하고 있는 것이다.

공시적인 관점으로는, 천자·대신·백성이라는 정치와 관련된 세 당사자를 발견하게 된다. 그 가운데 천자와 대신의 관계는 비교적 긴밀하며, 그들은 서로 의지하면서 공동으로 세습적인 정권 계층을 형성한다. 그러나 천자의 정치적 이익과 대신의 정치적 이익이 완전히 일치하는 것은 아니다. 그렇기 때문에 대신들은 보편적으로 향락과 재물을 탐낸다. 이런 상황에서 천자는 반드시 효과적으로 대신들의 적극성을 조절하고 그들의 오만과 사사로운 마음을 억제시켜야만 한다. 그렇게 하기 위해서 반경은 대신들이 선행을 하면 작위라는 상을 내려주고, 악행을 저지르면 형벌을 내리는 등 장려와 징벌이라는 두 수단을 반복해서 강조했다. 반경은 이 두 수단을 운용해 대신들의 행위를 바로잡고 그들이 나랏일에 온 힘을 다해주기를 바랐다.

천자와 백성의 관계 역시 비교적 긴밀한 편이다. 반경은 선왕이 백성들과 동고동락했기 때문에 상천의 동의를 얻었다는 점을 강조했다. 이런 논리에 따르면, 만약 군주가 백성들과 멀어지면 상천의 징벌을 받게 된다는 것이다. 이것과 비교해서, 대신과 백성의 관계는 완성되지 않은 약한 고리와 같다. 이 때문에 반경은 대신들이 백성들에게 은혜를 베풀고, 민생에 관심을 가져 백성들과 한마음이 될 것을 요구했다.

정치의 세 관계 당사자들의 관점에서 보면, 대신과 백성들의 역할은 수동적이다. 백성들은 '관심을 받아야 할' 대상이며, 그들은 스스로 자신의 목소리를 능동적으로 발산할 수 없다. 대신은 '격려를 받아야 할' 대상으로, 만약 격려가 없다면 이에 상응하는 징벌도 내릴 수 없으며 결과적으로 그들은 향락을 일삼고 태만해진다. 대신과 백성들의 수동적인 색채에 비하여 천자는 정치무대에서 능동자다. 그는 대신이 백성들에게 관심 가질 것을 권하고, 장려와 징벌이라는 두 수단을 이용해 대신들이 직무에 헌신할 수 있도록 결속시킨다. 이런 의미로 보면 천자는 '정치의 원동력'이 된다. 만약 천자가 분발하여 무언가를 이뤄내려고 하면 정치는 긍정적인 곳으로 향하지만, 천자에게 진취적인 사고가 없으면 정치는 동력을 상실하고 정치적 쇠퇴와 정체를 면할 수 없게 된다.

그런데 만약 백성과 대신들이 보편적으로 정치적인 적극성과 능동성을 결여하고 있고, 훌륭한 정치에 대한 희망을 단지 천자의 현명함에만 의지해야 한다면 그런 정치는 신뢰하기가 무척 어려울 것이다. 바로 고대 정치의 이런 결함과 허점을 보완하기 위해, 중세 이후의 동아시아 정치에서는 대신들이 정치적인 적극성을 발휘하기 시작한다. 과거제도의 본질은 정치적으로 능동적인 지식인들을 권력 집단으로 끌어들이는 데 있었다. 이렇게 교육을 거친 지식인들이 대신이 된 이후, 정치적 능동성과 책임감은 그들이 훌륭한 정치에 매진하도록 만들었다. 그러므로 중세 이후 동아시아 정치는 비록 여전히 지존의 군주가 존재하는 군주정치라고 할 수 있지만, 고대의 군주정치와는 달랐다. 중세의 정치 추진력은 주로 유가 경전을 읽은 사대부들에게서 나왔으며, 그들 집단의 "천하를 자신의 소임으로 삼는다以天下爲己任"는 의식은 군주가 왕도정치를 행할 수 있는 원동력이 되었다. 고대의 정치 원동력은 천자에게서 나왔으며, 천자가 권태로워지면 정치는 바로 쇠퇴했다. 이것은 어쩔 수 없는 결과였다. 왜냐하면 고대에는 "천하를 자신의 소임으로 삼는다"라든가, "천하의 흥망은 필부에게 책임이 있다天下興亡, 匹夫有責" 등을 주장하는 정치주체적인 사대부 계층이 출현하지 않았기 때문이다.

그러나 사대부 계층이 정치적 원동력이 된 정치 형태도 신뢰할 수 없기는 마찬가지다. 주희, 왕양명 등도 어쩔 수 없었던 것이 전형적인 예다. 따라서 근현대에 와서는 제3의 정치 형태가 발전하는데, 그것은 바로 백성이 정치의 원동력이 되는 것이다. 이런 정치 형태가 바로 민주정치다. 민주정치의 본질은 백성(인민人民, 국민國民)이 정치 운용과 발전의 내재적 원동력이 된다는 점이다.

따라서 정치의 원동력을 기준으로 삼아 보면, 우리는 군주정치 · 사대부 정치 · 민주정치라는 세 가지 서로 다른 정치 형태를 확인하게 된다. 이러한 구분은 다소 투박하기도 하지만, 가장 먼저 출현한 군주정치와 이어서 출현한 사대부 정치, 근래에 출현한 민주정치 등은 정치 발전과 변화의 기본 원칙을 잘 설명해주기도 한다. 이런 관점에서 보면「반경」3편은 초기 군주정치의 표본이 된다.「반경」3편을 심도 있게 읽고 나면 초기 군주정치의 생태환경을 확실하게 파악할 수 있을 뿐만 아니라, '군주정치의 생태학' 또는 '군주정치의 생태학적 분석'이라는 영역을 개척할 수 있을 것이다.

제17편 열명說命

현명한 재상이 성군을 만든다

「열명說命」3편은 무정武丁·부열傳說 두 사람의 대화록이다. 무정은 반경盤庚의 조카로서 부친인 소을小乙이 죽자 왕위를 계승한 상나라의 23대 군주다. 부열은 무정 시기의 성인으로 지혜가 뛰어나고 덕행이 탁월하여 이윤이 재림했다는 평가를 받는 '무정중흥武丁中興'의 일등공신이다.

무정은 즉위 후, 부친상 3년 동안 정사는 내각이 주관하게 하고 자신은 아무 말도 하지 않았다. 삼년상이 끝난 뒤에도 그는 여전히 정사를 주관하지 않았다. 대신들은 군주가 내리는 명령을 듣지 못해 정사의 방향을 잃을까봐 조바심이 났다. 그러자 무정이 그들에게 다음과 같이 설명했다. 그 자신은 줄곧 나라를 다스리는 방법을 고심하고 있었는데, 지난 꿈에서 상천이 그에게 현량한 신하를 보내줬으니, 그 사람이 자신을 도와 명령을 내릴 것이라는 것이었다. 무정은 꿈속의 풍경을 근거로 그 사람의 초상을 그려 온 천하를 수색해 그림 속의 인물을 찾게 했다. 어느 날 어떤 이가 건축 현장에서 부열이라 불리는 노예를 찾았는데, 모습이 무정이 꿈속에 본 사람과 같아 그를 궁으로 데리고 갔다. 무정이 그와 이야기를 나눠본 후 그 사람이 과연 성인임을 알아보고는 그를 재상의 자리에 앉혔다. 그리고 수시로 간언하여 무정 자신의 행동을 바로잡아주고, 자신이 초기의 성왕인 탕을 따라갈 수 있도록 도와 천하를 안정시켜주기를 부탁했다. 부열은 다음과 같이 답한다.

먹줄에 의지하면 목재는 똑바로 되고, 간언에 의지하면 군주는 성왕이 될 것입니다. 저는 수시로 간언하여 임금께서 성왕이 되는 데 도움이 되고자 합니다.[42]

부열이 재상을 맡은 후 무정에게 다음과 같이 진언한다.

군신 상하의 관계를 정립한 것은 향락을 위해서가 아니라 백성을 다스리기 위함입니다. 오직 상천을 본받아야만 백성을 다스릴 수 있습니다. 경솔하게 명령해서는 안 되고 함부로 군대를 일으켜서도 안 됩니다. 국가의 치란은 신하들에게 달려 있으므로 관료를 임용함에 친한 사람을 임용해서는 안 되며, 능력 있는 인물을 뽑아야 합니다. 작위를 줄 때도 어진 이에게 줘야지 나쁜 사람에게 줘서는 안 됩니다. 덕으로 자처하지 말 것이며 준비가 되어 있으면 근심이 없는 법입니다. 아첨하는 사람을 총애하지 말 것이며, 과감하게 잘못을 고쳐나가야 큰 잘못을 미연에 방지하게 됩니다. 제사를 잘 모

셔야 하며 귀신을 잘 섬겨야 합니다.43

무정은 경청하고 잘 따르고자 했다.
「열명」이 서술하고 있는 무정과 부열에 관한 고사는 성군과 현상賢相의 미담을 재현한 것으로 특이한 점이 보인다.
부열의 출현은 매우 신비롭다. 그는 예전에 무정의 꿈속에 나타났으며, 상천이 무정을 보좌하기 위해 파견한 인물이었다. 꿈에서 깬 후 무정은 기억을 더듬어 그의 초상을 그렸으며, 건설 현장에서 그를 찾는 데 성공했다. 이런 과정은 부열이 상천이 내려 보내준 인물이라는 점을 부각시켜준다. 그의 이력은 평범한 구석이 없는 매우 특별한 것이었으며, 당연히 은상殷商 정권의 재상이 되기에 충분한 자질을 갖추고 있었다. 그러나 이 연극은 십중팔구 무정 자신이 연출한 것이다. 이 연극이 나오게 된 배경은 무정이 이전에 우연한 자리에서 이미 신분이 낮은 부열을 만났고, 부열의 재능과 지혜 그리고 덕성에 대해서도 잘 알고 있었다. 그는 부열이 자신을 보좌하게 되면 나라를 오랫동안 안정되게 다스리며 정치적인 '중흥中興'을 실현할 수 있을 것이라 믿었다. 그러나 신분이 낮은 노예를 중신衆臣들의 우두머리에 임명하게 되면 중신들의 강력한 반발을 살 것은 뻔한 일이었다. 바로 이 점을 고려해서 무정은 "상천이 파견하여 우리가 받아들인다"는 연극을 연출하게 된 것이다. 상천의 이름을 빌려 임용한 부열에 대해서 설령 몇몇 대신이 마음속으로 불복했을지는 몰라도 겉으로는 아무 말도 할 수 없었다. '부열의 수색' 과정은 무정이 상당한 지혜를 갖추고 있으면서 정치적 의도를 실현하는 방법을 잘 알고 있었다는 점을 보여준다.

　부열은 입조하자마자 '준비가 되면 근심이 없다' '능력자를 임용할 것' '알기는 쉬우나 행하기는 어렵다' '귀감이 될 만한 것을 법으로 만들 것'과 같은 의미 있는 정치 이론을 내놓는다. 그러나 정치철학적 측면에서 가장 주목할 만한 그의 관점은 바로 "현상이 성군을 만든다"는 것이다. 그는 논리적으로 그런 관점을 논증하지 않고 비유적인 수사법을 통해 논증하고 있는데, 먹줄을 따르면 목재가 똑바로 된다거나, 간언을 따르면 평범한 군주도 성왕이 된다는 식이다. 이런 간언은 아무 쓸모없는 말이 아니라 현상의 입에서 나온 금석지언金石之言이다.

　엄밀히 말하면 부열의 이런 논증에는 결함이 있다. 왜냐하면 목재가 똑바로 다듬어지는 것과 군주가 성왕이 되는 것은 동일한 차원이 아니기 때문이다. 목재는 먹줄 때문에 바르게 다듬어지는 것이 아니라 목수의 가공으로 다듬어지는 것이다. 먹줄 자체로는 목재를 바르게 할 수 없는 것과 같이 간언만으로 군주를 성왕으로 만들 수는 없다. 왜냐하면 간언 자체로는 군주를 제어할 수 없고, 간언하는 현명한 재상도 군주를 마음대로 할 수 없기 때문이다. 사실상 그 누구도 목수가 나무를 다루듯이 군주를 제어할 수는 없다. 군주는 간언을 들을 수도 있고, 듣지 않을 수도 있다. 이것은 재상의 간언이 바로 요순과 같은 성왕을 만들지는 못한다는 의미다.

　경학사經學史에서 「열명」 3편은 『위고문상서』에 속하며, 이런 판단에 문제가 없다면 현상이 성왕을 만든다는 관점은 후대인이 위조한 것이다. 뒤집어 말해 만약 「열명」 3편이 확실히 사관의 기록에서 나왔다면,

현상이 성왕을 만든다는 관점은 당시 기록자 혹은 지식 계층의 바람을 반영한다고 할 수 있다. 왜냐하면 『상서』와 같은 문헌은 시대를 막론하고 기본적으로 지식인들에 의해 전파되고 해석되어왔기 때문이다. 즉, 『상서』 해석의 권한이 지식 계층에 속한다는 것은 지식 계층만이 발언을 할 수 있는 주도적인 경로이자 매체라는 것이다. 역대 지식인들은 반복해서 『상서』를 해석하고 설명(주소注疏)하면서, 한편으로는 자신만의 역량을 지켜나가면서도 다른 한편으로는 은밀한 궁극의 목표를 함축시키기도 했는데, 그것이 바로 이런 경전을 통해서 군주를 성왕으로 훈련시키는 것이다. 지식인의 입장에서 보면 자신들의 바람은 현상이 되는 것이지만, 현상이 되는 데서 그치는 것이 아니라 현상이 되어 요순과 같은 성군을 만들어내는 것이 최종 목표인 것이다.

물론 정황상 또 다른 가능성도 있을 수 있다. 만약 「열명」 3편이 확실히 무정 시대의 사관이 기록한 것이라면, 이런 말씀을 기록한 사관은 한편으로는 무정의 겸손함을 칭찬하는 듯하지만 사실은 부열의 막강한 권력과 조정 및 재야를 좌지우지하는 거대한 영향력을 부각시킨 것이며, 사관조차도 성군을 만드는 공을 그에게 돌리고 있다.

그러나 현상이 성군을 만든다는 관점 역시 무정이 찬성하는 것일 수도 있다. 왜냐하면 이러한 명제가 비록 현상의 지위를 올려주기는 하지만 궁극적인 지향점은 바로 성군이기 때문이다. 요·순·탕과 같은 성군이 되는 것이 무정이 가장 바라는 바였다. 그는 연극을 통해 부열을 기용하고, '정치 중흥'을 추구하는 것은 모두 그가 포부 있는 군주라는 점을 설명해준다.

이런 분석을 통해 우리는 고대 정치체제의 한 단면인 '성군과 현상의 황금조합'을 보게 된다. 이를 '성군현상 체제聖君賢相體制'라고도 한다. 이런 체제에서는 성군은 현상의 지혜와 품격을 존중하며, 현상의 간언을 귀담아 들음과 동시에 현상에게 충분한 정치적 공간을 제공해준다. 현상은 온 힘을 다해 군주를 보좌하고 그를 성군으로 만들며, 성군이 훌륭한 정치를 이룰 수 있도록 도와준다. 다시 말하면, 성군현상 체제는 이상적인 정치에 대한 고대 동아시아인들의 동경을 담고 있다. 이는 현대 사회에 있어서 사람들이 훌륭한 정치에 대한 희망을 민주·법치·자유·공화 등의 요소에 전적으로 의지하고 있는 것과 같다. 고금의 서로 다른 두 정치체제는 차이가 현격하여 아무런 연관성이 없다. 그러나 한 가지 간과해서는 안 될 점은 성군현상의 정치는 그들의 정치, 좀 더 정확히 말하면 두 사람의 정치인 데 반해, 민주·법치·자유·공화가 결합된 헌정체제는 다수인의 정치로서 유권자의 정치다. 그렇다면 어떤 정치가 더 좋은 것인가? 이 문제에 대한 가장 보편적인 대답은 현대의 정치체제가 당연히 더 좋다는 것인데, 고대의 정치체제를 현대의 정치체제 어디에다 비할 수 있겠는가? 그러나 이러한 판단은 지나치게 단순해서 동아시아 초기 정치문명을 이해하는 데 도움이 되지 않는다.
　이상적인 측면으로 본다면 성군현상의 정치체제가 더 매력적이다. 왜냐하면 그것은 이미 성군현상의 도덕적인 감화 아래에서 덕성의 정치질서와 사회질서를 세워 사람들의 집단생활의 바람을 만족시켰기 때문이며, 동시에 개인 생활의 요구도 만족시켜줬다. 왜냐하면 성군현상은 이미 공동체의 정치지도자임과 동시에 개인의 정신적 지주였기 때문에 개인의 정신생활에 귀의처를 제공하여 사람의 정신생활을 기탁할 수 있게 했다. 다시 말하면 성군현상의 통치 아래서 집단은 이미 정치적·사회적 공동체이며, 동시에 정신적·영혼적 공동체다. 성군현상 체제는 사람들의 사회생활과 정신생활을 안정시킬 수 있다. 매력은 바로 여기에 있다. 비록 그것을 정교합일政敎合一 형태라고 말할 수도 있고, 베버 Max Weber(1864~1920)가 말한 '카리스마 통치'에 귀속시킬 수 있지만, 그 매력과 흡입력을 과소평가해서는 안 될 것이다.

이상적인 성군현상 체제는 매우 훌륭해 보이지만, 볼 수 있고 경험할 수 있게 정치실천화하기가 어렵다. 왜냐하면 현실생활에서 성군현상의 출현은 우연적일 수밖에 없고, 밤하늘을 가로지르는 혜성과 같아 바라만 볼 뿐 가까이할 수는 없기 때문이다. 조금 편파적으로 말한다면, 진정한 성군현상은 다만 책 속에만 있을 수 있어 현실생활 속에 나타나는 것은 거의 불가능하다. 바로 이런 연유로 동아시아 안의 여러 문명을 통틀어 이런 개인 매력형 통치가 일찍부터 출현해, 베버가 말한 '전통적 통치'로 발전했고 그 뒤를 이어 '합법적 통치'가 오게 된다.

성군현상의 개인 매력형 통치는 비록 현실화하기가 어렵지만, 수천 년 동안 동아시아인을 지배한 정치적 상상이었다. 예를 들어 역대 동아시아인들이 바라던 '청천青天'[44]은 바로 성군현상의 대체품이었다. 이런 현상은 동아시아의 정신문화와 연관이 있다. 서양에서는 체제화된 종교와 현실 속의 성당과 십자가가 사람들의 정신세계를 안정시켰다. 그러나 동아시아에서는 서양식의 종교 형태가 없다. 어떤 사람이 신앙 대상이 사라진 상황이 오면 습관적으로 성군현상의 강림을 바랐다. 이런 상황에서 사방으로 빛나면서 초월적인 색채를 지닌 성군현상들은 이미 종교세계의 구세주 역할을 담당하게 된다. 이것이 바로 동아시아 정치의 숙명이다. 「열명」 3편은 바로 '(부傅)**열說**'이 역대 동아시아인의 이런 '(숙宿)**명命**'을 나타낸 것은 아닐까?

제18편 고종융일高宗肜日

국가와 제사

이 편의 경문은 매우 간략하며, 겨우 100자 남짓의 전형적인 백자문이라 할 수 있다.

제목에 보이는 고종高宗은 상나라 군주 무정武丁이다. '융肜'은 '둘째 제사'45라는 뜻으로 '융일肜日'은 '두 번째 제삿날'이다. 전통적인 관점에 따르면 이 편의 기본 배경은 다음과 같다. 고종 무정이 선왕 탕을 제사 지내는 과정에 꿩이 날아들어 정鼎 손잡이에 앉아 울음을 멈추지 않았다. 무정의 대신인 조기祖己는 이것이 상서롭지 못한 징조로서 그 원인이 천자 무정의 실덕한 행동 때문이라고 생각하여 무정에게 간언하게 된다.

그러나 원대元代의 학자 김이상金履祥의 연구에 따르면 배경이 되는 제사는 고종 무정이 탕에게 지낸 것이 아니라 고종의 아들 조경祖庚의 부친 고종에 대한 것이라 한다. 다시 말해서, 이 사건이 일어난 시기는 고종 무정이 이미 죽은 후 제사를 받는 대상이 된 시점이다. 이런 새로운 관점으로 보면 '고종융일高宗肜日'은 '융고종일肜高宗日'이 되며, 그 의미는 '고종 무정을 둘째 제사 올리는 날'이 된다. 우리는 이 새로운 해석을 받아들이기로 한다. 그 이유는 간언 가운데 '부묘父廟'라는 글자가 보이는데, 무정은 조경의 부친이므로 무정의 묘를 조경의 '부묘'라 부를 수 있고, 탕의 시대와 무정의 시대는 시간적으로 차이가 많아, 비록 탕의 묘廟가 더 신성성神聖性이 있더라도 무정의 '부묘'라고 보기는 어렵기 때문이다. 만약 이런 분석이 성립된다면, 이 편의 주인공은 고종 무정과 조기가 아니라 조경과 조기가 된다. 그러나 사상사적으로 보면, 주인공을 조경으로 하든 무정으로 하든 본질적으로는 차이가 없다.⁴⁶

경문의 서술에 비춰보면, 조경이 고종 무정을 제사지낸 둘째 날에 꿩이 정 손잡이로 날아들어 울부짖었다. 이는 괴이한 일이었다. 이것을 목격한 대신 조기는 속으로 '이는 반드시 선왕의 정도正道가 변이變異로 나타난 것이다. 선왕의 정도를 회복하면 이런 괴이한 일은 저절로 사라질 것이다'라고 생각하고, 천자 조경에게 달려가 진언했다.

상천이 백성을 살피심은 모두 덕의德義라는 기준을 두고 하십니다. 상천이 백성에게 내린 수명에는 장단長短이 있는데, 덕의에 부합하는 이는 수명이 길며, 덕의에 부합하지 않는 사람은 수명이 짧습니다. 수명이 짧은 사람은 상천이 그를 요절케 하는 것이 아니라, 그들 자신이 덕의를 닦지 않아 스스로 자신의 생명을 끊기 때문입니다. 특히 이것은 어떤 사람의 행동이 덕의에 맞지 않으면서 상천의 경고도 듣지 않는 과오를 저지르는 것입니다. 이런 상황에서 상천은 상벌의 명을 시행하여 백성의 덕을 바로잡습니다. 천도天道는 제가 말씀드린 것과 똑같을 것입니다.

조기는 더 보충해서 말한다.

역대 선왕들이 상천의 후손 아닌 분이 없었습니다. 그러므로 제사 모실 때에 자기 부묘의 제수祭需만 지나치게 풍성하게 하는 것은 옳지 않습니다.**47**

조기의 이런 간언(혹은 논의)을 들은 조경의 반응이 어땠는지 우리는 알 수 없다. 아마 아무런 반응이 없었을 것이다. 아니라면 사관은 기록했어야만 한다. 이렇게 응답이 없는 단방향의 간언은 조경과 같은 은상殷商 후기의 군주들이 이미 대신들의 간언에 응할 수 없었던 사실을 보여주는데, 즉 고착화되고 정체되었다는 상징이다. 만약 이와 같다면, 이 편의 경문이 함축하고 있는 사상사적 의의를 살펴봐야 할 것이다.

이 편의 경문이 동아시아 문명질서에 끼친 영향은 정치의 합법성을 논증하는 방식 이상의 차원은 없다. 일반적으로 정치는 반드시 합법성을 구비해야 하는데, 합법성을 결여한 정치 집단은 오합지졸에 불과하기 때문이다. 그러므로 어떤 정치 집단도 합법성을 주장하기 마련이다. 현대사회에서 합법성의 확인은 다수의 동의에 의지하는데, 국민의 동의를 얻을 수 있는 정치가 바로 합법적이고 정당한 정치가 된다. 그러나 이러한 합법성의 논증 방식은 서양 근대화의 산물이다.

고대 동아시아에서 정치적 합법성의 논증 방식은 여러 신령神靈과 역대 조상들을 모시는 제사祭祀의식이었다. 왜 "나라의 큰일은 제사祭와 전쟁戎이다"[48]라고 했겠는가? 왜 두 가지 '나라의 큰일' 가운데 '제사'를 '전쟁' 앞에 언급했겠는가? 이유는 바로 정치 집단에서 실질적으로 가장 중요한 사업이기 때문이다. 우선 정권을 얻기 위해서는 군대의 힘을 빌려야 하는데, 이것이 곧 '융戎'이다. 그러나 정권을 획득했다고 해서 그 정권이 영원히 안정되지는 못한다. 그래서 더 중요한 사업이 이미 획득한 정권을 위해 지속적인 합법화의 근거를 제공해야만 하는데, 바로 여기서 끊임없이 정당성과 합법성의 논증이 필요하게 된다. 고대 동아시아에서 정치적 정당성을 구현하는 것은 '사祀', 즉 제사였다. 이것이야말로 정치 집단이 진정으로 일상에서 추구해야만 하는 큰일이었으며, 일정하게 정해진 기간에 봉행해야만 했다. 그렇지 못하면 정치적 합법성은 큰 타격을 받게 된다.

이 편 경문은 제사의식에서 파생되었다. 현임 군주인 조경이 정해진 법에 의해 선왕을 제사지내는 것은 사실은 집권자가 선왕의 영혼에게 보고하는 의식이다. 현임 군주는 분향焚香·주악奏樂·헌상獻上 등을 거행한다. 이런 의식은 현임 군주와 선왕의 영혼 사이에 있는 장벽을 타파하고 선왕의 영혼을 현실세계 안으로 끌어들이게 된다. 그러므로 제사는 곧 선왕과 소통·대화하는 과정이며, 선왕의 동의와 지지를 끌어내는 과정이다. 만약 제사 중에 날씨가 화창하고 상서로운 구름이 자욱하게 끼는 등 좋은 기운이 나타나면 현임 군주의 사업이 역대 선왕의 동의를 얻었다는 의미가 된다. 이는 현대정치에서 대통령의 정책이나 시정보고가 국회의 비준이나 국민의 동의를 얻는 것과 같다. 그러나 제사 중에 광풍이 몰아치거나 폭우가 내리고, 천둥번개가 몰아쳐 기둥이 부러지는 등 뜻밖의 현상이 출현하면, 현임 군주의 사업보고는 역대 선왕의 동의를 얻지 못했다는 의미가 된다. 이런 의외의 상황은 역대 선왕들의 불쾌감과 진노를 상징하며 현임 군주 집권의 합법성이 위기에 봉착했음을 의미한다. 이런 합법성의 위기는 현임 군주가 반드시 해결해야만 하는 절박한 정치적 위기로서, 현대사회 같으면 집권자들이 모두 사퇴해야만 하는 상황인 것이다.

'고종융일' 과정에 꿩이 정 손잡이 위에서 울었다는 것은 바로 이런 합법성의 위기를 상징한다. 왜냐하면 제사에 사용되는 정은 곧 신성한 기물이므로 꿩이 정 손잡이 위에서 우는 것은 상서롭지 못한 징조이기 때문이다. 이것은 천자인 조경의 두려움을 불러일으켰고, 동시에 조기의 간언과 논의를 촉발시켰다. 이런 징조에 맞닥뜨려 조경은 자신의 집권이 이미 선왕의 불만을 초래했음을 걱정했고, 조기는 이런 징조를 선왕이 제정한 정치 노선이 지켜지지 못하고 현임 군주가 선왕의 도를 벗어난 것으로 해석했다. 현대적으로 해석하면, 정치적인 수정주의修正主義가 출현한 것이다. 조기는 선왕의 도를 회복해야만 이런 경계성警戒性의 괴이한 현상이 소멸될 것으로 생각했다. 뒤집어 말하면, 만약 이런 괴이한 현상이 사라진다면 조경의 집권이 선왕의 동의를 얻었다는 의미가 된다.

조기는 이런 괴이 현상의 출현에 대해 폭넓은 해석을 가한다. 그는 상천의 불만도 유사한 괴이 현상을 통해 나타난다고 여겼다. 그 의미는 조경의 집권이 역대 선왕들의 불만을 초래함과 동시에 상천의 불만도 초래했으므로 반드시 경각심을 지녀야 한다는 것이다. 그렇지 못하면 더 큰 재난을 일으킬 수도 있다. 이런 잠재적 위기에 직면해 조기는 구체적인 '개혁'을 건의하는데, 역대 선왕들에게 바치는 제수祭需는 동일해야지, 여기는 후하게 하고 저기는 박하게 해서는 안 된다는 것이다. 즉, 부친의 묘에는 후하게, 먼 조상의 묘에는 박하게 하면 먼 조상들의 불만을 사게 되기 때문이다.

조기의 이러한 평론은 비록 은상 후기에 나왔지만 그 영향은 대단했으니, 칼 야스퍼스Karl Theodor Jaspers(1883~1969)가 말한 '차축시대'⁴⁹ 이전에 정치적 정당성과 합법성의 초월적 근원을 찾아야만 한다는 하나의 정치철학을 개창한 것이다. 조기가 살던 시대에 정치적 합법성의 근원은 주로 역대 선왕들에게 있었다. 제사를 통한 역대 선왕들의 동의 획득은 정치적 정당성과 합법성에 가장 견실한 기반을 제공하게 된다. 당연히 역대 선왕들의 동의는 묵시적이어서 괴이한 현상이 나타나지 않고, 상서롭지 못한 징조가 없다는 것은 이미 동의를 얻었다는 것이다.

조기 이후로 정치적 합법성·정당성에 관한 이런 논의는 거의 일관되게 진행되었다. 역대 군주들은 '틀에 박힌 방법'과도 같은 습관화된 선조에 대한 제사를 통해 자신의 정당성의 기반과 합법성의 근거를 다져 나갔다. 그러나 수천 년 동안 미묘한 변화도 나타났는데, '차축시대' 이전에 합법성을 요구하는 제사 대상은 역대 조상들에게 편중되었지만, '차축시대' 이후에는 상천으로 그 무게중심이 옮겨간다. 진시황 시기에는 상천에 대한 제사가 이미 중요한 제사의식으로 변했다. 태산泰山은 비교적 높아 상천과의 거리가 더욱 가까웠기 때문에 원대한 포부와 자신감이 넘치는 군주들은 태산 정상에 올라가 상천에 제사를 지내기까지 했는데, 이런 행위의 이론적 근거는 그 행위를 통해 상천과 더욱 친근하고 밀접한 관계를 맺겠다는 바람에 있었다.

상천과 보다 법제화되고 제도화된 소통 경로를 만들기 위해 명대明代의 군주들은 전문적인 천단天壇을 건립하기에 이른다. 지금도 존재하고 있는 이 원형 건축물의 기능은 당연히 상천에 제사지내는 데 있다. 그러나 이 건물은 단지 제천祭天 의식만을 위한 것이 아니라 군주와 상천 사이의 소통을 위한 전용 무대이기도 하다. 즉 천단은 군주가 좀 더 편하고 신속하게 상천에게 보고하고, 상천의 지시를 듣고 동의를 얻어내 최종적으로 군주정치의 합법성의 근거를 확립하기 위한 장소다.

명대에서 청말에 이르기까지 천단은 줄곧 눈에 보이게 정치적 합법성의 근거를 제공해왔다. 그러나 1911년 신해혁명의 성공으로 청 왕조가 멸망하자 천단의 정치적 기능도 끝이 났다. 지난 100여 년 동안 천단은 관광명소로서 세계 각지의 관광객들이 참관하는 곳이 되었다.

지금도 정치적 합법성과 정당성에 대한 입증이 필요하기는 매한가지지만 천단을 통해서는 하지 않으며, 제사도 더 이상 지내지 않는다. 정치적 합법성의 입증 무대는 이미 국회의사당으로 옮겨왔다. 중국에서는 1년에 한 번 인민대표대회가 인민대회당에서 열리며, 정부의 대표는 인민대표대회에서 보고한다. 인민대표대회의 표결을 통해 인민의 동의를 얻으면 정치는 충분한 정당성의 근거와 합법성의 기반을 획득하게 된

천단天壇.

다. 바꿔 말하면, 조기가 관심을 가졌던 조상과 상천에 대한 제사는 '국민의 책임을 대신하고, 국민의 감독을 받는 것'으로 변모했다.

제19편 서백감려西伯戡黎

옮겨가는 천명

'서백감려西伯戡黎'의 글자에 담긴 함의는 주 문왕周文王이 은상殷商에 딸린 제후국인 여국黎國을 정벌한다는 것이다. 『상서』 경문 가운데 여기서 처음으로 문왕이 등장한다. 문왕이 벌써 출현한다는 사실은 은상 왕조의 종결이 얼마 남지 않았음을 암시하고 있다. 그러나 이 편의 경문에서 문왕은 모호하게 잠깐 노출되어 우리는 어슴푸레 그의 모습을 볼 수 있을 뿐이다. 경문이 우리에게 묘사해주는 주인공은 은상의 마지막 군주인 주왕紂王과 그의 현신賢臣 조이祖伊다.

경문의 대의大義는 대략 다음과 같다.

조이가 주 문왕의 여국黎國 정벌 소식을 접한 후 매우 두려움을 느낀다. 그는 주왕紂王에게 달려가 이같이 아뢴다.

"천자여! 상천이 우리의 국운을 끊으려고 합니다. 고명한 선지자와 큰 거북의 신령함도 어떤 길함도 말하고 있지 않습니다. 제 생각에는 이런 상황에 직면하게 된 원인이 역대 선왕들이 천자를 돕지 않아서가 아니라, 천자께서 방탕하고 무도하여 스스로 선왕을 끊어 버리신 겁니다. 선왕이 천자를 포기하면, 상천도 천자를 포기하게 됩니다. 천자께서는 비록 천자라는 존귀한 몸으로 종묘를 받들지만, 종묘의 신은 이미 그 제수祭需를 흠향하지 않고 있습니다. 천자는 천명이 있는 곳을 헤아리지 않고 언제나 지켜야 할 법을 따르지 않습니다. 지금 백성들은 천자가 죽는 것을 바라지 않는 이가 없으며, '하늘은 왜 주왕에게 벌을 내려 죽이지 않는가? 대명大命을 맡은 새로운 천자는 왜 이토록 더디게 오는가?'라고 말합니다. 천자께서 직면한 위기는 제가 말씀드린 바 그대로입니다."50

주왕이 대답했다.

"내가 명을 소유함은 하늘에 달려 있는 것이오. 백성들이 하는 말이 어떻게 나를 해칠 수 있겠소?"51

조이가 물러나 탄식하며 말한다.

"그(주왕)의 죄악이 무척 많아 상천이 이미 다 알고 있을 것이다. 상천이 장차 그를 죽이려 하는데, 어떻게 하늘에 명을 기탁하고 천벌에 반항할 수 있을까? 은상이 곧 망하겠구나! 그의 행위가 그 결말을 미리 보여주는구나! 그는 은상과 운명을 같이할 것이다."52

주 문왕은—이 시기에는 아직 '문왕'이라고 칭할 수 없었고 그의 정식 신분은 '서백西伯'이었다—본래 주왕의 제후로서, '서백'이라는 신분은 이미 그가 서쪽의 수많은 제후 가운데 맹주盟主임을 나타낸다. 그는 '제후들의 맹주'라는 명분으로 주왕을 받들면서, 표면적으로는 주왕의 신하에 속했지만 내심 왕자王者가 되고자 하는 마음이 있었고, 제후들 사이에서 덕행을 행하고 위엄을 보여 이미 주왕을 대신할 뜻을 품고 있었다. 만약 당시 여국을 정벌한다면 세력이 더 커져 왕기王畿53를 더욱 압박하게 될 것이었다. 바로 이렇게 강력한 비바람이 몰아치는 듯한 세력은 조이를 두렵게 만들었다. 그가 "내달려" 주왕을 알현했다는 것은 이미 신중한 걸음걸이와 태연한 마음을 잃었다는 뜻이다. 다급한 상황에서 그가 주왕에게 한 말은 이미 심란함의 정도를 넘어섰다. 그러나 신기하게도 조이의 격분한 말을 들은 주왕은 개의치 않았다. 그 이유는 충분했는데, "내 몸에 천명이 있는데 누가 나를 어떻게 할 수 있겠는가?"라고 하여 주왕은 자신이 집권하는 정당성의 근거에 대해 믿어 의심치 않았을 뿐만 아니라, 그런 정당성의 근거에는 넘치는 자신감도 내재해 있었다. 그의 이러한 자신감은 어디에서 왔을까? 그 해답은 자신이 천자라는 사실에 기인한 것이다. 이미 천자의 지위에 있다는 것은 상천의 동의를 얻어 책봉 혹은 위임을 받았다는 의미다. 또한 상천이 일단 동의를 표하여 천명을 위탁했다는 것은 다시 바꿀 수 없으며, 상천과 천자 사이의 계약은 영원한 효력을 지니게 된다. 이것이 주왕의 논리다.

　주왕은 믿는 것은 존재하는 것이 정당하다고 본다. 이것은 헤겔(1770~1831)의 유명한 명제 "실재하는 것이 합리적인 것이다"와 비슷하다. 그러나 엥겔스(1820~1895)는 『루드비히 포이어바흐와 독일 고전철학의 종말』에서 다음과 같이 말한다. "발전하는 과정에서는 이전의 모든 현실적 존재는 모두 비현실적인 것이 되며, 모두 자신의 필연성, 자기 존재의 권리, 자기 합리성을 상실하게 된다. 새롭고 생명력 강한 현실적인 존재는 쇠퇴해가는 현실적 존재를 대체하게 된다. (…) 이처럼 헤겔의 이 명제도 헤겔 변증법 그 자체로 말미암아 자신의 '반反'으로 변화하게 된다. 역사의 영역은 현실적이어서, 시간에 따라 이동하여 합리적이지 못한 것으로 변하게 된다. (…) 헤겔 사유 방식의 절대 규칙에 따르면 현실적인 것은 모두 합리적인 명제이며 또 다른 명제로 변하게 된다. 존재하는 것은 모두 없어진다." 지금 주왕이 믿고 있는 천명은 변증법적 조롱에 직면해 있었으니, 새롭고 생명력 강한 현실적 존재는 이미 쇠퇴해가는 현실적 존재를 대체해가고 있었다.

 새로운 존재는 바로 주 문왕(서백)을 대표로 하는 신흥 정치 세력이다. 이러한 '생명력 강한 현실적' 정치 세력 앞에, 주왕이 의지하는 천명은 조이에게는 불확실한 것이었다. 첫째, 주왕은 자신이 직책을 다하지 못한 것으로 인해 이미 선왕에게 버림받았고, 역대 선왕들은 주왕을 두 번 다시 지지하지 않았다. 둘째, 역대 선왕과 상천은 상응하는 관계이므로 선왕의 포기와 단절은 상천의 포기와 단절로 이어진다. 상천의 포기는 자신이 만들어준 명을 거두어들인다는 의미다. 셋째, 백성들도 주왕을 지지하지 않았다. 백성들은 오히려 주왕이 죽기를 바라고, 새로운 천자가 그를 대신하기를 희망했다. 이상의 셋은 담장이 무너지기 시작하면 많은 사람이 밀어 넘어뜨리는 것과 같이, 조상과 상천 그리고 백성들이 모두 주왕의 지지를 철회해버리는 형세가 되었다는 것이다. 이것은 주왕이 의지하는 천명이 완전히 무너지고 함몰되었음을 말해준다.

조이의 진술에 따르면, 천명은 비록 중요하긴 하지만 그것은 어떤 고정된 개념이 아니고 보관 상자 속의 보물과 같은 실체도 아니다. 천명의 특성은 표류하고 변동하는 데 있다. 천명은 비록 상천과 관계가 있지만, 그 종국적인 근원은 상천에 있지 않으며 상천이 발행한 한 장의 위임장도 아니지만 일단 소유하게 되면 걱정 없이 편안해진다. 그렇지만 천명이 머물고 떠남은 최종적으로 천자 자신의 덕행에 의해 결정된다. 바로 이 편의 경문에서 보이듯이, 주왕은 자신이 이미 상천으로부터 명을 받은 것으로 믿지만 천명은 더 이상 그의 것이 아니며, 이런 상황에서 상천이 주왕을 기만하는 것도 아니고 상천이 신용이 없는 것도 아니며 상천이 임의대로 천명을 수정하거나 회수하는 것은 더더욱 아니다. 근본적으로 말하면 천명을 잃게 된 것은 주왕 자신이 직무를 소홀히 했기 때문이며, 그 결과 천명의 중단, 실효失效, 전이의 결과를 낳게 된 것이다. 자신이 천명을 버렸기 때문에 더 이상 천명의 담당자가 아닌 것은 당연하다. 이러한 천명관은 사람이 천명의 근원이라는 것이다. 천명의 신성성은 천자의 덕성과 행위, 특히 천자 자신의 직책에 대한 존경과 경외로부터 나온다.

여기에서 비록 천명이 정치적 정당성과 합법성의 근거를 형성하고 유효성의 근거도 만들지만, 천명은 객관적 사물이 아닐 뿐만 아니라 천자와 같은 정치적 주체로부터 독립된 외적 사물도 아니다. 천명의 유무有無는 천자 자신과 관계있다. 천명의 이러한 특질은 전통 동아시아의 문명질서를 심도 있게 관찰하는 데 도움이 된다.

비교법학 연구 분야에서 많은 학자가 동아시아의 천명을 서양의 자연법과 비교한다. 이런 사유 방식에 따르면, 동아시아 고유의 문화 전통에는 자연법과 실재법의 구분이 존재하게 된다. 그 가운데 천명은 동아시아의 자연법으로서 실재법의 정당성을 구성하는 근거가 되고, 동시에 실재법을 평가評價·교정校正하는 더 높은 준칙이 된다. 이런 비교 연구는 별 의미가 없다고 생각된다. 최소한 우리 주의를 환기시켜주는 것은 당연히 동아시아 실재법 위의 고급법을 찾는 것이고, 동아시아 실재법이 유효하게 되는 근거를 찾는 데 있다. 동아시아 문화 전통에는 최소한 서양의 자연법에 상응하는 관념이 있다는 점이다.

동아시아의 천명은 서양의 자연법과 유사하며 똑같은 측면도 있지만, 그들 간의 차이에 대해서도 주의를 기울여야 한다. 서양 문화 전통 가운데 키케로(기원전 106~기원전 43)[54]의 관점에 따르면, 자연법은 "영원불변의 모든 민족과 시대에 유효한 법률이다. 우리 주인이자 통치자는 바로 상천이신데, 이 자연법을 창조하고 선포하신 분이자 법집행관"이다. 이러한 자연법에는 두 가지 특징이 있다. 첫째, 영원불변하며 둘째, 상천에 근원을 둔다.

이와는 달리, 동아시아의 천명은 '상천'의 꼬리표를 붙이고는 있지만 궁극적인 근원은 사람 자신, 특히 천자에게 있다. 여기서의 상천은 지금의 세무를 담당하는 기관과 같아 그 자체로는 재화를 생산하지 못하지만, '백성에게 베풀어지는' 재정은 모두 '백성으로부터' 취득한다. 그러므로 형식적으로 상천은 천명의 제공자이지만, 본질적으로 상천은 천자의 덕행에 근거하여 천명의 제공 여부를 결정한다. 따라서 자연법이 '영원불변'인 것에 비해 천명은 변화무쌍하며, 자연법이 '상천에 근원'하는 것에 비해 천명은 사람의 덕행에 근원하며, 그 사람의 덕행에 의해 천명의 유무가 최종적으로 결정된다. 그러므로 서양 문명에서 사람들의 자연법에 대한 숭상은 외재적 사물에 대한 숭상인 데 비해, 동아시아 문명에서 사람들의 천명에 대한 숭상은 그 직무를 '공경'히 하는 것으로, 사람의 훌륭한 덕행을 통해 천명의 존재를 확인받는다.

시야를 좀 더 넓혀 서양 문명에서 동아시아의 천명에 상응하는 대응물을 찾는다면, 자연법보다는 마르틴 루터(1483~1546)의 '천직天職' 개념이 더 적합할 것이다. 그의 천직 개념은 전통 기독교 윤리의 '명령'과 '권고'의 방법적 귀납을 포기하고, 하느님이 받아들이는 유일한 생활 방식은 '모든 개인이 자신의 현실 속에서 담당하고 있는 책임을 이행하는 것'으로 전환시켰다. 한 개인이 성심성의껏 자신의 직책을 이행해야만 하느님의 동의를 얻을 수 있게 된다. 만약 이런 '신新윤리론'이 고대 동아시아로 옮겨온다면, 한 군주가 성심성의껏 자신의 직책을 이행해야만 상천의 동의를 얻어 천명의 담당자가 될 수 있는 것이다. 루터의 '천직' 개념이 사람들의 직책에 많은 관심을 두는 반면 조이의 '천명' 개념은 상천의 동의에 무게를 둬 양자 사이에 약간의 차이가 있는 듯하다. 그러나 두 개념은 실천 지향적인, 특히 실제 효과적인 면에서는 명확한 공통점이 있다. 이 둘은 사람들이 자신의 현세적 직책을 이행해 상천의 동의 혹은 천명의 귀속을 증명할 수 있기를 요구한다.

유감스럽게도 주왕은 이런 의미를 알지 못했다. 그는 정체되고 고착된 입장에 서서 천명은 이미 자신에게 귀속되었으며, "명이 하늘에 있다"라는 것은 이미 고정불변의 사실이 되었다고 여겼다. 그는 천명이 자신의 덕행을 통해 완성되고 드러난다는 사실을 몰랐다. 또한 조심해서 보호하지 않으면 천명은 다른 곳으로 떠나버린다는 사실도 몰랐다. 그에 비해 조이는 이 사실을 잘 알았던 것 같다. 그는 천명의 유무가 천자 자신의 직무 이행 여부에 의해 결정된다는 사실을 알았으며, 천명과 인사人事는 완전 상통하여 혼연일체가 된다는 점을 믿었다.

사상사적으로는 통상 동중서董仲舒(기원전 176?~기원전 104?)[55]를 '천인합일天人合一' 이론의 주창자로 여기지만, 동중서가 그 이론을 천명할 때는 없었던 사실을 새롭게 말한 것이 아니다. 왜냐하면 주왕 시대에 조이의 논술 가운데 이미 천일합일 이론의 맹아가 출현했기 때문이다.

제20편 미자微子
정치 흥망의 노선도

미자微子는 주왕紂王의 현신賢臣이자 주왕의 동복同腹 서형庶兄이다. 『사기』「송미자세가宋微子世家」와 「은본기」에 관련 내용이 기록되어 있으며, 춘추전국 시기의 비교적 귀족적 기풍의 송宋나라는 그를 개국 시조로 한다.

「미자」편은 미자와 태사太師 기자箕子 그리고 소사少師 비간比干 사이의 대화를 기록하고 있다. 대화의 기본 배경은 주왕이 포학무도하여 이미 천명을 잃어버리자, 미자가 계속해서 간언하지만 주왕은 거절하는 것이다. 미자는 나라가 반드시 망할 것을 알고 기자·비간과 함께 모여 정세를 토론하고 대응 방법을 모색했다.

경문의 기록을 살펴보면 미자가 가장 먼저 발언을 시작한다.

은상殷商을 구원할 길이 없습니다. 옛날에 탕께서 도를 행하여 성공했습니다. 지금은 주왕이 주색에 빠져 탕의 덕을 완전히 무너뜨렸습니다. 세상에는 법이 지켜지지 않고 혼란하며 절도와 약탈이 유행하고 있습니다. 조정의 관료들은 온갖 불법을 저지르고 한 사람도 정도를 지키는 자가 없습니다. 수많은 야심가는 저마다 기치를 내걸고 다 같이 은상과 대적하고 있습니다. 지금의 은상 왕조는 강을 건너야 하지만 뱃사공이 없는 형국과 같으니 참으로 위험한 상황입니다. 지금 제 마음은 몹시 혼란하여 황야로 떠나고 싶습니다. 그대들이 아무리 은상을 구원할 방책을 말하더라도 저는 듣고 싶지 않습니다.56

기자가 다음과 같이 대답했다.

상천이 재앙을 내리셔서 이 포학하고 무능한 군주를 보내 우리 은나라를 어지럽게 했습니다. 군신君臣은 모두 술에 빠져 조금의 경외심도 없으며, 이미 하늘을 두려워하지 않고 현인을 두려워하지 않습니다. 제사지내는 희생과 제사용품을 훔치는 사람이 있어도 아무도 죄를 묻지 않습니다. 조정은 무거운 세금으로 백성들을 괴롭히므로 백성들은 군주와 대신을 원수로 여깁니다. 무거운 세금에 폭정이 더해져 갈수록 백성들의 원망은 쌓여만 갑니다. 군신 모두가 죄인이며 그 주모자는 주왕입니다. 백성들의 억울함을 근본적으로 해결할 방법이 없습니다. 지금 은상은 장차 망할 것이니 저는 이 재앙을 감내하고자 합니다. 은상이 망하면 저는 살 길이 없으니 지금 죽음으로써 간언할 수 있을 뿐입니다. 그대(미자)는 우리 군주에게 유감을 갖지 마시오. 지금 그대가 떠나려고 하는 것은 옳습니다. 만약 그대가 떠나지 않는다면 이후 우리 은상의 종묘에 제사 지내는 사람이 없을 것입니다. 나는 군주와 함께 최후의 재앙을 같이하고자 합니다. 우리와는 달리 행동하여 다른 방식으로 선왕의 신령神靈에 보답해주세요.[57]

항렬을 따져보면 기자와 비간은 주왕의 숙부가 되고 또한 미자의 숙부이기도 하다. 미자와 그들의 대화는 종실 귀족 간의 대화로 이해될 수 있다. 경문의 설명에 따르면 미자·기자·비간이 모두 대화에 참여한 것이라고 하지만, 실제 경문에는 미자와 기자의 발언만 기록되어 있다. 비간이 자신의 견해를 밝혔는지의 여부는 알 수 없다. 미자와 기자의 대화를 통해 보면, 그들은 시국에 관한 견해가 대체로 일치하며 은상의 멸망은 돌이킬 수 없다고 생각한다. 그러나 그 두 사람의 논의는 각각의 특색이 있으므로 나누어 분석해야 한다.

미자의 논의를 통해 우리는 무덕과 무법이 그려낸 한 폭의 '무질서無序한 정치 흥망도'를 볼 수 있다.

우선 무덕無德을 보자. 이것은 정치의 붕괴와 정권 와해의 첫걸음이다. 미자는 은상을 구원할 수 없다고 말한다. 미자가 이런 결론을 내릴 수 있는 첫째 근거는 바로 주왕의 실덕 때문이었다. 그가 포기한 덕은 바로 탕이 세운 덕이다. 여기에서의 '덕'은 절대로 현대적 의미의 개인 도덕이 아니라 정치의 덕이다.('덕'의 함의에 관해서는 제32편「소고召誥」에 자세한 분석이 있으므로 여기서는 논의하지 않는다.) 이러한 정치의 덕은 정치적 합법성을 구성하는 근거이며, 현대적 의미의 헌법 원칙과 유사하다. 현대사회에서 정치지도자는 정치의 덕을 갖춰야만 하는데, 곧 헌법에 대한 준수와 수호를 말한다. 비록 고대사회에서는 현대적 의미의 헌법은 없었지만, 그것의 대체물이 바로 정치적 기본 준칙이 되고 당시 입정立政의 근본이 되었다. 이 편의 경문 가운데 이러한 정치적 기본 준칙은 탕의 덕으로 개괄되는데, 그것이 바로 은상 왕조가 천하를 통치할 수 있었던 근본이자 역대 은상 군주의 입정의 근본이었다. 그러나 이 '정치적 자산'은 주왕에 의해 완전히 붕괴되는데, 그의 술 마시고 놀기 좋아하는 본성이 그가 마땅히 갖춰야 할 정치적 본성을 완전히 압도해, 그는 어엿한 정치지도자에서 일개 술주정뱅이로 퇴화하고 말았다. 이러한 퇴화는 주왕 자신을 군주라는 지위에서 추방시켰다는 것과 다시는 명실상부한 군주가 아니라는 것, 그리고 집권의 정당성의 근거와 합법성의 기초가 완전히 상실되었음을 의미한다.

그다음은 무법無法이다. 만약 무덕을 헌법과 정치 원칙의 실종으로 본다면 무법은 구체적 법률 규칙의 실효에 해당된다. '무법'이 상징하는 주요 사실은 다음 두 가지를 포괄한다. 첫째, 일반 백성들이 도적질과 약탈을 일삼는 등 사회에 범죄가 일어나 개인은 법을 중요하게 받아들이지 않게 되었다. 둘째, 조정의 관료들 가운데 기본적인 공무 준칙을 지키는 자가 아무도 없고 하는 일이라고는 오직 불법적인 것뿐이었다. 이 두 가지 사실을 결합해보면 관료를 규제하는 법률뿐만 아니라 백성을 규제하는 법률 모두 법적인 효력을 상실하고 유명무실해져 완전히 와해되어버렸다. 주권자의 의지적 법률이 완전히 무너졌다는 것은 주권자의 의지가 이미 정치공동체 내부의 상호 관계를 조정하고 지배할 수 없게 되었다는 점을 말해준다.

이는 최종적으로 무질서를 초래한다. 정치 원칙과 법률 규칙이 완전히 효력을 잃으면 공동체 내부의 질서는 무너지고 파편만 남게 된다. 미자의 한마디는 이 점을 충분히 설명하고 있는데, 즉 각 지역의 호걸들이 자신의 깃발을 내걸고 공동으로 은상과 대적한 것이다. 이는 은상의 천하가 이미 와해되었다는 것을 의미하며, 비록 은상 왕조의 상징들(군주·궁전·종묘 등)이 아직 존재하더라도 실질적으로는 이미 무너져버린 것이다.

무덕·무법에서 무서無序에 이르는 일련의 흐름은 은상 왕조 붕괴 과정의 인식을 잘 보여주며, 정치 원칙과 법률 규칙의 파산은 정치질서와 통치의 와해를 초래했다. 이런 과정은 '무법무천無法無天'이라는 새로운 해석도 가능하다. 왜냐하면 무법은 무천이 되기 때문이며, 어떤 사람은 법률의 무효가 천명의 상실을 야기한다고도 하기 때문이다. 미자가 후대에 현신으로 칭해지는 것도 그가 왕조 실패의 법칙에 대해 심도 있게 이해하고 있었기 때문이다.

기자의 분석에도 또 다른 심오함이 있다. 그는 은상 정권의 실패를 하늘의 뜻으로 돌린다. 그는 상천이 은상 왕조를 멸할 의지가 있기 때문에 주왕과 같은 형편없는 왕을 내리셨다고 생각했다. 이것은 주왕은 은상 왕조의 재앙을 위해 상천이 파견한 전문적인 악당이며, 은상 왕조는 주왕의 그릇된 행위로 와해되었다는 말이다. 첫째, 주왕을 핵심으로 하는 집권층은 어떠한 거리낌도 없었고, 국가 기능은 전부 마비되어 근본적으로 다시 일어설 수 없었다. 둘째, 계속된 제사용품에 대한 일련의 범죄 행위에 대해서도 징벌을 내리지 못했다. 이는 가장 신성한 기물조차 함부로 유린되어 더 이상 신성하지 않게 되었다는 의미다. 셋째, 조정의 중세重稅 정책은 상층사회와 하층사회의 관계를 더욱 악화시켰다. 이러한 세 측면의 문제로 은상 왕조는 더 이상 유지될 수 없었다. 기자의 견해에 따르면 은상 왕조가 직면한 정치적 운명은 상천의 의지가 드러난 것으로, 비록 악당의 우두머리는 주왕이지만 그 역시 상천 의지의 집행자이기도 한 것이다.

미자와 기자의 의견을 비교해보면, 미자의 분석은 정치법학에 접근해 있고 기자의 분석은 정치신학에 가깝다는 점을 알 수 있다. 미자의 견해 가운데 정치의 덕과 정치의 법은 정치공동체가 갖춰야 할 최고의 규범성이다. 정치의 덕과 법의 상실은 바로 정치질서의 상실을 초래하기 때문이다. 이런 관점은 현대의 헌법 이론·법철학·정치철학과 상통하는 측면이 많으므로 은주殷周 시대의 '현대적 이론'으로 볼 수 있다. 이에 비해 기자는 은상 왕조의 패망을 상천의 의지로 귀속시키는데, 사람들의 정치세계는 완전히 상천의 의지에 통제받는다고 생각하기 때문이다. 이런 관점은 확실히 신의론神義論적인 색채를 띠고 있다. 기자의 이런 의견은 『성경』과 같은 종교적 교의나 중세 유럽에서 유행했던 기독교 정치 이론과 결합되는 측면이 있기 때문에 은주 시대의 '전통 이론'으로 볼 수 있다. 대략적으로 본다면 그의 관점은 정치신학의 범위에 속한다.

또한 미자와 기자의 차이는 그들이 패망을 앞두고 서로 다른 선택을

미자도망도微子逃亡圖.

하는 것을 통해서도 설명할 수 있다. 조만간 닥칠 멸망 앞에서 미자의 판단은 황야로 도피하는 것이었다. 이런 선택은 대체로 이성적인 정치인의 선택이라 할 수 있는데, 후대의 제갈량도 "구차하게 난세에 성명性命을 보존한들 무슨 소용이 있겠는가?"라는 신조를 이행했다. 그러나 기자는 자신의 군주와 함께 재앙을 맞이하고 심지어 은상 왕조와 함께 멸망하기를 바랐다. 이는 종교를 믿는 신도들이 재앙을 맞이하는 태도와 유사한데, 신앙을 위해서라면 죽음도 불사하는 태도다. 이런 기자의 선택은 다분히 신앙적 요소를 띤다. 이외에도 그는 미자가 황야로 도피하는 것에도 찬성을 하는데 그 이유는 뜻밖에도 후대 사람들을 위해 은상 왕조의 종묘에 제사지내야 한다는 것이었고, 설령 정권이 존재하지 않더라도 반드시 종묘에 제사를 올려야 했기 때문이었다. 이처럼 기자는 정치에 대해 신학과 유사한 태도를 보였고, 미자는 정치에 대해 법학과 유사한 관점을 가졌다.

이 두 서로 다른 정치관에 대한 평가는 어떨까? 대체로 정치법학의 핵심은 이성에 있고, 정치신학의 핵심은 신앙이라고 할 수 있다. 법학은 인간의 외부 세계를 좀 더 안정되게 하는 데 일조하고, 신학은 인간의 정신세계를 좀 더 안정시키는 데 도움이 된다. 법학이 관심을 갖는 문제는 세속성이며, 신학이 관심을 갖는 문제는 신성성이다. 법학은 현대적 사유 방식을 체현해내지만, 신학은 전前 현대적 사유 방식을 체현한다. 서양 문명에서 법학은 아테네와 대응하고, 신학은 예루살렘에 대응한다. 동아시아 문명에서 법학은 후대의 법가法家[58]와 대응하고, 신학은 후대의 유가儒家와 대응한다. 유가 계통에서 법학은 정치유학에 대응하고 정치신학은 심성유학과 대응한다. 정치법학은 현대의 '학문'과 비슷하고, 정치신학은 현대의 '종교'와 유사하다. 이와 같은 분석들은 매우 많다. 만약 이와 같은 이원적인 분석이 성립된다면, 미자와 기자의 대화는 서로 다른 정치사상 분야의 은유적 표현이라고 할 수 있을 것이다.

【제4부】
주서周書

「주서周書」는 『상서』를 구성하는 제4부로 주周나라 정치에 관한 문헌이다. 주나라는 대략 기원전 11세기 전후에 세워져 기원전 256년까지 지속된 왕조로, 주나라 최후의 왕인 난왕赧王이 진秦나라에 항복함으로써 끝을 맺는다. 물론 「주서」는 주나라 전체 역사를 담고 있지는 않고 무왕武王에서 기원전 627년 양왕襄王까지만 기록하고 있다. 주나라는 서주西周와 동주東周로 나뉘는데, 「주서」의 대부분은 서주 시기의 기록이며 가장 마지막 세 편만이 동주 시대의 기록이다.

「주서」에 기록된 주요 역사 사실은 다음과 같다.
주 왕실이 삼감三監을 두고 제후들에게 봉분한 사실.
삼감三監이 반란을 일으키자 주공周公이 동쪽 땅을 정벌한 사건.
신도시인 낙읍洛邑을 건설한 사실.
기원전 841년 여왕厲王의 학정에 시달린 백성들의 봉기로 여왕이 축출되고, 정공定公과 소목공召穆公이 섭정한 '공화共和(이때부터 정확한 기년을 쓴 역사가 시작됨)' 시기에 대한 기록.
기원전 771년 신후申侯와 견융犬戎이 유왕幽王을 공격해 여산驪山에서 유왕을 죽이고, 서주가 멸망한 사건.
기원전 770년 평왕平王이 호경鎬京에서 낙읍으로 옮겨 동주가 시작된 사건.
기원전 627년 진晉나라가 진秦나라를 효산崤山에서 패퇴시킨 사건 등이다.

제21편 태서泰誓
정치법률화의 성공 사례

「태서泰誓」는 상·중·하 3편으로 나뉘는데, 주周나라 무왕武王이 상商나라 주왕紂王을 정벌하는 과정에서 각 나라의 제후와 여러 장수에게 발표한 담화문 시리즈다. 그 당시 주 문왕周文王은 이미 세상을 떠나 그의 아들 무왕이 혁명의 최고 영수가 되어 혁명의 논리적 근거를 밝혀야 하는 정치적 책임을 안고 있었다. 이 「태서」 3편은 무왕의 그러한 목적 추구를 잘 보여준다. 글의 내용과 형식 그리고 논리적 측면으로 보면 「태서」 3편의 문장은 대동소이하며, 그 주요 논지는 모두 주왕의 범죄 사실을 고발해 주왕 정벌의 합법성을 밝히는 데 있다. 여기에서는 「태서」 상편을 중심으로 주 무왕의 정치적 논증 기법을 분석하고, 그것을 기반으로 경문 속에 감춰진 정치철학과 질서 관념을 고찰해보고자 한다.

무왕의 정치적 논증 기법에는 일련의 뚜렷한 특징과 장점이 보이는데, 바로 정치 문제를 법률적으로 처리한다는 점이다. 무왕의 주왕 정벌은 본래 하나의 혁명 행위이자 순수하게 정치 문제였지만, 무왕의 전환과 처리를 거치면서 정치 문제가 하나의 순수한 법률 문제로 바뀐다. 그로 인해 주왕에 대한 무왕의 고발은 마치 검찰의 형사피고인 고발과 같게 되었다. 그렇다면 무왕은 검찰과 같은 역할을 어떻게 수행했을까? 현대 형법학에서의 범죄구성 이론을 빌려 분석해보아도 좋을 것이다.

우선 범죄의 객관적 측면에서 주왕이 도대체 어떤 반사회적 행위를 했는지를 말한다. 무왕의 귀납적 논리에 따르면, 주왕은 범죄 행위를 한 혐의가 있었다. 예를 들면 상천을 공경하지 않았고, 백성을 못살게 굴고, 주색에 빠졌으며, 포학한 행위를 일삼았다든가, 한 사람이 죄가 있으면 그 가족들을 모두 몰살해버리기도 했으며, 벼슬아치를 선발함에 있어서도 친인척만 등용했고, 대규모 토목공사를 벌여 대중의 이익을 침해했으며, 충신들은 죽이고 임산부의 배를 갈라보는 행위를 자행하는 등의 범죄 혐의가 있었다. 이러한 범죄 사실들은 주왕이 저지른 범죄의 객관적인 측면이라 할 수 있다. 이러한 사실이 확실히 있었다는 점을 증명하기 위해 무왕은 곧바로 증거를 들이댄다. 그가 내세운 증인은 바로 그 자리에서 그의 연설을 듣는 여러 제후였다. 그는 다음과 같이 말한다.

> 얼마 전 나 희발姬發(무왕의 이름)은 여러분과 함께 가까이서 주왕의 선악을 관찰한바, 모두 주왕이 변함없이 자기 고집대로만 한다는 것을 확인할 수 있었소. 상천을 업신여기고, 종묘를 공경하지 않으며, 제사에 쓰는 제수를 도둑맞아도 찾을 생각도 않으며, 오히려 자기가 백성들과 천명의 지지를 얻었다고 말하니 신하들 역시

어찌할 수 없을 것이오.

이 몇 마디는 주왕의 범죄 사실을 설명하는 매우 적합한 방식이었다. 그들이 모두 직접 본 내용이었고 그들이 모두 증인인 셈이었다.

다음은 범죄의 객체인데, 이 역시 관련 법률 규칙으로 보호되는 사회 관계를 침범한 것이다. 무왕의 진술에 따르면, 주왕의 범죄 행위가 침해한 사회 관계에는 여러 측면이 있다. 첫째는 천지天地와 백성의 관계다. 천지는 만물을 기르고 사람은 또한 만물의 영장이 된다. 주왕이 무고한 백성들을 마구 죽임으로써 천지와 백성 사이의 양생養生 관계를 침해했으니, 이는 천인관계에 대한 중대한 침해인 셈이다. 둘째는 사람과 사람의 관계다. 상천의 안배에 따르면 군주는 사람 가운데 가장 총명한 자로 백성을 교화시키고 다스릴 책임이 있으나, 주왕은 이러한 책임을 완전히 저버렸기 때문에 군주와 백성 관계에 대한 중대한 침해인 것이다. 셋째는 상천과 군주의 관계다. 상천은 천하를 군주에게 맡겨 군주로 하여금 이에 상응하는 직무를 이행하게 했다. 그러나 주왕의 행위는 상천의 위탁을 완전히 저버렸으니 그의 위약 또한 상천과 군주의 관계를 심각하게 침해한 것이다. 이러한 몇 가지 사실은 주왕의 범죄 행위가 당시 법률이 보호하는 사회 관계를 침해한 것을 보여준다. 당연히 주왕 시기의 법률규칙이 현재의 형사법과 같이 엄격하고 체계적일 수는 없다. 그러나 무왕이 고발한 세 측면의 관계는 모두 마땅히 보호되어야 할 사회 관계에 속한다. 사회 관계를 '확인' '보호' '구제'하는 불성문법 혹은 관습법은 객관적 사실일 뿐만 아니라 사회 각층으로부터 강렬한 동의를 얻

민원서우도民怨署雨圖.

게 된다. 이로 인해 그러한 불성문법적 행위를 위반하면 반드시 징벌을 받게 되는 것이다. 이런 관념은 바로 당시 정치공동체가 이미 만들어낸 공식이다. 그렇지 않다면 무왕이 무엇을 근거로 주왕을 고발했겠는가?

다음은 범죄의 주관적 측면이다. 이에 대해서 말해보면 주왕이 저지른 범죄는 완전히 고의적이라는 것이다. 임산부의 배를 가르면 결국 그녀가 죽는다는 것을 잘 알고 있으면서도 그런 잔혹한 행위를 자행했고, 충신들의 반복되는 간언이 있어도 자신이 회개할 생각을 하지 않고 도리어 간언하는 이들을 죽였다. 이러한 일련의 행위는 지금의 법에 비춰 보면 '상습 범죄'라 할 수 있다. 이런 지속적인 고의 범죄로 인해 무왕이 주왕을 가리켜 "죄악이 이미 넘쳤다罪惡已滿"고 말한 것이다.

마지막으로 범죄 주체의 측면이다. 주왕은 은상 왕조의 군주이기 때문에 그의 범죄는 직무 범죄라고 볼 수 있다. 고발 과정에서 무왕은 엄격하게 피고인의 범위를 제한했는데, 그는 은상 왕조의 전체 정치 집단을 고발한 것이 아니라 주왕 한 개인을 형사피고인으로 상정해 고발을 진행했다. 이러한 '선택적 고발'을 통해서 측근 그룹의 와해를 촉진하고, 주왕에 대해 백성이 등을 돌리고 측근들이 이반하는 상황을 유발시킨 것이다. 동시에 당시의 정치체제가 주왕과 여러 제후, 대소 관료들 간에 어느 정도 혈연이나 친인척 관계를 유지하고 있었기 때문에, 만약 공격 범위를 확대하면 매우 복잡한 양상이 조성되고 최악의 경우 수습할 수 없는 지경에 이르렀을 것이다. 이 때문에 무왕은 고발 대상을 고르는 데 있어 합당하게도 주왕 개인으로 엄격하게 제한한 것이다.

이상의 몇 가지 측면을 통해 무왕은 '공소인(검사)'으로서 주왕의 범죄 사실에 대해 효과적인 고발을 진행했다. 함께 모인 청중은 대규모 배심원단이 되어 암묵적인 동의와 찬성을 보내 유죄판결을 내린 것과 같았으므로, 이것이 바로 무왕이 바라던 결과였다. 여기서 무왕은 한 번 더 변신해 '공소인'에서 범죄를 징벌하는 '집행인'으로 탈바꿈한다. 그는 여러 제후에게 자신을 따라 징벌을 집행할 것을 요구한 것이다. 이것이 「태서」상편의 기본 논리이자 중편과 하편의 일관된 논리다.

「태서」 3편의 본문을 읽어보면, 무왕은 '고발인'과 '집행자'를 겸임하고 있음을 알 수 있다. 그러나 무왕은 '심판자'의 입장과는 일정한 거리를 두려고 했다. 그는 청중에게 상천이 주왕의 행위로 인해 진노하여 그의 부친인 문왕으로 하여금 천벌을 수행할 권한을 명했다는 점을 알린다. 이는 주왕에 대한 징벌이 무왕 자신이 행한 결정이 아니라 바로 상천이 내린 결정임을 의미한다. 중립적인 결정자로서 상천은 무왕과 주왕의 권위를 초월하며 결정 자체에 좀 더 높은 효력을 부여하게 되고, 따라서 이러한 판결의 집행이 충분한 정당성을 지니게 되는 것이다. 생각해보면 만약 상천이 내린 징벌 결정에 의거함이 없었다면, 무왕이 주왕을 정벌하는 행위는 군주를 범하고 난리를 일으킨 대역죄인의 혐의를 받게 되는 것이다. 한발 물러나 이처럼 정치적 원칙에 입각하여 비판하지 않았다면 무왕의 정벌 행위는 바로 두 개인 사이의 전쟁일 뿐인 것이다. 두 사람 이외의 다른 정치적 역량의 어떠한 개입도 모두 미정인 상태다. 만약 이런 국면이 나타난다면, 무왕의 기존 정치질서에 대한 도전 행위는 매우 불리한 입장에 처해질 수 있다. 그러나 만약 정벌 행위를 상천이 이미 지시한 징벌 결정에 대한 집행으로 해석한다면, 이것은 바로 법률 절차의 문제가 된다. 그 누가 일개 형사 판결의 집행자를 질책할 수 있겠는가?

이 「태서」 3편의 주요 기능은 어떤 모반하는 성질의 혁명 행위를 효과적으로 포장하여, 범죄에 대한 고발에서 형사 판결의 집행에 이르는 절차상의 법률 행위로 바꾸는 데에 있다고 말할 수 있다. 이러한 기술적인 처리를 통해 성공적으로 정치 문제의 법률화를 실현하게 되었다. 이런 처리의 결과 무왕의 주왕에 대한 정벌 행위는 합법적인 근거를 부여받게 됨과 동시에 도의적인 역량도 갖추게 되었다. 무왕이 후세에 누리고 있는 명성은 이와 같은 그의 정치적인 지혜와 불가분의 관계에 있다.

주의할 점은 은주 교체 시기에 정치 행위에 대한 법률적인 처리의 완성을 위해서 여전히 일정한 난관이 있었다는 것이다. 그 주요 문제점은 바로 결정을 내리는 법률 규칙을 신뢰하기에는 여전히 명확하지 않은 점이 있을 뿐만 아니라 상당한 결함도 존재한다는 것이었다. 이러한 법률의 허점을 보완하기 위해서 무왕은 관련 법률 자원을 두 방면으로 창조적으로 운용했다.

한편으로는 정치관습법으로서의 정치 관례다. 무왕의 주왕 정벌은 비록 어느 정도 도전성이 있는 혁명 행위이지만, 그 이전에 이미 선례가 있었으니 바로 탕이 걸桀(하나라 마지막 왕)을 정벌한 사건이다. 이 두 사건은 본질적으로 일치한다. 이 때문에 「태서」 중편에서 무왕은 이러한 정치 관례를 특별히 강조하게 된다.—걸이 하늘을 공경하지 않고 백성을 사랑하지 않아, 상천이 탕에게 천벌을 집행하게 하여 하나라의 천명을 끊어버리게 했다. 지금 주왕이 하늘을 공경하지 않고 백성을 사랑하지 않아, 상천이 똑같은 결정을 내려 우리에게 천벌의 집행을 맡겨 주왕의 천명을 끊어버리게 한 것이다.—이것은 매우 효과적인 논증이다. 이 때문에 탕이 걸을 대신한 것은 이미 법적 구속력을 지닌 관습법 또는 관례가 되었고, 무왕의 유사한 행위에 대해 따를 만한 규칙을 제공하게 되었다. 뿐만 아니라 무왕 또한 "그대의 창으로 그대의 방패를 찌르는 것(모순관계)"일 수 있다. 가령 우리의 주왕 정벌 행위에 문제가 있다면 탕이 걸왕을 정벌한 행위 역시 문제가 있게 되어, 은상 정권의 역사에 정당성과 합법성이 없어진다. 반대로 탕의 걸왕 정벌이 성립되어 정당성을 갖추게 되면, 우리의 주왕 정벌 역시 정당해지는 것이다. 또한 주왕의 죄악이 걸왕의 죄악보다 심하기 때문에 우리의 주왕 정벌 행위는 탕의 걸왕 정벌의 영광을 뛰어넘게 된다. 이 두 사건의 유사성으로 인해 후대에 '탕무혁명湯武革命'이라는 개념이 나오게 된 것이다.

다른 한편으로 무왕은 '법리法理'라는 이러한 법률 자원을 창조하고 운용할 줄 아는 전문가였다. 현행 법률 이론에 따르면, 성문법이 현실 요구를 만족시킬 수 없는 특수한 상황에서는 누구나 납득할 수 있는 규범적 법리로써 판결의 근거로 보충한다. 「태서」 3편에서 무왕은 약간의 법리적 명제를 논함으로써 그의 주왕 정벌에 지지를 구하고, 동시에 후세를 위해 규범적 의의를 갖는 정치적 준칙을 남긴다. 첫째, "하늘은 우리 백성이 보는 것으로부터 보고, 우리 백성이 듣는 것으로부터 듣는다天視自我民視, 天聽自我民聽."(「태서」 중) 이 구절은 상천과 백성 사이에는 같은 소리에 서로 응하고, 같은 기운에 서로 구하는 관계가 있음을 강조한다. 이 구절이 비록 상천 의지의 세속화를 말하고 있지만 그 요지는 백성 의

지의 신성성을 강조하는 데 있으며, 이로부터 후대의 '민본' 개념이 나오게 되었다. 당연히 무왕의 연설이 행해진 장소적인 배경으로 보면, 이러한 말은 청중을 열광케 하여 그들의 마음을 얻는 정치적 효과를 만들어낸다. 둘째, "하늘이 백성을 보우하사 군주를 내리며 스승을 내린다天佑下民作之君作之師."(『태서』 상) 일반적인 해석은 백성의 군주는 또한 백성의 스승도 된다는 것이다. 이 말은 무왕이 의도하는 '임금과 스승이 하나가 되는 군사합일君師合一'의 정치 체계와 문명질서를 이루는 것으로, 그의 실질적인 목표는 정치적 영수와 사상적 스승을 통합한 정교합일의 단계에 있었다. 이러한 관념은 중국 고대 정치의 한 단면을 설명하는 데 도움이 된다. 셋째, "진실로 총명한 이가 군주가 되고, 군주가 백성의 부모가 된다亶聰明作元后, 元后作民父母."(『태서』 상) 이 구절을 해석하면 "오직 지혜로운 자만이 왕위에 오를 수 있다"는 것이다. 그것은 비록 청중을 열광케 하려는 의도였지만 '지혜로운 자의 통치'라는 인식은 동아시아 고대 사상사에서 주목할 만한 한 획을 그은 것이다.

제22편 목서牧誓

천인합일과 도법자연

「태서」와 마찬가지로 「목서牧誓」도 주 무왕의 말씀을 기록하고 있다. 「목서」의 '목'은 상나라 도읍 남쪽에 위치한 목야牧野를 가리키며, 역사상 '목야의 전쟁'으로 일컬어지는 무왕과 주왕이 펼친 일대 결전으로 유명하다. 그러므로 「목서」는 목야에서 펼쳐진 대결전의 산물로서 무왕이 결전의 전야前夜에 행한 정치적 동원이다. 이 결전을 통해 희주姬周[1]가 은상殷商을 대신하게 되며, 신구新舊 두 왕조의 교체를 성공적으로 실현하게 된다. 이런 관점으로 보면 「목서」는 '천지를 바꾸는 것改天換地' 또는 '천지를 갈아엎는 것翻天覆地'에 관한 설명이라고 할 수 있다.

이 '설명서'가 말하는 주제는 "은상 왕조가 왜 마지막까지 오게 되었는가?"다. 무왕은 몇 가지 이유를 제시하는데, 예를 들면 제사를 소원히 하고, 형제를 버리고, 악인을 중용하며, 백성을 괴롭히는 것들로 대부분 「태서」에 보인다. 그러나 비교적 새로운 관점도 있었는데, 무왕이 제시한 이유 가운데 가장 주목할 만한 것은 주왕이 "오직 여자의 말만 들었다"는 것이다. 이 사실에 대해 몇몇 사료가 기록하고 있다.

『국어國語』「진어晉語」에 주왕이 유소씨有蘇氏를 공격하자 유소씨가 달기妲己를 주왕에게 시집보냈으며, 달기가 왕의 총애를 받았지만 은상은 그 때문에 망했다고 기록하고 있다.

『사기』「은본기」에는 주왕이 달기를 총애하여 그녀의 말은 무조건 신임했다고 한다.

『열녀전烈女傳』은 더욱 상세히 기록하고 있다. 주왕은 항상 달기와 음주가무를 즐겼다. 달기가 좋아하는 사람은 모두 주왕에게 중용되었고, 달기가 싫어하는 사람은 모두 주왕에게 죽임을 당했다. 주왕은 밤새 놀며 달기를 즐겁게 해줬지만 백관의 원한을 사게 되었고, 결국 몇몇 제후가 이미 반란의 기치를 내걸게 되었다. 이에 달기는 이 모든 것은 처벌이 지나치게 가볍기 때문에 천자의 권위가 서지 않는 것이라고 말한다. 주왕은 형벌을 무겁게 하여 포락炮烙의 형벌[2]을 만들었는데 달기가 매우 좋아했다. 무왕이 주왕을 정벌하면서 기회를 틈타 먼저 달기의 머리를 베어 소백기小白旗에 매달았는데, 무왕은 주왕이 이 여인 때문에 망하게 되었다고 여겼기 때문이다. 『열녀전』의 이 이야기는 『아큐정전阿Q正傳』에도 많은 영향을 끼쳤는데 "상나라는 달기가 멸했고, 주나라는 포사褒姒가 망하게 했으며, 진秦나라는 비록 역사의 기록은 없지만 여인 때문에 망했다고 보아도 거의 틀리지 않을 것이다. 그리고 동탁董卓은 아마도 초선貂蟬이 죽게 만들었을 것이다"[3]라고 한 대목이 그것이다. 그러나 정작 루쉰 자신은 이런 관점에 찬성하지는 않았다.

이상의 자료들은 모두 무왕의 고발을 증명해주는 듯하다. 그러나 무왕은 그 사실을 진술하면서 옛사람들의 "빈계무신牝鷄无晨, 빈계지신牝鷄之晨, 유가지삭惟家之索"이라는 격언으로 논증을 한다. 이 말의 본래 의미는 "암탉은 울지 않는 법인데, 만약 암탉이 새벽에 울면 집안이 망한다"이다. 그 파생된 의미는 여자는 조정에 참여할 수 없는데, 여자가 남자를 대신해 집권하면 나라가 멸망한다는 것이다. 당시 주왕은 달기의 말만 들었고 조정의 상벌도 모두 달기에게서 비롯되었으니, 이미 '암탉이 우는 것'과 같은 형국이었다. 이 때문에 옛사람의 말을 인용했으니 주왕의 패망은 의심할 여지가 없었다.

그렇다면 도대체 어떤 '옛사람'이 '빈계무신'이라는 유명한 이론을 만들었을까? 무왕은 이에 대해 어떤 설명도 하지 않는다. 후대에 나온 『상서정의尙書正義』와 같은 주소注疏에서도 더 나은 설명은 보이지 않는다. 추측건대 당시에 그런 말들이 실제로 유행했던가, 아니면 무왕 자신이 꾸며냈을 것이다. 그 정황이 어떠하든 우리는 무왕의 표현과 수사가 '천인합일天人合一'이라는 아주 오래된 정치 이론을 천명하고 있다는 점을 발견할 수 있다.

'천인합일'이라는 이념에 비춰보면 자연현상과 정치 현상은 동일성을 지닌다. 자연계의 통상적인 상황에서는 수탉만이 새벽에 우는데, 이는 자연의 규칙으로 사람들은 그것에 대해 이미 습관적으로 일상화되어 있다. 그러나 만약 새벽에 암탉이 수탉을 대신해서 울면, 이는 사람들에게 익숙하고 관습화된 자연법칙을 위반한 것이 된다. 이런 돌출된 이상한 현상 혹은 의외의 현상은 사람들의 기대를 무너뜨리고 모종의 공황 상태를 유발하게 된다. 이런 의미를 확장하면 무왕이 강조한 정치 관념인 "국가의 대사大事는 본래 남성 군주가 주관하여 최후의 결정을 내려야만 하는데, 만약 군주가 조정의 문제에 관해 후궁의 의견을 듣는다면 이는 전형적인 '빈계무신'이라는 이상 현상"인 것이다. 이런 이상 현상으로 인해 관료들의 기대는 깨지고 조정은 완전히 무질서한 상태로 빠진다. 이러한 정치질서의 상실은 바로 정권 와해의 전조다.

무왕이 선양宣揚한 정도政道는 자연의 객관 규율을 정치 규율의 출발점으로 삼아 정치의 도가 자연의 도에 근원한다는 점을 강조했는데, 이를 간결한 명제로 표현하자면 이른바 '도법자연道法自然'이라는 것이다. 왜 정치의 도는 자연의 도를 따라야만 하는가? 천인합일에 근거해보면, 정치의 도(사람의 도)와 자연의 도(하늘의 도)는 합하여 일체一體(합일合一)가 된다. 이런 관점에서 보면, 천인합일은 원리적 입장에 있으면서 현대인이 말하는 '학學'에 해당되며, 도법자연은 이런 원리의 운용으로서 현대인이 말하는 '술術'에 해당된다. 가령 천인합일이 해부학이라면 도법자연은 의료술에 해당되며, 천인합일이 부력학이라면 도법자연은 항해술에 해당되는 것과 같다.

천인합일에서 발원한 도법자연은 동아시아 고유의 질서 관념을 잘 보여준다. 정치질서와 사회생활은 모두 자연질서를 본받아야만 한다. 이로 인해 세상의 준칙과 법률 규칙도 모두 자연 규율을 본받아야만 한다. 무왕 이후의 저명한 정치가이자 법률가인 자산子産[4]은 이에 대해 제법 치밀한 논리를 보여줬는데, 그는 "천지간의 규범을 백성은 본받아야 한다"면서 구체적으로 다음과 같이 말한다.

천지간의 기는 오미五味로 나뉘고, 오색五色으로 표현되며, 오성五聲으로 드러나는데, 만약 일정한 도를 벗어나면 사람들은 혼란하게 되고 백성들은 본성을 잃게 된다. 그러므로 국가가 예를 제정해 백성이 따르게 하는 것이다. 육축六畜(말, 소, 양, 닭, 개, 돼지), 오생五牲(소, 양, 돼지, 개, 닭), 삼생三牲(소, 양, 돼지)을 제정한 것은 오미를 따르게 하기 위함이며, 구문九文(고대 천자의 예복에 그려진 9가지 모양으로 산山·용龍·화華·충蟲·조藻·화火·분미粉米·보黼·불黻), 육채六采(천지·사방의 색으로 청靑·백白·적赤·흑黑·현玄·황黃), 오장五章(복식의 다섯 무늬로 천자·제후·경·대부·사의 존비를 구분)을 제정한 것은 오색을 따르게 하기 위함이며, 구가九歌(고대 성왕의 덕을 노래한 악곡), 팔풍八風(금金·석石·사絲·죽竹·포匏·토土·혁革·목木)[5], 칠음七音(궁宮·상商·각角·치徵·우羽·변궁變宮·변징變徵), 육률六律(황종黃鍾·태주太簇·고선姑洗·유빈蕤賓·이칙夷則·무역無射)[6]을 제정한 것은 오성을 따르게 하기 위함이다. 군신 상하의 관계를 제정하여 대지의 준칙을 본받게 하고, 부부 내외의 관계를 제정하여 두 사물 간을 규범짓고, 부자·형제·자매·삼촌과 조카·장인과 사위·동서지간의 관계를 제정하여 상천의 현명함을 드러내며, 정책·법령·일상 규칙을 제정하여 사시四時에 순응하며, 형벌을 제정해 위협하고 죽이듯 백성들을 단속하며, 자상하고 관대한 제도를 제정하여 만물을 길러내는 상천의 법칙을 본받는다.

취퉁쭈瞿同祖(1910~2008)7는 『중국법률과 중국사회』라는 책에서 이와 유사한 관점을 제시하고 있는데, 그는 "옛사람들의 관점에 봄과 여름은 만물이 자라나는 계절이고, 가을과 겨울은 스산해서 감추는 계절이라는 것이 있는데, 이는 우주의 영원불변한 질서로 모든 물체는 이 규칙을 벗어날 수 없다. 이런 자연질서와 서로 조화롭게 되기 위해서는 인류의 행위, 특히 정치 행위는 사시四時를 따르지 않을 수 없고 천도天道와 상응해야 한다." 그러므로 "형刑이란 본래 우주의 생명을 박탈하는 살육 행위이므로 사시四時 생살生殺의 자연질서의 관계와 더욱 밀접하게 하기 위해서는 반드시 가을이나 겨울에 형살해야지 만물이 자라나는 계절에 살육을 자행해 자연과 어긋남이 있게 해서는 절대 안 된다"고 말하였다.

만약 이미 자산이 전면적으로 동아시아 전통 정치법 질서의 내재적 정신을 개괄했다고 한다면, 취퉁쭈는 형벌적인 측면에서 동아시아의 전통 법정신에 한 획을 그었다고 할 수 있다. 이 두 사람의 논의는 우리가 주목할 만한 전통 동아시아 정치법 문화의 중요한 특징을 제시하고 있는데, 바로 자연질서의 모색과 존중 그리고 모방이다. 현대 동아시아의 이론 가운데 이런 특징은 '법자연法自然'으로 귀납되는데, 서양에서 유행한 '자연법自然法'과 서로 대응되는 개념이며, 이는 곧 동아시아 전통이 법자연으로 귀결된다면 이와 상응하는 서양의 전통은 자연법으로 귀결된다는 의미다.

학계에서는 습관적으로 동아시아의 법자연과 서양의 자연법을 비교하는데, 이 두 개념이 같은 한자를 쓰면서 배열된 순서가 다르기 때문일 것이다. 그러나 내가 보기에 이 두 개념은 어떤 동일한 부분도 없다. 법자연의 '법法'은 법률이나 규칙을 말하는 것이 아니라 '본받는다' '모방한다'는 의미의 동사이며, '자연自然'은 일월성신, 춘하추동과 같은 실증적 의의를 지니면서 저절로 그러한 자연계를 가리킨다. 그러므로 법자연은 인류의 정치질서, 사회질서가 마땅히 자연 규율을 본받아야 함을 나타낸다. 이와는 달리 자연법의 '법法'은 '규칙' '준칙'이라는 명사이며, '자연自然'은 실증적 의미의 자연이 아니라 '인간의 이성적 발현'을 가리킨다. 자연법은 주로 추리·논증으로 얻어진 결론으로서 인간 이성의 산물이다.

엄밀히 말해서 서양 문명 가운데 자연법은 생존 법칙과 같은 '당연한 법칙'이 아니다. 반대로 서양 문명의 자연법은 인간의 이성적 사유의 산물이자 지혜의 결정체로서 전형적인 '인위법人爲法'이다. 동아시아의 법자연이 지향하는 바는 자연 규율이며, 도리어 원초적 의미의 자연법칙 혹은 자연법으로 이해될 수 있다. 그러므로 서양의 자연법은 '인본주의人本主義' 혹은 '이성 본위理性本位'의 산물이며, 동아시아 전통의 법자연은 '자연주의' 혹은 '자연 본위'의 산물이다.

이런 분석을 통해 다시 무왕의 논증을 살펴보자. 우리는 무왕이 매우 엄숙해야 할 때에 도리어 "암탉은 울지 않는 법인데, 만약 암탉이 새벽에 울면 집안이 망한다"라는 말을 먼저 꺼냄을 발견하게 된다. 이 말은 긴요하지는 않아 보이지만 동아시아 문명의 초창기에 '천인합일'과 '도법자연'이라는 개념을 형성했다는 점을 보여준다.

제23편 무성武成

국가 안정의 장정

'무성武成'은 "무공武功이 이미 완성되었다"는 의미로 주 무왕이 성공적으로 은상 왕조를 멸망시키고 무공에서 이미 완전한 승리를 획득했음을 말한다. 지금의 말로 하면 "강산은 이미 손아귀에 떨어졌고, 혁명은 완성되었다"이다. 그렇다면 다음에는 무엇을 해야 할까? 정답은 국가와 정권을 세우고 나라를 안정시키며 새로운 정치질서와 사회질서를 확립하는 것이다. 그러므로 이 편이 바로 국가를 안정시키는 장정章程인 것이다. 그 기능은 신해혁명 성공 이후의 「중화민국임시약법」과 해방전쟁 승리 후의 「공동강령」, 현행 헌법과 유사하며 그 정신적인 면에서는 실질적으로 서로 통한다. 다시 말해 이 편은 헌법과 같은 문건인 셈이다.

『상서』의 편들은 주로 성인의 말씀을 기록하고 있다. 그러나 「무성」편은 말씀과 사건을 함께 다루고 있는, 『상서』 가운데 보기 드문 예다. 이러한 '예외'의 출현은 이것이 헌법의 기능을 담당하고 있기 때문인데, 현대 헌법정신의 원형을 형성하게 된다.

내용상으로 현대의 헌법은 통상 서언序言과 정문正文의 두 부분으로 나뉜다. 「무성」도 예외가 아니어서 서언에 해당되는 부분과 정문에 해당되는 부분이 있다.

「무성」의 헌법 서언에 해당되는 부분은 무왕이 발표한 담화에 보인다. 무왕의 담화는 건국식전建國式典의 치사致詞와 유사하다. 그는 자신의 시조를 시작으로 선왕들이 나라를 세우고 강토를 개척한 사실을 말한다. 그 후 문왕文王의 조부가 왕업의 기틀을 다졌고, 문왕의 부친이 왕업을 위해 노력했으며 문왕 자신이 천명을 받아 사방을 평안하게 했으나 애석하게도 대업을 이루지 못하고 중도에 죽는다. 희발姬發(무왕의 이름)은 문왕의 유지를 계승해 황천후토皇天后土와 명산대천에 고하고는 목야의 전쟁을 일으켜 한 번에 은상을 멸했다. 천하가 안정됨으로 인해 만민이 진심으로 기뻐하고 감복해 마지않았다.

무왕의 이 담화는 주 왕조의 정치문화적 배경을 천명하고 있다. 그 핵심 주제는 "우리 정권은 어디에서 유래했으며, 그 전후 사정은 어떠하고, 왜 이 정권을 이루게 되었는가?"라는 것이다. 이런 주제는 중국 현행 헌법의 서언과 본질적으로 유사하다.

중국 헌법의 서언과 무왕의 담화를 비교해보면 그 둘 사이의 유사성을 발견할 수 있는데, 모두 역사가 이뤄진 과정을 이야기하면서 한 편의 역사 서사를 완성하고 역사적 사건에 대해 선택적인 조합과 배열을 진행하고 있다.

무려치경도武閭致敬圖.

중국 헌법 서언을 보면 '영광된 혁명 전통의 역사'로 개괄되는 중국의 '유구한' 역사를 서술하고 있다. 다시 말해서 중국사의 주제는 '혁명'이며, 중국사의 주요한 부분은 바로 '혁명사革命史'다. 1840년 이래의 근현대사는 '중국 인민의 국가 독립, 민족 해방과 민주자유를 위한 끊임없는 분투의 역사'로 곧 '용전분투사勇戰奮鬪史'다. 다음은 "1911년 쑨중산孫中山 선생이 신해혁명을 영도하여 봉건체제를 폐기했다." 그러나 "역사적 임무는 아직 미완성"이었다. 그렇다면 역사적 임무는 어떻게 완성되었는가? 그 대답은 바로 "1949년 마오쩌둥 주석이 이끄는 중국공산당이 각 민족을 통합하여 장기간의 힘든 무장투쟁과 여러 다른 형식의 투쟁을 겪은 뒤 마침내 제국주의와 봉건주의 그리고 관료자본주의의 통치를 전복시키고 신新민주주의 혁명이라는 위대한 승리를 쟁취하여 중화인민공화국을 건립하게 되었다. 이때부터 중국 인민이 국가의 권력을 장악해 국가의 주인이 되었다"는 것이다. 여기에 이르러 역사적 임무가 완성되었다. 역사적 임무 완성의 표식은 바로 '중화인민공화국이 건립'되어 인민이 '국가의 주인'이 된 것이다.

무왕의 담화도 이와 같은 논리를 따르고 있다. 최초에 시조께서 강토를 개척하고 나라를 세워 기반을 다지셨다. 뒤를 이어 공류公劉가 후직后稷의 사업을 잘 수행하자 많은 백성이 흠모하여 계속해서 모여들었다. 그런 다음 문왕의 조부와 부친, 특히 문왕 자신이 주 왕조를 건립하게 된 역사적 공적을 서술했다.[8] 그러나 슬기롭고 현명한 문왕도 '역사적 임무'를 완수하지 못했는데, 그것은 인민혁명의 선행자인 쑨원이 역사적 임무를 완수하지 못한 것과 같다. 문왕이 닦아놓은 기초 위에 역사적 임무를 완성한 이가 바로 무왕이다. 무왕은 인인仁人과 지사志士의 도움을 받아 정의의 명분으로 주왕의 통치를 전복시키고, 마침내 '백성들이 감복해 마지않는' 새로운 정권을 건립한다. 이것은 무왕이 선조들이 전해준 공을 주왕이 지키는 골문에 차 넣은 것과 같이 그가 마지막 공功을 이룬 것이다.

무왕의 논리와 중국 헌법 서언의 논리는 바로 새로운 정권의 건립, 새로운 정치 구조와 정치질서는 역사로부터의 선택이지 인간의 의지로 전이된 객관적 역사 규칙으로 선택된 결과가 아니라는 점이다. 여기서의 '역사' 또는 '객관적 역사 규칙'은 이미 의인화된 존재로서 상천의 대체물이지 상천 시대의 상천은 아니며, 새로운 정치질서와 사회질서를 위한 최종적인 근거를 제공하면서 또한 헌법 정문憲法正文의 정당성을 위해 궁극적인 근거를 제공하게 된다. 헌법의 기초자는 서언을 작성하는 과정에서 「무성」과 같이 오래된 문헌을 상상하지도 못했겠지만, 「무성」은 정치적 근거의 서술 방식과 서사 구조에 관하여 수천 년 동안 반복적으로 침전되어 부지불식간에 당대의 서언 기초자들의 사유 방식을 상당 부분 지배해왔다. 이런 측면에서 우리는 한 가닥의 숨겨진 실마리를 발견하게 되는데, 「무성」과 중국 헌법 서언이 서로 관련이 없는 듯하지만 실은 같은 곳에서 나왔다는 점이다.

현행 헌법의 본문에는 '총강總綱' '공민 기본 권리와 의무' '국가기구'와 관련된 내용이 차례로 서술되며, 국가의 기본 구조가 이에 준하여 구성된다. 「무성」에서는 무왕의 담화 이외에 위와 같은 기본 구조를 접할 수 있다.

우선 "(혁명이 끝난 후 무왕은) 무공武功을 내려놓고 문치文治를 닦으시어 군마軍馬를 화산華山 남쪽에 돌려보내고 소를 도림桃林의 들에 풀어놓았다."⁹ 이 구절은 헌법의 '총강'에 해당되며, '무공'에서 '문치'로의 전환을 나타낸다. 후대에 "말 위에서 천하를 얻지만 말 위에서 천하를 다스릴 수는 없다"는 말이 나왔는데, 그 의미를 거슬러가면 "무를 내려놓고 문을 닦는다"가 그 원류가 될 수 있을 것이다. 바꾸어 말하면, "무공을 내려놓고 문치를 닦는다"는 주 왕조 헌법의 총강일 뿐만 아니라 후대에 순차적으로 나타나는 신생 정권의 강력한 규범을 만들었다는 의의를 지닌다.

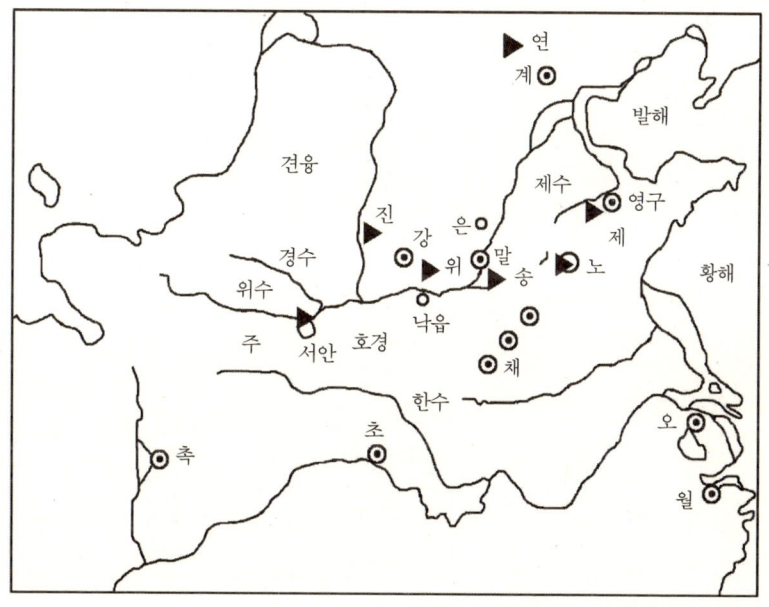

서주분봉제후도西周分封諸侯圖.

다른 측면으로 구체적인 정치 제도의 안배를 들 수 있다. 무왕의 규정을 살펴보면 첫째, 작위를 공公·후侯·백伯·자子·남南의 5등급으로 나누었는데 이는 현대 중국의 성부급省部級·청국급廳局級·현처급縣處級과 같은 행정 등급과 유사하다. 둘째, 봉지封地를 3등급으로 나누었는데, 현재의 지방 제도에 해당된다. 셋째, 관리 선발 규칙을 확립했는데 "어진 이를 관리로 등용하고 유능한 이에게 일을 맡기는 것"[10]이다. 넷째, 다섯 가지 교의敎義로 백성들을 교화시켰으니, 곧 '아버지는 의롭고父義 어

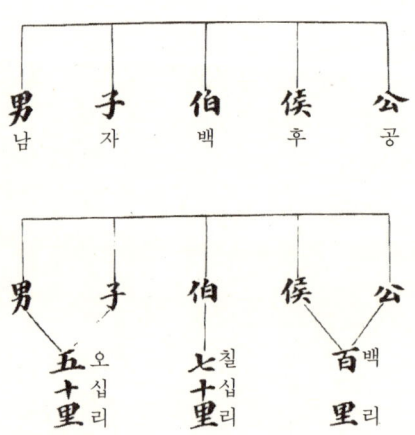

열작분토도列爵分土圖.

머니는 자애로우며母慈 형은 우애롭고兄友 동생은 공손하며弟恭 자식은 효성스러운子孝' 것이다. 이 다섯 가지 갖춰야 할 규범적 윤리는 그 기능상 헌법의 '공민 기본 권리와 의무'에 해당된다. 당연히 고대에는 현대적 권리 개념은 없었고 이 다섯 교의는 주로 '의무'에 치중된 면이 있지만, 현대 법학상의 의무 개념과는 같을 수 없다. 다섯째, '백성들이 먹는 것民食' '죽은 사람을 장사지내는 것喪葬' '제사지내는 것祭祀'을 중시했다. 그 가운데 민식은 현재의 민생에 해당되며, 그것은 곧 경제나 물질문명 건설과 직결된다. 장례와 제사의 주된 기능은 "상사에는 슬픔을 다하고 제사에는 공경을 다하는愼終追遠" 데 있으며, 이는 정신문명과 연결된다. 민식이 사람들의 현세적 삶을 안정시키는 데 주안점을 둔다면, 장례는 피안의 삶 혹은 정신세계를 안정시키는 데 주안점이 있다. 이는 서양의 종교에 해당되는 기능이다. 여섯째, "신의를 돈독히 하고 의리를 밝히며, 덕을 높이고 공에 보답한다"[11]는 장려하는 성질의 헌법 조항과 유사하며, 그 요지는 성신誠信·충의忠義·존덕尊德·입공立功과 같은 기풍을 촉진하는 데 있다. 이러한 정치 제도의 안배를 통한 최종 목표는 "손을 소매에 넣은 채 천하를 다스리는 것"[12]을 실현하는 데 있었다.

　이상「무성」의 주요 내용과 정신을 중국의 헌법과 비교 분석해보았다. 이것으로 우리는 세 가지 결론을 도출할 수 있다.

　첫째, 동아시아 초기 문명에 잉태되고 형성된 정도政道와 법리法理가 후대뿐만 아니라 지금에 이르기까지 영향력 있는 규범적 의의를 만들어내고 있다는 점이다.「무성」의 문명질서에 대한 구체적인 안배와 표현 방식은 일정하게 동아시아 정치 제도의 원형을 구성하고 있다. 그러므로 이 편을 통해 우리는 더욱 선명하게 그 유래를 이해할 수 있다.

둘째, 휴고Gustav Hugo(1764~1844)[13]와 사비니Friedrich Karl von Savigny(1779~1861)[14] 등이 제창한 역사법학에서는 "법률은 민족정신의 체현으로 언어·풍속과 같은 것을 담아내며, 한 민족의 역사 과정에서 응축되고 완성된다"고 보았다. 역사법학파의 이러한 사유 방식은 동아시아 역사에서 다시 한 번 증명된다.

셋째, 무왕은 주 왕조 건국의 근거를 밝혔을 뿐만 아니라 정치 제도의 구체적인 내용도 규정했다. 이것은 초기의 입법자들은 성인임과 동시에 강자였음을 보여주는데, 무왕은 천명을 대표하는 성인이면서 주왕을 멸한 강자이기도 했다. 이 편의 부제인 '국가 안정의 장정章程'은, 무왕이 성인으로서 '이理'의 근거를 제공하며, 무왕이 강자로서 '역力'의 지지支持를 제공하고 있다는 말이다.

제24편 홍범洪範
점복은 일종의 정치술

'홍범洪範'의 문자적인 의미는 '위대한 규범大法'이다. 현대적 의미에서의 '홍범'은 문명질서의 기본 준칙 혹은 기본 원칙을 구성하는 것을 가리킨다. 정치문화적 공동체 안에서 일련의 규칙 체계나 의의意義 체계를 통해 자치自治·자족自足의 문명질서를 완성하는 것은 정치적으로 가장 우선시되는 문제다. 「홍범」은 바로 이러한 문제에 대한 해답이라 할 수 있다.

형식상으로 보면 「홍범」의 주요 인물은 은상의 유로遺老 기자다. 「홍범」은 주로 기자의 견해를 반영하고 있으며, 무왕이 질문을 던지고 기자가 대답하는 내용을 기록하고 있다. 그러나 「홍범」에 드러나는 사상은 절대 기자 한 사람의 의견이 아니라, 상주商周 교체기에 주도적 지위를 점한 정도政道와 법리法理를 대표하면서 이전 정치사상을 종합한 결과물이다.

「홍범」이 설정하고 있는 질서 체계와 의의 체계는 다음의 아홉 가지 측면을 포괄한다.

(1) 오행五行: 수水·화火·목木·금金·토土다. 그 가운데 수는 만물을 윤택하게 하면서 아래로 흐르고, 화는 뜨겁게 불타오르면서 위로 향하며, 목은 구불구불하게 할 수도 곧게 펼 수도 있으며, 금은 마음대로 형태를 변형시킬 수 있으며, 토는 경작과 수확을 상징한다. 오행은 짜고鹹, 쓰고苦, 시고酸, 맵고辛, 단甘 다섯 가지 맛으로 대응되기도 한다.15

(2) 오사五事: 용모, 말하기, 보기, 듣기, 사고思考다. 오사는 모두 군주에게 해당되는 일이다. 군주의 용모는 장중해야 하고 마음가짐은 엄숙하고 공손해야만 한다. 말하는 것은 타당하게 해야만 천하를 다스릴 수 있다. 보는 것은 자세해야지 속거나 기만당하지 않는다. 잘 들어야 지모智謀를 얻을 수 있다. 사고는 치밀하게 해야 사무를 빈틈없이 처리할 수 있다.16

(3) 여덟 가지 정무政務로서 식량民食, 재화財貨, 제사祭祀, 거주居民, 교육教育, 치안治安, 손님 접대禮賓, 군사軍事로 나뉜다.17

(4) 다섯 가지 시간을 기록하는 방법으로 연월일年月日 및 성신星辰의 운행으로 나뉜다. 곧 역수曆數를 말한다.18

(5) 군주가 조정에서 정사를 다스리는 준칙으로 주요 내용은 다음과 같다. 덕망과 능력을 겸비한 인재를 임용하며, 결점 있는 사람을 너그러이 받아들이고, 덕을 좋아하는 사람을 칭찬하며, 약한 사람을 괴롭혀서는 안 되며, 강한 사람을 핍박해서도 안 되는 등 이런 예는 수없이 많다. 종합해보면 군주는 덕망 있고 은혜로운 정사를 펼쳐 만백성의 부모가

되어야만 한다는 것이다.¹⁹

(6) 군주의 세 가지 덕이다. 정직正直은 사람들의 굽은 마음을 바르게 하여 곧게 만든다. 강극剛克은 굳세고 강직해야 일을 완성할 수 있다는 것이다. 유극柔克은 말하는 것이 부드러워야 다스릴 수 있다는 것이다. 이 세 가지 덕은 각각 그 쓰임이 있어 평안할 때, 순조롭지 못할 때, 순조로울 때에 나누어 적용할 수 있다.²⁰

(7) 군주가 의심을 해결하고 결단하는 방법이다. 군주는 복서卜筮를 주관하는 관원을 세워 자신의 의심을 해결하고 판단을 내릴 때 도움이 될 수 있게 해야 한다. 중대하면서도 어려운 문제에 대해 군주는 먼저 자신에게 물어보고, 다시 경사卿士와 서민庶民 그리고 복서를 담당하는 관원에게 물어 일치된 견해에 이르면 그것이 바로 최선의 선택이 된다. 복서의 결과만 길하게 나오면 대개 문제가 없다.²¹

(8) 징조에 주의를 기울여야 한다. 비雨·맑음晴·따뜻함暖·추움寒·바람風 등 다섯 날씨는 시기와 차례에 맞게 발생해야만 한다. 이들은 군주의 다섯 덕행에 대응된다. 가령 '엄숙하고 공손함肅穆'은 '적절하게 내리는 비'에, 수양修養은 '적절하게 쾌청한 날'에, 지혜智慧는 '적절하게 따뜻한 날'에, 성덕聖德은 '적절하게 추운 날'에 해당된다. 이와는 반대로 군주의 '망령된 행동狂妄'은 '오랜 장마'에, '신용을 잃음失信'은 '오랜 가뭄'에, '놀기 좋아함逸樂'은 '오랜 무더위'에 '급한 행동急躁'은 '오랜 추위'에, '무능함昏庸'은 '태풍'에 해당된다.²²

(9) 행복과 불행에 관한 것이다. 다섯 가지 행복은 장수·부유·건강·미덕·선종善終이다. 여섯 가지 불행은 요절·질병·걱정·빈곤·

사악·나약이다. 이러한 구분은 사람들에게 고난을 피하게 하고 즐거움을 구하는 방향을 제시해준다.[23]

이상의 아홉 가지가 이 편의 경문이 담고 있는 규칙과 의의다. 표면적으로는 모든 조목의 '홍범'이 비교적 복잡해 보이지만, 사상사적인 측면으로 본다면 이러한 체계적인 규칙과 의의는 '도법자연'의 운용 기술로 귀결될 수 있다.

이 편이 나오게 된 경위는 주 무왕이 집권한 지 13년이 지나 천도의 구체적인 내용을 얻고자 하여, 이에 기자가 아홉 조목의 홍범으로 천도를 밝히게 된 것이다. 그렇다면 기자가 진술한 천도 혹은 홍범은 어디에서 유래했을까? 그 대답은 바로 도법자연의 결실이다. 기자(기자로 대표되는 고대 사상가)가 온 세상의 자연과 세계에서 일련의 규칙과 의의를 추출해 인간이 따라야 할 질서의 근거를 만든 것이다.

이러한 규칙과 의의 가운데 가장 초석의 지위에 있는 것이 오행이다. 오행은 다섯 가지 형이하의 자연 원소이면서 다섯 가지 형이상의 사상 범주이기도 하며 또한 근원적인 사상 범주이다. 오행 사이의 상생상극 相生相克이 형성하는 상호 관계는 모든 자연현상·사회현상·생리현상·정신현상을 분석해낼 수 있다. 곧 이것은 오행을 통해 만사만물萬事萬物을 해석할 수 있으며, 만사만물을 제어와 조정이 가능한 질서 체계 속으로 끌어올 수 있다는 뜻이기도 하다. 예를 들면, 오행은 다섯 요소가 서로 교차되어 만들어진 하나의 시스템이라 할 수 있다. 모든 사람과 사물은 이 시스템을 통해 통제되고 조정된다. 이 시스템으로 모든 것이 통합되어 질서 있고 유기적인 관계를 형성하게 된다. 설령 서로 관련 없는 사람과 사물이라도 오행으로 엮인 시스템 속에서 상호 관련성을 찾을 수 있고 유기적인 사람과 사물의 관계를 형성할 수 있다. 이것이 바로 오행의 가치다. 오행은 이미 형이상의 사상이기는 하지만 형이하의 자연현상이기도 한데, 오행이 지니는 이러한 이중성의 근원은 '도법자연'과 '천인합일'에 있다.

과학을 중심에 둔 현대인의 눈으로 보면 오행은 견강부회된 산물로, 수·화·목·금·토가 짜고·쓰고·시고·맵고·단 다섯 가지 맛으로 대응된다는 과학적인 근거를 어디에서도 찾을 수 없다. 이 때문에 오행 관념은 오독과 오해의 결과이며 성립될 수 없다. 이러한 비판은 논리적인 것처럼 보이지만 사실은 타당하지 않다. 고대의 오행 관념은 근본적으로 현대 과학으로 계량화될 수 없다. 그 기원을 살펴보면, 오행 자체는 과학적인 산물이 아니라 정치적인 산물이다. 무왕의 질문뿐만 아니라 기자의 대답 역시 과학과는 무관하다. 경문은 이것이 천도 및 국가 통치와 관련된 정치 문제임을 명백히 하고 있다. 그러므로 오행은 사회 통합과 정치 통제를 실현하는 사상적 기반이며 일종의 정치철학이지 자연과학이 아니다.

경문에서 열거하고 있는 다섯 징조는 오행 관념의 정치적 실천이자 구체적 운용이다. 자연계의 비·맑음·따뜻함·추움·바람은 본래 통상적인 날씨 현상이지만, 군주의 오덕을 해석하는 데 쓰인다. 이로 인해 군주의 덕성과 자연현상은 서로 표리가 되어 내재적 관련성을 형성한다. 어떤 날씨는 이상 현상을 나타내기도 하는데, 예를 들어 바람이 오랜 시간 분다거나 매우 짧게만 불고, 비가 지나치게 많이 내리거나 혹은

주 무왕.

안 내리거나 하는 것은 모두 군주에게 보내는 자연의 경고로서, 군주의 덕성에 문제가 있다는 것이다. 이러한 규칙과 의의에 비춰보면, 오행에 근원하는 다섯 날씨와 다섯 징조는 군주를 제약하는 하나의 이론 장치를 구성한다. 오행 관념의 규칙 아래에서 군주는 제도와 규율에 묶인 존재일 뿐이며, 더 이상 하고 싶은 것을 마음대로 할 수 있는 사람이 아니다. 비록 날씨를 군주의 덕성에 비견하는 것이 비과학적이긴 하지만, 이러한 비과학은 매우 강력한 정치지향성을 지니면서 매우 중요한 기능을 담당한다. 오행 관념은 만사만물을 하나의 거대한 질서 체계의 한 매듭으로 변화시킬 뿐만 아니라, 군주라고 해서 이 거대한 체계 바깥에 놓일 수는 없다.

다시 경문에서 열거하고 있는 '의문을 푸는' 방법을 살펴보자. 여기서는 정치적 결단에 있어서 복서의 의의를 강조하는데, 마찬가지로 도법자연의 운용 기술 가운데 하나다. 예를 들어, 거북 등딱지龜甲 한 조각을 바닥에 내려두면 앞면이 위로 올 수도 있고 뒷면이 위로 올 수도 있는데, 두 결과는 매우 자연적이다. 그리고 불로 거북 등딱지를 지지면 서로 다른 균열 무늬나 형상이 나타나거나 어떠한 변화도 없을 수 있는데, 그 결과가 어떠하든 모두 우연적이며 무작위적인 결과다. 그러나 만약 복서의 결과에 따라 길흉의 의미를 부여하여 의문이나 정책 결정의 근거로 사용한다면, 군주의 결정은 천의天意와 같은 좀 더 고차원의 근거를 가질 수 있게 된다.

정책을 판단하는 데 있어 복서의 도움을 받는 것은 현대 의학에서 화학실험 결과를 이용해 진단하는 것과는 다르다. 후자는 과학기술의 산물로 '진리' 추구를 구현한 것이라면, 전자는 정치기술의 산물로 '정치' 추구를 구현한 것이다. 따라서 복서의 결과에 의거한 정책 결정은 제고할 수 없는 성격을 지니며, 아울러 '최선' 혹은 '차선'의 정치적 선택도 할 수 없다. 그러나 복서에 의거한 정책 결정은 최선의 효과를 만들어낼 수 있는데, 이러한 결정이 바로 천의의 체현이 되며, 결정을 받아들이고 복종하는 것이 바로 천의에 순종하는 것이라는 점이다. 이러한 의미에서 보면 복서는 강력한 호소력을 지닌 훌륭한 도구다. 만약 군주가 내놓은 정책 결정이 다른 사람들의 보편적인 동의를 얻을 수 있다면, 군주가 주도하는 정치질서는 순조로울 수 있다. 그러므로 복서의 기능과 의의는 주로 '절차성'에 있다. 절차적 정의正義는 '볼 수 있는 정의'며 사람들로 하여금 정의감을 가질 수 있도록 하는 것으로, 복서 역시 절차적인 전시를 통해 정책 결정의 정의성과 정당성을 제고하게 된다.

만약 군주가 어떤 사람을 농업을 담당하는 관원으로 임명하려고 한다면, 갑과 을 그 누구라도 후보자가 될 수 있다. 어떤 사람은 갑을 지지하고 또 다른 사람은 을을 지지한다. 갑과 을은 각각 장단점이 있다. 여기서 인사상의 어려운 문제가 나타난다. 그러나 이런 상황에서 복서의 결과로 관원을 결정하면 누구도 할 말이 없게 된다. 왜냐하면 그것은 하늘의 뜻으로 해석되기 때문이다. 군주나 공동체 전체의 이익 측면에서 보면 갑 또는 을이 농업을 담당하는 관원이 되는 것이 차이가 있을 수 있지만, 정치질서의 안정화와 대신들의 정치적 복종 및 충성 면에서 보면 이러한 차이는 별로 중요하지 않은 부차적인 문제다. 그러므로 군주 입장에서 두 후보자 가운데 누구를 선택하느냐는 급선무가 아니다. 중

거북 껍질에 새겨진 갑골문.

요한 것은 자신의 임명이 대신들을 복종시킬 수 있느냐 하는 것이다. 이런 사례는 복서가 흔히 말하는 봉건적이거나 미신적인 것이 아니며, 매우 정밀한 정치적 결정 장치로서 '도법자연'이라는 이론이 기술적인 전환을 통해 이룩한 중대한 성과물임을 잘 보여준다.

오행과 복서 외에 도법자연의 운용 기술은 기자가 열거한 다른 홍범에 보인다. 예를 들면 다섯 가지 시간을 기록하는 방법은 바로 시간을 재는 단위와 방법으로 인간사회에 대한 자연 시간의 규범 의의를 체현한 것이다. 삼덕三德과 오사五事 같은 군주에 대한 훈계에서 도법자연 및 천인합일의 영혼을 볼 수 있다.

제25편 여오旅獒

누가 덕으로 복종하게 하는 것을 선양하는가?

'여오旅獒'는 서쪽의 '여旅'라는 변방 나라에서 주 무왕에게 큰 개를 보내왔다는 의미다.

애초에 무왕이 은상을 멸한 뒤 수많은 만이蠻夷의 나라에서 '진공進貢'의 형식으로 해당 지역의 특산물을 보내왔다. '여오'는 바로 그 특산물 가운데 하나다. 이에 대해 무왕의 동생인 소공召公이 「여오」를 지어 무왕에게 정치적인 간언을 하게 된다. 이 편이 비록 '여오'를 제목으로 삼고 있지만, 여오는 단지 구실일 뿐 경문에서는 여오라는 동물에 얽매이지 않으며 주로 소공의 정치사상을 드러내고 있다. 전체 내용으로 보면 주로 덕치의 이념과 방법에 대해서 밝히고 있기 때문에 덕치주의 정치 선언으로 볼 수 있다.

소공 덕치사상의 핵심은 바로 덕이 사람을 복종시킨다는 것이다. 그의 말을 인용해보면 바로 "명왕이 덕을 삼가시면 사이四夷가 모두 손님

이 되어 찾아온다明王愼德四夷咸賓"이다. 그 의미는 만약 군주가 자신의 덕성을 중시하고 적당한 수준으로 끌어올린다면, 온 세상에 매우 강력한 감화력을 형성하게 되어 사이가 모두 군주의 덕성으로 인해 진심으로 감복하게 된다는 것인데, 비록 이러한 사상이 『상서』에서 처음 나온 것은 아니지만, 소공의 표현은 간단하면서도 핵심을 찌르고 있다. 이 말은 군주의 덕성과 '사이함빈四夷咸賓' 사이에 대응관계를 구성하게 되는데, 덕성이 높다는 기준은 바로 '사이함빈'이 된다. 그렇다면 거꾸로도 같은 방식이 성립되는데, 만약 '사이함빈'하게 되면 군주의 덕성이 이미 이상적인 수준과 정도에 도달했다는 뜻이 된다.

만약 이러한 사상을 '소공의 정리定理'로 개괄한다면 그것이 후세에 끼친 영향이 엄청나다는 것을 알 수 있다. 역대 정사正史에서 군주의 덕성을 과시하기 위해서는 사이가 진공한 사례들을 모두 기록하면 되었는데, 그것은 직관적이면서 가장 확실한 증거가 되기 때문이다. 또한 왕망王莽(기원전 45~기원후 23)[25]과 같은 '일인지하, 만인지상'의 권신權臣은 자신의 덕성이 이미 왕위를 계승해도 될 수준이 되었다는 점을 증명하기 위해 사이 중에서도 멀고 외진 지역에서 보내오는 희귀한 닭과 기물을 애써서 구했다. 이것은 군주가 지향할 것은 바로 '사이함빈'이어야 한다는 말이다. 왜냐하면 '사이함빈'의 출현 여부가 군주를 평가하는 중요 지표가 되기 때문이다. 이러한 정치가 추구하는 것이 바로 '덕으로 사람을 복종시키는 것以德服人'이며, 이와 반대되는 것이 '힘으로 사람을 복종시키는 것以力服人'이다. 전자는 왕도정치와 대응하고 후자는 패도정치와 대응한다. 두 정치의 구별은 맹자가 이미 상세한 논증을 했기 때문에 여

기서 재론하지 않는다.26

　그러나 주의해야 할 것은 이러한 왕도정치와 패도정치의 구분은 일반적으로 '대일통大一統'된 정치 상황에서만 유효하다는 점이다. 가령 무왕이 이미 천하를 다스릴 수 있는 형국을 만들었기 때문에 그런 조건 아래에서 '이덕복인以德服人'과 왕도정치 담론이 의의를 지닐 수 있었던 것이다. 만약 열국이 존재하고 각 지역의 제후들이 서로 경쟁하는 시기라면 '이덕복인'이라는 고담준론은 현실과 동떨어진 부적절한 논의가 되었을 것이다. 맹자가 치세에 환영을 받았지만 난세에 오히려 사방에서 난관을 만난 이유도 여기에 있다.

　이외에도 일종의 규율성이 보이는데, '이덕복인'을 제창한 사람들은 기본적으로 모두 신하였으며 군주가 스스로 이를 강조하지는 않는다는 점이다. 그 이면에는 발생학적인 근원이 있는데, 이덕복인은 사실상 신하가 군주 길들이기를 시도한 비장의 무기였다. 만약 군주가 하고 싶은 것을 마음대로 하면 신하들은 어떻게 해야 할지 모르게 되고, 직책과 가족의 목숨까지도 예측할 수 없는 위험에 직면할 수 있다. 군주에게 가르침을 주기 위해 소공으로 대표되는 신하가 '이덕복인'의 이론을 제시한 것이다. 이 이론은 신하들에게 있어 현실적인 의의를 지닌다. 가령 신하들이 만이가 보내올 공물을 (미리) 안배하는 일은 그들이 군주에게 내리는 포상이라는 독특한 의미가 있다. 신하들이 군주에게 상을 내릴 수 있는 시기는 바로 군주가 신하의 지배를 받는 시기이며, 군주가 흐뭇하게 공물을 대접받을 때는 신하의 올가미에 걸려든 때다. 이로써 우리는 덕치주의의 한 특징을 발견하게 되는데, 덕치주의란 신하들이 제창한 것으로 군주를 길들이고 가르치기 위한 이론적 도구다.

'이덕복인'의 원칙이 확립된 이후 소공은 한 걸음 더 나아가 덕성과 기물의 관계에 대해 진술한다. 소공은 사이가 추려서 보내온 공물은 당연히 실용적인 기물이어야지 사치스러운 물건이어서는 안 된다고 생각한다. 또한 군주가 공물을 거둬들인 뒤에는 그것이 자신의 덕성에 의한 것으로, 군주의 덕성이라는 꽃이 정치적 성과를 낳게 되었음을 밝혀야만 한다. 이로 인해 이런 공물을 이성異姓의 제후들에게 나누어 하사할 때도 똑같은 방식을 통해 자신의 덕성을 널리 알림과 동시에 그 이성 제후들이 각자 직무를 성실히 수행하기를 강요할 수 있게 된다. 또한 군주는 보석류를 동성同姓의 제후들에게 하사하여 자신은 그런 사치스러움에 안주하지 않고 '친친親親의 도'를 중시한다는 것을 보여주게 된다. 이때 소공은, 물건이란 사람의 귀함에 따라 달라지고, 물건의 귀함은 사람에 따라 달라진다는 점을 특별히 강조한다. 덕 있는 군주가 내리는 물건은 귀중하지만, 덕 없는 군주가 내리는 물건은 어떤 가치와 의의도 없다는 것이다. 그러므로 군주가 자신이 하사한 물건이 격려의 기능을 발휘하게 할 수 있는 유일한 방법은 바로 자신의 덕성을 수양하는 것이다.

소공의 이런 관점은 현재에도 여전히 가치를 지니는데, 이와 관련 있는 핵심 문제는 바로 정치권력의 근거에 관한 것이다. 정치권력은 왜 효력을 지니는 것인가? 사람들이 왜 복종하는 것일까? 그 일차적인 대답은 폭력성에 근거한다고 할 수 있다. 만약 당신이 나에게 복종하지 않는다면 나는 폭력으로 당신을 제압할 수 있다는 것이다. 가령 당신의 팔을 부러뜨리거나 직접 신체적인 해를 가하면 당신은 죽게 된다. 이런 정치권력은 강도나 조직폭력 집단과 유사하다. 이렇듯 '야만의 사회'[27]에서 유행한 권력은 본받을 만한 것이 못 되며 수준 높은 '정치문명'에 도달하기에도 요원한 아주 저급한 정치 행태다. 그다음 대답은 기물器物에 근거한다는 것이다. 만약 당신이 나에게 복종하지 않는다면, 나는 당신에게 진귀한 보석이나 다른 경제적 이익을 나눠주지 않을 것이다. 만약 복종한다면 갖가지 좋은 것을 줄 것이다. 이런 정치권력, 즉 비폭력성의 권력은 어느 정도의 문명을 요구하며, 물질적 이익을 배후로 하는 계약성의 정치권력이라 할 수 있다. 이런 권력의 실체는 바로 이익 교환이다. 이는 이미 '야만'을 넘어선 것이지만 소공은 여전히 동의하지 않는다. 그는 정치권력의 향유자가 덕성을 결핍하고 있다면 그것은 여전히 무효라고 생각한다. 왜냐하면 설령 상대방이 당신에게 물질적 이익을 받았더라도 그의 마음은 당신을 존중하지 않으며, 돌아서서는 당신을 마음속에서 완전히 지우게 될 것이기 때문이다. 형식적으로 당신에 대한 존중을 표할지라도 어쩔 수 없는 것이다. 그러므로 소공은 무왕에게 보석과 같은 물건을 가지고 다른 사람들을 복종시키지 말라고 경계시킨 것이다. 동아시아 정치사에서 소공의 이런 견해는 검증될 수 있다. 예를 들어 송宋 왕조[28]가 북방 유목민족의 지지를 얻기 위해서 항상 그들에게 일정한 물질적 이익을 하사했지만 실제로는 북융北狄의 복종과 지지를 얻어내지 못했다는 사실로 알 수 있다.

따라서 마지막 대답이 바로 소공이 찬성하고 제창한 것으로 바로 덕성에 의거하는 것이다. 이런 정치권력은 군주(혹은 그 정치권력을 향유하는 자)의 덕성 · 인격 · 지혜를 중시한다. 이는 물질적 이익을 배경으로 하는 계약성 권력 형태와는 확연히 구분되는 고급 정치문명이자 권력 형태로서 덕성을 기반으로 하는 도의적道義的 정치와 권력으로 칭할 수 있다. 일반적으로 정치가가 도덕·인격·지혜 등의 측면에서 다른 사람들보다 뛰어남을 보인다면, 바로 정치의 수준을 더욱 제고할 수 있을 것이다. 중국의 제갈량, 인도의 간디 등이 소공이 설정한 정치가의 이상형에 비교적 가깝다. 다시 말해 정치권력의 유효성은 기물에 의거해서는 안 되고 군주의 덕성에 의거해야 한다는 것이 소공의 기본 관점이다.

 덕성이 이와 같이 중요하다면, 덕성을 끌어올리는 길은 무엇일까? 덕성을 수양하는 방법은 무엇일까? 이에 대한 소공의 대답은 다음과 같다. 첫째, 경솔하게 일을 진행하지 않아야 하며, 오만하게 사람을 대하지 않는 것이다.[29] 만약 군자를 오만하게 대하면, 군자는 진심盡心을 다해 나라에 공헌하지 않게 된다. 소인들도 오만하게 대하면 안 되는데 그럴 경우 소인들이 진력盡力으로 나라를 위하지 않게 된다. 군자가 진심을 다하지 못하고 소인이 진력을 다하지 않으면 국가의 행정과 공공사업이 이루어지지 않는다. 둘째, 가무와 여색을 즐기지 않아야 한다.[30] 사람을 가지고 놀면 반드시 그 덕을 잃게 되며, 사물을 가지고 놀면 반드시 그 뜻을 잃게 된다. 따라서 군주들은 반드시 도로써 사물을 접하고 도에 의거해서 행동해야만 한다. 셋째, 진귀한 보석을 탐하지 않고 먼 곳의 재물에 관심을 두지 않으면 먼 지방의 사람들이 귀의하며, 어질고 능력 있는 사람을 존중하면 천하가 태평해진다.[31] 넷째, 군주는 아침부터 저녁까지 수시로 덕성으로 자신의 언행을 검속해야 하며 아무리 사소한 일이라도 그냥 지나쳐서는 안 되니, 만약 그렇지 못하면 대덕大德에 허물이 쌓인다.³² 아홉 길 높이의 산을 쌓더라도 한 삼태기 흙이 모자라다 쌓지 못하듯이, 덕정德政도 눈앞에서 그 좋은 기회를 잃게 된다.

소공이 밝힌 위와 같은 방법은 모두 군주에게 해당되는 것으로, 경문의 배경으로 보자면 이 편의 독자 또는 청자는 바로 주 무왕이다. 이러한 덕성을 수련하는 방법은 모두 무왕을 위한 소공의 술수라고 할 수 있다. 그러나 『상서』의 편자는 문장을 수록하면서 역대의 군주들이 모두 읽어보기를 희망했다. 따라서 우리는 후세에서 말하는 덕치德治의 또 다른 특징을 발견하게 된다. 즉 이 편은 군주의 덕성은 천하를 다스리는 의의에 있음을 강조하고 있다.

덕치의 덕은 바로 군주의 덕이다. 덕치는 군주가 정치의 리더이면서 특히 도덕의 전범이 된다는 의미다. 그러나 이처럼 완전하고 화려한 모습을 매번 군주에게 구체적으로 말하면 매우 부담되는 것이 사실이다. 그렇다면 오랜 역사에서는 왜 정치지도자에게 도덕의 전범을 겸할 것을 요구하고 있을까? 오랫동안 연구해서 얻은 결론은 다음과 같다. 고대 동아시아에서는 정치와 종교의 제도적인 구분이 없었으므로, 군주는 정치지도자이자 종교지도자였고, 곧 왕王과 무사巫師의 혼합체였다. 따라서 이런 '양위일체兩位一體'의 군주라야 백성들의 두 가지 기본 요구를 만족시킬 수 있었으니, 바로 정치질서에 대한 요구와 정감적 기대에 대한 요구다. 그러므로 정치지도자는 모두 신단神壇을 점유해야만 했던 것이다.

제26편 금등金縢
오해받은 주공

「금등金縢」은 『성경』의 복음서와 유사하며 성인의 언행을 기록하고 있다. 여기서의 성인은 바로 그 유명한 주공周公이다.

「금등」에서의 '주공고사周公故事'는 대체로 다음과 같다. 주 무왕이 상나라를 멸한 후 2년째 중병을 앓게 되었다. 태공太公과 소공召公이 무왕의 병환에 대해 점을 쳐보기를 건의하지만 주공은 동의하지 않는다. 대신 주공은 제단을 건립해 역대 선왕들에게 기도를 드리는데, 그의 기도문에는 다음과 같이 쓰여 있다.

하늘에 있는 역대 선왕들의 영혼이시여! 만약 당신들을 받들기를 원한다면 당신들의 장손인 희발姬發(무왕)로 해서는 안 됩니다. 왜냐하면 그는 이 세상에서 사방을 안정시켜야 하는 중대한 책임을 지고 있기 때문입니다. 저(주공)로 말할 것 같으면, 그보다 다재다

상서 깊이 읽기 • 252

능하여 당신들을 더 잘 모실 수 있습니다.

　이 말은 곧 자신이 무왕을 대신해서 죽고 싶다는 의미다. 기도 이후에 다시 점을 쳐보니 결과가 모두 길조로 나왔다. 일을 마친 뒤 주공은 기도문을 금등 상자 안에 보관했다. 이튿날 무왕의 병이 나았다.33

　나중에 무왕이 죽자 나이 어린 성왕成王이 제위를 잇게 된다. 주공은 친히 섭정에 나서 사실상의 집권자가 된다. 그러는 동안 동방東方의 관숙管叔 등이 주공이 새로 즉위한 성왕에게 "이롭지 못하다"는 소문을 사방으로 퍼뜨려 동쪽 지방이 혼란스러워진다. 이에 주공이 군대를 이끌고 동정東征하여 2년 만에 관숙과 다른 반란자들을 체포했다.34

　관숙 등이 퍼뜨린 소문으로 성왕은 주공을 오해하고 시기하게 된다. 주공은 시 한 수를 지어 성왕에게 바침으로써 자신의 심정을 밝힌다. 그래도 성왕은 여전히 의심을 떨치지 못했지만 공개적으로 주공을 책망할 수는 없었다.35

　가을이 되어 곡식이 무르익었는데 아직 수확하기도 전에 왕도王都 지역에 갑작스런 천둥을 동반한 태풍이 몰아쳤다. 곡식들은 쓰러지고 나무뿌리가 뽑히는 등 온 세상이 공황 상태가 되었다. 성왕이 중신들과 함께 서둘러 금등 상자를 열어 주공의 기도문을 꺼내 보니, 주공이 무왕을 대신해서 죽고자 하는 마음이 고스란히 나타났다. 주변의 사관史官과 관료들도 그 문건을 증언하면서 "확실합니다. 다만 주공이 우리에게 발설하지 말라고 하셨습니다"라고 했다. 성왕은 그 문서를 붙잡고 통곡하면서 말하기를 "다시 점쳐볼 것도 없이 내가 어리고 어리석어 주공의 공적과 고심을 이해하지 못했기에 상천이 진노하여 주공을 표창하신 것이다. 지금 나는 사자使者를 동방으로 보내 주공을 영접하여 돌아오게 할 것이다. 지금 이후로 나라는 덕이 높으신 분을 예우하는 법을 세울 것이다" 했다. 성왕이 교외로 나가자 비가 내리면서 바람의 방향이 바뀌어 쓰러진 곡식이 다시 제자리로 일어섰다. 그해에는 풍년이 들었다.[36]

   이상의 주공고사에는 주공이 지은 한 편의 시가 있다. 학자들의 고증에 따르면 이 시는 『시경詩經』「국풍國風」에 '치효鴟鴞'라는 제목으로 실려 있다.

올빼미야 올빼미야	鴟鴞鴟鴞
내 새끼를 잡아갔으니	旣取我子
다시는 내 둥지를 부수지 말아라	無毀我室
내 새끼를 기르느라	恩斯勤斯
나는 이미 병들었구나	鬻子之閔斯
비 개인 날을 기다려	迨天之未陰雨
저 뽕나무 뿌리를 주워다가	徹彼桑土
창문을 고치면	綢繆牖戶
너희 나무 아래 사는 것들이	今女下民
감히 나를 함부로 하겠느냐	或敢侮予
내 손은 피로한데	予手拮据

내 풀을 더 뜯어야 하고	子所捋荼
내 모은 것을 전부 다써버리고	子所蓄租
내 부리가 지칠 대로 지쳐	子口卒瘏
내 둥지를 고칠 수 없구나	曰子未有室家
내 깃털은 다 빠지고	子羽譙譙
내 꼬리는 바짝 마르고	子尾翛翛
내 둥지는 여전히 흔들거려	子室翹翹
비바람은 몰아치니	風雨所漂搖
나는 단지 울부짖을 뿐이네	子維音嘵嘵

'치효鴟鴞'는 부엉이와 비슷한 동물로 시에서는 위협자 또는 위험한 적으로 묘사되었다. 만약 주공이 성왕에게 자신이 섭정하는 참뜻을 설명하기 위해 이 시를 쓴 것이라면, 치효는 바로 성왕의 적이자 주 왕실의 적들이다. 나이 어린 주 성왕周成王은 시 가운데 '새끼'가 되고, 주공 자신은 비바람 속에서 울부짖는 늙은 새다. 이 늙은 새는 둥지(주 왕실)의 안위를 위해 수고로이 애쓰지만 원망하지 않고 온 힘을 다하고 있다. '치효'는 나라를 일으키려는 뜻을 가진 은상의 후손인 무경武庚이기도 하며, 기타 반역자들로는 관숙管叔이 해당된다. 만약 이러한 심상으로 주공이 처한 상황과 심경을 견강부회해보면 대체로 설득력을 지니게 될 것이다. 그러나 경문의 기록에 비춰보면, 이런 '마음을 표현한' 시로는 성왕이 오해를 풀게 하는 정치적 효과를 얻을 수 없었다. 성왕이 주공을 시

기하는 감정은 여전히 줄어들지 않았다. 그런 정황에서 주공은 동정의 임무를 완수하여 동쪽 지방의 문제를 이미 해결했지만, 여전히 조정으로 돌아오지 않았다. 바로 쌍방이 모두 이러지도 저러지도 못하는 결정적 시기에 상천이 사람의 의중을 잘 헤아려 천둥과 태풍으로 정치적 위기를 극적으로 타개했다. 상천의 의도는 극단적인 날씨를 동원해 자신의 잘못을 모르는 성왕을 깨우쳐 주공의 고심苦心과 선심善心을 밝히고자 한 것이다.

사실상 이 주공고사는 의심스러운 부분이 많아서 어떤 방면으로도 말을 그럴싸하게 맞춰보기가 어렵다.

첫째, 주공의 기도와 무왕의 쾌차와의 관계다. 만약 무왕의 병이 쾌차한 이유가 선왕들이 주공의 기도를 받아들인 결과였다면 주공은 자신의 목숨을 대가로 내놓아야 했지만 그러지 않았다. 이 말은 무왕의 병이 위독해지거나 낫게 되는 것이 주공의 기도와는 무관했다는 의미다. 그러나 주공은 이런 기도를 통해 매우 좋은 정치적 형국을 조성하게 된다. 주공의 기도는 주공이 연출한 한 편의 정치연극이었다. 그는 무왕의 병을 빌려 여러모로 부심하면서도 동시에 자신의 정치적 위상을 제고하는 데 성공한다.

둘째, 주공 자신이 선왕에게 올리는 기도문을 직접 작성한 후 정성스럽게 금등 상자 안에 보관하게 되는데, 이 또한 기이한 행동이다. 상식적으로 보면, 주공의 기도가 완성된 뒤 일은 이미 마무리되었다. 설령 기도문을 보관해야만 했더라도 통상적인 문서보관함에 넣으면 되는 것이었다. 그러나 주공은 특별히 금등 상자를 만들어서 보존하는데, 이로써 보통의 문서를 신성한 정치 도구로 완성하게 된다. 또한 주공은 이 일에 관여한 사람들에게 발설하지 않도록 주의를 주는데, 이것도 정치 도구의 신비함을 더욱 강화시켜줬다. 우리는 이런 세부적인 절차를 통해 이 사건에 있어서 주공에게 확실히 다른 의도와 요구가 있었다는 점을 알게 된다.

셋째, 상천이 주공의 덕성과 업적을 표창하기 위해 가을 수확기에 천둥과 태풍을 내린 점이다. 농작물이 쓰러지고 나무가 뿌리째 뽑히는 정황에서 성왕과 그 대신들이 공포감을 느끼는 것은 이해할 수 있다. 그러나 이번의 극단적인 날씨와 수년 전의 금등 상자가 연관되는 것은 여전히 풀어야 할 문제다. 왜냐하면 그 두 사건 사이에는 직접적 혹은 간접적으로 어떤 상관이 없기 때문이다. 그런데도 성왕은 갑자기 금등 상자를 열어볼 생각을 하게 되고, 그로 인해 주공이 예전에 썼던 기도문을 읽게 된다. 이때 성왕은 문득 후회하면서 황급히 사람을 동쪽으로 보내 주공을 맞이해 돌아오게 한다. 오해받고 억울함을 당한 성인이 마침내 인정을 받게 된 것이다.

결과적으로 사태는 매우 원만하게 해결되었다. 그러나 이 원만한 귀결은 절대 자연스럽게 이뤄진 것이 아니다. 극단적인 날씨에 맞닥뜨려서 성왕은 금등 상자를 생각할 수도 없었고, 아예 금등 상자의 존재조차 몰랐을 수도 있다. 아마 성왕 주변의 신하가 어려운 기회를 틈타 성왕에게 신비의 금등 상자를 추천했을 것이다. 신하들은 금등 상자가 열려 성왕이 충격을 받고 감동을 받을 사이 적당하게 주공의 원통함을 알렸던 것이다. 그 신하들은 주공의 측근으로서 주공이 성왕 주변에 심어놓았던 심복들이다.

　엄밀히 말하자면 금등 상자 안의 기도문은 주공에 대한 성왕의 근심과 시기를 없애주지 못했다. 왜냐하면 성왕의 '근심'은 주공이 장차 자신에게 '이롭지 않을' 존재이자 자신의 군주 지위를 위협할 수 있다는 점이기 때문이다. 금등 상자 안의 기도문은 다만 무왕에 대한 주공의 죽음도 불사하는 충성심을 설명할 뿐 성왕에 대한 충성심을 설명하지 않는다. 반대로 당시의 주공은 섭정의 지위에 있었고 성왕은 사실상 주공의 명령을 들어야만 했다. 이 사실은 설령 성왕이 금등 상자를 열어 기도문을 읽었다고 하더라도 어떤 것도 바뀌지 않는다는 걸 말해준다. 다시 말해 성왕은 무왕에 대한 주공의 충성심은 의심하지 않았는데, 주공은 원래 무왕의 조력자였고 정치적 지위로도 무왕의 아래였기 때문이다. 성왕이 걱정하는 문제는 주공이 자신에게 '이롭지 않을까' 하는 것이었다. 그러나 이 '절체절명의 문제'는 해결할 수 없었다.

　그 신비의 금등 상자가 열림으로 인해 성왕은 주공에 대한 시기猜忌를 해소하게 되는데, 이 말은 믿을 수 없다. 반대로 가령 성왕이 정치적 예민함을 갖추고 있었다면 그 사실을 통해 주공의 심오한 정치적 속셈을 읽어냈을 것이다. 하지만 성왕은 그런 정치적 부호를 전혀 읽어내지 못하고 오히려 감동하며 통곡해 마지않았는데 마치 순수한 어린 천사와 같았다.

　이 편 경문의 목적은 완성된 성인의 형상을 만들어내는 데 있다. 그 목적을 달성하기 위해서 많은 극적인 장면과 정황들을 묘사했던 것이다. 만약 이런 구조라면 한 편의 흥미진진한 서스펜스 궁정극을 완성할

주공周公.

수 있을 것이다. 그러나 그 배후에는 온갖 계략을 다 쓴 정치적 음모가 있음을 발견할 수 있는데, 그들은 종종 자신들에게 완벽한 정치적 형국을 만들기 위해 그런 안배를 하곤 한다.

주공은 『상서』의 주요 인물로서 공자가 사모하며 숭배하던 대상이었다. 주공은 이 편을 통해 『상서』에 처음 등장한다. 이 편을 읽으면서 우리는 대단한 기세로 상대를 압도하는 성인의 형상을 발견하지만, 이것 역시 위대한 성인의 또 다른 일면이다. 이로 말미암아 동아시아 초기 정치문화에 대해 더 많은 이해를 할 수 있게 된다.

제27편 대고大誥
정치 동원의 예술

「대고大誥」는 주공이 군대를 일으켜 동정하기 전 각국의 제후와 대신大臣들에게 발표한 정치 동원 보고다. 당시 무왕은 이미 세상을 떠났고, 새로 제위를 계승한 성왕은 아직 어렸기 때문에 주공이 섭정하는 지위에 있었다. 관숙, 채숙, 무경 등이 그 기회를 틈타 반란을 일으킨다. 반란이 있으면 정벌이 있기 마련이다. 정벌할 때는 정벌을 위한 인적·물적 동원이 필요하다. 「대고」는 바로 이를 위해 "왜 정벌을 해야 하는지"에 관한 논증으로, 주로 반란자를 정벌하는 이유와 근거에 대해 천명하고 있다.

지금의 국가와 법률 지식에 비춰보면, 반란자를 정벌하는 것에 대해 다른 근거를 찾을 필요도 없이 반란 자체가 정벌의 충분한 근거를 제공한다. 가령 근대의 '위해국가危害國家' '양모전복정부陽謀顛覆政府' 등은 이미 범죄 요건과 국가의 징벌에 대한 정당한 이유를 구성하고 있었다. 그러나 주공 시대에는 반란을 정벌할 때도 별도의 이유를 제시해야만 했다.

이는 주공 시대의 정권이나 국가는 권위 면에서나 신성성 면에서 현대의 정권·국가와는 같지 않았다는 것을 의미한다. 주공 시대의 정권이나 국가는 별도의 근거를 필요로 하는 반면 현재의 정권이나 국가는 그 자체가 모든 정당성의 근거이자 합법성의 근원이 되는데, 법률 자체가 국가의 의지·주권자 의지의 체현이기 때문이다. 이런 변화는 세계 '세속화'의 결과이며, 인간의 지위 상승으로 인해 신神의 지위를 대체하게 된 결과다.

비록 「대고」의 의도는 명확하지만 표현은 결코 단순하지 않은데, 그 이유는 논증상의 곤란함을 은연중에 함축하고 있기 때문이다. 우리는 이 편의 생략되고 두루뭉술한 경문을 통해서 주공의 핵심 관점이 바로 "정벌은 곧 천명이며 천명은 어길 수 없다征討乃天命, 天命不可違"는 말에 있다는 것을 발견할 수 있다. 이에 비춰보면 은상의 잔존 세력들이 모반을 꾀해 이미 멸망한 왕조를 부흥시키려 했으므로 전쟁은 시위가 당겨

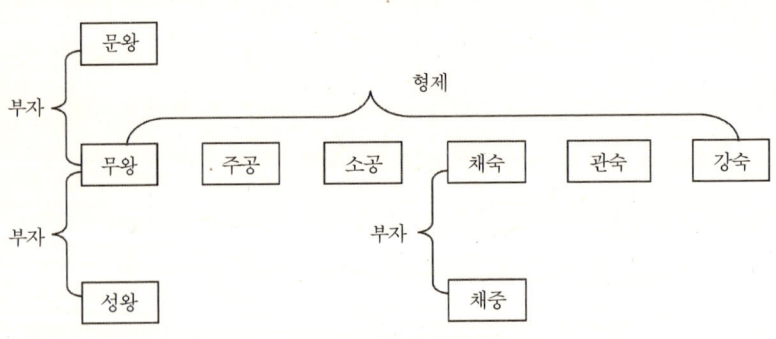

주나라 초기 황족 관계도

진 화살과 같이 불가피했다. 주공이 거북점을 쳐서 전쟁의 향방을 천명에게 물어보니 그 결과는 크게 길하고 이롭다고 나왔다. 그러나 대부분의 제후와 대신들은 근심하며 전쟁에 참여하기를 원하지 않았다. 그런 정황에서 주공만이 반복적으로 계속 거북점을 쳤다. 그렇게 거북점을 쳐서 얻은 결과는 천명의 체현이 되며, 설령 많은 사람에게 여러 근심이 있더라도 천명 앞에서는 모든 근심이 해소되는데, 그 이유는 천명은 어길 수 없는 것이기 때문이다.

왜 천명은 어길 수 없는가? 이 문제에 대해 주공은 견해를 내놓지 않는다. 이로 미루어보면 그 시대 천명의 효력, 특히 사람들에 대한 천명의 구속력은 이미 보편적 공감대를 형성하고 있었음을 알 수 있다. 사회과학적 시각으로 보면 천명의 효력은 천명의 신비와 불가지성不可知性에 근원하고 있다. 인간세의 흥망·성쇠·성패·생사·요수夭壽·치란治亂 등은 모두 일정한 규칙이 있어 암암리에 어떤 규율 혹은 힘의 지배를 받는 것 같다. 그러나 그런 규율 혹은 힘이 도대체 무엇인지에 대해서 사람들은 확실히 알 수 없으며 제어할 수도 없다. 이처럼 강력하고 이질적이며 불가항력적인 힘에 대해 사람들은 이름을 붙일 수 없어 다만 천명이라고만 한 것이다. 따라서 천명은 객관적 존재가 아니라 사람이 만들어낸 성물聖物이며 인간의 주관적 의지의 산물이다. 그러나 문자적인 의미로 보면 천명은 곧 상천의 명령이 되므로 상천은 바로 인격화된 주체主體의 의지가 된다. 그것의 기능은 현대사회의 법률에 해당된다.

현대 이론에 비춰보면 법률은 통치계급의 의지를 담고 있다. 또 다른 이론으로 법률은 곧 주권자의 명령이다. 이에 대응해보면 주공 시대의 천명은 곧 상천의 의지다. 현대사회에서 주권자가 곧 입법자라면 고대 사회에서는 상천이 곧 입법자였다. 이러한 고금의 차이는 주공 시대의 천명이 지금의 법률과 유사하지만, 입법의 주체는 허구의 상천(또는 천제天帝)에서 실체적인 주권자(통치자 또는 정권을 잡은 자)로 전환되었음을 잘 보여준다. 이러한 전환은 니체나 베버의 관점으로 보면 '신神은 죽었다'나 '탈주술화disenchantment'로 귀결될 수 있지만, 필자가 파악하는 이런 전환의 원동력은 사회과학적 관점으로 볼 때 인류 사회 전체의 지불 능력이 제고된 결과이다. 주공 시대에 사람들이 천명에 대해 복종하고 두려워했던 것은 사회 전체의 지불 능력이 낮았기 때문이며 현대사회의 사람들이 법률에 대해 복종하고 의지하는 것은 사회 전체의 지불 능력이 끊임없이 제고된 결과다.

인간은 사회적 존재인데, 혹자는 사회는 인간 존재의 기본 방식이라고 말한다. 이 객관적 사실은 인류가 어떤 상황에서도 반드시 인간의 조직화를 실현한다는 점을 결정짓는다. 인간의 조직화를 실현해야만 집단의 정상적인 생산과 생활을 보장할 수 있게 된다. 정치지도자가 정치적으로 지도자가 되는 이유가 바로 그들이 인간의 조직화를 잘 실현하기 때문이다.

주공은 반란자를 정벌하기 위해 가능한 한 최대 역량을 그의 정벌활동에 동원해야만 했다. 그렇다면 그는 어떻게, 무슨 방법으로 대중을 조직화했을까? 그가 찾을 수 있는 가장 유효한 근거가 바로 천명이었다. 당시 정벌 과정에서 천명의 구체적인 내용은 '적극 정벌'이었으며, 상천의 천명은 점을 쳐서 묻는 방식을 빌려 공표되었다. 거북껍질을 이용한 점괘의 결과가 천명이었다. 이것이 바로 주공의 논리다. 우리가 볼 때 이러한 논리·수단·방법은 비교적 엉성해 보이는 것이 당연하지만 이런 엉성한 천명과 그 표현 방식이 오히려 대단히 중요한 지위를 점하며 기본 밑바탕이 된다. 거북껍질을 지상에 던져놓으면 천명의 지시가 나타난다. "무엇을 해야만 하는지, 무엇을 할 수 있는지, 무엇을 할 수 없는지"도 확실해진다. 바꿔 말하면, 거북껍데기 몇 조각의 정반正反 조합은 주공과 여러 제후, 대신들에게 지고무상하고 불가항력적인 행위 규범을 제공하게 된다. 이러한 방식은 천명을 통한 사회 통제라고 개괄할 수 있다. 주공의 시대에 이러한 사회 통제 방식은 주도적이었다.

이런 사회 통제 방식을 성급하게 '미신'으로 판단해서는 안 된다. 그것은 단순하면서도 우연적인 측면의 결함이 있지만, 근본적이며 고효율적인 우월성을 지닌다. 현대사회에서 예를 들어보면, 미국과 같은 나라에서 대외 전쟁 여부를 결정하는 데는 매우 복잡한 과정을 필요로 한다. 대통령의 전쟁 제의는 국가 법률의 근거를 필요로 하고, 전쟁비용도 의회의 토론과 비준을 필요로 한다. 그 과정에서 유세·중재·연설·표결 등의 과정을 피할 수 없다. 과정이 매우 복잡하여 효율성은 떨어지며 시간과 경제 비용은 많이 든다. 설령 권한 있는 국가기관이 대외전쟁을 비준했더라도 국민 가운데 반전 세력이 끊임없이 데모와 시위를 한다. 찬성과 반대 양대 진영의 활동은 엄청난 사회적 비용을 부른다. 반대로 주공의 시대에는 이 모든 것이 생략되었다. 단지 몇 조각의 거북껍질을 빌려 길흉을 점쳐보는 것으로 최종 결정을 내릴 수 있었다. 우리는 이 두 서로 다른 정책 결정 방식을 통해 서로 다른 사회 통제 수단을 발견하게 된다. 즉 천명에 의한 통제와 법률에 의한 통제다.

'법률에 의한 사회 통제Social Control through Law'는 미국의 유명한 법철학자 로스코 파운드Roscoe Pound(1870~1964)[37]의 명저 제목이다. 제목에서 이미 현대사회에서 법률이 사회 통제의 주요 도구임을 밝히고 있다. 그러나 '법률에 의한 통제'는 고비용의 방식임을 알아야 한다. 법률의 제정과 실시에 필요한 시간·인력·경제·기술 등의 비용이 많으면 많을수록 그에 상당하는 비용도 소모된다. 스티븐 홈스와 카스 선슈타인의 『권리의 비용The cost of rights』은 우리에게 진부한 데이터를 제공해준다. 1966년 미국은 소비자의 권리를 보호하기 위해 연방소비품안전위원회가 4100만 달러를 지출해 위험 제품을 감정·분석하고 제조업자들이 연방정부가 제정한 관련 표준을 따르도록 강제했다. 사법부는 6400만 달러를 들여 '민사권리 업무'에 쓰고, 전국노동관계국은 3억6000만 달러를 들여 고용주에게 안전하고 건강한 노동 장소를 제공할 것을 강제해 노동자의 권리를 보호했다. 평등취업기구위원회의 1996년 예산은 2억3300만 달러이며 피고용인의 권리를 보호하는 일을 한다. 이런 수치가 전부는 아니지만, 법률에 의한 사회 통제는 비교적 많은 경제적 비용을 지불해야 한다는 점을 잘 보여준다.

주공 시대에 사회생산력의 수준은 낮아서 경제력은 더욱 축적되고 집중되어야 했다. 그렇지 않으면 문명을 일굴 수 없었다. 당시 사회가 감당할 수 있는 사회 통제의 비용은 매우 한정적이었다. 사회 전체가 지불할 수 있는 능력이 비교적 낮은 상황에서 정권과 정치지도자는 저비용의 방식을 통해 사회 통제를 실현해야만 했다. 거북껍질을 이용해 천명을 드러내고, 천명으로써 통제를 실현한 것은 이러한 낮은 생산수준의 사회라는 특징에서도 그 이유를 찾을 수 있을 법하다.

제28편 미자지명微子之命
귀족 정신과 귀족 기상

「미자지명微子之命」은 주 성왕이 미자微子에게 내린 명령이다. 미자는 송宋나라의 미자를 말한다. 그는 주왕의 서형庶兄이자 무경의 백부다. 무경이 반란을 일으켜 주 왕실에 의해 주살된 뒤 성왕은 미자를 은상 왕조의 계승인으로 임명해 종족의 종묘를 수호하고 탕의 종묘에 제사지내는 것을 담당하도록 결정했다. 성왕은 미자를 '동하국東夏國'에 봉했는데, 곧 후대의 송나라다. 이로 인해 미자는 송나라의 개국 군주가 되었다. 「미자지명」은 성왕이 책봉전례冊封典禮에서 미자 및 중신衆臣들에게 한 치사致詞다.

전형적인 공문 형식의 문장을 위해 성왕은 담화에서 가장 먼저 미자의 품성을 칭찬하는데, 그가 덕성을 숭상하고 선현을 본받는 주 왕실의 귀빈임을 밝힌다.38 이어서 미자의 선조인 탕을 치켜세우는데, 탕은 지혜롭기 그지없어 천명을 받들어 백성을 보호하고 포악한 자를 제거해 그 공이 당대뿐만 아니라 후대에 이로움을 끼쳤다고 말한다.³⁹ 그런 다음 미자를 치하하며 그가 탕의 치도治道를 계승한 미덕의 계승인이기 때문에 마땅히 상공上公의 지위에 있을 수 있음을 말했다. 마지막으로 희망 사항을 제시하는데, 미자가 동하東夏에서 그 직책을 잘 수행하고 주왕실을 보좌해 여러 제후의 모범이 되기를 요구했다.⁴⁰ 이러한 말들은 지금의 고위 공무원 임명 치사와 큰 차이가 없다. 그러나 이 편의 경문을 통해서 우리는 귀족 기상과 귀족 정신이 무엇인지, 그리고 귀족 정신과 후대의 심성유학의 관계를 이해할 수 있다.

성왕이 미자를 책봉하던 시대에 미자는 탕 종족의 계승인과 탕 종묘의 수호자로서 전형적인 귀족이었다. 비록 그 종족이 이미 몰락하여 정치적으로 지존의 지위에 다시 오를 수 없었지만, 당시의 관념에서 그들의 신분과 혈통은 엄연히 매우 고귀했다. 그 점에 대해서는 성왕의 치사 가운데 이미 잘 드러나 있다. 미자는 귀족 정신과 귀족 기상의 상징으로 동하東夏(나중의 송나라)의 군주로 책봉되었고, 그런 귀족 정신과 기상은 송나라까지 이어졌다.

그렇다면 도대체 무엇을 귀족 정신·귀족 기상이라 하는가? 이것은 명확히 설명하기 어려운 문제다. 대략적으로 말해보면 어떤 이상주의적 정신을 지니고, 유래가 오래된 '교조敎條'를 준수하고, 정신적 가치를 중시하며, 엘리트주의적이고 때때로 진부하고 우원하며 현실에 부합되지 않기도 하는 등의 정신을 일컫는다.

예를 들어『한비자』『좌전』등에 실려 있는 송 양공宋襄公의 고사는 이러한 정신과 기상을 체현하고 있다. 한번은 송 양공이 초楚나라와 홍수

泓水 일대에서 전쟁을 했다. 송나라 군대가 먼저 도착해 이미 대열을 정비하고 굳건히 대기하고 있었지만, 초나라 군대는 아직 도하渡河 중이어서 어떤 준비도 갖추지 못했다. 그때 송나라의 좌사마左司馬 공손고公孫固(『좌전』에는 사마司馬 자어子魚라고 나옴)가 양공에게 건의했다. "초나라 군대는 많고 우리 송나라 군대는 적은데, 지금 그들이 반쯤 강을 건넜으나 아직 전열을 갖추지 못하고 있으니 만약 우리가 즉각 공격을 가하면 초나라는 반드시 패할 것입니다." 그러나 양공은 "'중상을 입혀서는 안 되고, 노인을 잡아서는 안 되며, 사람을 위험한 곳으로 보내거나 쫓아서도 안 되며, 대열을 갖추지 않은 군대를 공격해서는 안 된다'는 고훈古訓을 따라야 한다. 지금 초군이 도하 중인데 우리가 공격하면 도의를 해치게 된다"고 답했다. 초나라 군대가 완전히 준비를 갖춘 뒤에야 양공은 북을 울려 공격했다. 결과는 송나라의 대패였고, 양공 자신도 중상을 당해 3일 뒤에 죽고 말았다.

『한비자』가 전하는 이 고사는 송 양공이 임기응변을 할 줄 몰라 결과적으로 큰 손해를 본 것을 풍자하고 있다. 한비의 눈에는 교조를 사수한 양공은 매우 지혜롭지 못한 자의 전형으로, 본받기에 부족한 것이었다. 그러나 한비도 이 실패한 양공이 바로 귀족 정신과 귀족 기상의 화신化身이었음은 알지 못했는데, 한비는 귀족 정신과는 완전히 상반된 공리주의·실용주의·현실주의를 대표하는 사상가였다.

어떤 측면에서는 양공의 실패가 은상으로부터 미자를 거쳐 내려오는 귀족 정신의 파산과 그것을 대신한 새로운 관념, 즉 공손고 이래의 상앙商鞅·한비韓非·이사李斯 등의 법가로 대표되는 현실주의의 대두를 상징한다고 할 수 있다. 송 미자에서 송 양공까지 이어져 내려온 귀족 정신·이상주의·보수주의는 점점 변화하여 유학학파儒學學派의 기본 이념으로 전환된다. 이른바 공맹의 도, 특히 맹자로 대표되는 이상주의 정신은 대체로 송 양공으로 대표되는 귀족 정신의 역사적 유산이다. 양공의 실패는 명백했고, 공자와 맹자 이전뿐만 아니라 이후에도 거의 성공한 적이 없었다. 후대의 주희가 진동보陳同甫에게 "1500년간 정좌하여 단지 가루견보架漏牽補41하며 세월만 보냈을 뿐이다. 비록 그동안 소강小康42이 없지 않았지만, 요순·삼대三代·주공·공자가 전한 도가 하루라도 천지에 유행한 적이 없다"고 한 말이 그것이다.

공자의 도가 "행해지지 않았다"는 것은 사실 양공·공자·맹자가 대표하는 귀족 정신·이상주의가 '행해지지 않았다'는 말이다. 그 '행해지지 않은' 원인은 과거의 고착된 세계가 이미 유동적인 세계로 변했기 때문이다. 근원적으로 고찰해보면 귀족 정신의 대부분은 변화가 거의 없고 장기간 안정된 사회에서 생겨난다. 은상 시대부터 서주 초기에 이르기까지 사회 구조는 고도로 안정되었고, 계층 간의 구분도 상대적으로 안정적이었다. 이런 정황 아래 오랫동안 전통 관습과 경험이 쌓여, 매우 강력한 규범을 갖추고 동시에 '교조주의'가 사회 기반을 형성하게 되었다.

지금 사람들의 인식에서 교조주의는 부정적인 단어다. 사실 교조와 교조주의는 '사람을 해치는 것'이 아니며, 고도로 안정된 사회에서의 교조에 대한 존숭과 교조주의에 대한 맹목적 믿음은 정상적인 행태다. 뿐만 아니라 어느 정도의 교조가 장기간 성행해 질서를 조정하고 예측 가능한 미래를 보장하는 등 현실적인 기능을 할 뿐만 아니라 사람들의 심리적·정감적인 요구를 만족시켜준다. 가령 '효孝'가 하나의 교조가 되면, '가국일체家國一體'의 사회에서는 근본적으로 부자·군신 간의 정치질서와 사회질서를 유지시켜주며, 장기간의 실천과 교화를 통해 효는 정치질서와 사회질서를 수호하는 기능을 담당할 뿐만 아니라 결과적으로 심리적인 보호와 정감적인 위로의 기능을 맡게 된다. 그런 환경에서 교조화된 효는 '법률'의 기능을 갖춤과 동시에 '종교'적 기능도 갖게 된다. 이런 교조의 수호는 종교인들의 교의에 대한 수호와 비슷하다. 왜 송 양공은 패전의 위험을 무릅쓰고 자살 행위와도 같은 교조 수호를 외쳤을까? 이유는 그것이 법률이자 종교였기 때문이다.

어느 정도 오래된 교조는 비록 고착된 사회에서도 막힘없이 잘 통하지만, 신속하게 변화하는 사회에서는 곳곳에서 장애를 만나게 된다. 송양공이 그러했고, 공자와 맹자도 별 차이가 없었다. 이유는 "풍조는 날로 나빠지고 인심은 옛날 같지 않다"는 것에 있지 않다. 이런 도덕주의적 해석은 문제의 핵심을 찌르지 못한다. 귀족 정신과 이상주의가 실패한 근본 원인은 고유한 사회계층에서 발생한 근본적인 변화에 있다. 어떤 새로운 계층이 신속하게 성장해 주도적인 정치·경제·문화의 권력을 장악하면, 기존 사회 자원의 분배 구조는 완전히 뒤바뀌고 전통적인 경험과 규칙 외에 새로운 경험과 규칙이 출현한다. 이런 상황에서 오래된 교조를 계속해서 믿고 따르면 한비와 현대인이 풍자한 '교조주의'를 형성하게 된다. 교조주의의 실패는 교조 자체에 어떤 잘못된 것이 있는 게 아니라, 교조가 과거에는 적용될 수 있는 사회 조건과 환경이 이미 존재하지 않게 되어 교조의 무효를 초래했기 때문이다. 이것이 송 양공의 귀족 정신이 실패한 원인이자 공자와 맹자의 이상주의가 실패한 원인이다.

'안목이 짧은' 양공 같은 이는 어쩔 수 없다고 하더라도, 공맹과 같은 성현들은 그들이 맹신한 이상주의가 근본적으로 성공할 수 없다는 사실을 몰랐을까? 사회 구조·정치 구조·문화 구조가 이미 심각한 변화를 겪어 비록 '주공이 재림'하더라도 삼대三代로 회귀할 수 없다는 것을 몰랐을까? 필자의 생각은 매우 부정적이다. 공맹의 사회 경험과 사상 지혜는 우리에게 이상주의의 암울한 전망을 잘 가르쳐줬다. 그들이 "안 될 줄 알면서도 행한" 주된 이유는 일종의 정신적·심리적·정감적인 추구에 있었다. 이는 진실한 교도가 자기가 신봉하는 교의를 위해 죽음도 불사하는 것과 같다. 이런 관점으로 보면 공자의 유학이 많은 사람에게 '유교儒敎'로 받아들여지는 반면, 한비의 '한학韓學'(법가학파法家學派)은 '한교韓敎'(혹은 법교法敎)로 칭해지지 않는 이유를 이해하게 된다. 그 이유는 공자의 학문이 정감적·정신적·심리적인 측면의 관념 체계이기 때문이다. 반면 한비의 학문은 존망存亡·이해利害·성패成敗의 관념 체계다. 공자의 유학은 종교적 요소를 갖춰 사람들의 영혼과 정감을 위안할 수 있지만, 한학은 종교적 요소가 없어 영혼의 세계에 대해 어떠한 위안도 제공하지 못한다.

한대漢代 이후 비록 '유가의 법가화' 경향이 나타나긴 했지만 후대인들이 바라보는 2000년의 유학은 주로 심성학이다. 심성유학은 끊임없이 이어져 유가의 주류를 형성했으니, 그 '준종교'적 학설과 교의를 통해 동아시아인들이 마음을 안정시키고자 한 요구를 만족시켜줬다. "공자가 전한 도가 하루라도 천지에 유행한 적이 없다"는 주희의 말은 매우 현실적이지만, 주자와 같은 박식하고 영명한 이가 그런 도리를 터득하지 못한 것 같다. 공자의 도는 본래 '준종교'적인 교의로서, 이런 이상주의적 교의는 사람들의 마음속에만 자리할 수 있으며 현실 속에는 완전히 자리 잡지 못한다. 서양인들이 매일매일 하느님께 기도하지만 실제로 하느님이 구름 속에 있는가? 하느님은 실재하는가? 만약 하느님이 존재하지 않는다면, 공자의 도가 '천지에 행해지는 것'이 어떻게 가능하겠는가?

이 편의 경문 가운데, 주 성왕이 미자의 덕성을 높이 찬양한 것은 이런 덕성이 희소한 것이기 때문이었다. 덕성은 매우 취약하여 인류 사회에서는 사치품일 뿐이다. 그러한 덕성을 수호하기 위해 송 양공은 엄청난 대가를 치러야만 했다. 공자와 맹자도 그러한 덕성의 씨앗을 품어 그 씨앗을 적합한 토양에 파종해 인류를 보호하는 삼림森林의 장성長城이 되기를 바랐지만, 그들은 이리저리 객지를 떠도는 일생을 보내면서 그런 땅을 찾지 못했다. 사실은 그런 토양이 존재했으니 바로 사람의 마음속이었다.

제29편 강고康誥
덕과 벌의 혼재

「강고康誥」의 주제는 주공이 강숙康叔에게 내리는 훈시다. 강숙은 무왕의 동생이자 주공의 동생이기도 하다.

성왕 4년 주공이 동정하여 반란을 일으킨 무경을 주살하고 무경의 봉지를 강숙에게 물려줬다. 이곳이 바로 후대의 위衛나라로서 강숙이 최초의 위군衛君이 된다. 이때 주공은 강숙이 어려서 정치적으로 아직 성숙되지 않은 것을 염려해 그에게 국군國君의 도리에 대해서 알려준다. 「강고」에 보이는 주공의 모습에서 우리는, 그가 정치지도자였지만 사상가적인 면모를 더 많이 지녔음을 알 수 있다.

주공이 강조하는 핵심은 후대에 계속해서 회자되는 "덕을 밝히고 벌을 신중히 내리는 것明德慎罰"이다. 이 네 글자가 이 편의 키워드다. 주공의 논리에 따르면, 주 문왕이 천명을 얻을 수 있었던 이유가 바로 그의 '명덕신벌' 때문이었는데, 문왕의 그런 자질과 능력을 상천이 알아줘 천

명덕신벌도明德慎罰圖.

하를 다스릴 수 있는 중임을 맡겼다는 것이다. 주 왕조가 은상 왕조를 대신해서 천하의 주인이 될 수 있었던 것은 명덕신벌이라는 가치에 의지했기 때문이다. 강숙은 은나라 유민이 모여 사는 지역으로 가야만 했으므로 반드시 그 가치를 유념해야 했다.

'명덕明德'의 측면에 있어 주공은 많은 내용을 전하지는 않았는데, 기본적으로 그가 강숙에게 요구한 것은 문왕을 잘 따르되 다른 한편으로는 은상 초기 성왕의 덕행을 귀감으로 삼아야 한다는 점이었다. 그는 강숙에게 고대의 성왕을 잘 배워 덕으로 몸을 수양하고 가슴속에 너그러움을 품을 것을 요구했다. 그는 성신誠信에 기대야만 상천의 도움을 받을 수 있지, 대접받을 것만 생각한다면 백성을 잘 다스릴 수 없다고 여겼다.

주공은 명덕과 비교할 때 '신벌愼罰'은 더욱 자세하게 말하면서 다음과 같은 몇 가지 항구적 의의를 제시했다.

첫째, 그는 고의적인 재범再犯과 과실성의 초범을 구분했다. 고의 재범은 비록 가벼운 범죄라도 당연히 주살해야 하고, 과실이 인정되는 범죄에 대해서는 설령 죄가 비교적 무겁더라도 죽일 수는 없다고 여겼다. 현대의 형사법과 비교해보면 당시의 양형量刑이 죽이는 것과 죽이지 않는 것 두 가지뿐이라 비교적 엉성해 보인다. 그러나 그것이 함축하고 있는 원리는 매우 보편적이다. 일상적인 고의 범죄는 범죄자를 교화하기 어려울 뿐만 아니라, 교정 비용을 줄이고 정치사회질서를 유지하는 사회적 비용을 낮추기 위해서라도 이런 유는 중형에 처해야만 한다. 주공은 범죄의 주관적인 악성惡性을 중시했다. 이런 관점은 현대의 법률 이론에도 계승되고 있다.

둘째, 그는 형사처벌권이 한곳으로 집중될 필요가 있다면서 강숙의 손아귀에 쥐여져야 하는 점을 강조했다. 바꿔 말하면, 위나라 혹은 다른 제후국에 있어서 오직 강숙 혹은 다른 제후국의 국군國君만이 형사처벌권을 누릴 수 있어야 한다는 것이다. 이러한 권력은 다른 사람에게 양도할 수 없다. 나라의 중요한 도구이기 때문에 다른 이들이 나누어 누릴 수 없으며 오직 군주만이 누릴 수 있다. 이른바 "명예와 도구는 남에게 빌려줄 수 없다名與器不假人"는 말은 이런 의미를 함축하고 있다. 효과 면에서 보면 이런 관점은 긍정적인 가치를 지닌다. 왜냐하면 형사처벌권의 집중은 법제의 통일성을 유지하는 데 도움이 됨과 동시에 그런 권력의 '조심스러운 행사'를 보장해주기 때문이다. 현대사회에서 최종 사형死刑 판결권을 대법원에 귀속시키고 있는 것도 사실은 '신벌愼罰'적인 고려에 기반하고 있는 것이다.

셋째, 주공은 처벌을 결정하기 전에 대여섯 번 내지는 열 번까지도 심사숙고해야 한다고 생각했다. 이 역시 '신벌'의 구체적인 방법이다. 그 법리적 근거는 지금의 공소 기한과 유사하다. 형벌은 지나치게 효율을 강조해서는 안 되며 결대 '빠르면 빠를수록 좋은 것'이 아니다. 형사공소 과정에 규정된 일정한 심리 기간은 더욱 신중하고 공정한 결정을 내리기 위해 만들어진 형벌의 기본 원칙이다.

넷째, 은나라 고유의 법률에 의거한 징벌을 내려야만 한다. 주공은 나이 어린 강숙이 독선적으로 자신이 좋아하는 바대로 징벌권을 행사할까봐 걱정했다. 주공은 그런 행위가 착오적이며 위험하다는 것을 잘 알고 있었다. 주공은 '중앙의 법을 지방에 그대로 적용하는 것'을 주장하지 않았는데, 강숙이 주 왕실의 법을 은나라 유민이 모여 사는 위나라의 법으로 삼는 것을 원하지 않았다. 주공의 이런 관점은 다음과 같은 사실에 근거하고 있다. 당시의 법률은 주로 '속인법屬人法'으로 종족마다 나름의 종족 법규를 형성하고 있었다. 따라서 희성姬姓의 종족은 이미 군림천하의 지위를 차지해 천하를 대표했지만, 그 통치 집단에 적용되는 법률은 매우 강한 종족적 특징을 지녔으므로 절대 '만민법萬民法'이 될 수는 없었다. 이 문제는 은 유민이 모여 사는 위나라에서 더욱 불거질 소지가 있었다. 은 유민은 그러한 강제를 결코 좋아하지 않을 것이며, 강숙 역시 유민들을 포용해야 하는 곤란함을 당해 국가 통치에도 어려움이 예상되는 결과를 낳는다. 현대적 이론으로 해석해보면 주공의 이런 관점은 "법률은 일종의 국지적인 지식이면서 종교적인 지식"이라고 개괄할 수 있다. 다양한 종족 사이에 특정 종족의 법률을 강제로 시행하면 기대하는 목표를 실현하기 어려운데, 바로 이런 이유로 근대의 수많은 식민통치가 식민지의 전통 법률을 폭넓게 수용했던 것이다. 만약 지배국의 법률을 그대로 답습했다면 주공이 염려했던 결과를 낳았을 것이다. 현대 중국의 소수민족 지구에는 관련된 자치조례나 시행조례들을 제정할 수 있으며 국가의 형법도 어떤 지구에서는 변형해서 집행될 수 있으니, 이런 법률 정책의 원리는 이미 주공 시대에도 관찰할 수 있다.

다섯째, 법률을 통한 부자父慈 · 자효子孝 · 형우兄友 · 제공弟恭의 촉진이다. 주공은 자식들이 부모에게 불효하고 부모가 자식을 사랑하지 않으며, 아우가 형을 존경하지 않고, 형이 아우를 사랑하지 않는 상황이 보편화된다면 백성들이 지켜야 할 법을 지키지 않게 되므로 국가는 이런 현상에 대해 징벌을 내려야만 한다고 생각했다. 표면적으로 이는 도덕의 법률화로서 법률을 통한 도덕의 수호라고 할 수 있는데, 실제로는 법률과 도덕의 혼합체다. 서양에서는 일찍이 법률과 종교의 결합이 나타났는데, 고대 동아시아 문명에서는 법률과 도덕의 결합이 있었다. 오늘날엔 법률과 도덕이 확연히 다른 개체로, 법률 문제는 법학에서 풀고 도덕 문제는 윤리학에서 답을 구한다. 그러나 주공 시대에는 이런 간격이 없었다. 주공 입장에서는 부자·자효·형우·제공은 본래 매우 규범적인 행위 준칙으로서 '당연히 그러해야 하는' 혹은 '반드시 그러해야만 하는' 의무성의 규범에 해당되는 것이었다. 만약 이러한 규범을 어긴다면 별도의 징벌성 규범의 제재를 받게 된다. 이후 이런 현상은 "예에서 비롯되고 형벌로 마무리된다出于禮則入于刑"는 것으로 개괄되는데, 예와 형은 모두 현대의 법률적 속성을 지닌다. 따라서 부자·자효 등은 당시의 법률 규칙으로 각 지역에서 집정執政하는 제후들이 모두 그 규칙을 의무적으로 수호해야만 했다.

여섯째, 반드시 엄격한 징벌 수단을 이용해서 올바르지 못한 하급 집권자들을 다스려야 한다. 주공은 그런 사람들이 제멋대로 명령을 내리고, 백성을 선동하고 국가의 법률을 무시하여 군주의 권위를 위협하므로, 이에 대해서는 은혜로 다스리기보다는 직접 처단해야만 한다고 생각했다. 또한 주공 입장에서는 하급 관료의 올바르지 못한 행위는 본질적으로 군주로부터 백성을 빼앗는 행위이므로 용인될 수 없었다.

일곱째, 계속해서 교화와 덕정을 펼쳐야 한다. 백성은 반드시 교화를 통해서만 선량해지고 안정될 수 있으며, 교화하지 않으면 선정善政이 있을 수 없다고 보았다. 다시 말해 '입정立政'의 가장 처음은 '입교立敎'인 것이다. 이런 결론은 덕과 벌의 관계에서 더욱 심화된 논의로 이어진다. 형벌의 기능은 올바르지 못하고 정도를 벗어난 행위를 징벌하는 데 있으며, 이는 강제적인 조치다. 그러나 '징벌'은 근본적으로 문제를 해결하지는 못한다. 그것은 보편적으로 동의하는 '올바름'과 '정도'를 수용하는 데 달려 있다. 올바름과 정도의 핵심은 바로 가치관 · 선악관 · 시비관 · 영욕관의 정립이다. 이와 같이 사람의 행위를 지배하는 모든 관념은 사람들의 교화를 벗어날 수 없다. 교화의 직접적인 목적은 내심內心의 질서를 바로잡는 데 있으며, 내심세계가 질서 있게 정돈된 뒤에야 사람들의 행위도 유효한 규범을 받아들이게 되어 사회 통치의 임무가 비로소 근본적으로 완성된다. 이것이 바로 교화의 최종 목표다. 다시 말해서, 집정자가 다스려야만 하는 세계는 하나의 복합적 세계로서 사람의 심리와 행위를 포괄하고 있다. 이 두 세계는 하나로 연결되어 함께 다스려야만 한다. 징벌에만 의존해서는 천하대치天下大治의 목표를 실현할 수 없으며, 내심을 다스려야만 그것을 통해 외부 질서를 구현할 수 있다. 춘추 말엽의 '난세亂世'는 매우 심각할 정도로 사람들의 내심이 규범을 잃어버렸던 때였다. 당시 법가 사상가들이 제시한 대응책은 완전히 외부세계에 집중한 것으로, 비록 부국강병을 이뤄 말 위에서 천하를 얻는 데 일조하긴 했으나 오랫동안 천하를 소유할 수는 없었다. 이유는 매우 영리하며 현실감 강한 법가 사상가들이 '은혜와 위엄을 모두 중시'하는 수단을 통해 효과적으로 사람의 행동을 다룰 수 있었지만, 그들의 마음을 안정시키지는 못했다는 데 있었다. 이것이 법가가 장기간 주류 이데올로기가 될 수 없었던 근본 원인이다. 이를 통해 주공이 제시한 '명덕신벌'이 더욱 고차원적인 정치적 지혜임이 드러나는데, 인심人心의 수렴을 위주로 하고 징벌을 보조로 운용하는 것이다.

만약 현대 형법 이론의 주제가 죄와 벌이라고 한다면, 이 편의 주제는 덕과 벌이 될 것이다. 수천 년 동아시아의 역사는 주공이 천명한 명덕신벌을 핵심으로 하는 정치철학과 법철학이 후대에 엄청난 영향을 끼쳤다는 점을 잘 말해주며, 지금도 그 의의를 발견할 수 있다.

제30편 주고酒誥

정치의 이성과 격정

「주고酒誥」는 「강고」와 마찬가지로 주공이 강숙에게 행한 훈계다. 그러나 「강고」에 비해 「주고」의 내용은 좀 더 구체적이며 단순한데, 그 주된 내용은 술 마시는 것을 경계하는 명령 혹은 술 마시는 것을 제한하는 명령이다. 주공은 강숙이 위나라를 다스리는 데 있어 일상생활에서 음주를 해서는 안 되며 특별한 때만 술을 마시되 폭음은 절대 하지 말 것을 요구한다.

왜 '술을 경계戒酒'해야 할까? 주공은 여러 이유를 제시한다. 적어도 계주는 식량을 절약할 수 있는데, 술은 곡식을 양조해서 만들기 때문이다. 더 중요한 이유는 계수가 국가의 장구한 치안을 보장해주기 때문이다. 주공은 폭음이 사람들의 덕을 잃게 만들어 장차 상천의 원망을 사게 하며, 많은 나라가 이로 인해 패망했다고 여겼다. 따라서 계주는 상천이 칭찬하는 미덕인 셈이다. 또한 주공은 역사 경험으로 볼 때, 희주姬周

왕조의 흥성은 주 문왕이 정한 '술을 많이 마시지 않는다'는 계율에 힘입었다고 역설했다. 은상 왕조 초기 탕에서 제을帝乙에 이르기까지 군신이 모두 정무에 노력하고 모여서 음주하지 않았기 때문에 천명의 계승자가 될 수 있었다. 은상 말기에 이르러 주왕이 음주에 빠져들어 위엄을 잃음으로써 상천이 보고 듣는 바가 제사의 향기가 아닌 음주의 비린내와 백성들의 원망뿐이었으니, 이로 인해 상천이 은상에게 죄를 내린 것이다. 주공의 결론은 바로 은상의 패망은 주왕의 폭음과 무관하지 않다는 것이었다.

　주공이 비록 엄격한 금주령을 내리긴 했지만 예외적인 공간을 마련해놓았다. 대제大祭 때에는 술을 마실 수 있었으며, 부모님이 기뻐하면

대우정大盂鼎. 주 강왕 시기에 주조되었으며, 청 도광道光 연간(1821~1850)에 산시陝西성 치산岐山 리촌禮村에서 출토되었다.

大盂鼎

隹九月王才宗周令盂王若
玟王受天有大令在珷王嗣
子㵆保先王口有四方戉畍
殷遹侯田雩殷正百辟率肆
正德若玟王令二三正令衆

대우정 명문. 대우정 내벽에 명문 291자가 새겨져 있다. 주왕周王이 우盂에게 은나라가 폭음으로 망했으며 주나라는 술을 멀리하여 흥했다는 점을 깨우쳐주고, 그에게 최선을 다해 자신을 보좌하여 문왕과 무왕의 덕성을 이을 수 있게 하라고 명한다는 내용이다.

풍성한 연회를 마련하여 술도 마실 수 있었다. 또한 문왕이 내린 계율에도 조금의 음주는 허용되었으며, 절대 음주할 수 없는 것은 아니었다. 곧 주공이 막으려 한 것은 절제할 줄 모르는 폭음이었지, 술 자체를 정치와 사회생활에서 전면 금지하지는 않았다. 술이란 일종의 독성 있는 약과 같아서 절제 있게 사용해야 한다. 음주가 좋은 점이 하나도 없는 것은 아니다.

　음주의 유익한 점은 주로 정감적인 측면에 있다. 음주의 가치는 '비非이성' 혹은 '반反이성'적 방식으로 인류의 개체와 집단의 내재적 요구를 만족시켜주는 데 있다. 음주의 작용 범위는 종교나 예술 영역에 국한된다. 그러나 『상서』는 확실히 예술철학 저술이 아니며, 주공 역시 감정이 충만한 예술가가 아니다. 그는 지극히 현실적인 정치가이자 입법과 입국을 달성한 지도자로서, 정치와 법률로 이뤄진 그의 세계에서 가장 필요한 정신은 바로 이성이다. 따라서 주공 입장에서는 술의 절제 또는 계주가 순리에 맞는 것이다.

　그러나 그 어떤 자급자족의 문명 혹은 어떤 개체라 할지라도 반드시 이성과 반이성의 확연히 다른 정신적 지향을 함께 갖춰야만 한다. 이성은 의심의 여지없이 긍정적인 가치이지만, 반反이성도 똑같이 적극적 의의가 있다. 근현대 이래로 이성은 언제나 숭배의 대상이 되어왔다. 근현대 사회에서 사람들의 주된 정신적 성취는 이성의 승리로서 현대성의 주요 특징이 이성이라고까지 생각한다. 특히 법학 분야에서는 이성이 직접적으로 법률의 주요 가치를 확정했으므로, 법률은 바로 이성의 체현인 셈이다. 이런 관점에서 반이성은 거의 받아들일 수 없는 '착오'로 여겨지는데, 이것은 어디까지나 법학적 입장에서 내려진 결론이라는 점을 알아야 한다. 법률 외부의 정체整體적 인간의 관점, 문명질서의 관점에서 반이성은 인간의 영혼과 정감, 신앙 등과 대응하면서 그 세계를 안정시켜주기 때문이다.

인간은 이성과 정감의 복합체다. 생활세계에는 이미 이성이 주재하는 영역도 있고 정감이 주재하는 영역도 있다. 정신세계를 안정시키기 위해 동서양은 모두 자신의 고유한 종교와 예술을 창조했다. 가령 동양의 정신세계는 주로 장선莊禪43 예술에 기대어 안정을 찾았다. 장기 · 거문고 · 서예 · 그림을 즐기는 등 예술에 전념하고 산수山水에 정情을 붙이는 것들은 모두 인간의 정신세계를 효과적으로 안정시켰다. 서양 역사에서는 이성과 반이성이 법률과 종교로 나뉘어 나타나지만, 동양 역사에서는 윤리와 예술로 나뉘어 표출되었다.

이상의 분석을 통해 다시 「주고」의 세계를 돌아보면 우리는 주공의 입장에 대해서 좀 더 많은 '동정적 이해'를 얻게 된다. 주공은 국가 통치와 정치 법률의 측면에서 당연히 이성적인 작용과 의의를 강조해야만 했다. 만약 군신이 음주에 탐닉해 장기간 술에 취해 있으면 권력 집단의 정치이성을 소멸시키고 말 것이다. 그러나 영리한 주공은 음주를 전면적으로 금지하지는 않았는데, 그가 철저하게 반대한 것은 과도한 음주였다. 제사와 같은 정신활동에 있어 주정酒精의 도움이 없다면 제사지내는 사람과 조상의 영혼이 어떻게 소통할 수 있으며, 조상의 영혼이 어떻게 인간 세상으로 다시 돌아올 수 있고 천명 또한 어떻게 보일 수 있겠는가? 주공은 이와 같이 '반이성'의 영역에서는 반드시 주정과 같은 '반이성의 촉매제'가 있어야만 일이 순조롭게 완성될 수 있다는 것을 잘 알고 있었다.

　이 편은 반이성에 대한 억제를 말하지만 반이성의 소멸을 말하고 있지는 않다. 반이성의 가치를 인정하는 것 역시 일종의 이성이기 때문이다.

제31편 재재梓材
정권의 윤리 기반

앞 편들처럼 이번에도 주인공은 역시 주공이다. 이 편의 내용은 주공이 강숙에게 행한 정치 훈시이며, 그 목적은 강숙에게 '위정爲政의 도道'와 '치국治國의 술術'을 전수하는 데 있다.

편명 가운데 '재梓'는 질 좋은 목재라는 의미이자 나무의 명칭이기도 하다. 또한 목공과 같은 직업으로 이해되기도 하는데, 토기土器를 다루는 것을 '도陶'라 하고 금기金器를 다루는 것을 '야冶'라고 하듯이 목기木器를 다루는 것을 '재梓'라고 한다. 따라서 경문經文 표제의 '재재梓材'는 질 좋은 목재로 이해될 수도 있고 '목공이 재료를 다듬는 것'으로 이해될 수 있으므로, 곧 목공이 제작한 목기라는 의미다. 좀 더 확장해서 말하면, 정치가가 국정을 다스리는 것을 목공이 나무를 다듬는 것에 비유한 것이다.

여기서 주공이 제시하는 '위정의 도'는 세 가지다. 첫째, 상정常情 · 상리常理·상법常法에 근거해 백성을 다스리는 것으로 주공은 이것을 '약항若恒'이라 표현했다.⁴⁴ 둘째, 이전의 위법 범죄에 대해서는 관대해야 한다는 점이다. 셋째, '명덕明德', 즉 덕성에 의지해야만 오랫동안 안정된 정치 목표를 실현할 수 있으니, 이는 목공이 목기를 제작하는 데 있어 나무를 깎아 맞춘 뒤에 옻칠을 해야만 목기로서 내구성을 갖추는 것과 같다. 바로 여기에서 주공은 '목공이 나무를 다듬는 것'을 군주가 나라를 다스리는 것에 비유했다. 주공은 군주가 나라를 다스리는 것 역시 일종의 직업으로 재인梓人과 같이 항상 진지하게 임해야만 한다고 생각했다. 이 세 가지 원칙은 통치의 유효성을 실현·유지하기 위해서는 반드시 정권의 윤리적 바탕을 공고히 해야 한다는 메시지를 전한다.

가장 먼저 '약항若恒'을 말했는데, 그 실천 지향점은 주로 나라를 다스리는 자는 상정·상리·상법을 준수해야 하고, 과거에 실천을 통해 경험했던 규칙을 존중해야만 하는 데 있다. 특히 은 유민들이 모여 사는 위나라에서는 그들 고유의 규칙을 답습하는 것에 주의를 기울여야만 한다.

현대인의 관점으로 보면 주공과 같은 정복자는 피정복자의 '옛 법통'을 전면 폐기하고 완전히 새로운 제도와 규칙으로 대체해야만 할 것이다. 왜냐하면 '옛 법통'의 폐기와 관련한 복색의 교체와 기년紀年의 개혁 등은 정권 교체기의 관습이기 때문이다. 그러나 주공이 선택한 약항은 오히려 보수주의적 위정爲政에 가깝다. 표면적으로는 겸양의 태도로서, 우리는 비록 정복자로서 옛 제도를 혁파하고 새로운 제도를 펼칠 권력을 지니고 있지만, 당신들이 맞닥뜨릴 미래의 제도와 규칙에 있어 과도

하게 우리의 흔적을 남기고 싶지는 않으며, 당신들이 오랫동안 답습해 온 규칙을 인정하고 싶다는 뜻이다. 그러나 사실은 이것이 굉장한 통치 효과를 발휘할 수 있다. 사회생활의 거대한 관성과 역사의 연속성 때문이다.

동아시아 수천 년의 역사에서 '족族'은 특히 종족宗族을 가리키는데, "우리 종족이 아니면 반드시 다른 마음을 품는다"[45]의 '족族'은 주로 종족의 의미로 말하는 것이다. 만일 휘호 흐로티위스Hugo Grotius(1583~1645)[46]나 사비니의 역사법학 이론을 주공과 강숙의 시대에 적용한다면, 당연히 법률은 특정 종족의 공동 의식으로 이해될 것이다. 왜냐하면 강숙이 다스리는 은 유민 지역에는 정당하고 항구적인 법률 규칙과 제도가 갖춰져 있었는데, 그것은 바로 은 유민의 공동 의식 속에 존재하고 있었으며, 그런 관념이 바로 주공이 파악한 '위정의 도'였다.

기어츠Clifford Geertz(1926~2006)[47]의 인류학 이론도 주공의 약항론若恒論을 지지한다. 『지역성 지식Local Knowledge: Further Essays in Interpretive Anthropology』(1983)에서 미국의 인류학자 기어츠는 "법률은 지역적인 지식이다. 지역에는 공간, 시간, 계급 그리고 각종 문제뿐만 아니라 특색, 즉 발생된 사건의 본질적 인식과 발생할 수 있는 사건의 본질적 이미지 연상도 모두 포함된다"고 했다. 여기에 비춰보면, 어떠한 법률 규칙과 제도도 모두 특정한 시간·공간·집단·문화 전통의 규칙과 제도인 것이다. 따라서 주공은 위나라라는 특정 지역과 은 유민이라는 특정 집단에는 오랫동안 이어져온 법률 규칙과 제도가 있으며, 강숙이 위나라를 다스릴 때 반드시 준수해야 할 상법常法임을 강조한 것이다.

주공의 약항론은 소극적인 정치론이다. 이러한 '위정의 도'는 방임주의로 치우쳐 지배자는 피지배자의 전통과 관습을 존중해야만 하고, 자신의 호오好惡나 의지를 다른 사람에게 지나치게 강조해서는 안 된다는 점을 말한다. 이는 서양 문화 가운데 '소극적 자유주의'와 일정한 공통점이 있으며, 적어도 일부 관념을 공유하고 있다. 즉 약항론이 보편적인 정치학 원리를 담고 있다는 점을 보여준다.

주공은 '약항'을 강조할 뿐만 아니라 과거의 범죄자에게 관대할 것을 강조했다. 그는 강숙 휘하의 각 관료에게 "일찍이 다른 사람을 죽이고, 상해 입히고, 노략질한 자나 국군의 기밀을 누설한 자와 같이 온갖 악행을 저지른 자를 용서하라"48고 요구했다. 이런 사람들을 관대하게 처리하는 것은 주공의 주관적인 덕정德政을 실현하는 것이다. 실제 효과 면에서 이와 같은 형벌을 줄여주는 정책은 새로운 정권에 대한 사회적 동의를 제고하는 데 도움이 된다. 후대에 새로운 정권이 세워질 때마다 혹은 새로운 군주가 즉위할 때에도 경형화輕刑化 명령을 반포했으니, 이른바 '대사천하大赦天下'라는 것이다. 그 근원을 거슬러 올라가보면 주공의 관념이 남상濫觴(큰 강물도 그 근원은 술잔이 넘칠 정도의 작은 물에서 시작한다는 뜻)이 될지도 모르겠다.

한 걸음 더 나아가 주공이 제시한 '관대한' 정책은 좀 더 심화된 분석을 필요로 한다. 효과적인 통치질서를 위해 군주는 중형주의와 경형주의 가운데 무엇을 선택해야 할까? 노장老莊학파의 "법령이 무겁고 많아질수록 도적은 더 많아진다法令滋彰, 盜賊多有"49는 관점으로 보면, 형벌이 무거워질수록 범죄는 더 많아지고 사람들은 걸핏하면 책망을 들어 천하는 더욱 다스리기 어려워진다. 그러나 상앙商鞅, 한비의 관점에서 '강력한 처벌'은 통치질서를 실현하는 이기利器이므로 더 많이 '엄벌'에 의지해야만 한다. 그런데 단편적인 '중형重刑' 혹은 '강력한 처벌'의 강조는 타당한 형사 정책이 아닐 뿐만 아니라 훌륭한 '위정의 도'가 아니다. 이 새로운 형사 정책은 '형법겸억주의刑法謙抑主義'(경미한 사건에 무죄 판결을 내리는 법 개념)의 영향을 받았지만, '위정의 도' 측면에서도 많은 고려가 있었다. 따라서 어떤 정권, 어떤 정치질서라도 폭력이나 총칼에 의지하는 것은 최선의 선택이 아닐 것이다.

마지막으로 주공은 정치적 명제를 제시하는데, '명덕明德'으로 정권의 장기적 안정을 보장한다는 것이다. 선왕이 강산江山을 공략하고 정권을 세운 것은 목공이 목재를 다듬어 목기를 만든 것에 해당되지만, 이것은 단지 "만리장정萬里長征의 첫걸음을 내딛은 것뿐"이라고 주공은 생각했다. 목공은 새로 만든 목기에 옻칠을 해서 목기의 부식을 막아 내구성을 갖게 해야 한다. 이처럼 새로운 정권은 장기간의 안정을 실현하기 위해 '덕정德政'이라는 윤택과 떨어질 수 없다. 주공은 "상천은 이미 천하의 백성과 토지를 우리에게 모두 줬으니, 우리는 오직 덕정을 베풀어 상천으로부터 받은 사명은 완성해야 한다. 만약 우리가 이와 같이 은나라 백성들을 다스린다면, 우리 강산도 계속해서 전해줄 수 있을 것이다"[50]라고 말한다.

고대 동아시아에는 수많은 천자·제후·섭정 등이 출현했지만, 유독 주공의 영향이 더 큰 이유는 무엇일까? 그 중요한 이유 중 하나는 주공이 정권 흥망성쇠의 의의에 대해 윤리적 자원과 도덕적 기초를 발견했기 때문이다. 따라서 끊임없이 정치의 덕을 강화하는 것은 바로 끊임없이 정권이 필요로 하는 윤리적 자원을 보충하는 일이었다. 자원이 바닥나고 밑바닥을 드러냈을 때는 바로 그 정권이 와해되는 때였다. 유감스러운 사실은 이런 점을 절대 다수의 군주는 이해하지 못했으며, 그런 정치적 지혜를 갖지 못했다는 점이다.

   정복자는 정치가가 아니다. 정권을 잡은 수많은 군주를 정치가라고 부르지는 않는다. 그들은 단지 우연히 만들어진 제도화의 상징일 뿐이다. 그러나 이 편이 기록하는 주공의 모습은 그가 적합하면서도 전문적인 정치가임을 잘 보여주고 있다. 바로 이런 이유로 그는 공자가 '지성至聖'으로 존숭한 성인이 될 수 있었고, 동아시아 초기 정치철학의 주연을 맡을 수 있었다.

제32편 소고召誥
덕의 세 가지 면모

「소고召誥」는 소공召公이 행한 훈계다. 배경은 이미 성년이 된 주 성왕이 친히 집정을 하고 있던 시기다. 그동안 소공은 성왕의 위탁을 받아 새로운 도읍지 낙읍의 건설을 담당했었다. 그는 낙읍을 경영하는 과정에서 이 훈계서를 발표한다. 훈계 중에 소공은 주공을 언급하는데, 주공도 낙읍 건설에 동참했기 때문이다.

이 편에 대해 왕궈웨이王國維(1877~1927)[51]는 높은 평가를 내렸다. 그는 『은주제도론殷周制度論』에서 소공의 말은 사관이 기록하여 천하에 공개한 것으로 문왕·무왕·주공이 천하를 다스린 '정의대법精義大法'이 모두 이 안에 있다고 했다. 이 편이 바로 문왕·무왕·주공의 정치철학의 핵심이라는 것이다. 그렇다면 '정의대법'은 과연 무엇일까? 그것은 '경덕敬德'이며, 이것이 이 편의 키워드라고 할 수 있다.

본문에서 소공은 가장 먼저 은상 멸망의 교훈을 총괄했으니, 곧 악한 사람이 정권을 휘두르고, 지혜로운 사람은 숨어버리며, 백성들은 곤궁하니, 상천이 백성들을 불쌍히 여겨 천하를 다스리는 자격을 박탈했다는 것이다. 이어서 은상이 '덕을 공경敬德'하지 못했기 때문에 천명을 잃게 되었다는 결론을 내린다.52 다시 앞으로 거슬러 올라가, 걸 역시 덕을 공경하지 못했기 때문에 천명을 잃었던 것이다. 그러므로 우리 희주姬周 왕조, 특히 나이 어린 성왕은 덕을 공경하고 덕정을 베풀어야만 천명을 보존할 수 있다.

'덕'이 이와 같이 중요하다면, 그것은 대체 무엇이며 경덕敬德은 또 어떤 의미인가? 특히 이 편 경문의 특수한 언어적 환경에 국한하지 않는다면 동아시아 초기 경전에서 반복적으로 나오는 '덕'은 과연 무엇일까? 이 문제를 해결하기 위해서는 경문의 도움을 받는 동시에 시야를 좀 더 깊고 광활한 사유의 세계로 돌려야 한다.

우선 왕궈웨이의 해석을 살펴보자. 『은주제도론』에서 그는 다음과 같이 말한다. "이른바 덕이라는 것은 비단 백성을 인仁하게 대하는 것을 말하는 것일 뿐만 아니라, 특히 천자 스스로가 덕을 받아들여 백성들이 그것을 본받도록 하는 것이다." 천자의 경덕은 인자하게 백성들을 대하는 보살과 같은 마음에 그치는 것이 아니라, 더 중요하게는 반드시 도덕을 온몸에 주입시키고 이런 도덕의 화신으로서 천하 백성의 모범이 되어야 한다는 것이다. 왕궈웨이는 한 걸음 더 나아가 주나라의 전례典禮 제도는 모두 도덕을 위해 세워졌다고 주장했으니 그것은 곧 도덕을 지탱해 주는 도구일 뿐이었다. 왕궈웨이에 따르면 덕이란 현대적 의미의 도덕이며, 경덕은 군주가 도덕 수준을 끌어올려 온 천하의 모범이 되라는 요구다.

왕궈웨이의 주장은 대표성을 지니지만 덕과 경덕에 대한 이러한 통상적인 이해를 넘어 주목할 만한 관점이 있는데, 바로 미국의 세라 앨런 Sarah Allan(1945~)**53**의 해석이다.

앨런은 『물의 길과 덕의 발아 The way of water and sprouts of virtue』에서 덕이란 개념은 하나의 특질로서, 가족 안에서 대대로 전습되는 것으로 이해했다. 그것은 유동적이지만 또한 생명을 창조하는 종자種子이기도 하다. 그것은 개인의 외부적 특징을 결정하기도 하고 또한 개인의 내재적 역량을 결정하기도 한다. 한 가족이 다른 가족과 구별되는 것은 바로 서로 다른 가족들이 가지고 있는 서로 다른 '덕' 때문이다. 따라서 덕의 이미지는 흡사 식물의 종자와 같으며, 현대적 용어로 가족의 유전 인자인 것이다.

이 같은 해석 구조에 따르면 덕은 특정 개체 혹은 특정 종족의 내재적 규정성規定性이다. 집권 세력으로 말하자면 이른바 '경덕'이란 집권 세력이 우월한 내재적 규정성을 발휘하도록 하는 요구다. 이에 근거하면 소공의 훈계는 다음과 같은 논리로 규정된다. 상천이 왜 우리 희주 왕조에 관심을 가지고 천명을 위탁했겠는가? 그 이유는 우리 희성 종족이 뛰어난 덕을 소유했기 때문이다. 그러므로 군신 상하, 특히 주 성왕은 적극적이고 끊임없이 생장하는 이 정치적 자원을 계승·발휘해야만 한다. 오직 경덕을 통해야만 천명은 끝나지 않는다. 확실히 왕궈웨이의 도덕주의적 해석과는 달리 앨런의 문화학·언어학적 접근은 덕과 경덕의 새로운 사고를 제공해주고 있다.

그런데 앨런의 연구는 『논어』의 덕 관념이 이전의 우월한 상층사회의 '신력神力'에서 도덕의 용어로 점점 바뀐다는 점을 밝히고 있다. 따라서 이전 세습 귀족의 '수덕修德'은 춘추전국시대 유가철학의 '수덕修德'으로 바뀐다. 덕의 의미 변화는 『맹자』「양혜왕 상」편의 혜왕惠王이 맹자에게 천하의 왕이 되기 위해서는 어떤 덕을 반드시 갖춰야 하는지를 묻는 단락에서 증명될 수 있다. 이는 각각의 사람은 서로 다른 '덕'을 지닌다는 관념을 내포한다. 그래서 맹자는 "당신은 이미 충분히 덕을 갖추고 있으며, 다만 당신이 적절하게 그것을 운용해야만 천하의 왕이 될 수 있습니다"라고 말한다.

앨런의 연구를 통해 우리는 두 가지 서로 다른 '덕'을 발견하게 되었다. 첫째 덕은 종족 고유의 내재적 역량이며, 둘째 덕은 누구나 수련할 수 있는 도덕이다. 이 두 덕을 비교해보면, 첫째 덕은 주로 천부적이며 신성한 것으로 특정 종족·집단(예를 들면 희주 왕실)이 갖춘 내재적 규정성이다. 둘째 덕은 세속적인 것으로, 어떤 사람(예를 들면 제 선왕齊宣王[54])이라도 "차마 하지 못하는 마음不忍人之心"이 있고 선한 단서를 지니기 때문에 누구나 덕을 소유한다. 이 편이 기록하는 시대는 희주 왕조 초기이며, 희주 종족이 소유한 덕은 상천이 부여한 신성한 덕이라 할 수 있다. 후대의 왕양명이 말한 "거리에 넘치는 사람이 모두 성인이다滿街都是聖人"라는 말에 온축된 '덕'이 바로 둘째 의미의 덕이다. 만약 소공이 이해한 덕을 첫째 덕이라고 말한다면, 맹자 시대에 이르러서 희주 왕실은 이미 쇠락했고 그 신성성도 회복할 수 없었으며, 대신 제후의 쟁패만 있었다. 이와 같은 '전국戰國'시대에는 어떤 제후라도 자신이 천명의 계승자라고 주장할 수 없었고, 또한 자신이 첫 번째 덕을 소유했다고 공언할 수도 없었는데, 이 시기에 맹자와 같은 철학자가 주장한 윤리적인 두 번째 덕이 자연스럽게 생겨난 것이다.

이외에도 덕은 동아시아 초기 사상의 핵심 개념으로 '무위無爲'로 이해되기도 한다. 이런 의미의 덕에 대해서는 장순후이張舜徽(1911~1992)[55]의 해석이 대표적이다. 그는『주진도론발미周秦道論發微』서두에서 덕의 함의를 고증했다. 결론은 법가·도가가 말한 덕이 무위일 뿐만 아니라 유가의 공자도 덕을 무위로 간주했다는 것이다.

예를 들어 공자의 '위정이덕爲政以德'[56]은 정치를 담당하는 군주에게 무위의 집정을 요구하며, 군주의 고요한 무위와 백관의 적극적 유위有爲를 요구하고, 군주의 무위를 통해서 문무백관이 충분히 자신의 능동성과 창조력을 발휘할 수 있기를 요구한다. 따라서 공자가 "정치를 덕으로 하는 것은, 비유하자면 북극성이 제자리에 머물러 있으면 여러 별이 그것을 향하는 것과 같다"고 했다. 북극성도 '정지해서 움직이지 않는 것'의 은유다. 그것은 영원히 한자리에 붙박이로 있으면서 아무것도 하지 않고 가만히 정지해 있지만, 다른 성신星辰이 끊임없이 그 주위를 맴도는 것이다. 이는 눈코 뜰 새 없이 바쁜 관료들이 무위의 군주 주변을 빙 둘러 움직이는 것과 같다.

장순후이의 연구는 관자·노자·공자·순자 등의 선진제자를 포괄하며, 그들이 말한 덕은 모두 윤리적인 도덕道德이 아니다. 그들이 말한 도와 덕은 모두 '인군남면술人君南面術'로서 '군주무위君主無爲'를 강조하는 제왕학이다.

이상의 분석에 근거하면 우리는 덕의 세 가지 함의를 발견하게 된다.

첫째, 상천이 집정執政 집단에게 부여한 일종의 내재적 역량.

둘째, 개인들이 수양할 수 있는 윤리학적 의미의 도덕.

셋째, 무위를 핵심으로 하는 인군남면술.

세 가지 덕은 각각 서로 다른 언어 환경을 지닌다. 소공의 시대는 아직 몽매함에서 벗어나지 못한 때로 그가 강조한 덕은 주로 통치 집단이 향유하는 내재적 규정성이자 특징이다. 춘추전국시대에 이르면 현실주의적 사상가들이 덕을 무위를 핵심으로 하는 인군남면술로 이해한다. 그러나 이와 달리 맹자 같은 이상주의적 경향의 사상가들은 덕을 개인이 수양할 수 있는 윤리로 이해했다. 왕궈웨이 등 현대 학자들은 주로 맹자 계통의 덕 관념을 계승하고 있다. 노자와 관자 등이 이해한 덕과 소공이 이해한 덕은 역사의 수레바퀴 속에서 산산이 흩어져버린 것 같다.

제33편 낙고洛誥
대부정치代父政治

'낙고洛誥'의 '낙洛'은 새로 건설된 동도東都 낙읍洛邑을 가리킨다. 「낙고」는 주 성왕과 주공이 낙읍과 관련해 나눈 몇몇 대화를 기록하고 있다. 대화의 정치적 배경은 다음과 같다. 첫째, 주공이 이미 성왕에게 정권을 돌려준 뒤다. 둘째, 동도 낙읍이 이미 완성된 뒤다. 이런 상황에서 주공은 성왕이 구도 호경鎬京에서 신도 낙읍으로 이주해 천하의 정무를 주관함으로써 대업을 이루기를 희망했다. 그러나 성왕은 동도로 영구히 옮겨 거주할 의사가 없었다. 단지 동도에서 제사만 올리기를 원했고, 대신 주공이 낙읍에 머물기를 희망했다. 결국 주공은 성왕의 요구에 따라 동도 낙읍에 머물며 이 지역의 정무를 맡기로 했다. 이 편의 내용은 대략 이와 같다. 주고받는 토론 과정에서 두 사람의 어휘 선택은 비교적 공손하다. 주공은 성왕의 명령에 복종하고자 했는데, 그 이유는 성왕이 이미 성년이 되어 정식으로 천하에 군림하는 왕이었기 때문이다. 나이 어린 성왕은 주공에게 칭송을 해주고, 주공의 가르침에 높은 평가를 내린다.

이 그럴싸한 내용의 이면에는 생각해볼 만한 문제가 있다. 주공은 왜 성왕에게 동도 낙읍으로 이주할 것을 권했을까? 성왕은 왜 구도 호경에 있기를 원했을까? 이런 문제들 역시 이 편의 초점이 될 수 있다. 그렇다면 이 문제에 대해 어떻게 대답해야만 할까? 핵심은 바로 주공과 성왕 사이의 권력관계에 있다.

성왕 초기에 주공이 섭정의 지위에 있었던 것은 아무런 문제가 없었지만 주공이 '왕王'이라 칭했는지에 대해서는 논란이 끊이지 않는 화젯거리다. 그러나 주공이 칭왕稱王(천자의 호칭을 누렸는지)의 여부와 관계없이, 그는 집권 세력 서열 1위의 인물이었다는 점에 대해서는 의심의 여

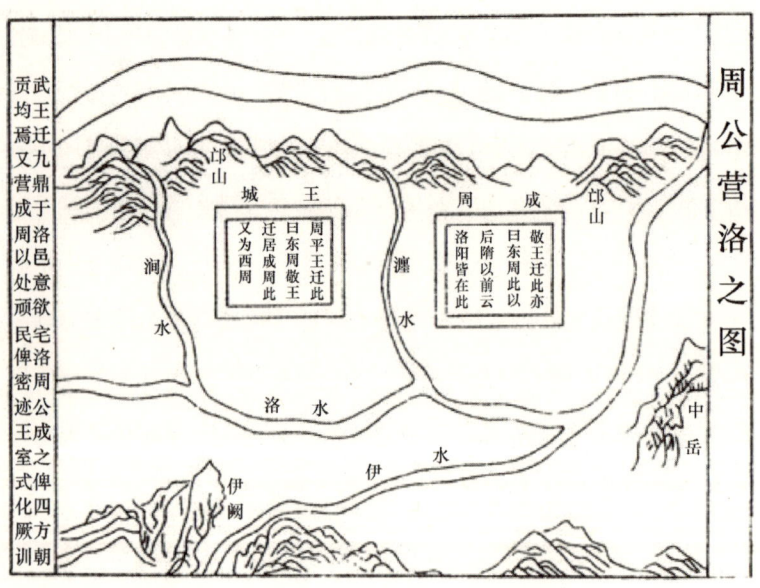

주공영락지도周公營洛之圖. 주공이 낙읍을 경영하는 모습을 표현했다.

지가 없다. 이러한 정치적 지형이 성왕 유년 시절에 형성돼 있었고, 그 두 사람의 관계가 악화되는 데 이르지는 않았다. 그러나 성왕이 성년이 된 이후 이 문제는 두드러진다. 「금등金縢」은 이미 그런 정치적 시기猜忌를 그리고 있다. 「금등」은 원만한 방식으로 마무리되는 듯했는데, 즉 주공의 고상한 품격이 성왕의 이해를 얻어 정치적 시기가 이미 풀어지고 좋은 결말을 맺는 듯 보였다. 그러나 현실은 근본적으로 변화가 없었는데, 단지 금등이나 천둥과 폭풍이 몰아치는 날씨만으로는 문제를 근본적으로 해결할 수 없었던 것이다. 주공은 실질적인 최고 권력을 누리고 있었고, 성왕은 명분상으로만 최고 권력자였기 때문에 두 사람 사이의 권력투쟁은 피하기 어려웠다.

「금등」편 말미에 성왕은 감동하여 사람을 파견해 주공을 동쪽에서 영접해 돌아오게 했다. 그러나 그는 절대 돌아올 수 없었는데, 혹 돌아왔더라도 두 사람이 화해했을지의 여부는 여전히 확실하지 않다. 이런 상황에서 정치 관계의 전반적인 추세에 비춰보면 주공의 주 활동 무대는 확실히 동부 지역에 있었다. 실제로 다년간의 경영을 통해서 동부의 낙읍은 이미 주공의 정치적 근거지로 변해 있었다. 이와는 달리 성왕은 자신이 오랫동안 생활해온 구도 호경에 있는 것이 안전을 도모하기에 용이했다. 만약 주공이 정권을 이미 성왕에게 돌려준 이후에도 성왕을 동도 낙읍에 오게 해서 집정을 하게 한다면 계속해서 성왕과 권력 핵심 세력에 영향력을 끼칠 수 있었다. 그러나 성왕이 계속 구도 호경에 머문다면 권력의 중심 역시 계속 구도에 있게 되고, 주공 자신의 영향력은 약화될 것이다. 성왕은 이와 같은 정치적 분석을 바탕으로 낙읍으로 동천

작읍 동국도 作邑東國圖.

하기를 거절하고 구도에 머물기를 원함과 동시에 주공에게 낙읍에 머물기를 요청함으로써 공간적으로 주공의 영향력 혹은 지배력을 단절시켰다. 만일 이런 분석이 성립된다면, 사실 이 편은 아주 완곡하게 주공과 성왕 사이의 정치 투쟁을 기록하고 있는 것이 된다.

일찍이 미국의 한학자 쇼네시Edward Shaughnessy(1952~)[57]는 『주공거동신설周公居東新說』에서 주공과 성왕의 분파 원인은 주공을 대표로 하는 '유현주의唯賢主義'와 소공을 대표로 하는 '왕권주의王權主義'의 차이에 있다고 지적한 바 있다. 필자는 이런 해석이 문제의 핵심을 찌르지 못한다고 생각한다. 주공과 성왕뿐만 아니라 소공도 모두 권력 중심의 정치인들로서, 추상적인 '주의主義'가 실제 행동의 지침이 될 수는 없었고, 또한 유현주의와 왕권주의 역시 어떠한 본질적이며 조화 불가능한 모순이나 충돌이 있는 것은 아니다. 그들은 자신의 권력을 공고히 하고 확대하는 것에 따라 각자의 선택과 행동의 출발점으로 삼았다고 할 수 있다.

이 편이 동아시아 정치문화에 끼친 영향은 실제적 권위와 명의상의 권위가 분리될 수 있으며, 명의상의 군주는 다른 사람에게 권력을 넘길 수도 있고, 진정한 최고 권력은 섭정자의 손아귀에 있도록 해줬다.

이런 현상에 대해서 쇼네시는 일찍이 '군권君權/상권相權'의 구조로 해석했다. 비록 그의 분석이 의의가 있긴 하지만 성왕과 주공의 관계는 '군주와 재상'의 관계가 아니었다. 즉 섭정의 지위에 있었던 주공은 성왕의 대신이나 재상이 아니었다. 사실상 최소한 주공의 섭정 기간에는 성왕이 오히려 주공의 명령을 받아야만 했고, 주공은 성왕에 대해 절대적 권위를 누렸다. 둘의 관계는 섭정자와 어린 군주의 관계였다. 섭정자는 정권의 최고 책임자임과 동시에 어린 군주의 정치적 대부였는데, '대부代父'의 의미는 섭정자가 '국사國師'와 '부친父親'의 이중 역할을 겸하고 있다는 것이다. 주공은 결국 어린 군주의 스승이자 아버지였다. 그는 군주의 혈연적 아버지가 아닌 정신적 아버지였고, 군주는 대부의 혈연적 아들이 아닌 정신적 아들이었다. 이러한 현상이 동아시아 전통의 정상적 혹은 이상적인 정치 형태는 아니었다.

주요 경전의 내용에 비춰보면, 동아시아 전통 정치의 이상 형태는 '성인 군주와 어진 재상聖君賢相'이다. 주자학은 '군신이 함께 다스리는 정치君臣共治'와 '성인 군주와 어진 재상'이 서로 대비되던 송대에 탄생했기 때문에 사대부들이 '군주를 얻어 도를 행할得君行道' 수 있었다. 양명학은 사대부가 아침의 일을 저녁에 장담할 수 없는 아주 위급한 명대에 탄생했기 때문에 단지 '백성을 각성시켜 도를 행할覺民行道' 수만 있었다. 이미 당시의 군주는 성인이 아니었고, 재상과 신하들은 현우賢愚를 막론하고 재능을 발휘할 만한 공간조차 없었다.

그런데 주자학과 양명학을 막론하고 전체 유가가 관심을 갖는 실질적인 문제는 지식인과 정권 소유자의 관계다. 쇼네시가 지적한 '군주와 재상'의 관계 문제도 이런 관점에서 말한 것이다. 따라서 진한秦漢 이후 재상의 지위에 있는 사대부들은 기본적으로 모두 지식인 집단에서 나온다. 이 집단에서 출중한 사람이 재상을 맡아 본질적으로 황실의 고용인으로 충원되었으며, 오직 황실만이 정권의 소유자가 되었다.

그러나 이 편에서 주공·성왕·소공은 모두 황실의 핵심 구성원이다. 주공은 성왕의 신하 혹은 고용인이 아니었다. 그들은 '한집안 사람'

이며 정권의 '공유인'이었다. 그들 관계의 모순은 '집안사람 사이의 내부 모순'이다. 따라서 주공과 성왕의 관계는 '군주와 재상'의 관계로 해석될 수 없다. 주공은 성왕의 현상賢相도 아니었는데, 그들은 정치적 대부와 대자 관계였다. 이에 대해서는 주자학과 양명학 모두 적절한 해석을 내리지 못하고 있다. 이러한 정치적 관계와 현상을 해석하는 데는 '대부정치代父政治'가 가장 근사한 틀을 제공한다.

제34편 다사多士

전쟁을 결의하고
어찌 물러날 수 있겠는가

'다사多士'는 정권을 잃은 은상 종족을 가리킨다. 「다사」는 주공이 희주 왕실을 대표해 은상의 다사들에게 내린 훈시다. 훈시의 주제는 은상 정권이 멸망한 이유와 희주 정권이 흥기한 이유에 관한 것이다. 만약 그 이치를 명확히 밝혀 정권을 잃어버린 전 왕조의 귀족들이 진심으로 굴복하게 하면, 그들은 심리적·정감적·이성적으로 실패의 운명을 받아들이고 실패자임을 마음속으로 인정하게 된다. 마음으로 인정한 패자는 어떠한 문제도 일으키려 하지 않으며, 승자에게 불평불만을 품고 죽기 살기로 저항하지도 않는다. 따라서 승자에게 가장 절실한 것은 패자가 실패를 진심으로 인정하는 것이다.

이 편은 전쟁을 통해 희주 집단이 은상 집단을 패배시킨 후, 심리적·사상적·이론적·정감적으로 그들을 재차 패배시키려 하는 시도임을 알 수 있다. 첫째로 운용한 무기는 칼과 창이고, 둘째로 운용한 무기는 붓과 입담이었으니, "군대가 전쟁에 임해서 어찌 전장에서 물러설 수 있겠는가?"라고 할 만하다.

수사술과 붓으로 상대방을 정복하기 위해서는 상대방이 패배를 인정할 수밖에 없는 이유를 제시해야만 한다. 주공이 말한 요지는 허구의 정치 관계를 구성하는 데 있다. 이 정치 관계의 당사자에는 상천·주왕紂王·다사多士·희주가 포함된다. 4자 가운데 다사는 주왕을 따르며 자신의 운명을 맡겼지만, 주왕은 도리어 상천의 뜻을 저버렸기 때문에 상천이 희주에게 주왕을 멸할 것을 명했다. 다사는 주왕을 따랐던 결과 그 책임을 지게 된 것이다. 이런 정치 관계의 의미로 보면, 다사의 적은 희주가 아니라 바로 주왕이다. 희주는 현재 다사의 새로운 주인이며 이것이 곧 상천의 안배다. 이는 한 무리의 작은 조직이 큰 조직이 보내온 새로운 리더를 받아들여야만 하는 상황으로, 상천이 큰 조직이며 희주는 상천이 다사에게 파견한 새로운 리더다.

주공이 만든 이런 정치 관계는 새로운 '피아 구분'의 방식을 통해 다사들에게 주왕은 그들의 적이며, 희주는 적이 아닐 뿐만 아니라 도리어 친구가 될 수 있다는 것을 알게 하려 했다. 그리고 희주 집단의 통치 지위는 상천이 부여한 것이므로 집권자 희주 집단은 합법성과 정당성을 갖춘 주체들이며, 이러한 집권자를 따르면 반드시 밝고 아름다운 미래가 보장된다. 이러한 정황에서 다사는 당연히 한마음 한뜻으로 희주 집단으로 달려가게 된다. 이것이 바로 주공이 전달하고자 하는 뜻이다.

상천·주왕·다사·희주 사이에 구축된 횡적 정치 관계 외에 주공은 통시적이며 종적인 정치 관계도 구축하려고 했다. 주공은 상천이 반대

다사분주도多士奔走圖.

하는 '지나친 쾌락逸樂'을 탐하고 타이름도 듣지 않았으므로 상천이 진노하여 하 왕조의 대명大命을 끊어버리고, 그대들(다사)의 선조 탕이 걸을 대신해 천하를 다스리는 군주가 되었음을 말한다.[58] 주공이 묘사한 이런 역사적 연속성은 상천의 요구를 위반하면 상천의 징벌을 받게 된다는 사실을 말해주며, 이런 사례가 이미 두 번 발생했으며 중복적으로 발생한 현상은 하나의 철칙이 된다는 사실을 보여준다. 이런 역사의 규율 앞에 그들은 복종과 인정 외에 근본적으로 어떤 선택도 할 수 없다. 이는 곧 그 자리에 있는 '다사'를 거대한 상천의 조직 혹은 역사적 숙명 속에 위치시킴으로써 피할 곳이 없게 만든다.

횡과 종으로 유기적인 이론을 구성해 주공은 심경이 복잡한 '다사' 무리에게 매우 강력하게 심리적 암시를 보내고 간섭했으며, 그 본질은 바로 심리정복전心理征服戰이었다. 이로써 희주 왕조는 효과적으로 다사에 대한 2차 정복을 실현했고 다사는 두 번 다시 희주의 권위에 도전하지 않게 되었다.

이상의 분석을 바탕으로 우리는 좀 더 확장된 논의를 할 수 있다.

우선 비교문화의 측면에서 이 편은 상천이라는 것을 가공해냈다. 이 상천은 걸왕이 자신의 의지를 위반하자 걸을 멸하고 주왕이 위반하자 주왕을 멸했다. 이런 광경은 『성경』「창세기」에 기록된 '소돔의 멸망'을 떠올리게 한다. 『성경』의 원문을 발췌해보면 다음과 같다.

여호와께서 하늘 곧 여호와께로부터 유황과 불을 소돔과 고모라에 비처럼 내리사 그 성들과 온 들과 성에 거주하는 모든 백성과 땅에

난 것을 다 엎어 멸하셨더라. 롯의 아내는 뒤를 돌아보았으므로 소금 기둥이 되었더라. 아브라함이 그 아침에 일찍이 일어나 여호와 앞에 서 있던 곳에 이르러 소돔과 고모라와 그 온 지역을 향해 눈을 들어 연기가 옹기 가마의 연기같이 치솟음을 보았더라.59

위의 『구약성경』은 『상서』와 전혀 상관이 없지만, 그 서술 구조에 몇 가지 공통점이 있다. 첫째, 모두 전지전능한 상천을 등장시켰다. 둘째, 죄 있는 사람이 나온다. 『구약성경』에서 죄 있는 사람은 소돔과 고모라의 주민들이며, 『상서』에서 죄 있는 사람은 은주殷紂와 그 이전의 걸이다. 셋째, 상천의 대표를 등장시켰다. 『구약성경』에서 상천의 대표는 두 명의 천사이며, 그들이 인간 세상으로 내려와 상천의 의지를 집행하고 죄 있는 사람을 징벌한다. 『상서』에서 상천의 대표는 문왕과 무왕, 탕으로 그들은 천명에 따라 상천을 대표해서 걸과 주를 징벌했는데, 『상서』는 이런 징벌을 '천벌天罰'이라 했다. 『구약성경』의 '소돔의 멸망'도 천벌이 아니고 무엇이겠는가?

이처럼 『상서』의 기록은 서양 문화에서 종교가 담당했던 기능을 보여준다. 그러나 『상서』 자체는 서양적 의미의 종교 문헌이 아니며, 그 서사敍事도 『성경』처럼 생동감 있는 것 같지 않다. 『상서』는 일정 부분 종교적 요소를 함축하고 있으며, 정치와 종교의 혼합이라는 양상을 나타내 동서양 문명의 공통점과 차이점을 인식하게 해준다.

또 다른 정치 기능의 측면에서 주의해야 할 점은 잔혹한 혁명으로 성공한 자가 성공한 뒤 어떤 초월적 근원이나 근거를 찾으면 자신의 정권에 '신성화神聖化'를 더하는 작업에 도움을 주며, 이를 통해 적극적인 정치적 효과를 발생시킨다는 점이다.

이 편은 희주 집단이 은상 집단을 패배시킨 사실을 말하고 있다. 그것은 본질적으로 지방의 제후가 세력을 키워 혁명의 방식으로 천자의 지위를 대신한 것이다. 희주 집단이 일으킨 이 혁명은 모험적이면서도 매우 어려운 것이었다. 주공은 이미 성공한 혁명에 초월적 근거를 덧붙여 지방 집단의 성공을 상천의 의지로 귀결시켰다. 이러한 이론 체계는 표면적으로는 희주 집단의 공적과 능력을 폄하하는 것 같지만, 정치적으로 희주를 더 강대한 역량의 상천과 하나로 묶는 효과를 보았다. 상천은 비록 허구적인 것이지만, 이 허구는 손쉽게 상대방의 심리를 정복해 내부로부터 굴복하게 만든다. 이론적으로 허구인 상천은 현실적인 정치적 효과를 발생시키며, 심리적 정복을 할 수 있는 수단이기 때문에 현실정치의 장악에서 매우 중요한 도구이다.

이 편에서 주공은 희주 집단의 무공武功을 거의 언급하지 않으며, 상천의 천명·상천의 징벌·상천의 태도 등을 반복해서 강조한다. 그 의미는 희주가 은상을 대신한 것은 군사적 역량의 결과가 아니라 상천 의지의 결과라는 것이다. 은상이 멸망당한 것은 어느 한 집단이 다른 집단을 패배시킨 것이 아니며, 또한 희주와 은상 간의 관계도 아니고, 상천이 이미 은상을 징벌하라는 명령을 내렸으므로 희주는 천벌을 집행할 수밖에 없었다는 것이다. 삼자 간의 관계로 말하자면, 상천은 판결을 내리는 법관이며, 희주는 집행자이고, 은상은 범죄자다. 부지불식간에 주공은 혁명의 법률화 절차를 깔끔하게 마쳤던 것이다.

제35편 무일無逸
모범적인 군주의 초상

이 편은 성왕에 대한 주공의 훈시를 기록하고 있다. 주공은 성왕에게 '무일無逸', 즉 향락을 일삼지 말고 직분을 다하는 군주가 될 것을 요구한다. 본문의 서사적 흐름으로 볼 때 담화는 비교적 여유롭게 전개되며 자못 허심탄회한 분위기도 엿보인다. 성왕이 '무일'하게 하기 위해 주공은 네 명의 정치가를 소개하는데, 은상 왕조의 중종中宗, 고종高宗, 조갑祖甲, 그리고 주 문왕文王이다. 주공은 네 군주가 성왕이 본받아야 할 표본이라고 생각했다.

이 네 군주의 정치적 초상은 과연 어떠했을까? 한번 살펴보도록 하자. 우선 중종부터 알아보자. 중종은 바로 태무太戊이며, 그는 은상 왕조의 제9대 군주이자 탕의 5세손이다. 주공은 그에 대해 스스로에게 엄중하며, 천명을 경외해 감히 일락에 빠지지 않아 집정한 기간이 75년에 달했다고 소개한다.⁶⁰ 주공의 몇 마디 말만으로는 중종의 면모가 여전히 모호하다. 『상서』「함유일덕」과 『사기』「은본기」에 이와 관련한 사실史實이 기재되어 있어 중종의 면모를 더 명확히 알 수 있다. 중종은 제위에 오른 뒤 저명한 현자 이척伊陟(이윤의 아들)을 초빙해 재상으로 삼고 천하의 큰 다스림을 이루니, 각지의 제후들이 모두 귀의했다. 또한 이척이 재상 자리에 있던 첫해에 경성京城에서 뽕나무 한 그루와 닥나무 한 그루가 함께 자라나는 괴이한 사건이 발생했다. 이런 이상한 자연현상에 대해 이척은 군주의 덕행에 문제가 있어 괴이한 현상이 나타났으니 군주가 정치에 힘쓰고 덕을 닦는다면 자연스레 소멸될 것이라고 정치적 해석을 내린다. 중종은 알 수 없는 공포감에 휩싸였고, 이에 정신을 가다듬고 정치에 힘써 마침내 날로 쇠락해가던 상 왕조를 부흥시켰다.

다음은 고종을 살펴보자. 고종은 무정武丁인데 그의 이름은 『상서』「고종융일」에서 이미 보이고, 사적은 「열명」 편에서 소개되었다. 주공의 서술에 따르면, 일찍이 즉위하기 전에 고종은 장기간 외지에서 육체노동(문화대혁명 시기 지식청년들의 상산하향上山下鄕**61**과 유사함)을 했는데, 즉위 이후에는 총재冢宰의 건의에 따라 3년간 침묵했다.**62** 그는 비교적 말수가 적었기 때문에 일단 말을 하기 시작하자 다른 사람들이 마음으로 감복했다. 고종은 정치에 힘쓰고 온 나라를 편안히 잘 다스렸으므로 그를 원망하는 사람들이 없었다. 마침내 그가 집정한 59년 동안 역사적으로 유명한 '무정중흥武丁中興'을 이룩했다.

주공이 칭찬한 셋째 군주는 조갑이다. 그는 고종의 막내아들이다. 고종이 막내를 편애하여 태자인 조경祖庚을 폐위시키고 조갑을 왕세자로 삼고자 했다. 조갑은 형을 대신해 군주의 자리를 계승하는 것이 정리에 맞지 않다고 여겨 자발적으로 민간으로 도망쳐 오랜 기간 평민생활을 했다. 그러는 동안 고종이 죽고 태자 조경이 왕위를 계승했다. 조경은 동생인 조갑의 '고매한 의리高義'에 감격해 마침내 조갑을 왕위 계승자로 삼는다. 조경이 집정 7년 만에 병으로 붕어한 뒤 조갑이 경성으로 돌아와 왕위를 계승하게 된다. 주공은 조갑이 민간생활 경험을 통해 백성의 고통을 접했기 때문에 백성을 아낄 줄 알았고, 홀아비·과부·고아·독신자들에 대해서도 감히 소홀히 하지 않았다고 생각했다. 이렇게 조갑이 집정한 기간은 33년이었다.

넷째 군주는 바로 성왕成王의 조부인 문왕이다. 희주姬周 왕실의 태왕大王·왕계王季[63] 등에 대해서도 경외하는 마음이 부족하지 않았지만, 주공이 특히 강조한 인물은 문왕이었다. 주공은 성왕에게 다음과 같이 훈계한다.

> 당신의 할아버지(문왕)께서 매우 비천하게 지내시면서 터를 닦고 농사를 지으셨습니다. 그분은 인자하시고 선량했으며, 외롭고 고통받는 사람을 보호해주셨습니다. 백성들의 생활을 더 나아지게 하기 위해서 새벽부터 정오까지 다시 해가 저물도록 밥 먹을 겨를도 없이 바쁘셨습니다. 문왕께서는 감히 일락逸樂에 나아가지 않으셨고, 특히 백성들이 바치는 부세를 자신의 향락에 쓰지 않으셨습니다. 군주의 지위에 계시면서 문왕께서는 이렇듯 근면성실하게 50년을 임하셨습니다.[64]

주공은 가령 어떤 사람이 이들 네 명의 군주에게 "늙은 백성들이 당신을 욕하고 있소"라고 일러준다면, 그들은 더 엄격하게 자신의 행동을 반성하고 잘못을 인정할 것이라고 보았다. 반면 이 네 명 외에는 대다수의 군주가 잘한 것이 없다는 점도 깨우쳐줬다. 주공은 조갑 이후 역대 은나라 왕들은 어려서부터 향락에 익숙했고 농사일의 어려움과 백성들의 고통은 알지 못했다고 말한다. 이렇게 향락에 빠진 군주 가운데 장수한 사람은 거의 없으며, 대부분 재위한 시기는 7~8년이나 5~6년에 불과하며 심지어 3~4년 만에 죽기도 했다. 이러한 사례는 모두 경계해야 할 필요가 있었다.

주공의 이런 훈계를, 나이 어린 성왕이 잘 알아들었는지에 대해서는 역사에 기록이 없으므로 더 이상 논의하지 않는다. 그런데 주공의 말들은 우리가 관심 있는 문제를 생각해보는 데 도움을 준다. 즉 군주와 군주정치의 올바른 모습은 무엇인가? 어떤 군주라야 올바른 군주인가? 모범적인 군주는 어떻게 만들어지는가?

현대에 와서는 군주君主가 곧 전제군주專制君主와 연관된다. 그래서 군주제로부터 민주제 혹은 공화제로의 변화는 거대한 역사적 진보 혹은 발전으로 인식된다. 그 속에서 우리는 이러한 현대 언어의 유효성을 깨닫는다. 그러나 되짚어봐야 할 것은 이러한 현대적 언어가 모종의 '계몽'을 실현함과 동시에 어떤 '은폐'를 자행하지 않는가 하는 점이다.

주공의 생각에 비춰보면, 군주는 마땅히 중종·고종·조갑·문왕과 같이 민간생활에서의 단련과 경력을 갖추고, 백성의 밑바닥 생활에 대한 절실한 이해와 감상을 지녀야만 한다. 또한 정사를 돌볼 동안 음주에 빠지지 않으며, 사냥하지 않으며, 여타 다른 향락에 빠져서도 안 된다. 자신의 시간을 모두 공적인 사무에 쏟아야 하며, 심지어 밥 먹을 틈도 없어야 한다. 사람을 대하고 일을 처리하는 것은 산골짜기처럼 깊고 겸허하게 행하며, 선善을 좇아 물과 같이 흘러야 하며, 만약 어떤 사람이 비난을 한다면 더욱 엄격하게 자신의 행동을 반성하고 다잡아야 한다. 이러한 군주라야 완전무결한 정치지도자라 할 수 있을 것이다. 만약 이러한 정치지도자에 대해서 세계 어떤 국가의 국민들이 투표를 한다면 아마도 다수의 찬성표를 얻게 될 것이다. 그 누가 그러한 정치지도자에게 반대할 수 있겠는가?

제36편 군석君奭
성군현신의 유혹

'군석君奭'은 바로 소공召公이다. '석奭'은 소공의 이름이며, 이름 앞에 '군君' 자를 더해서 존칭이 되었다. 이 편에서의 군석은 주공이 소공을 높여 부른 것이다. 내용상으로는 주공과 소공의 '담화'를 기록하고 있다. 본문 가운데 주공이 말한 것에 대한 소공의 대답이나 응답은 보이지 않는데 그렇게 볼 때 주공이 소공에게 보낸 한 편의 서신일 가능성도 배제할 수 없다.

주공이 소공에게 전한 내용은 아래의 몇 가지로 개괄해볼 수 있다.

첫째, 비록 주 왕조가 이미 상 왕조를 대신하긴 했지만, 우리의 정치적 미래는 그렇게 밝지 못하다. 천명은 믿을 만한 것이 못 되니 거기에 안주해서는 안 되며, 우리가 무엇을 해야 할지를 살피는 것이 관건이다.

둘째, 만일 우리 후손들이 상천을 경외하지 않고 백성을 아끼지 않는다면, 선조들이 노력해서 닦아놓은 토대를 잃을지도 모르며 천명을 잃게 될 것이다.

셋째, 지금 나는 문왕이 개창하신 사업을 후손에게 물려주는 것만 생각한다. 나는 상천이 문왕에게 준 천명을 쉽게 거두어들이지 못할 것이라 믿고 있다.

넷째, 탕은 이윤의 협조 아래 천명을 완성했고, 태갑太甲은 보형保衡의 협조 아래 천명을 완성했으며, 태무太戊는 이척伊陟·신호臣扈의 협조 아래 천명을 완성했으며, 조을祖乙은 무현巫賢의 협조 아래 천명을 완성했고, 무정武丁은 감반甘盤의 협력 아래 천명을 완성했다는 사실을 알아야만 한다. 상 왕조가 오래 안정되게 다스려질 수 있었던 것은 그런 대신들의 보좌와 밀접한 관련이 있으며, 그로 인해 그 대신들 또한 역사에 이름을 남기게 되었다.

다섯째, 왜 상천은 천명을 문왕에게 맡겼을까? 그 이유는 문왕 자신의 덕성이 출중한 데다 괵숙虢叔·굉요閎夭·산의생散宜生·태전泰顚·남궁괄南宮括과 같은 현신들이 전심전력으로 문왕을 보좌했기 때문이며, 만약 그런 현신들이 없었다면 문왕의 덕이 천하에 퍼질 수 없었을 것이다.

여섯째, 지금 나는 막중한 책임을 안고 절박하게 그대(소공)의 도움을 기다리고 있다. 내가 받은 천명이 영예로운 것이긴 하지만 매우 힘겹기 때문에 그대의 도움 없이는 완성될 수 없다. 그대가 항상 나를 깨우쳐주고, 나와 함께 은상 멸망의 교훈을 거울로 삼기를 희망한다. 우리 두 사람이 서로 도와나가야만 문왕께서 못다 하신 사업을 완수할 수 있을 것이다.

이상의 내용을 통해 주공의 의도를 명확히 알 수 있다. 소공에게 천하

치리治理의 중임을 도와주기를 청하는 것이다. 이 주제에 대해 우리는 두 가지로 분석해볼 수 있다.

먼저 주공은 소공의 협조를 얻기 위해 그가 처한 상황이 비교적 어렵다는 점을 설명했다. 주공은 담화에서 기탄없이 이 점을 표현했다.

애초에 무왕이 죽은 후 성왕이 즉위했어야 하나 나이 어린 그가 대임大任을 맡기에는 역부족이었다. 주공은 앞서 언급한 둘째 내용에서 그런 애석한 마음을 표했다. 그로 인해 주공은 자신의 섭정 인생을 시작하게 된다. 섭정하는 동안 주공은 칭왕 여부와는 상관없이 희주姬周 정권의 제1책임자이자 천명과 문왕 사업의 주 계승자였다. 그런데 섭정하던 주공에게는 도처에서 위기가 도사리고 있었다. 우선 은상 왕조의 잔존 세력들이 여전히 제거되지 않았고, 그들은 동쪽 지역에 모여 살며 반격의 기회를 엿보고 있었다. 다른 한편으로 채숙·관숙 등의 종실 형제들이 주공이 주도하는 정권에 불만을 품고 반란을 시도하게 된다. 그 외에도 수많은 지방 제후들이 여전히 희주 왕실에 귀순하여 복종의 뜻을 표하지 않고 있었다. 왜냐하면 수년 전만 해도 그들은 모두 '형제'와 같은 지위에 있었으나, 지금은 그런 동등한 관계가 갑자기 군신君臣 관계로 변했고 그에 대해 여전히 적응하지 못했기 때문이다. 이러한 일련의 모순이 얽히고설켜 정국의 혼란과 불안이 격화되었다. 이것이 바로 주공이 직면한 정치적 위기였다.

이런 위기를 타개하기 위해서는 믿을 만한 조력자가 필요했다. 그러나 이미 희주 왕실 내부의 젊은 세대는 가만히 앉아 대접받는 것에 익숙해 있었고 귀족의 자제들은 타락해갔다. 그러다보니 소공이 큰 임무를 맡게 된 것이다. 주공은 소공과의 연합과 그의 지지를 통해 다방면에서 실질적인 효과를 볼 수 있을 것이라 확신했다. 즉 섭정의 합법성을 더욱 공고히 할 수 있었는데, 그 이유는 소공 역시 원로 중신이었으므로 그의 지지 자체가 곧 강한 상징성을 지녔기 때문이다. 또한 소공에게 구도 호경의 정무를 맡을 것을 요청하면서 자신은 전심전력으로 동쪽의 반란을 평정하는 일에 매달릴 수 있었고, 따라서 몸은 전방에 있지만 공고한 후방이 버티고 있게 되었다. 가장 중요한 점은 '성군현상聖君賢相'의 새로운 장을 계속 펼쳐나가게 된 것이다.

'성군현상' 혹은 '성군현신聖君賢臣'은 주공이 소공에게 자신을 도와야 한다는 점을 설득할 때 제시한 중요한 이유이며 또한 우리가 주목해야 할 두 번째 대목이다.

주공은 은상과 희주의 관계를 정리·관찰하면서 하나의 원칙을 세운다. 즉, 천명을 잘 담당한 군주들은 모두 현신의 보좌가 필수적이었다는 것이다. 주공은 문왕의 5대 현신의 이름을 거론하면서, 그들이 문왕을 보좌했을 뿐만 아니라 뒤이은 무왕도 보좌했다는 점을 지적했다. 주공은 이들 현신의 공적에 대해 높이 평가했는데, 만약 그들의 도움이 없었더라면 문왕의 성덕이 실행되거나 전파되지 못했을 것이며, 실행되고 전파된 성덕 없이는 상천의 발현도 얻지 못했을 것이다. 상천이 문왕의 덕을 드러내주지 못했다면 당연히 천명을 그에게 위탁할 수도 없었을 것이다. 이러한 인과관계로 비춰보면, 5대 현신이 없었다면 희주의 천하는 없었을 것이라고 말해도 무방하다. 바로 그런 연유로 문왕을 제사 지낼 때 그를 보좌했던 5대 현신도 함께 제사를 지내는 것이며, 그들은 문왕과 함께 영원히 숭고한 지위를 누리게 된 것이다. 또한 주공은 그런 현신들이 문왕의 시대에도 있었고, 또한 이전의 몇몇 성공한 은상의 천자들 배후에도 있었다는 점을 지적하고 있다. 성군은 모두 현신의 보좌를 받았다는 사실이 곧 보편적 현상이자 규율임을 알 수 있다.

주공이 이처럼 '성군과 현신'의 아름다운 모습을 애써 묘사한 데는 당연히 현실적이면서 공리적인 목적을 포함하고 있었는데, 바로 소공을 현신의 반열에 끌어들여 주 왕실을 위해 위대한 공적을 세웠음을 나타내고자 했다. 주공의 의도는 소공이 그런 현신이 될 수 있다는 사실을 믿게 하는 데 있었고, 그것은 소공이 얻을 수 있는 최고의 명예였다.

이를 통해 주공이 소공의 지지를 얻기 위해 고심하고 심혈을 기울였다는 사실을 알 수 있다. 결국 그의 고심은 헛되지 않았으니 주공은 확실하게 소공의 지지를 얻게 된다. 이 편이 비록 소공의 응답을 기록하고 있지는 않지만, 그는 주공의 요구에 응답했을 뿐만 아니라 주공을 위해 구도 호경에서 수년간 후원하면서 주공이 위기를 해결하고 아울러 그를 역사적 영웅으로 만드는 데 일조했다. 그러니 소공에 대한 주공의 설득은 상당히 효과적이었다는 사실을 알 수 있다. 다른 한편 주공도 이를 통해 이상적인 정치체제를 구축하게 되는데, 그것이 바로 '성군현신 체제'다. 이러한 체제에서 성군은 한 명이지만 현신은 여러 명일 수 있으며, 현신은 성군이 천명을 담당하는 것을 돕게 된다. 수천 년 동안 훌륭한 정치는 모두 이를 모범으로 삼았다. 다시 말해 주공이 완성한 정치체제는 수천 년 동안 동아시아인들을 지배하는 훌륭한 정치의 표상이 된 것이다.

성군현신의 유혹은 비록 거부하기 어렵지만, 누가 유혹하며 누가 유혹을 받게 되는가? 이것은 구별해야 할 문제다. 이 편에서 소공이 주공의 유혹을 받는데, 이는 '성군'이 '현신'을 유혹한 것이며 '성군'이 '현신'을 필요로 한 것이다. 그러나 춘추전국시대 이래로 이런 정치적 유혹의 대향연은 줄곧 연출되면서도 유혹의 구조는 모르는 사이에 희극戱劇적인 변화를 겪는데, 바로 현신들이 유혹하는 주체가 되고 성군은 반대로 유혹받는 대상이 된다.

맹자가 제 선왕齊宣王을 유혹한 사례를 살펴보자. 『맹자』 「양혜왕 하」 편에서 맹자가 제 선왕에게 "이른바 고국故國이라는 것은 교목喬木이 있음을 말하는 것이 아니라 세신世臣이 있음을 말하는 것입니다"[65]라고 했다. 이 말은 장구한 역사를 지닌 나라에서 가장 필요한 것은 현신이라는 뜻이다. 그렇다면 어떻게 현신을 선발해야 할까? 맹자는 또 말한다. "나라의 군주는 어진 이를 등용하되 부득이한 것처럼 해야 합니다. 장차 지위가 낮은 자로 하여금 높은 이를 넘게 하며, 소원한 자로 하여금 친한 이를 넘게 하는 것이니, 신중히 하지 않을 수 있겠습니까? 좌우의 신하가 모두 (그 사람을) 어질다고 말하더라도 아직 괜찮다 하지 말며, 여러 대부大夫가 모두 어질다고 말하더라도 아직 괜찮다 하지 말고, 나라의 백성이 모두 어질다고 말한 뒤에야 살펴보아서 그 인仁함을 발견한 뒤에 등용해야 합니다. (…) 이와 같이 한 뒤에라야 백성의 부모라 할 수 있습니다."[66]

여기서 맹자는 제 선왕에게 현신을 선발하는 방법을 알려줘서 그가 '백성의 부모'와 같은 성군이 되기를 유혹한다. 그렇다면 맹자 자신은 일찍이 '현신'으로 자처하지 않았을까? 수십 년간 맹자는 각국을 떠돌아다니면서 그의 군주를 보좌하여 성군으로 만들기를 희망했다. 그러나 『사기』의 기록에 따르면 그는 "제 선왕에게 유세하며 그를 섬기고자 했으나 선왕은 그를 등용하지 않았다. 양梁나라에 갔으나 양 혜왕은 그가 말하는 것을 믿지 않았고, 그의 말은 현실과 거리가 멀어 당시 사정에 맞지 않는다고 생각했다. 당시 진秦나라는 상군商君을 등용해 나라를 부유하게 하고 군대를 강하게 했으며, 초楚나라와 위魏나라는 오기吳起를 등용해 싸움에서 이기고 적을 약하게 했다. 제齊나라의 위왕威王과 선왕宣王은 손자孫子·전기田忌의 무리를 등용해 제후들이 동쪽을 향해 제나라에 조회朝會하게 했다. 천하는 바야흐로 합종合縱과 연횡連衡에 힘썼으며, 남을 공격하고 정벌하는 것을 현명하다고 여겼다. 그래서 맹가孟軻는 당唐(요)·우虞(순)·삼대三代(하은주夏殷周)의 덕을 논술했지만, 그가 가는 곳마다 내용과 부합되지 않았다. 물러나와 만장萬章의 무리와 함께 시詩와 서書를 순서에 따라 편집하고, 중니仲尼(공자)의 뜻을 논술하여 『맹자』 7편을 썼다"[67]고 한다. 바꿔 말하면 후대에 받들어지는 경전이 된 7편의 『맹자』는 사실은 지은이가 "팔려고 노력하다"가 실패한 유산으로서, 지은이는 본래 제 선왕과 양 혜왕을 성군으로 만들고 자신은 현신이 되려는 유혹을 의도했으나, 애석하게도 성공하지 못했고 성군현신의 이상은 실현되지 못했다.

일찍이 '아성亞聖'[68] 이전에 '지성至聖' 공자도 많은 군주를 유혹했는데 당연히 성공하지 못했다. 아성 이후 중고 시기의 성인인 주자도 일찍이 자신의 군주를 유혹했다.

1163년 11월 6일, 주자는 처음으로 송 효종宋孝宗의 부름을 받게 된다. 이 알현을 위해 주자는 사전에 3부로 구성된 보고서를 준비하는데, 그 유명한 「계미수공주차癸未垂拱奏箚」69다. 『주자연보朱子年譜』 권1 '융흥隆興 원년 11월 6일' 조에 따르면 "먼저 주자께서 소명召命을 받음에 이동李侗 선생에게 가르침을 구했다. 이 선생은 오늘날 삼강이 세워지지 않고, 의리가 나뉘지 않아 중국의 도가 쇠하며 이적이 융성하게 되었고, 사람들은 모두 이익을 추구하고 의로움을 돌아보지 않아 군주의 힘이 약해졌다고 생각했다. 주자는 그 말씀으로 대답했다"라고 기록하고 있다. 이후 주자는 위원리魏元履70에게 보낸 편지에서 당시의 알현에 대해 서술했다. "저는 6일에 알현하여, 처음에 제1주奏 '격물치지의 도道를 논함論格物致知道'을 읽으니 성상의 용안은 온화하셨고 메아리가 응하듯 들어주셨습니다. 그다음 제2주 '복수의 의의를 논함論復讎之義'을 읽고, 제3주 '언로를 가로막는 측근의 제거를 논함論言路雍塞佞幸鴟張'을 읽으니 다시는 성상의 말씀이 들리지 않았습니다."

주자의 이 알현은 송 효종에 대한 그의 유혹 역시 성공하지 못했음을 보여준다. 또한 공자와 맹자가 군주 앞에서 자신의 소신대로 자신만만했던 데 비해, 주자의 조심스러움과 신중함은 성군 앞에서의 현신의 미약함을 더욱 확실하게 보여주고 있다. 시간이 흘러 왕양명의 시대에 이르면 상황은 더욱 감당하기 힘들어지는데, 양명이 군주를 유혹해 성군으로 만들려다 곤장 40대를 맞게 된다. 죽다 살아난 저 500년 전의 성인은 마침내 "성군을 얻어 도를 행한다得君行道"는 이상정치와 완전히 결별하고, "백성을 깨우쳐 도를 행한다覺民行道"의 노선으로 갈아타게 된다.

주공이 군주(혹은 섭정)의 존귀함으로 소공을 유혹한 것으로부터, 공자와 맹자가 상대적으로 평등한 관계로 군주를 유혹했고, 다시 주자가 '미신微臣'의 신분으로 군주를 유혹했으며, 마지막으로 왕양명은 군주를 유혹하다 심한 고초를 당했다. 이 유혹하는 구조의 변화는 동아시아 정치 형태의 변천을 잘 보여준다. 주공 시대에는 성군과 현신의 관계가 형제관계도 될 수 있었는데, 설령 형제가 아니더라도 '대대로 맺어온 친분'은 형제와도 같았다. 따라서 성군이 현신을 유혹하는 것은 곧 집권 집단 내부의 소통이었다. 공맹 시대에 이르면 군주는 오늘날의 기업주와 같고 현신은 오늘날의 전문 경영인과 같아서, 기업주와 경영인 사이에 상호 선택이 가능했다. 그러므로 성군과 현신은 서로 평등하게 담판할 수 있었다. 한마디의 말이 서로 맞지 않으면 현신은 옷소매를 뿌리치고 떠날 수 있을 정도로 매우 소탈하고 자유로웠다. 주자 시대에 이르러 '군신이 함께 천하를 다스리는' 좋은 시기를 만나게 되었고, 현신이 군주를 유혹하여 성군으로 만들 기회가 있었지만, '성상聖上의 말씀은 다시 들리지 않을' 수도 있었다. 그리고 왕양명의 시대에 이르면, 현신은 이미 쇠락해 모욕과 죽음이 따르는 대상이 되어버렸다. 양명학은 16세기 이후의 격랑 속에서 더 이상 군주를 감히 유혹할 수 없게 되었고, 성군현신의 이상은 이미 파멸된 산물이 되고 말았다.

제37편 채중지명蔡仲之命
은혜정치

채중蔡仲은 채숙蔡叔의 아들로 이름은 호胡다. 채숙은 주공의 동생이므로 채중은 주공의 조카가 된다.

주공이 섭정하던 기간에 채숙과 관숙 등의 종실 형제들이 경성에 유언비어를 퍼뜨려 주공의 저의가 좋지 않다고 비방했다. 이후 주공이 동정東征하여 은상의 옛 땅에 도착해 관숙을 죽이고 채숙을 구금했다. 비록 채숙은 '반역자'로 변절했지만, 채숙의 아들 채중은 자못 덕성을 갖추고 있어 아버지와는 전혀 달랐다. 주공은 채중을 신임하여 우선 그를 경사卿士로 임명했다. 채숙이 죽은 뒤 주공은 다시 그를 채국蔡國의 군주로 삼게 된다.

이 편은 그 이후의 일을 묘사하고 있는데, 주 성왕이 조정을 대표해서 채중에게 한 훈계를 기록하고 있다. 그런데 이 훈시는 비록 성왕이 한 것이긴 해도 주공의 뜻일 가능성이 높다.

성왕은 먼저 채중을 인정해주면서, 그가 할아버지(문왕)의 덕을 잘 이어받고 신하의 도리를 준수했으며 그의 부친과 같이 무덕無德하지 않았기 때문에 그를 채국의 군주로 임명한다고 말한다.71 성왕은 그에게 정사를 성실히 할 것과 충과 효를 다할 것을 당부하는 한편, 절대 할아버지 문왕의 가르침을 잊지 말고 그의 부친과 같이 천명을 어겨 스스로 멸망하는 일이 없기를 바랐다.72 이어서 성왕은 채중에게 "황천皇天은 친함이 없이 오직 덕 있는 사람을 도우며, 민심은 일정함이 없이 오직 은혜를 품는다. 선을 행함은 같지 않으나 함께 다스림으로 귀결되고, 악을 행함은 같지 않으나 혼란함으로 귀결된다"73고 말한다.

위 구절은 이 편의 핵심으로서, 제시하고 있는 덕德과 혜惠, 선善과 악惡에 대해서는 자세히 분석해볼 필요가 있다. 왜냐하면 군주가 이 두 범주의 맥락에 따라 일을 처리한다면 실패하지 않을 수 있기 때문이다. 그러므로 적용 대상은 일반 사람들이 아니라 바로 군주(천자 혹은 제후)다. 이 두 범주는 군주의 행동 지침으로서 '군주지감君主之鑑'이라 할 만하다.

먼저 덕과 혜를 살펴보자. 이 둘은 서로 다른 용도와 지향점이 있다. '덕'은 상천에 대응하는 것으로, 천명은 덕 있는 군주에게만 주어진다. 따라서 군주가 상천의 동의를 받기 위해서는 자신의 덕성을 끌어올려야만 하며, 만약 '덕으로 상천과 짝하게以德配天' 된다면 상천은 대명大命을 군주에게 맡기게 되며, 동시에 군주가 천명을 완성할 수 있도록 보좌해준다. 이 말은 곧 군주와 상천 사이에는 일종의 암묵적인 계약관계가 있음을 의미하는데, 상천이 대명(천하를 통치할 수 있는 권력이나 기회)을 군주에게 주고, 군주는 대명을 받음과 동시에 반드시 그에 상응하는 덕을 갖춰야만 한다. 비록 덕의 구체적인 내용에 대해서는 자세하게 열거할 순 없지만 덕의 기본 요건은 매우 명확한데, 정치위탁인(군주)의 신분으로서 정치수탁인(상천)을 경외해야 하며, 한시라도 자신의 대명은 상천이 부여한 것임을 잊어서는 안 된다. 덕과 달리 '혜'는 백성에 대응한다. 민심의 향배는 군주가 그들에게 실질적인 이익을 주느냐에 따라 결정된다. 민심은 변하므로 군주가 백성에게 은혜를 베푼다면 백성의 지지를 얻을 수 있다. 다시 말해서 군주는 덕성으로 상천을 만족시켜야 하며 은혜로써 백성을 만족시켜야만 한다.

그러나 군주를 대상으로 말한다면, 덕과 혜는 질적으로나 양적으로 같은 차원의 것이 아니다. 왜냐하면 상천은 비록 '존재'하지만 그것은 다만 허상의 존재일 뿐이며, 희생犧牲과 향내음을 흠향받으며 각종 재이災異로써 군주를 경계시킨다고는 하지만, 상천의 의지는 사람이 해석해내는 것이기 때문이다. 따라서 '배천지덕配天之德'이 매우 중요하긴 하지만 '혜민지은惠民之恩'이 더욱 절박한데, 백성들은 행동 능력을 갖추고 있어서 그들의 불만은 군주의 통치 지위를 직접적으로 위협할 수 있기 때문이다. 또한 "상천은 우리 백성이 보는 것으로부터 보고, 우리 백성이 듣는 것으로부터 듣는다天視自我民視, 天聽自我民聽"[74]는 경문에 비춰보면 군주에 대한 상천의 평가는 군주에 대한 백성들의 평가에 의해 결정된다. 이 말은 만약 군주가 백성에게 은혜를 베풀면, 백성들의 평가는 좋아지고 그럼으로써 상천은 백성들의 평가를 존중해 똑같이 군주에 대한 높은 평가를 내리게 된다는 것으로, 민심을 얻어야만 천심을 얻게 되는 것이다. 따라서 백성에게 은혜를 베푸는 것을 군주의 으뜸가는 책무로 여기

채중도蔡仲圖.

는 것은 당연하다.

이런 측면으로 보자면 『상서』는 사상적으로 '은혜정치恩惠政治'로 불릴 만한 정치 전통을 개창했다고 할 수 있다. 이러한 은혜정치의 핵심 특징은 '시혜施惠'와 '추대推戴'다. 집권자가 백성에게 시혜를 베풀어야만 백성이 집권자를 추대하게 된다. 이와 같은 은혜정치에 대해서는 다각적인 해석이 가능하다.

첫째, 은혜정치는 '민본民本' 사상으로 해석할 수 있다. 표면적으로 "백성은 나라의 근본이며, 근본이 견고하면 나라는 안녕하다民維邦本, 本固邦寧"75는 백성의 중요성을 강조하는 듯 보인다. 그러나 백성이 중요한 이유는 그들이 군주의 요구를 만족시킬 수 있기 때문이다. 군주가 주인 입장에 있다면 백성들은 손님 입장에 있으며, 군주가 주체성을 지닌다면 백성들은 도구성을 지닌다. 백성들의 지지를 얻을 때만 군주의 집권은 견고(방녕邦寧)해질 수 있으며 군주가 백성들에게 은혜를 베푸는 까닭은 '백성이 근본民維本'이기 때문이다. 바꿔 말하면 바로 백성이 근본이기 때문에 그들에게 은혜를 베푸는 것이다.

둘째, 은혜정치는 베버의 통치 유형 이론과 상호 해석이 가능하다. 베버의 구분에 따르면 통치 유형에는 세 가지가 있다. 첫째, 법리형 통치의 논리는 "너는 반드시 나에게 복종해야만 하는데, 이미 법률이 그런 규정을 했기 때문이다"라는 것이다. 둘째, 전통형 통치의 논리는 "너는 반드시 나에게 복종해야만 하는데, 역사적으로 그러했기 때문에 일관되게 그러해야만 한다"는 것이다. 셋째, 카리스마형 통치의 논리는 "너는 반드시 나에게 복종해야만 하는데, 내가 너에게 은혜를 베풀 수 있기 때문이다"라는 것이다. 이러한 구분에 따르면, 이 편이 묘사하는 은혜정치는 카리스마형(개인 매력형) 통치 유형과 꼭 들어맞는다. 군주란 바로 백성들에게 은혜를 베풀 수 있는 매력형의 인물이기 때문에 그의 통치에 복종해야만 하는 것이다. 전통적인 "은택이 천하를 덮는다澤被天下"나, 오늘날의 '구세주大救星'76와 같은 말들의 표현 방식은 모두 은혜정치 혹은 개인 매력형 통치의 의미와 부합한다.

셋째, 은혜정치는 일종의 '승인정치承認政治'이기도 하다. 그러나 여기서 승인정치의 인과관계 도식은 '시혜-수혜'이며, 곧 군주가 백성의 승인을 받는다는 것은 군주가 백성에게 시혜하는 것을 전제로 한다. 이 말은 군주 자신이 거대한 은혜(이익)를 보유하고 있어서 그것을 백성들에게 하사할 수 있다는 의미다. 이와 비교해서 현대에 유행하는 민주정치는 오히려 투표용지를 매개로 하는 승인정치다. 이런 승인정치의 인과관계 도식은 '고용주-직원'으로, 국민이 고용주가 되고 선거나 투표의 방식으로 표를 많이 끌어 모은 후보를 선택하며, 세금을 납부해서 국정의 운행을 맡기므로 고용주가 직원에게 임금을 지불하는 것에 해당된다. 통속적으로 말하면, 집권자는 국민의 일꾼인 셈이다. 이러한 정치 도식에 있어서 집권자는 국민에게 은혜를 베풀 수 없는데, 왜냐하면 모든 혜택과 이익은 국민이 만들어주는 것이므로, 집권자는 국민 앞에서 절대 은혜를 베푸는 사람으로 자처할 수 없고 단지 고용된 사람일 뿐이다. 자신이 맡은 일이 잘되었다면 계속해서 고용될 수 있으나, 만약 일이 잘못되었다면 기간 만료로 해고되며, 극단적인 경우에는 기간이 만료되지 않아도 해고될 수 있다. 민주정치에서 국민이 자유롭게 집권자를 감독하고 집권자가 국민을 함부로 할 수 없는 이유는 바로 여기에 있다.

은혜정치의 핵심 논리가 비록 백성에게 은혜를 베푸는 것이지만, 군주는 덕으로 하늘에 짝하고 상천을 경외하면서 소홀히 할 수 없다. 왜냐하면 군주와 상천의 관계가 적극적인 정치적 효과를 낳기 때문이다.

이는 일면 군주의 권위를 제고하는 데 도움이 된다. 백성을 대면할 때 군주는 자신이 상천의 지지를 얻었다고 공언하면 신비롭고 막강한 방어막을 치는 것과 같은 효과를 누리게 된다. 상천 혹은 천명이라는 것은 영혼과 같이 있는 것 같기도 하고 없는 것 같기도 하며, 이러한 불확정성이 그 권위의 원천을 구성한다. 백성의 입장에서 말한다면, 상천으로부터 어떤 확실한 좋은 점을 발견하지는 못하더라도 최소한 애써 상천의 심기를 건드리거나 죄를 얻을 필요는 없는 것이다. 만에 하나라도 상천이 존재하기라도 하고 보복을 가한다면 큰 낭패를 보기 때문이다. 따라서 군주가 상천의 지지를 얻었다는 공언은 백성들에게 즉각 효과를 발휘하는데, 이는 호가호위狐假虎威와 같아서 상천이 호랑이인 셈이다. 사회과학적인 측면으로 보자면, 상천 혹은 천명은 집권자가 만들어 낸 일종의 정치통제 기술이라고 이해할 수 있다. 그것을 유지하기 위해서는 정기적으로 상천에 제사를 지내 약간의 희생犧牲과 향을 바치면 된다. 그러므로 제천祭天의 정치 기능은 군주의 권위를 강화하는 것이며, 그와 같은 정치적 의례가 나타내고자 하는 것은 군주가 상천을 초대할 수 있고, 상천은 군주가 함께하기를 바라며, 상천은 군주의 지지자이자 막강한 배후라는 사실이다.

다른 한편 군주와 상천의 관계는 위로부터의 권력 부여라는 전통적인 정치의 특징을 보여주기도 한다. 군주의 권력은 상천으로부터 받은 것이기 때문에 군주는 상천에 대한 책임을 져야만 하고, 권력은 상천으로부터 내려온 것으로 상천은 권력의 궁극적 근원이 된다.

이상의 두 측면의 분석을 통해, 비록 '덕으로 상천과 짝하다以德配天'라는 말이 허구적이긴 하지만, 이것과 '백성에게 은혜를 베푼다施惠于民'의 상호 관계는 공동으로 전통적 군주정치를 지지하며, '시혜우민'은 '군주의 은혜'를 체현하고, '이덕배천'은 상천의 지지를 구함으로 인해 군주의 권위를 구성하는 기초가 됨을 알 수 있다. 후대에 지어진 『회남자淮南子』 「주술主術」의 "은혜와 위엄은 모두 중요하다恩威并重"의 개념은 이 편에서 이미 그 원형을 찾아볼 수 있다.

덕과 혜 같은 기본 범주 이외에, 이 편에서는 선악과 치란을 덧붙여 선善은 치治의 단서가 되고, 악惡은 난亂의 근원이 됨을 강조하고 있다. 이러한 정치적 신조는 윤리를 우선으로 하고 도덕을 중시하여 '선악의 구별'로 '진실과 거짓의 구별'을 대체하고, '선의 갈망'으로 '진실 추구'를 대체하는 전통 동아시아 정치사상과 그 실천의 바탕을 구성하게 된다. 이런 정치 신조는 후대의 유가 경전에 투영되는데, 누구의 도덕 수준이 높은가? 누가 집권자의 자리에 오르는 것이 당연한가? 그것은 바로 "오직 인자仁者라야 높은 지위에 오를 수 있다唯仁者宜在高位"[77]이다. 실천의 장에서는 모든 시시비비의 발로가 '인의도덕仁義道德'이다. 이는 플라톤 사상의 '지자智者의 통치'라고 하는 '철인哲人' 모형과는 선명한 대조를 이룬다. '지자의 통치'와는 달리 동아시아의 고유문화는 '인자의 통치'를 중시한다. 이 편의 '선악'과 '치란' 관계에 관한 논의는 그 하나의 사례다.

제38편 다방多方
정치의 연꽃이 피어나는 진흙탕

'다방多方'은 '다수의 제후국'이라는 말로, 여기서는 주 왕조 초기의 각 제후국을 가리킨다. 「다방」은 주공이 성왕을 대표해서 각 지방 제후들에게 발표한 담화문이다. 이 편의 서문은 주공이 성왕에게 정권을 돌려준 지 2년째 되던 해에 동쪽 지방의 회이淮夷·엄奄 등의 일부 제후가 반란을 일으키자, 성왕·주공·소공 등이 정벌에 나서 반란을 진압했다고 적고 있다. 성왕이 호경으로 돌아와 제후들을 소집했는데 담화문은 이때 발표된 것이다.

담화의 주요한 의도는 각지의 제후들을 훈계해 당시의 형국을 이해시키는 데 있었다. 즉 당시에는 이미 희주 왕실이 집권했고 그러한 형국은 바꿀 수 없으므로 은상 시기의 옛 군주를 또다시 그리워하지 말고 적극적으로 주 왕실에 협조해야만 한다는 것이다. 만약 배반한다면 중벌을 내릴 것이지만, 전심전력으로 귀의하여 함께하면 중앙 정부에서 중요한 직책을 내리는 것과 같은 정치적인 포상을 준다는 점을 특별히 강조하고 있다.

이 편의 담화가 반란을 평정하던 시기에 발표되었다는 점에 근거해 보면, 주 왕조 초기의 몇 년간은 정국이 불안정했다는 것을 알 수 있다. 은상 정권은 실질적으로 이미 붕괴되었지만 그 영혼은 여전히 수많은 제후의 마음에 남아 있었으니, 그들의 몸은 희주 왕조에 있지만 마음은 은상 왕조에 있었다. 바로 이처럼 옛것을 그리워하는 심리 상태에서 일부 지역의 제후들이 '반주복상反周復商'의 기치를 들어올렸던 것이다. 비록 주 왕실이 전쟁을 통해 그들을 진압했지만 근본적으로 문제를 해결하지는 못했다. "들불을 놓아도 다 타지 않고, 봄바람이 불면 다시 살아나는 것野火燒不盡, 春風吹又生"[78]처럼 적당한 상황을 만나 반란이 일어났던 것이다. 그러므로 왕실은 정복 이후 특별히 이와 같은 제후 회의를 개최했는데, 이는 제후들의 심리에 잠복한 은상 정권의 영혼을 제거하는 데 그 목적이 있었다.

이 문제를 해결하기 위해 주공은 '은혜와 권위恩威'를 병행하는 수단을 썼는데, 한 손에는 당근을 쥐고 다른 한 손에는 채찍을 들었다. 그러나 주공의 담화는 여기에 머물지 않는다. '은위'를 병행하기 전에 우선 토론하여 거역할 수 없는 말세의 정세를 묘사함으로써 희주가 은상을 대신하는 정당성을 이론적으로 증명한다.

주공의 묘사에 따르면, 한 왕조가 말세에 다다르면 세 가지 측면으로 그 징조가 나타난다. 첫째, 군주의 실덕이다. 하나라 말세의 걸뿐만 아니라 상나라 말세의 주는 모두 실덕한 군주다. 군주의 실덕은 주로 제사를 소홀히 하고, 향략을 일삼으며, 천명을 두려워하지 않고 천도를 행하지 않으며, 백성을 돌보지 않는 것 등으로 대표된다. 설령 상천이 재이로써 경고를 보내도 그것을 알지 못하며, 백성을 돌보는 일에 대해서는 완전히 마음이 떠난 상태였으니, 군주가 맡은 책임을 포기한 것으로 실덕을 판단할 수 있다. 둘째, 백성의 실교失敎다. 이것을 만드는 근본 원인은 바로 군주의 실직失職이다. 군주가 백성들에게 좋은 정치를 펼치지 못하고 백성들을 교화하지도 못함으로써 민간이 곤궁해지고 재물과 식량을 탐하게 되며, 성정은 포악해지고 도리에 맞지 않게 되며, 착한 구석이라고는 털끝만큼도 없게 되고, 고의로 군주의 명령을 어기는 등 무법천지의 난민이 되니, 이러한 현상을 백성의 실교라 할 수 있다. 셋째, 법률의 실효失效다. 백성의 실교와 혼란한 상황에서 군주가 중용한 혹리酷吏들이 잔혹한 형벌로 질서 유지를 시도했지만 결과적으로 효과를 보지 못했으며, 도리어 더 많은 악행과 혼란이 조장되어 날이 갈수록 심각한 위기에 직면해 왕조의 멸망을 앞당겼다.

 이 세 측면이 모두 동등한 것은 아니다. 그들 가운데는 주된 것과 부차적인 것이 있다. 백성의 실교와 법률의 실효는 군주의 실덕에서 비롯되어 나오는 것들이다. 이러한 말세의 풍경은 실덕한 군주나 실교한 백성들뿐만 아니라 법률을 집행하는 관리들 모두 어쩔 수 없이 정해진 궤도에 의해 흘러갈 수밖에 없는 상황을 잘 보여주고 있다. 이때 상천은 '말세 왕조'를 종결짓지 않을 수 없는데, 덕이 있는 군주를 새로 찾아서 미래의 정치를 위해 새로운 항로를 개척하게 된다. 하나라 말기에 상천은 탕을 선택하여 걸을 대신했고, 상나라 말기에 상천은 문왕과 무왕을 선택해 주紂를 대신했다. 따라서 하나의 새로운 왕조가 탄생하기 전에는 항상 말세 왕조가 남긴 폐허를 보게 되는 것이다. 여기서 이 편은 우리에게 다음과 같은 정치의 상을 제공한다. 즉 한 왕조의 말세는 정치의 진흙탕이며, 거기서 나온 새로운 왕조는 진흙탕에서도 오염되지 않는 한 줄기 연꽃과 같은 것이다. 탕이 세운 새로운 왕조와 문왕과 무왕이 세운 새로운 왕조는 모두 이러한 정치 연꽃으로 볼 수 있다. 이 편의 사상사적 의의도 바로 여기에 있다.

정치문화사에서 '말세'는 언제나 무거운 주제이며, 이 편에서는 은상 시대에서부터 있었던 수많은 제후가 하와 상의 말세에 대한 주공의 묘사를 듣고는 슬퍼하고 상심하는 정서를 불러일으키게 된다. 그러나 이 편의 단서가 되는 이러한 '말세' 현상은 특수한 사례가 아니라 반복적으로 나타난다.

주공이 묘사한 말세는 주나라에서도 곧바로 나타난다. 『사기』 「공자세가」의 기록은 다음과 같이 적고 있다.

> 공자가 살던 시대에 주 왕실은 미약했고 예악禮樂은 무너졌다. (…) 공자가 병이 들었는데 자공子貢이 뵙고자 했다. 공자가 지팡이를 짚고 문밖을 거닐면서 '사賜(자공의 이름)야! 왜 이리 늦게 왔느냐' 탄식하며 노래하기를 '태산이 무너지는구나! 기둥이 부러지는구나! 철인哲人이 쓰러지는구나!' 하고는 눈물을 적셨다. 또 자공에게 '천하에 도가 없어진 지 오래되었다! 아무도 나를 믿어주지 않는다. 장사를 치를 때 하나라 사람들은 유해를 동쪽 계단에 모셨고, 주나

라 사람들은 서쪽 계단에 모셨고, 은나라 사람들은 두 기둥 사이에 모셨다. 어젯밤에 나는 두 기둥 사이에 놓여 사람들의 제사를 받는 꿈을 꾸었다. 나의 조상은 원래 은나라 사람이었다'고 하고는 7일이 지나서 공자는 세상을 떠났다.

공자가 임종하기 전의 이와 같은 서술은 사실 주 왕조가 말세로 치닫는 정신 사조로서, 공자의 죽음을 묘사하고 있지만 사실은 비유의 방식으로 주 왕조의 말세를 묘사하고 있다.

주공은 하·상 왕조의 말세를 묘사했고 공자는 주 왕조의 말세를 목도했으니, 그 실체는 왕조정치 자체가 말세로 치닫고 있다는 점이다.

왕조정치 자체의 말세 상황에 대해서는 19세기 공자진龔自珍(1792~1841)[79]의 묘사가 가장 생동감 있다. 그는『서역치행성의西域置行省議』에서 다음과 같이 적고 있다.

건륭乾隆(1736~1795) 말년 이래로 관리와 사민들은 곤란한 낭패를 당해 사농공상에 해당되지 않는 자들이 열에 대여섯은 되었다. 또 아편을 피우거나 사교邪敎에 빠지거나 죽임을 당하거나 얼어서 죽기도 하여 끝내 한 치의 실과 한 톨의 밥으로도 사람을 이롭게 할 수 없었다. 건륭 60년 태평성대에 인심은 교만해지고 풍속은 방탕했는데, 그중 조정이 가장 심했다. 조정에서 시작하여 사방으로 널리 퍼져 부호富戶는 빈호貧戶가 되고, 빈호는 굶주리게 되었다. 사농공상의 백성들은 좀도둑이 되었다. 백성들의 대체적인 형국이 한

달, 하루도 버티기 어려우니 나이를 물을 겨를이 있겠는가?

위 구절은 사실적으로 묘사되어 우리에게 전형적인 말세의 풍경을 전해준다. 공자진은 「존은尊隱」편에서 더욱 강렬하고 상세하게 표현한다.

날이 저물어가니 구슬픈 바람 불어오고, 사람들은 등불 켤 생각에 처량한 눈초리로 저녁 기운을 마시고, 꿈꾸며 잠들고 싶어도 누울 곳은 아직 멀었구나. (…) 얼마간 적연해져 등불은 빛을 잃고 아무 소리도 들리지 않는데 코 고는 소리만 이따금 들리며, 밤은 길고 길어 갈단鶡旦80도 울지 않으면 산속의 백성들이 크게 소리 지르니 천지天地가 쇠북이 되고, 신인神人은 파도가 된다.

이런 수사 기법은 매우 효과적으로 시대정신의 실체를 보여주기도 하는데, 천지간에 상서롭지 못한 기운이 가득 찼다는 것은 수천 년 동안 지속된 왕조정치가 이미 병들어 고칠 수 없는 지경에 이르렀음을 미리 말해준다. 과연 공자진 사후 몇십 년 동안 왕조정치의 토대는 와해되어 폐허와 진흙만이 남게 되었으며, 그런 정치 진흙 속에서 나온 정치 연꽃이 바로 중화민국이었다.

그런데 왕소성지의 폐허 속에서 세워진 중화민국은 중국 대륙에서 매우 빠르게 말세로 치달아 진흙탕으로 변해갔다. 1948년 11월 6일 추안핑儲安平(1909~1966?)81이 『관찰觀察』이라는 잡지에 발표한 「일장란오一場爛汚」라는 글에서 한 말이다.

지난 한 달은 정말로 악몽과도 같았다. 한 달 동안 수억의 인민은 신체적, 재산상으로 크나큰 고통과 손실을 맛보았다. 사람들은 그들이 여태 겪지 않았던 무서운 광경을 경험했다. 그들은 인생의 이상과 창조적인 활력 및 노동의 즐거움을 상실했을 뿐만 아니라 자신들이 수년간 해온 노력의 축적을 잃었고, 더 나아가 죽음에 직면했다. 매일 신문지상이나 거리에서 보이는 것들은 사람을 기죽이고 마음 상하게 하지 않는 것들이 없다.

이런 글은 우리에게 정치 말세와 정치 진흙탕의 새로운 풍경을 보여준다.

마르크스주의 사상가들 또한 그들에게 익숙한 말세 정치를 묘사하는 데 익숙해져 있다. 가령 1845년에 엥겔스는 『독일 이데올로기』에서 18세기 말엽의 독일 상황을 다음과 같이 묘사하고 있다.

이것은 썩어 문드러지고 혐오스러운 것들이다. 어느 누구도 마음 편하지 않다. 국내의 수공업·상업·공업·농업은 완전히 몰락했다. 농민·수공업자들과 기업주들은 정부의 약탈과 불경기라는 이중고를 겪고 있다. 귀족과 왕족들은 그들이 비록 백성들의 고혈을 착취하고 있긴 하지만, 자신들의 수입이 날로 방대해지는 지출을 보충할 수 없을 거라는 사실을 알고 있었다. 모든 것이 엉망이 되었고, 불만의 정서가 온 나라를 뒤덮었다. 교육은 이루어지지 않았고, 군중을 의식화하는 도구도, 출판의 자유도, 사회 여론도 없었으며, 심지어 대규모의 대외무역도 없었다. 비겁한 이기주의 외에 아무것도 없었다. 비겁하고 비굴하게 빌붙은 상인들의 나쁜 습관이 모든 국민에게 스며들었다. 모든 것이 부패하고 동요되어 곧바로 무너져 내릴 듯해서 그야말로 한 줄기 희망도 없었다. 왜냐하면 그 민족은 이미 죽어버린 제도의 썩은 시체를 제거할 힘조차 없기 때문이다.

남아 있는 것은 무엇이겠는가? 바로 가득 고여 있는 물, 진흙탕이다. 엥겔스는 이어서 또 다음과 같이 말한다.

몹시 오만한 왕족들의 국민에 대한 잔인한 전횡은 믿기 어려울 정도이다. 오직 향락과 사치만 일삼는 왕족들은 그들의 대신과 관리들에게 무한한 권력을 줘, 그들로 하여금 거리낌 없이 불쌍한 국민을 핍박하여, 그들이 주인의 금고를 가득 채우고 주인이 만족할 만한 예쁜 처첩들을 공급할 수 있도록 했다.

18세기 말엽의 독일은 이 편에서 묘사되고 있는 걸·주 시대의 풍경과 비슷하며 실질적으로 어떠한 차이점도 없다. 그것들은 모두 새롭게 생겨나는 정치 연꽃의 진흙탕이었다.

제39편 입정立政
천하의 소유권과 경영권

「입정立政」편의 주인공은 바로 주공이다. 이 시기의 주공은 이미 연로했다. 이 편에서 주공은 주 성왕에게 '임금의 자격爲君之道'을 전수해주는데, 그 핵심은 '사람을 등용하는 도用人之道'에 있다. 주공이 말한 '용인지도'의 이론적 근거는 바로 소유권과 경영권의 분리다.

주공의 관점은 하상夏商 두 왕조의 정치 경험으로부터 종합되어 나온 것이다. 그는 성왕에게 다음과 같이 말한다. 대우大禹는 사람을 등용하되 오직 어진 이로 했기 때문에 어진 이들이 중요한 직책에 두루 포진할 수 있었다. 걸은 포학한 자를 중용했기 때문에 하나라는 빨리 망한 것이다. 탕이 선택한 주요 관리들은 모두 자신의 직무를 다했기 때문에 그의 덕성이 온 천하에 널리 퍼질 수 있었다. 그러나 주紂의 시대에 이르러서는 중용된 관리들이 모두 죄지은 자, 포학한 자, 실덕한 자들이었고, 결과적으로 상천의 징벌을 초래하여 주왕은 천하를 잃었다. 우리 문왕은 유덕한 이들을 선발하여 관직을 맡기고, 각종 사법 안건이나 민생문제에 대해서는 문왕이 일체 관여하지 않고 책임을 맡은 관원들이 처리하도록 했기 때문에 주 왕실의 천하를 달성하게 되었다.

주공은 성왕이 하·상·주 세 왕조의 경험과 교훈을 기억해 관리를 선발하고 임용하는 데 있어 다음의 내용을 실행할 것을 희망했다. 첫째, 오직 어진 이를 임용할 것. 둘째, 지나친 참견을 하지 말 것.

비록 두 가지를 분리해서 말했지만 실질적으로는 하나가 된다. 어진 이를 임용한다는 것은 곧 믿음직스러운 관리를 찾는 것이다. 믿을 만하고 고용한 사람의 마음을 놓게 하는 이라면 '의심하지 말고' 관련된 사무는 그들이 처리하도록 놓아두며, 그들이 자신의 직책을 수행하는 과정에 지나친 간섭을 해서는 안 되며, 나아가 아예 간섭 자체를 하지 말아야 한다. 다시 말해서 어진 이를 임용한다는 것은 마음을 놓는다는 전제로 해야 하며, 마음을 놓는다는 것은 어진 이를 임용한 결과인 셈이다. 이것이 주공이 성왕에게 전수한 '용인지도'다.

사회과학적 측면에서 말하자면 이러한 '용인지도'는 하나의 기본 원칙을 함축하고 있는데, 소유권과 경영권은 분리되어야 하고 실소유주와 경영자는 나뉘어야 하며 이 둘의 관계는 뒤섞일 수 없다는 것이다. 현대의 기업도 소유권은 주로 소유주가 행사하고, 기업의 경영은 전문 경영인에게 위탁하고 있다. 이것이 바로 소유권과 경영권의 분리다. 이 두 가지 권리와 직능의 분리를 통해 기업의 효율적인 운영과 순리적인 발전을 효과적으로 보장할 수 있다.

주공 시대의 정권은 가족 기업에 해당된다. 비록 주공은 소유권과 경영권 분리의 이론을 알지 못했지만 그 이치를 잘 알고 있었다. 주 왕실이 비록 천하의 소유자로서 천하를 향유하는 소유권이 있었지만, 경영권에서는 손을 떼고 사회에 개방해서 천하의 어질고 덕 있는 이들이 참여해 행사할 수 있도록 해야만 한다는 것이다. 비록 천자는 천하의 소유권자이긴 하지만 천하의 경영권자를 겸임할 수는 없다. 왜냐하면 위군지도爲君之道는 천자가 소유자의 신분으로 적합한 경영자를 선발(고용)하는 것이기 때문이다. 백관들을 기업의 중간 관리자라고 한다면 재상은 한 기업의 최고경영자다. 이 편의 주제는 바로 주공이 희망하는 성왕이 훌륭한 경영인을 찾아서 그 경영인이 직무를 수행하는 것에 간섭하지 않는 것이다.

주공이 제시한 관점은 후대에 지대한 영향을 끼친다. 춘추전국시대에 서로 경쟁하던 열국列國은 치열하게 경쟁하는 현대의 기업들을 방불케 한다. 각국 군주들의 실용적인 경영 인재에 대한 쟁탈은 대단했다. 또한 양방향 선택의 시대여서 전문 경영인은 소유주를 선택하고, 소유주 역시 전문 경영인을 선택했다. 이 과정에서 공자와 맹자가 각국을 돌아다니며 유세하면서 전문 경영인 혹은 중간 관리인이 되기를 희망했지만 초빙의 기회를 거의 얻지 못했다. 법가학파의 관자 · 상앙 · 한비 등은 각국의 제후들이 어떻게든 스카우트하려고 한 전문 경영인들이었다. 비록 제자백가의 서로 다른 운명에 대해서는 더 자세한 설명이 필요(뒤에서 상세히 다룸)하지만, 이런 현상만으로도 소유자와 경영자 사이의 구별이 확연하다는 사실을 충분히 설명할 수 있다.

양한兩漢 시대에는 '찰거제察擧制'가 성행했고, 위진魏晉 시기에는 '구품중정제九品中正制'가 성행했다. 그러나 이 두 인재선발 제도의 생명력은 과거제에 미치지 못했다. 찰거제와 구품중정제는 잇달아 폐지되었는데, 수많은 이유 가운데 가장 중요한 것은 여기서 선발된 관리의 대부분은 귀족의 자제들이었고, 이들은 본질적으로 '기업의 소유자'에 속했다는 것이다. 즉 그들이 전문 경영인을 맡자 일정 부분 소유자와 경영자 간의 구분이 뒤섞이게 되었다. 위진 시기 오랫동안 혼란한 상태가 지속되었고 정치는 줄곧 정상 궤도로 올라서지 못했다.

구품중정제의 폐단 속에서 수당隋唐 시기에 이르러 과거제도가 생겨나 1905년[82]까지 지속되면서 역대 군주의 '용인지도'의 핵심 제도로 자리매김하게 된다. 과거제도의 생명력과 장점은 바로 관리 선발에 있어 소유권과 경영권의 분리라는 기본 원칙과 부합한다는 데 있으며, 이를 통해 전통 동아시아 왕조정치에 지속적인 전문 경영인을 제공했다.

왕조정치의 종말 이후 쑨원은 '정권政權'과 '치권治權'의 구분을 진행했다. 그는 '정권'은 인민에게 귀속되는 '인민권人民權'으로, 그 내용은 관리의 선발과 파면·법률의 제정과 재의결 등이며, '치권'은 정부에 귀속되는 '정부권政府權'으로, 그 내용은 입법·사법·행정·탄핵·고시考試 등의 다섯 가지 권력을 포함한다고 여겼다. 쑨원의 이러한 이론은 매우 '현대적'이지만, 주공의 관념과 비교해보면 형식적으로 공통점이 많은데, 그 둘은 모두 천하의 소유권과 경영권의 분리를 강조하고 있다는 점이다. 그러나 그 둘은 본질적으로 구별되는데 첫째, 주공의 관점에 따르면 천하는 주 왕실에 속하며 소유자는 왕실이다. 반면 쑨원의 관점에서 국가는 인민에 귀속되며 국가의 소유자는 인민이다. 이 둘 사이의 구별은 실질적으로 군주정치와 민주정치의 구별이다. 둘째, 관리 선발의 기준에도 미묘한 변화가 있다. 주공 시대에는 관리의 덕성을 가장 중시해 현賢과 덕德을 요구했다. 그러나 쑨원의 시대에는 비록 덕이라는 기준이 여전히 존재했지만, '능력能力'의 '능'이 더욱 중시되었으며, '유능한 정부政府有能'의 의미에서 관리들도 유능해야만 했다.

주공의 용인지도가 관리 후보자의 덕성을 고찰하는 데 무게를 두었기 때문에, 이 편에서 주공이 성왕에게 반복적으로 경계한 도리는 바로 어질고 덕 있는 이를 임용해야만 대우大禹·탕湯·문무文武와 같이 천명을 향유할 수 있고, 죄 많고 덕 없는 이를 임용하면 걸桀·주紂와 같이 천명을 잃게 된다는 것이었다. 천명의 유무와 정권의 존망은 군주가 유덕한 이를 임용하느냐의 여부에 의해 결정되는 것이다.

주공의 논의는 주목할 만한 정치철학을 담고 있는데, 그 시대에는 천자가 천하의 주인이었기 때문에 그런 정치적 정황에서 천자의 지존적 지위를 위협할 수 있는 힘을 구성하는 것은 '외부'로부터가 아닌 '아래'에서부터만 가능했다. 따라서 군주를 존중하고, 기존의 정치 구조에 동의하는 사람을 선발해서 정부 요직에 앉혀야 군주의 통치 지위가 수호될 수 있었다. 여기에서 관리가 갖춰야 할 '덕德'이란 바로 '정치의 덕'이며, 이 정치의 덕은 '개인의 덕私德'과는 다른 것이다. 현대사회에서 고위 관료가 당연히 준수해야 할 정치의 덕이 헌법이라면, 주공 시대에 관리가 반드시 준수해야 할 정치의 덕이란—앞의 「고요모」에서 열거한 '구덕九德'도 있기는 하지만—당시의 정치 관례와 원칙이다. 예를 들어 천자는 천명의 담당자라든가, 천자는 상천의 의지에 따라 천하를 다스리는 '여

일인子一人'이라든가, 천자의 덕성은 백관을 통해 온 천하로 전파된다는 것 등이다. 다시 말해 '정치의 덕'이란 기존 통치질서를 수호하고 촉진하며 공고히 하는 것이다. 그런 관리를 선발하고 임용하는 것이 바로 군주 정치의 조직 기반을 다지는 일이다.

이와 같은 '덕 있는 사람이 등용'되는 인사 원칙은 주공 시대에 철칙으로 받들어졌지만 동주東周 시기에 이르러서는 지속되기 어려워졌다. 앞서 서술한 바와 같이 비록 춘추전국시대에도 '소유자와 경영자의 분리'라는 원칙이 지켜지긴 했지만, 대부분의 제후국 군주들의 인사 원칙은 '덕 있는 사람의 등용'에서 '능력 있는 사람의 등용' '계략 있는 사람의 등용'으로 바뀐다. 군주의 부국강병 실현을 도울 수 있는 능력과 방법을 가지고 있는 사람이 누구이며 군주에게 등용되어 고위 관리가 될 수 있는 사람은 누구였을까? 관자와 상앙 같은 사람들이 '부강지술富强之術'에 정통했기 때문에 각국 군주가 앞 다퉈 초빙하려 한 '능력 있는 경영인'이었다. 공자와 맹자는 '팔려나가지' 못했는데, 그 이유는 그들이 견지한 것은 '인덕仁德의 도'였기 때문이었다. 이 인덕의 도는 대일통大一統의 치세에는 성행할 수 있었지만, 열국이 쟁패하던 난세에는 현실 감각을 갖춘 부강지술 또는 패술霸術에 자리를 양보할 수밖에 없었다. 왜냐하면 전국시대 군주들의 최소한의 목표는 나라가 병탄되는 것으로부터 모면하는 것이었고, 최고의 목표는 다른 나라를 병탄하는 것이기 때문이었다. 이러한 목표를 실현하기 위해서는 부강지술에 의지해야만 했다.

끝으로 이 편에서 말하고 있는 소유권과 경영권의 분리에 근거해서 다음 두 가지 사례를 해석해볼 수 있다.

첫째 사례는 송宋나라가 실행한 '임금과 신하가 함께 천하를 다스리는 것君臣共治天下'의 이론과 실천이다. 이 시기는 정치문화사적으로 칭송을 받는 때인데, 사대부의 지위가 매우 높았기 때문이다. 중대한 정책 결정에서 사대부는 천자와 더불어 협상하고 '공정국시共定國是'할 수 있었다. 사대부 입장에서 그런 정치 원칙은 큰 축복이었다. 그러나 사대부 계층에 유리한 제도에도 폐단이 잠복해 있었으니, 바로 소유권과 경영권 사이의 경계가 모호해질 수 있었고, 정치공동체의 생명력을 손상시킬 수 있었다. 이 때문에 송대에 찬란한 학술 사조는 있었지만 강력한 국가경쟁력은 보유하지 못했다.

둘째 사례는 현대 중국의 국유國有기업이다. 제도 개혁 이전에 국유기업의 소유권과 경영권은 뒤섞여 있었고, 기업의 생명력을 심각하게 위협하고 있었다.[83] 국유기업 개혁의 핵심 목표는 소유권과 경영권을 분리하는 것이었으니, 소유자는 상대적으로 자유롭게 하고, 전문 경영인으로 하여금 기업의 모든 경영을 책임지게 했다. 이것이 국유기업이 확장해나갈 수 있는 발전 공간이 되었다. 이러한 현대적 기업 제도가 비록 개혁개방 이후에 얻어진 성과이긴 하지만 「입정」편에서 이미 그 원형을 찾아볼 수 있다.

제40편 주관周官
서주의 정치 체계

형식상으로뿐만 아니라 내용상으로도 「주관周官」은 헌법과 매우 유사한 문건이다. 이 편의 경문을 통해서 서주西周 전기의 정치 제도 체계를 살펴볼 수 있다.

이 편 첫머리에 그 연유를 설명하고 있는데, 주 성왕이 천하 만방을 어루만져 각지의 제후를 순시하고, 조회오지 않는 이들을 정벌하면서 천하를 안정시키니 원근의 제후들 가운데 귀순해오지 않은 이가 없었다. 이에 성왕이 경성으로 돌아와 그의 관리들에게 담화를 발표했다.[84] 이런 설명은 이 편의 정치문화적 배경을 잘 말해준다.

이어서 성왕의 담화가 이어지는데 주제는 서주 정치 제도의 구체적인 안배다. 성왕은 백관들에게 대략 다음과 같이 말한다. 일찍이 요순 시기에 이미 관료 체계가 세워졌으니, 안으로는 백규百揆와 사악四岳이 있고, 밖으로는 주목州牧과 후백侯伯이 있으며[85], 하상夏商 시기에 관리들은 더욱 증가했다. 그러므로 우리 주周 왕조도 전대의 경험을 거울삼아 우리의 정권 체계를 세워야만 한다.[86]

성왕의 서술에 따르면, 주 왕조 중앙정권 기구는 '삼공三公' '삼고三孤' '육경六卿'으로 편성되어 있다. 그 가운데 삼공은 천자를 보좌하는 중신重臣으로 태사太師·태부太傅·태보太保로 나뉜다. 그들의 직책은 '도를 논하고 나라를 다스리며 음양을 조화롭게 하는 것論道經邦, 燮理陰陽'으로 비교적 초탈한 직위였다. 성왕은 이 세 지위를 반드시 채울 필요는 없으며, 적합한 인물이 있으면 임명하고 적합한 인물이 없으면 잠시 비워둔다고 말한다.[87] 삼공은 고대 서양의 원로원과 유사한 조직으로 오랜 경력의 정치인만이 임명될 수 있었다. 성왕의 설명에 비춰보면, 그에게 정권을 돌려준 주공도 삼공에 적합한 인물이다. 삼공들은 정치 경력이나 경험이 많았기 때문에 중추 기구 가운데 비교적 강한 발언권을 행사할 수 있었다.

비록 삼공이 군주의 보조자로 규정되었지만, 후대의 정치 발전 과정을 통해 볼 때 삼공제도는 정치 체계 내에서 균형을 잡아주는 기능을 수행해왔다. 왜냐하면 비록 군주가 최고의 정치지도자이긴 하지만 삼공이 사상가의 역할을 수행할 수 있었기 때문이다. 군주는 세속적인 권력을 누렸지만, 삼공은 정신적·사상적·종교적 권력을 향유했다. 일정 부분 군주와 삼공의 관계는 서양 중세의 군주와 교황의 관계에 견줄 만하다. 삼공의 직책이 '도를 논하는 것論道'이라고 한 것은 사상의 권력이며, 음양을 조화롭게 한다는 것은 종교의 권력이다. 그러므로 고대 동아시아 권력 체계에도 희미하나마 두 개의 큰 봉우리 혹은 두 개의 물이 갈라지는 형국이 보이기 시작하는데, 그것은 바로 군주는 세속적 권력을 대표하고, 삼공은 정신적 권력을 대표하는 것이다. 삼공은 사상가로서 군주의 권력에 일정한 제약을 가할 수 있었다.

그런데 성왕이 삼공제도를 언급하면서 그의 사심을 조금 내비치고 있다. 그는 비록 우리가 정식 제도 안에 삼공의 직위를 창설하긴 했지만, 만약 적합한 인물이 없으면 삼공을 반드시 세울 필요는 없으며 세 직위를 전부 공결空缺로 해도 된다고 강조했다. 성왕의 이런 규정은 미국의 대통령과 연방최고법원 사이의 관계를 연상시킨다. 즉 연방최고법원은 대통령을 감독·제약할 수 있지만, 연방최고법원의 법관을 임명하는 것은 대통령의 제청으로 이뤄진다. 바로 여기서 대통령과 연방최고법원 간 상호 제약의 관계가 형성된다. 이와 비교해서 삼공이 군주에 대해 일정하게 감독할 수는 있지만 그러한 감독은 우연히 발생되는 것일 뿐이다. 한편으로 군주는 삼공의 직위를 모두 공결하거나 부분적으로

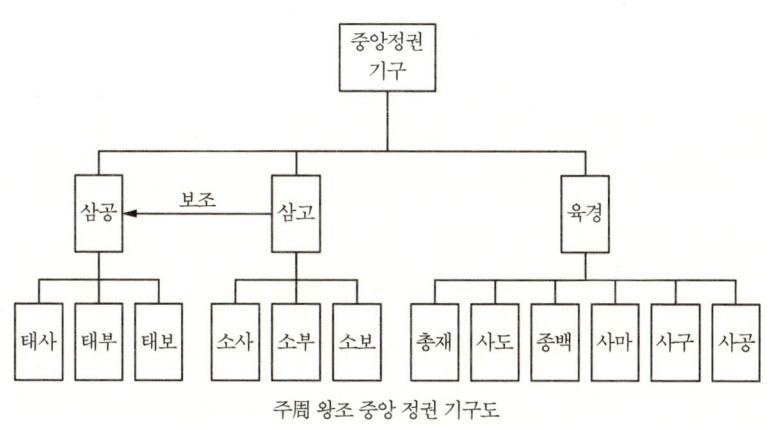

주周 왕조 중앙 정권 기구도

공결할 수 있었다. 다른 한편으로 군주에 대한 유효한 감독 행위를 제도적으로 보장하는 것은 없었고, 주로 삼공의 개인적 명망에 따라 결정되었다. 주공이 성왕의 태사로 임명되었다면 성왕에 대한 감독은 비교적 유효했을 것이지만, 다른 사람이 태사였다면 효과를 보기는 어려웠을 것이다. 이런 관점으로 보면 삼공은 일종의 제도적인 군주 권력 제약의 안배로서, 그 의의를 지나치게 높이 평가하는 것은 옳지 못하다.

삼공 외에 삼고三孤가 있었는데 소사·소부·소보로 나뉜다. 명칭으로 보면 삼고는 삼공과 상호 대응관계에 있다. 성왕의 훈시에 따르면, 삼고는 삼공의 보조자로서 삼공을 도와 공동으로 천자의 천하 통치를 보좌했다.[88]

삼공·삼고를 원로원으로 간주한다면, 육경六卿은 정부의 내각에 해당된다. 육경 가운데 가장 처음은 총재冢宰인데, 백관을 통솔하는 후대의 승상丞相이나 재상과 같은 직위로 명실상부한 정부의 수뇌다. 둘째는 사도司徒로 국가의 교화를 주관한다. 셋째는 종백宗伯으로 제사와 전례를 주관하며 신인神人 간의 소통을 통해 상하와 존비를 조화롭게 한다. 넷째는 사마司馬인데, 국가의 군사와 군정을 주관한다. 다섯째는 사구司寇로서 국가의 사법과 송사를 주관한다. 여섯째는 사공司空으로 국가의 토지·전답·민생·공상工商 등을 주관한다.[89]

지방 제도 및 중앙과 지방의 관계에 대해서 성왕은 명확한 규정을 제시했다. 6년마다 한 번 각지의 제후들이 중앙 정부에 내조來朝하는데 이는 업무 보고에 해당된다. 다시 6년마다 한 번 천자가 친히 각지를 순시하는데, 그 과정에서 천자는 각지의 제후들에 대한 평가를 진행하며 평

가 결과에 따라 상벌과 인사고과를 단행한다.⁹⁰

이것으로 서주 헌법제도 구조를 확실히 알 수 있게 되었다. 첫째, 천자와 삼공·삼고는 최고결정 기구로서 함께 국시國是를 결정한다. 둘째, 총재를 수반으로 하는 육경은 집행 기구로서 중앙 정부의 일상적인 사무를 처리하는 책임을 진다. 셋째, 중앙과 지방 관계에서 천자는 정기적으로 지방 제후에 대한 평가를 진행하며, 각종 제도적인 왕래 방식을 통해 제후들을 정치적인 공동체로 결속시킬 수 있었다.

서주 정치 제도의 기본 구조를 규정한 뒤 성왕은 모든 정부 관료에게 요구 사항을 제시하는데, 그 주요 내용은 다음과 같다.

첫째, 공정이다. 공정하게 업무를 처리해야만 백성들이 우리를 신임하여 귀의해오며, 우리는 민심과 민중을 얻을 수 있게 된다.

둘째, 법치다. 성왕은 관료들에게 오랫동안 익숙해져 있는 치국 방법을 익힐 것을 요구했는데, 통행되고 있는 법칙에 근거해서 정사를 다스리고 결정을 내려야만 하기 때문이다. 성왕은 법에 근거해서 일을 처리해야만 중대한 착오를 겪지 않는다고 생각했다.

셋째, 근검이다. 성왕은 부지런히 정사에 힘쓰는 것이 우리 사업을 발전시킬 수 있으며, 절검節儉 역시 정사의 미덕이라고 여겼다.⁹¹

이러한 결론은 간결하면서도 힘 있는 격언처럼 관료들이 마땅히 준수해야 할 정치 원칙으로 서주 정치 체계 속의 소프트웨어와도 같았다. 앞서 제시된 정치 제도의 안배는 서주 정치 체계의 하드웨어에 해당된다고 할 수 있다. 하드웨어를 소프트웨어와 결합시켜 생명력 있는 서주 정치 체계를 만들 수 있었던 것이다. 이처럼 비교적 성숙한 정치 체계에 대해 좀 더 확장된 논의를 해볼 수 있다.

앞서 서술한 바와 같이 이 편은 서주 왕조가 정식으로 발표한 헌법으로 볼 수 있으며, 서주의 정치 체계에 관한 전면적인 규정을 통해 성문 헌법의 역할을 한다고 할 수 있다.

우리는 헌법이 현대 정치의 산물로 중국의 첫 헌법은 청조淸朝 말기에 출현했다고 알고 있다. 이런 의미로 이해되는 헌법과 헌제는 현대인이 고대인을 '얕보는' 것에서 나온 것으로 현대인의 '자아 팽창'의 산물이다. 시야를 조금 넓혀 '정치체제'라는 관점에서 헌법과 헌제를 이해해 그것을 기본적인 정치 안배로 본다면, 헌법은 현대에도 있지만 고대에도 존재했었다는 것을 알 수 있다. 만일 아리스토텔레스의 「아테네 헌정」으로 아테네 헌법과 정치 제도에 대해 정확히 설명할 수 있다면, 서주에 대해서는 「주관周官」을 통해 그리할 수 있다.

이 편은 또한 어떠한 정치체제도 점진적인 성숙 과정을 거친다는 점을 잘 보여준다. 이 편은 성왕 시대에 출현한 것으로 주공이 성왕에게 정권을 돌려준 이후이거나 성왕 집정 말기일 수도 있다. 그 의미는 바로 서주의 정치 체계 형성은 문왕·무왕·주공·성왕 등 몇몇 군주(혹은 섭정)가 지속적으로 정권을 경영한 산물이라는 것이다. 상대적으로 완성된 헌법 문건을 만드는 일은 무왕이 은상 정권을 빼앗은 직후나, 이후 수년 내로 가능한 사안이 아니다. 왜냐하면 전 정권을 전복시켰다는 사실이 이후 수립된 신생 정권의 성숙을 의미하지는 않기 때문이다. 신생 정권의 초창기는 새로운 정치체제와 헌법들이 점점 생겨나고 길러지는 시기다. 신생 정권이 자리를 잡은 뒤에야 비로소 조금 성숙된 정치체제와 헌법이 흙을 뚫고 나오게 되는 것이다. 이 편은 그러한 법칙을 잘 보여주고 있다. 성숙된 정치체제와 헌법은 "미네르바의 부엉이는 황혼녘이 되어야 날갯짓을 한다"92와 같은 것이다. 헤겔은 이 명구를 말하기에 앞서 다음의 유명한 논리를 폈다.

세계의 사상으로서의 철학은 현실이 그 형성 과정을 완성한 이후에야 비로소 나타난다. 개념이 가르쳐주는 것 역시 필연적으로 역사가 보여주는 것이기도 하다. 이 말은 곧 현실이 성숙되었을 때 비로소 이상이 현실을 만나 나타나고, 이 같은 실재 세계의 실체를 잡은 뒤에야 그것으로 비로소 이지理智 왕국의 형태를 이룩하게 된다는 것이다. 철학이 회색의 현실을 회색으로 그려낼 때는 그 생활의 형태가 이미 낡게 변한 이후다. 회색에 회색을 덧칠한다 해도 생활의 형태는 젊음을 되찾지 못하고, 다만 인식되는 대상만을 그려낼 수 있을 뿐이다.

헤겔이 여기서 언급한 법칙은 철학과 현실의 관계에 국한되는 것이 아니라 헌법과 현실의 관계를 보여주기도 한다. 즉 성숙되지 못한 헌법은 언제나 성숙되지 못한 정치 현실과 연관되어 생겨나며, 성숙한 헌법은 언제나 정치 현실이 성숙한 뒤에야 비로소 출현한다는 것이다. 정치가 강렬한 전환기에 처해 있을 때는, 정치 현실 자체도 여전히 성숙되지 못한 시기로 성숙한 정치체제와 헌법을 만들어낼 수 없다. 왜냐하면 정치 현실에서 중요한 부분은 여전히 정형화되지 못했으므로 정치 현실을 반영하는 헌법 역시 정형화될 수 없기 때문이며, 열매가 익지 않아 저절로 떨어질 리 만무하기 때문이다.

해질녘이 도래하지 않아 미네르바의 부엉이는 아직 날지를 못한다.

제41편 군진君陳
바람과 풀의 은유

'군진君陳'은 주 성왕의 대신大臣이다. 또한 주공의 막내아들이자 백금 伯禽의 동생이기도 하다. 주공이 살아 있는 동안 동쪽의 은상 유민들은 줄곧 주공의 관할 아래에 있었다. 주공이 죽은 뒤 성왕은 그 임무를 군 진에게 맡겨 아들이 아버지의 일을 잇게 했다. 이 편은 성왕이 군진에게 한 훈시로서, 성왕은 군진에게 은 유민들이 모여 사는 곳에서 어떻게 정 무를 행하고 백성을 다스려야 하는지에 대해 알려주고 있다.

성왕은 우선 총칙總則을 제시한다.

지극한 정치의 향기는 신명神明을 감동시키나니, 서직이 향기로운 것이 아니라 밝은 덕이 향기로운 것이다至治馨香, 感于神明. 黍稷非馨, 明德惟馨.

이 말은 매우 심오하면서도 경계를 넘어서지 않는다. 즉 지극한 다스림이 이뤄지는 세상의 향기는 천상의 신명들이 모두 감지할 수 있는데, '찰기장秬'과 '메기장秬' 같은 먹을 것에도 향기가 있긴 하지만, 명덕의 향기와는 비할 바가 못 되는 것이다. 성왕은 이 이론의 저작권을 주공에게 귀속시키고 아울러 군진에게 착실히 준수할 것을 요구했다. 이어서 성왕은 자기 자신의 군민君民 관계에 관한 이론을 천명한다. "그대가 바람이라면 백성들은 풀과 같다爾惟風, 下民惟草." 성왕은 군주는 바람, 백성은 풀과 같아서, 풀은 바람에 따라 움직이므로 바람이 어느 방향으로 불어오든지 풀은 그 방향대로 움직이게 된다고 여겼다. 이것이 바로 군과 민의 관계에 관한 성왕의 인식이다.

군주와 백성의 관계를 바람과 풀의 관계로 비유한 것을 『모시정의毛詩正義』의 첫 편에서도 볼 수 있다. "풍風은 바람이며 교화다. 바람이 불어 요동시키듯 가르침으로 교화시킨다." 또 "군주의 풍교風敎는 만물을 고동鼓動시킬 수 있으니, 바람이 풀을 눕히는 것과 같다. (…) 풍의 시작은 천하 교화의 시작이라 할 수 있다. (…) 왕이 교화를 베풂에 먼저 그 어긋남을 풍자와 비유로 고동시켜 백성들이 부끄러워하고 뉘우친 뒤에 가르침을 밝혀 그들을 교화시킨다. 바람이 불어옴에 요동하지 않는 사물物이 없듯이, 교화가 미침에 젖지 않는 것이 없다." 이 구절들은 성왕의 "그대가 바람이라면 백성들은 풀과 같다"의 해석과 거의 다름이 없다.

비슷한 생각이 『논어』「안연」편에도 보인다.

계강자季康子가 공자에게 정사政事를 물었다. '만일 무도無道한 자를 죽여서 도 있는 것으로 나아가는 것은 어떻습니까?' 공자는 다음과 같이 답했다. '그대가 정사를 함에 어찌 죽임을 쓰겠는가? 그대가 선하고자 하면 백성들이 선해지는 법이오. 군자의 덕은 바람이고 소인의 덕은 풀이니, 풀은 바람이 불면 반드시 쓰러지기 마련이오.'[93]

이 구절이 표방하고 있는 이치는 정치란 형벌과 살육으로 해서는 안 되며, 오직 군주 스스로가 올바르면 백성들은 저절로 감화를 입게 된다는 것이다. 계강자는 본래 '엄격한 단속'으로 간악함을 제거함으로써 도의가 충만한 정치사회를 건설하기를 희망했다. 그러나 공자는 그런 '위정의 도'에 동의하지 않았다. 공자는 오직 군주가 한결같이 선을 지향하면 백성들은 저절로 선을 지향하게 된다고 믿었다. '위정의 덕'이 바람과 같고, 백성의 교화를 따르는 덕이 풀과 같아서 풀이 바람을 맞으면 쓰러지지 않는 법이 없는 것과 같다. 특히 백성의 교화를 '올바름正'으로 한다면 따르지 않을 수 없다. 공자는 '바람과 풀風與草'의 비유를 통해 계강자가 정도政道를 지킬 것을 경계시켰다. 군민 관계에서 공자 역시 성왕과 같은 견해를 견지했음을 알 수 있다.

이렇듯 『시경詩經』『서경書經』(『상서』)『논어論語』에서는 한결같이 '바람과 풀'의 은유에 동의하고 있다. 그 의미는 바로 바람과 풀의 관계로 군주와 백성의 관계를 빗댄 것이며, 동아시아 초기 사회에서는 보편적인 관념이었다. 이러한 정치관에 비춰보면, 군주는 정치의 발전기 혹은 기관차다. 정치가 제 궤도에 있는지 혹은 앞으로 나아가고 있는지는 온전히 군주 개인의 덕성으로 결정된다. 백성은 줄곧 수동적인 입장에 있으며 정치 발전에 대해 어떠한 실질적인 영향력도 발휘할 수 없다. 물론 이 이론은 백성을 무시하는 정치관이다. 현재의 기준으로 보면 '정치 부정확政治不正確'의 정치관에 속한다.94 그러나 이런 '부정확'한 정치관 역시 긍정적인 의의를 지니기도 하는데, 곧 정치 발전과 진보의 책임을 군주 한 사람에게 완전히 귀속시켜 천하에 도가 행해지는 것은 군주의 영예이지만 천하가 무도한 것은 군주의 치욕이 된다. 사기업의 경우 경영 실적이 좋으면 그 이윤은 모두 사기업의 소유주 한 사람에게 귀속되지만, 파산할 경우 부채 역시 한 사람이 감당해야 하는 것과 같다. '바람'으로 자처한 군주도 그 성패와 관계없이 사실은 군주 한 사람인 것이다. 이러한 원형原型 혹은 은유는 우리가 동아시아 전통 정치의 특징을 이해하는 데 도움을 준다.

만약 '바람과 풀'의 은유가 주로 선진시대에 유행했다고 말한다면, 후한 시기에 이르러서는 군민 관계의 문제에서 새로운 표현이 등장하는데 바로 '배와 물舟與水'이다.

『후한서後漢書』「황보장단열전皇甫張段列傳」의 기록에 따르면, 후한 질제質帝95 본초 원년(146) 양태후梁太后가 집권하고 그 오빠 양기梁冀는 대장군의 신분으로 제멋대로 전횡을 일삼는다. 그러자 황보규皇甫規 (104~174)는 '현량하고 반듯한 선비'의 명분과 신분으로 조정에 건의를 올린다. "대저 군주는 배舟이며 백성은 물水입니다. 배를 타고 있는 뭇 신하는 장군·형제들로서 노를 잡고 있는 사람들입니다. 만약 뜻을 올곧게 하고 힘을 다하여 천하의 백성들을 건너가게 하면 복福이라 할 것입니다. 만약 급하거나 태만해지면 파도를 만나게 됩니다. 신중하지 않을 수 있겠습니까!"⁹⁶ 황보규는 군주와 백성의 관계를 배와 물의 관계로 비유했는데, 배는 물 위에 뜨지만 또한 물속으로 가라앉을 수 있는 것이다. 당대에 이르러 당 태종唐太宗 이세민李世民은 더욱 직설적으로 "물은 배를 띄울 수도 있고 엎을 수도 있다水可載舟, 亦可覆舟"는 유명한 논의를 펼친다. 이는 황보규의 말과 일맥상통하는 것으로 진일보된 '배와 물'의 정치적 함의를 담고 있다.

'바람과 풀'의 은유에서 풀은 바람에 따라 움직이는 것으로, 백성은 군주의 손에서 놀아나는 꼭두각시이거나 원격 조정되는 허수아비에 불과하다는 의미를 담고 있다. 백성 앞에서의 군주는 신기한 매력으로 가득 찬 리더인 데 비해, 군주 앞에서의 백성은 어떤 독립의 의지도 없는 무지몽매한 존재다. '배와 물'의 은유에서 배는 비록 물 위에 떠 있긴 하지만 배의 뜨고 가라앉음은 물의 상태로 결정된다. 이는 백성이 이미 능동적 주권을 부여받아 독립의 의지를 지니며 군주의 운명을 결정할 수도 있다는 의미다. 바람과 풀에서 배와 물로의 전환은 군주의 신기한 매력이 이미 퇴색되었다는 것을 의미한다. 성왕 자신이 기대한 '백성을 교화하는 바람'과는 달리 당 태종은 더욱 강한 현실감과 위기감을 지니고 있었다. 당 태종의 논의에 비춰보면, 군주가 백성들 위를 떠다니는 것은 객관적 사실이다. 이 같은 사실은 군주와 백성들 사이의 공간적인 상하 관계를 여전히 보여주고 있긴 하지만, 가치적인 측면에서 그 둘 사이에는 이미 명확한 고저의 구분이 없어졌으며 군주는 더 이상 백성을 교화하는 자가 될 수 없었다.

그렇다면 왜 갑자기 이런 변화가 일어났을까? 또 변화의 의미는 무엇일까? 이런 질문에 대해 우리는 두 가지 해석을 내려볼 수 있다.

첫째, '바람과 풀'의 은유는 주로 유가 경전에 많이 보인다. 『시경』『서경』『논어』 등은 모두 유가학파의 핵심 전적이다. 이 유가학파는 '인자지치仁者之治'와 "인주人主는 천하의 의표儀表로 인주가 선창하고 신하는 화답하며, 인주가 선도하고 신하는 그 뒤를 따른다"97는 가치를 존숭한다. 이 구절은 사마담司馬談(?~기원전 110)98의 「태사공자서太史公自序」의 평론에 보이며, 매우 적절하게 바람과 풀의 사상적 근원을 보여준다. 즉 군주는 훌륭한 정치의 유일한 책임자이자 능동자로서 백성의 영도자가 되며, 백성은 수동적으로 군주를 쫓아가면 되는 것이다. '바람과 풀'의 은유는 유가학파의 정신을 여실히 보여주고 있음을 알 수 있다. '배와 물'의 은유는 한당漢唐 시기의 정치적 실천으로부터 나온다. 황보규나 이세민 등은 모두 순수한 유학자가 아니다. 그들은 정치적 실천자이거나 당사자로서 군주에 대해 지나치게 원대한 희망을 제시할 수 없었다. 이렇게 보면 두 은유의 차이는 앉아서 도를 논하는 철학자와 열심히 실천하는 정치인이 갖는 군민 관계에 대한 서로 다른 관점임을 알 수 있다.

둘째, 두 가지 은유는 정치철학과 정치과학 사이의 서로 다른 목적을 잘 보여준다. 일반적으로 정치철학은 마땅히 그러해야만 하는 가치 탐구에 무게를 두고, 정치과학은 실제 사실적 문제를 해결하는 데 중점을 두고 있다. 바람과 풀의 은유에서 군주는 마땅히 성인의 기상을 지녀야 하며, 그는 수많은 백성 앞에서 비범하고 초월적인 능력을 갖춰야 한다. 이와 같은 상상과 기대는 당연히 그러해야만 하는 이상의 추구라는 정치철학적 목적을 잘 보여준다. 배와 물의 은유에서 군주는 '당연히 어떠해야만' 하는 문제에서 벗어나 백성들 앞에서 확실하게 자신의 통치 지위를 지킬 수 있는가라는 문제로 전환하게 된다. 확실히 이러한 사실은 현실의 문제다. 이런 문제제기 방식은 정치과학의 실증적인 색채를 잘 보여준다.

비록 당 태종의 '주여수舟與水'가 주 성왕의 '풍여초風與草'와 같지 않고, 이 두 은유의 차이가 문화적인 측면에 따라 해석될 수도 있지만, 군주와 백성의 관계에서 말하자면 근본적인 변화는 일어나지 않았다. 주 성왕에서 당 태종에 이르기까지 '사천하私天下'의 현상은 줄곧 일관되었다.

이와 같은 '사천하'의 전통은 명말 청초의 황종희黃宗羲(1610~1695)[99]가 『명이대방록明夷待訪錄』 「원군原君」 편에서 날카롭게 분석하고 있다.

> 군주가 주인이 되고 천하 사람들은 객客이 되었다. 무릇 천하 어디에서도 안녕을 얻지 못하는 것은 군주를 위하기 때문이다. 그러므로 군주가 아직 천하를 얻지 못했을 때는 천하 사람들의 간과 뇌를 독으로 채우고, 천하 사람들의 자녀들을 이산離散시켜 '나 한 사람'의 재산을 늘리고도 한 번도 처참하다고 여기지 않고는 '나는 참으로 자손을 위해 창업했다'고 한다. 이미 천하를 얻고 난 뒤에는 천하 사람들의 골수를 두들겨 쪼개고 천하 사람들의 자녀를 이산시켜 '나 한 사람'의 음란과 오락을 위해 바치고도 당연하다는 듯이 '이는 우리 창업의 재산이다'라고 한다. 그러니 천하 사람들에게 큰 해를 끼치는 자는 군주뿐이다. 만일 군주가 없다면 사람들은 각자 자신의 재산과 이익을 얻게 될 것이다. 아! 어찌 군주를 둔 도리가

이와 같단 말인가?[100]

이상 황종희의 평론은 '바람과 풀'이 체현하고 있는 정치철학과 다르며, 또한 '물과 배'가 체현하고 있는 정치과학과도 다르다. 혹 범주를 확정해본다면 황종희의 평론은 비판 이론에 귀속시킬 수 있는데, 정치 비판을 위주로 현실에 대해 비판할 수 있는 준거를 온축하고 있는 것에 가깝다. 바로 황종희와 같은 사람의 엄격한 비판을 통해 바람과 풀이 대표하는 군민 관계뿐만 아니라 물과 배가 대표하는 군민 관계도 모두 종결될 수 있었다.

그런데 의미를 둘 만한 것은 '바람과 풀'의 은유가 시대를 뛰어넘어 현재에도 '소초小草'라는 가곡으로 유행하고 있다는 점이다.

향기도 없고 볼품없는, 나는 한 포기 이름 없는 잡초.
적막함도, 번뇌도 없는 곳으로, 너는 나의 동반자가 되어 하늘 끝까지.
봄바람아 봄바람아 나를 날려 보내고
햇빛아 햇빛아 나를 비춰주고
강물아 산천아 나를 길러주고
대지야 엄마야 나를 꼭 안아주오.

이런 가사도 '바람과 풀'에 관한 새로운 은유일까?

제42편 고명顧命
정치는 희극과 같다

『상서』의 각 편은 '말씀言'을 주로 기록하는 것이 대부분인 반면 '사건 事'을 중심으로 기록한 것도 몇 편 있는데,「고명顧命」이 사건을 기록한 편 가운데 하나다. 또한「고명」편의 기사는 '경치와 사물을 꼼꼼히 묘사'하는 두드러지는 특징을 지닌다. 읽어 내려가다보면 한 편의 영화 시나리오를 방불케 한다. 바로 이러한 서술 방식으로 인해 왕궈웨이는「주서고명고周書顧命考」에서 다음과 같은 평가를 내렸다. "옛 예경禮經은 이미 망실되었고, 후대에 주대의 고전을 고찰할 수 있는 것은 오직 이 편뿐이다."[101] 왕궈웨이는 오직 이 편을 통해서 비로소 주 왕실 의례의 아름다움을 엿볼 수 있다고 생각했다.

내용상으로 볼 때「고명」은 주 성왕의 붕어와 태자 희소姬釗가 왕위를 계승하는 과정을 담고 있다. 그 내용을 여섯 글자로 축약하면 "성왕붕成王崩, 강왕립康王立"이라고 할 수 있다. 그러나「고명」은 그 과정을 상세하게 묘사해 최고 권력인 '부친의 죽음'에서 '자식의 계승'에 이르는 생동감 있는 장면을 보여준다.

그날은 기원전 1025년 4월 갑자일甲子日이었다. 병을 앓고 있던 성왕이 머리를 감고 얼굴을 씻은 뒤 왕관과 조복朝服을 갖추고는 옥궤玉几에 기대어 마지막으로 삼공과 육경 및 그 외 관원들을 불러 다음과 같이 말했다.102

내 병환이 호전되지 않으니 간단하게 후사後事를 말하겠소. 예전 선군이신 문왕과 무왕께서는 해와 달 같은 밝은 빛을 발산하셨으니, 그분들이 교명教命을 내리시면 신하들은 모두 성의껏 뜻을 받들어 주왕紂王을 토벌하고 우리 주 왕실의 천하를 이룩할 수 있었소. 이후에 나는 문왕과 무왕의 교명을 삼가 받들어 감히 한 번도 그 뜻을 어기지 않았소. 그러나 지금의 나는 이미 병석에서 일어나지도 못하게 되었소. 그대들이 나의 아들 희소姬釗를 도와 먼 곳의 사람들을 회유하고 가까운 지역의 사람들과 친하게 지내어 천하를 안정시키길 바라오!103

뭇 신하가 성왕의 유명遺命을 경청하고 퇴청하면서 조복을 조정에 놓아두었다.104 다음 날 성왕은 붕어했다.

성왕이 붕어한 그날 태보太保는 중환仲桓과 남궁모南宮毛 두 사람에게 각각 창과 방패를 나눠 지게 하고 100명의 호위대虎賁를 거느리고 여급呂伋(제후)을 수행해서 남문南門 밖에서 태자 희소를 영접하도록 명했고,

아울러 태자를 옆방에 잠시 머물게 하여 상주 역할을 맡게 했다.105 둘째 날, 주사자主事者가 서면書面으로 상례喪禮를 제정했다.106 일곱째 날, 소공召公이 관원들에게 도끼 무늬斧紋 병풍과 선왕의 예복 등 각종 상례 기물을 배치하도록 명했다.107 남쪽의 창문가를 따라 이중의 대자리를 깔았는데, 대자리에는 흑백으로 짜인 꽃무늬가 장식되었고, 바로 옆의 탁자는 채색된 옥으로 장식했다.108 서쪽 담장을 따라서 이중의 세죽細竹으로 만든 멸석篾席을 깔았는데, 여기에도 채색된 꽃무늬가 있으며, 바로 옆의 탁자는 조개껍질로 장식했다.109 동쪽 담장을 따라서 이중의 왕골자리를 깔았는데, 운무雲霧가 그려진 꽃무늬를 장식했고 바로 옆의 탁자엔 조각한 옥기玉器를 장식했다.110 서쪽 담장의 남쪽으로는 이중의 청죽靑竹 멸석을 깔았는데, 검정 실로 그려진 꽃무늬를 장식했고 바로 옆의 탁자는 칠기漆器를 장식했다.111 서쪽 담장의 세죽으로 만든 멸석 앞에는 옥과 옥으로 만든 칼玉刀·붉은 칼赤刀·선왕의 가르침大訓·큰 벽옥璧·완규琬[圭]·염규琰[圭]를 진열했고, 동쪽 담장의 왕골자리 앞에는 큰 옥大玉·보통 옥夷玉·천구天球·하도河圖를 진열했다.112 서쪽 사랑채 안에는 무의舞衣·큰 조개大貝·군고軍鼓를 두고, 동쪽 사랑채 안에는 창戈, 활弓, 대 화살竹箭을 두었다.113 서쪽 계단 앞에는 옥거玉車를 두고, 동쪽 계단 앞에는 금거金車를 두었으며, 대문 왼편에는 상거象車를 두고, 대문 오른편에는 목거木車를 두었다.114

이상의 기물 외에 경문에는 여러 무사武士가 서로 다른 의복을 입고 서로 다른 병기兵器를 든 채 서로 다른 장소에 서 있는 상황을 상세하게 열거하고 있다.115 모든 것이 잘 배치된 후 태자 희소는 삼베로 짠 예모

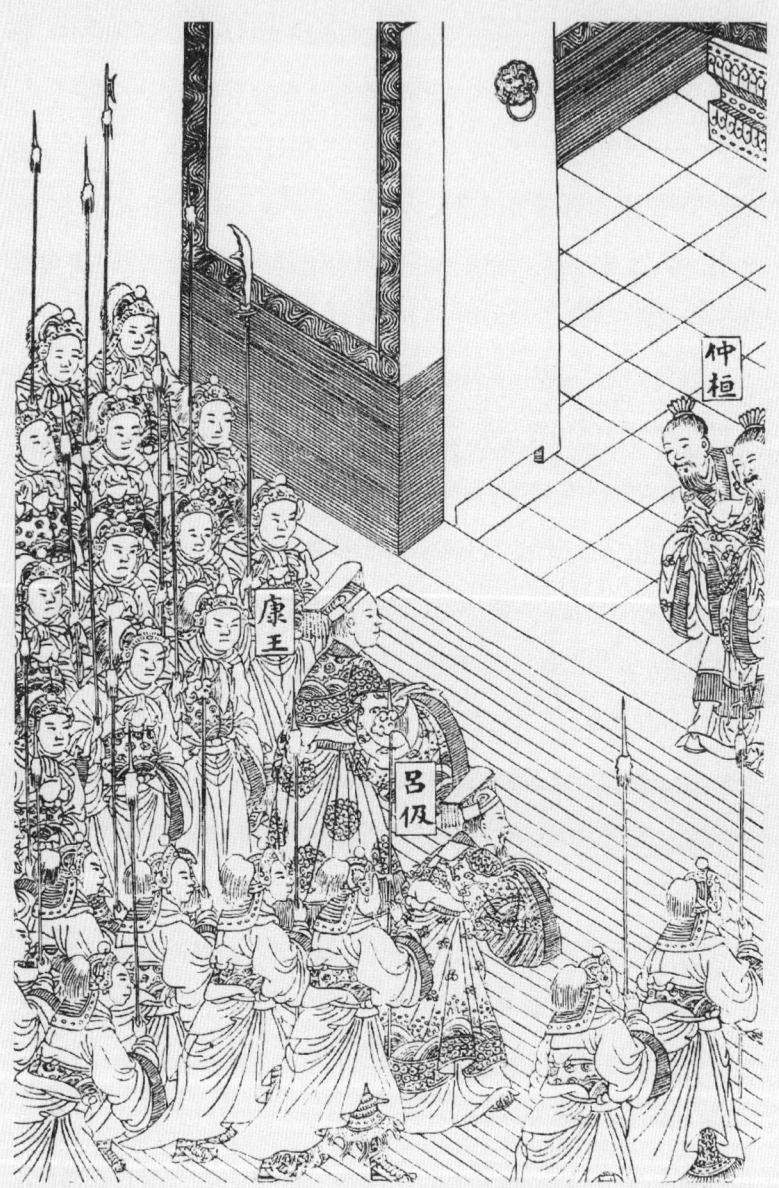
영왕남문도迎王南門圖. 남문에서 왕을 맞이하는 모습이다.

禮帽를 쓰고 서쪽 편에서 오른다.**116** 군신들은 삼베로 짠 예모를 쓰고 검정 예복을 입고 대청의 자기 자리로 들어선다.**117** 태보太保·태종太宗·태사太史는 삼베로 짠 예모를 쓰고 붉은색 예복을 입는다. 그중 태보는 큰 홀大圭을 쥐고, 태종은 술잔과 홀 덮개를 들고 동쪽 편에서 오르고, 태사 한 사람만 책서策書를 들고 서쪽에서 올라 책서를 태자 희소에게 바친다.**118** 태사는 다음과 같이 말한다.

"선왕께서 임종 전 그대에게 왕위를 계승하여 천하를 다스리고 문왕과 무왕의 성덕을 널리 선양하라는 명령이 있었습니다."**119**

태자 희소는 답례하며 다음과 같이 대답한다.

"저는 이같이 미약하니 어떻게 그런 중임을 맡을 수 있겠습니까?"**120**

태자 희소가 태종이 올리는 술잔과 홀 덮개를 받아 세 번 술을 땅에 붓고 세 번 술잔을 올린다. 태종이 "음복하시오!" 하니 태자 희소는 술을 마신다.**121** 태보가 술잔을 받아 당 아래로 내려가 손을 씻고, 다시 올라와 다른 술잔으로 술을 마시고 답한 다음 술잔을 종인宗人(태보를 보좌하는 사람)에게 건네준 뒤 또 태자에게 절하니, 희소가 답배한다.**122** 태보는 대당大堂으로 가서 전례典禮가 마무리된 것과 태자 희소가 정식으로 주 강왕周康王으로 즉위했음을 공표한다.**123**

좀처럼 장황한 말을 늘어놓지 않다가 위와 같은 상세한 묘사와 세목의 기록을 꺼리지 않았던 이유는 무엇일까? 그러한 수사와 표현의 의미는 무엇일까? 이에 대해서 "제위를 이은 강왕이 정치적 합법성을 찾은 것"이라고 정리해도 무방할 것이다. 이상의 번잡한 기물, 의식, 과정은 함께 중요한 정치적 기능을 담당하고 있으니, 바로 '정명正名'이라는 것

문당숙위도門堂宿衛圖.

이다.

『논어』「자로子路」편에서 자로가 공자에게 "위衛나라 군주가 선생님을 모시고 정무를 주관하려 합니다. 선생님께서는 무엇을 준비하시겠습니까?" 하고 물으니, 공자는 "반드시 정명正名일 것이다!"라고 대답했다.[124] 공자가 생각하는 '위정의 도'에서의 최우선은 정명이었으며, "이름名이 바르지 않으면 말言語이 순順하지 못하고, 말이 순하지 못하면 일이 이루어지지 않는다." 당시 태자 희소는 정정당당한 천자가 되기를 희망했고, 이를 위한 가장 급선무는 바로 정명이었던 것이다.

정명의 목표를 실현하기 위해서는 반드시 태자 희소의 왕위 계승에 있어 신뢰할 만한 근거를 찾아야 했다. 임종 직전의 성왕이 특별히 의관을 정제하여 매우 엄중한 자세로 신하들을 향해 공개적으로 태자 희소의 계위를 선포했으니, 그런 의식은 태자가 천자의 지위를 계승한 실체성의 근거가 되었다.

만약 그와 같은 유명遺命을 알리는 선포의식이 없었더라도 태자 희소가 신임 군주로 오르는 데에는 아무런 문제가 없었으리라 짐작된다. 그러나 통상적인 정황상 그의 계위에 있어서 어떤 의문점을 찾아볼 수 있는데, 가령 선왕이 확실히 그의 천자 지위 계승을 명했을까? 그가 선왕의 유명을 조작하지는 않았을까? 이와 같은 정치적 유언비어는 순식간에 온 천하에 퍼질 수 있었다. 만약 또 다른 왕위 계승의 경쟁자가 있었다고 한다면, 상대방과 그의 무리가 태자 희소의 합법성에 대해 공공연한 도전을 해왔을 것이고, 그 상대방의 세력이 비교적 강대했다면 희소는 죽음의 공포를 느꼈을지도 모른다.

이런 정황에서 선왕이 임종 전에 공개적으로 유명을 선포했다면, 모든 대신에게 선왕의 진짜 의도를 알게 해서 이미 선정된 왕위 계승자의 정치적 이익을 보호하는 데 도움이 되게 했던 것이다. 다른 경쟁자가 없었다면, 선왕의 유명 선포는 왕위 계승자의 정치적 합법성을 강화시켜주는 데 도움이 되었을 것이다. 또한 이것은 잠재된 다른 정치적 기능을 지니는데, 그것은 바로 최고권력의 평화적인 이양을 보장하면서 정치적 시기로 인해 유발되는 정치 혼란을 방지한다는 점이다. 군주가 임종 전에 계위할 인물에 대한 선발이 명확하지 않고 공개적이지도 않다고 가정한다면, 둘 이상의 정치 세력 간의 살육을 유발할 수도 있고, 전체 집권 집단 입장에서는 한 번의 재난으로 그치지 않을 것이다. 따라서 후임 군주가 전임 군주에 의해 정해지는 정치체제에서 전임 군주가 책임질 정치적 부담은 바로 공개적이고 명확하게 후임 군주를 지정하는 것이다. 이렇게 보면 성왕이 태자 희소의 계위를 공개적으로 선포한 것은 마지막 정치적 책임을 이행한 것이다.

만약 성왕의 공개적 유명이 태자 희소의 계위에 실체성의 근거를 제공했다고 말한다면, 성왕 사후에 법적 절차에 따라 거행된 계위의식은 희소의 군주 신분을 위한 절차성의 근거를 제공하고 있다. 계위의식의 격식화·절차화·극장화·연출성의 방식을 통해서, 한편으로는 번데기가 허물을 벗고 나비가 되는 과정이라고 칭할 만한 장면을 매우 생동적으로 군신들 앞에 과시함과 아울러, 또 다른 한편으로는 군신들 역시 태자 희소가 획득한 최고권력의 협력자이자 보증인이 된 것이다. 이런 의식을 통해 태자 희소는 천자의 자리에 오른 정당성을 확실히 표출한 것이다. 눈으로 보는 것이 가장 확실한 것처럼 군신들이 '직접 눈으로 보았으므로 동의할 수 있는 것'이다. 의식儀式의 정명正名 기능은 바로 이렇게 실현되었다.

   본문에서 상세하게 서술된 세세한 절차들은 모두 의식 전개 과정의 도구가 되었다. 이러한 도구가 없더라도 태자 희소는 신임 군주가 될 수 있었고 의식 전개 과정이 일시적으로 완성될 수도 있었겠지만, 그와 같이 간략하고 성급한 의식은 생동성과 신성성을 잃었을 것이다. 반대로 엄격한 과정과 복잡한 도구를 이용한 계위의식은 모든 참가자에게 엄청난 시각적 충격과 심리적 감동을 줄 수 있었다. 이것은 두 가지 기능을 실현했다. 첫째, 모종의 종교적 분위기를 고조시킨 계위의식을 통해 천자의 권력에 신비한 색채를 입혀 권력의 유효성을 제고하는 데 도움이 되었고, 기존의 정치질서를 강화할 수 있었다. 둘째, 엄청난 극적 효과를 일으킴으로써 참가자들이 이성적으로 최고 권력자에 대한 동의를 구하는 데 도움이 되었을 뿐만 아니라, 협력자로서의 정서도 조성해 현장에 참가한 사람들이 정감적으로 눈앞의 권위를 인정하고 수긍하게 했다. 그런데 의식의 종교성이나 희극성戱劇性을 막론하더라도, 그 목적은 모두 최고권력자가 군신들을 두려움에 떨게 만들어 그들이 최고권력에 동의하도록 하는 데 있었다.

   「고명」에서 매우 정밀하게 묘사하고 있는 한 편의 훌륭한 의식은 신임 천자의 정명을 위한 정치적 기능을 담당하고 있음을 알 수 있다. 의식에서 갖춰진 이러한 정명 기능을 통해 우리는 두 가지 확장된 논의를 해볼 수 있다.

첫째, 정치와 희극의 공통점에 관한 것이다. 희극은 연출을 통해서만 완성될 수 있다는 점에는 의심의 여지가 없다. 그런데 정치 역시 희극적인 연출 과정과 불가분의 관계에 있다. 연출을 통해야만 정치의 합법성이 대중에게 보여질 수 있다. 대선 과정에서의 경선, 국회 내에서의 당파 논쟁, 법정에서의 공방 등은 모두 연출적인 성격을 지닌다. 그러나 이 같은 연출을 통해야만 정치는 공개적이고 투명하게 될 수 있으며, 사법司法이 수호하는 정의도 우리가 볼 수 있는 정의가 된다. 비록 성왕과 강왕 시기의 정치가 전근대적이긴 했지만 그 역시 공개성과 투명성 그리고 '시각화'를 중시했고, 그런 목표를 실현하기 위해서 그들은 집권 집단 내부적으로 엄격하고 희극화된 연출 의식을 거행했던 것이다. 현대와 비교하면 그들의 공개성·투명성·시각성은 모두 작은 규모에 불과하지만, 소규모의 공개 역시 공개이며 그 기능도 모두 같았다.

둘째, 동아시아 초기의 절차법에 관한 것이다. 이 문제에 있어서 연구자들은 보편적으로 전통 동아시아의 법률은 실체를 중시하고 절차를 경시했으며, 심지어는 격식을 제대로 갖춘 절차법은 없었다고 생각한다. 그러나 이 편은 태자 희소가 천자를 계승하는 과정의 법률 규칙이 매우 엄격했다는 점을 잘 보여주고 있으며, 이러한 과정의 정밀하고 정교한 정도는 서양의 어떠한 과정과 비교해도 손색이 없다.

제43편 강왕지고康王之誥
뜨거운 태양이 막 떠오를 때

강왕康王은 「고명」 편에서 천자에 오른 태자 희소다. 서사의 전개로 보면 「고명」과 「강왕지고康王之誥」는 완전히 하나로 볼 수 있다. 「고명」의 마지막 문구를 「강왕지고」의 첫 구절에 연결시키면 어투와 어의가 모두 순조로우며 조금의 어색함도 찾을 수 없다. 전한前漢 시기의 복생본伏生本 『상서』에는 「강왕지고」에 들어 있는 내용이 「고명」 편에 보인다.

그런데 현재 우리가 보는 『상서』에는 「강왕지고」를 단독으로 뽑아내 두 부분으로 나누고 있는데, 여기에는 반드시 특수한 고려가 있었을 것이다. 내 생각에 전체 서사의 전반부(「고명」)는 주로 최고권력의 인수인계 과정을 보여주고 있는데, 이는 겨울에서 봄이 되는 윤회의 감각을 표방하면서 그 자체가 충분한 정치적 의의를 구성하고 있다. 「강왕지고」의 서사는 연속적인데, 그 중심 주제는 강왕이 최초로 천자의 신분으로 공식 석상에 등장하는 것과 처음으로 공식적인 천자의 직무를 이행하는 것이다. 전통적인 견해에 따라 군주를 태양에 견준다면「강왕지고」는 뜨거운 태양이 처음 떠오를 때의 광경을 우리에게 보여준다고 하겠다.
  우선 본문의 기록을 보자.

  계위의식이 마무리된 후 희소의 태자 신분은 이미 과거의 일이 되었고, 이제 그는 천자의 신분으로 대당으로 나아가 응문應門을 들어선다. 이때 소공은 서쪽 지역의 제후들을 거느리고 응문의 좌측으로 진입하고, 필공畢公은 동쪽 지역의 제후들을 거느리고 응문의 우측으로 진입한다. 모든 제후는 정해진 예복을 착용하고 손에는 조회할 때 사용하는 홀을 쥐고 천자에게 공물을 진헌한다. 그들이 "저희는 왕실의 호위자로서 외람되게 저희 특산물을 왕실에 경건히 바칩니다"라고 하며 일제히 천자에게 두 번 절을 올린다. 강왕은 천자의 신분으로 제후들에게 답배한다.[125]
  이어서 태보太保 소공召公과 사도司徒 예백芮伯이 함께 앞으로 나아가 먼저 서로 절을 하고, 다시 공동으로 천자에게 절을 올리면서 낭독한다.
  "상천이 은상의 운명을 종결지으시고, 우리 주나라의 문왕·무왕께서 상천의 동의를 얻어 사방의 백성을 안정시키고 그로 인해 천하를 소유하게 되었습니다. 얼마 전 승하하신 성왕께서는 합리적으로 상벌을 내리시고, 문왕과 무왕의 대업을 계승하시어 그 은택이 후세에 드리워졌습니다. 대왕께서 새로 왕위에 오르셨으니 더욱 경건하고 삼가야 할 것입니다. 왕께서는 왕실의 군사력을 증강하시어 강력한 정권을 건설하시기를 희망합니다. 역대의 선왕들이 물려주신 대명大命을 망쳐서는 안 될 것입니다."**126**

강왕은 답한다.

"후侯 · 전甸 · 남男 · 위衛의 각 제후야! 지금 나 희소는 그대들의 가르침에 화답하노라! 예전의 선군 문왕 · 무왕께서는 공정하게 정사를 처리하시고, 인후仁厚하게 형벌을 남용하지 않으시고, 중정中正하고 성신誠信한 도리에 힘써 온 천하에 광택이 두루 비치었도다. 문왕과 무왕께서 이미 성군이셨고, 당시의 신하들 역시 어질었고, 또한 맹수와 같은 용맹스런 무사들과 조금도 딴 마음을 품지 않는 충신들이 모두 함께 천하를 안정시켰도다. '군주는 성군이었고 신하는 어질었기 때문에君聖臣良' 상천이 사방의 나라를 문왕과 무왕에게 맡겨줬소. 이에 문왕과 무왕은 제후들을 분봉하고 변방의 울타리를 세워 우리 자손만대를 보호했소. 지금 우리 몇몇 백부께서 그대들이 문무의 도를 기억해서 선조들이 선왕을 잘 모신 것과 같이 계속해나가기를 바라고 있으니, 그대들은 비록 외지外地의 제후들이나 왕실을 항상 유념해야 하며, 태만함 없이 우리의 찬란한 미래 건설에 협조해주어야만 할 것이오."**127**

강왕의 고명誥命을 경청한 후 군신들은 물러난다. 제후들은 각자 자신의 봉국으로 돌아가고 조신朝臣들은 자신의 자리로 돌아갔다. 강왕은 길복吉服을 벗고 다시 거상居喪하던 회랑으로 돌아가 상복을 입고 근래에 승하한 성왕을 위해 계속해서 수상守喪했다.**128**

379 · 제43편 강왕지고

이상의 장면은 뜨거운 태양이 어떻게 떠오르는지를 묘사하고 있다. 자연계에서 태양은 지평선에서 떠오른다. 강왕은 처음 떠오르는 뜨거운 태양인데, 그는 어떤 지평선으로 떠오를까?

천자의 지위를 가장 잘 떠받쳐줄 수 있는 지평선은 제후 집단이다. 위 장면의 첫 단계는 동서쪽의 각 제후가 소공과 필공의 통솔 아래 겸손한 어투로 강왕에게 공경히 공물을 바친다. '겸사謙辭와 공물貢物'이라는 두 매개체를 통해 강왕에 대한 승인을 표현했다. "우리는 천자의 호위대로서 외람되이 천자께 우리 특산물을 바칩니다"라는 말은 당신을 우리의 천자로 인정한다는 것이다. 공물의 수량은 많지 않았으며 오히려 매우 적었다. 그 가치는 천자가 실제로 향유하는 것에 있지 않았다. 공물의 가치와 기능은 전례가 펼쳐지는 무대의 도구로서 천자에게 '승인' '충성' '복종' '귀의' 등의 정치적 신호를 전달하는 데 있으며, 이러한 신호는 천자에게는 절대적으로 필요한 것들이다.

제후들이 경건히 바친 공물은 연인이 주고받는 손수건이 땀을 닦는 물건이 아니라 애정을 표현하는 증표인 것과 같다. 『홍루몽』에서 임대옥林黛玉이 시구가 적힌 손수건을 불태운 것은 사랑의 파국을 나타낸다. 이 외에도 전통 동아시아에서는 매년 봄이 되면 군주가 신하들이 보는 앞에서 쟁기를 들고 화원에서 2~3보 쟁기질을 함으로써 '봄에 농업을 장려함春勸農桑'을 보여준다. 이 쟁기는 물론 농사 도구가 아니라 정치적 도구다. 제후들이 경건하게 바친 특산물로 강왕은 실제 천하에 군림했다는 것을 실감할 수 있었다. 뜨거운 태양은 우선 제후들의 지지로 떠오르게 되는 것이다.

제후조향도諸侯朝享圖.

'온 천하'로부터 온 각지의 제후들은 천하의 대표다. 천자가 제후의 승인을 얻었다는 것은 천하의 승인을 얻은 것과 같다. 천자의 정당성은 이러한 승인의 기초 위에 세워진다.

그런데 이것만으로는 역부족이므로 그 외에 조정 중신들의 승인도 필요하다. 여기서 주목할 만한 두 가지 사항은 우선 소공과 필공이 통솔한 제후들이 '겸사와 공물'을 바쳤기 때문에 두 중신은 제후들을 동반하는 과정에서 이미 천자에 대한 자신의 승인을 전달하고 있는 것이다. 둘째, 소공과 예백이 천자에게 드리는 치사다. 우리는 소공이 '뜨거운 태양이 처음 떠오르는' 과정에서 두 번째로 등장하고 있다는 것을 발견할 수 있다. 첫 번째는 제후 통솔자의 신분이었고, 두 번째는 '삼공'의 자격으로 등장했다. 삼공은 대신들 가운데 최고의 작위로서 신임 천자로서는 원로의 지지와 승인을 얻은 것과 같다. 소공과 함께 나온 사도 예백은 육경과 정부 내각을 대표해서 천자에게 지지와 승인을 표현했다.

이로써 우리는 붉은 태양이 세 역량의 지지를 딛고 떠오른다는 사실을 알 수 있다. 천자를 대통령으로 본다면 제후는 하원이나 중의원衆議院에 해당되며, 그들은 민의民意의 지지를 대표한다. 정치 원로의 역할은 상원이나 참의원參議院에 해당되며, 그들은 엘리트 집단의 지지를 대표한다. 이 둘을 같이 거론하면 의회의 역할에 해당된다고 할 수 있다. 내각 구성원의 역할은 말할 것도 없이 현재의 정부에 해당된다. 이미 초기 서주西周 시기의 정치 구조에 현대 정치의 핵심 요소들이 포함되어 있다.

헌정 이론 가운데 공화정체는 혼합 균형의 체제로 그 안에는 군주정, 민주정, 귀족정의 요소를 포함하고 있다는 견해가 있다. 가령 근현대의 미국은 이러한 혼합 균형의 정체를 채택했다. 대통령이 개인책임제를 수행하는 군주정의 요소를 대표하고, 의회가 다수의 의견을 존중하는 것은 민주정의 요소를 대표하며, 법원이 특정 엘리트 집단을 고집하는 것은 귀족정의 요소를 대표한다. 토크빌Alexis de Tocqueville(1805~1859)의 『미국의 민주주의』에서는 미국 법관의 귀족주의를 전문적으로 다루고 있다.

이와 같은 분석 모형을 차용하면 이 편에서 보이는 서주 시기의 정체는 혼합 정체라고 할 수 있다. 강왕은 천자로서 군주정의 요구를 대표한다. 강왕은 지방 제후들의 승인 및 지지와 떨어질 수 없으니, 비록 이것을 민주정체라고 말할 수는 없지만 이 또한 민의의 정치적 영향을 대표한다고 할 수 있다. 또한 강왕은 소공으로 대표되는 정치 원로의 지지와도 떨어질 수 없으니 귀족정 혹은 엘리트 정체의 요소를 보여준다. 민주·민의·귀족(혹은 엘리트)의 세 요소가 모두 그 속에 있다. 물론 서주의 시스템은 미국의 혼합 균형과는 절대 같을 수 없으며 군주·민의·귀족의 요소들 간에는 '균형'의 정도가 서로 다르다. 특히 제도나 절차에 의한 상호 견제와 균형의 관계도 없어, 서주 체제는 군주가 차지하는 비중이 민의나 엘리트를 압도했다. 또한 지방 제후의 의견을 민의 혹은 여론이라고 하는 것도 현대 민주주의 이론으로 성립되기는 어렵다. 제후들은 또 하나의 왕으로서 봉국의 신민을 거느리는 자이기 때문이다.

정치란 결국 권력자의 정치이며 민중 계층이 정치의 주체가 될 수는 없었으니, 이것이 바로 동아시아 초기 정치의 모습이다. 만약 이 판단이 성립한다면, 정치활동의 주체는 오직 군주를 대표로 하는 왕실과 제후를 대표로 하는 지방 세력과 삼공을 대표로 하는 정치 원로, 그리고 육경을 대표로 하는 정부 각료들뿐이다. 어떤 새로운 천자가 이상의 몇몇 정치 주체의 승인을 받을 수 있다면, 그는 이미 강렬하게 이글거리며 떠오르는 뜨거운 태양인 것이다.

이러한 지지를 얻은 뒤 강왕은 자신감에 찬 목소리로 응답했다. 그는 문왕과 무왕의 성덕을 강조하면서 자신이 그 계승인임을 표명했고, 또한 대신들의 현량과 제후들의 충성 그리고 무사들의 용맹함을 강조했는데, 이는 군주가 그들을 승인한 것이다. 여기서 천자와 다른 정치 주체들 간의 '상호 승인'이 실현된다. 바로 이러한 상호 승인을 통해 정치는 비로소 정치로 성립될 수 있고, 조폭 집단이나 약육강식의 야만사회와 구별될 수 있었다.

물 한 방울이 떠오르는 태양빛을 반사하듯, 막 떠오르는 뜨거운 태양을 통해 서주 시기 정치의 골격과 경락을 엿볼 수 있다.

제44편 필명畢命
정치의 핵심 기술

「필명畢命」의 '필畢'은 필공畢公을 가리킨다. 「강왕지고」에서 필공은 동쪽 지역 제후들의 리더로서 지위가 높은 '동백東伯'이며, 동시에 삼공의 반열에 있는 왕실 중신이다. 필명은 주 강왕이 필공에게 내려준 고명誥命으로 그 책명冊命의 요지는 은 유민의 다스림에 관한 것이다. 애초에 은 유민이 사는 지역은 주공의 관할이었다. 주공이 죽은 뒤 그 임무는 주공의 아들 군진에게 맡겨졌다. 이후 군진이 죽자 강왕은 필공이 그 일을 맡게 했다. 이것이 「필명」 편의 유래다.

당시 필공은 태사太師의 직분을 맡고 있었기 때문에 강왕은 가장 먼저 필공의 정치적 경력과 능력을 찬미하는데, 그가 주 왕실의 4대 군주를 보좌해 사람들에게 존경과 추앙을 받았으므로 일찍이 주공이 은 유민을 다스리는 중대한 책임을 그에게 부탁할 수 있었다고 말한다.**129** 이와 동시에 강왕은 천자의 신분으로 필공에게 요구 사항을 제시하기도 했다.

선과 악의 구별을 잘해서, 선행을 하는 사람에게는 그가 사는 집과 전답에 표창하는 표시를 내려 그의 선행을 다른 사람들이 알 수 있도록 하고, 상교常教와 상법常法을 위반하는 악인에 대해서는 그가 사는 집과 전답에 치욕의 표시를 새겨 그의 나쁜 행적을 대중에게 알리도록 했다.130 또한 국경 지역의 수비를 강화함으로써 사해를 안정시켜야만 한다.131 동시에 위정爲政의 귀함은 '항상常'에 있고, 언사言辭는 소박함을 귀하게 여기니 특이한 것을 좋아하지 말아야 한다.132 이외에 은상의 옛 풍속은 사치스러움에 기울어져 있고 말 잘하는 것을 높이 평가했으니, 이에 대한 경각심을 가지기를 바랐다.133

강왕은 옛사람의 말로 필공을 경계시키기도 했다.

> 대대로 지위를 누리는 집안은 마음 씀씀이가 방탕해지고, 덕의德義를 경시하며, 천도를 위반하고, 사치스러움을 좋아하니, 만세萬世가 되어도 바꾸기 어려운 법이다. 그대가 당장 직면하여 만나게 될 은상의 무리는 오랫동안 높은 지위에 있으면서 사치스럽고 안일하게 지내 덕의를 경시하고 화려함을 쫓는 자만심에 빠져 반드시 자멸할 것이다. 그대는 옛사람의 가르침으로 그들을 교화하여 그들이 덕의를 존중할 수 있게 되기를 바라노라.134

강왕은 은 유민이 다스려지면 나라가 안정된다는 점을 강조했는데, 만약 필공이 강하지도 유하지도 않거나 혹은 강하면서 유한, 너그러움과 엄격함을 겸비한 책략을 이용한다면 그 덕을 닦고 믿음信을 얻을 수

상서 깊이 읽기 • 386

있을 것이라 확신했다.135

　　막중한 정치적 책무에 있어 주공은 이미 좋은 시작을 열었고, 주공 이후에 군진이 진일보하여 자신의 노력을 만들어냈다. 그대는 그 두 사람의 토대 위에 반드시 더 큰 성공을 이루어 도가 두루 미치고, 정치의 교화가 잘 이뤄지며 덕의 은택이 베풀어져 백성들의 삶을 윤택하게 하고, 나아가 사방의 오랑캐도 세 사람이 지속적으로 제공하는 복지福祉를 받게 될 것이다.136 또한 이로 인해 그대는 불멸의 명예를 얻을 것이다. 후대의 자손들이 그대의 치도治道를 따를 것이고 천하도 안정될 것이다. 진심을 다해 정사를 행하기를 바라며 그 제공되는 정치 영역이 협소함을 따지지 말라. 문왕과 무왕의 발자취를 따라 앞서 간 이들보다 더 큰 업적을 남기기를 바라노라.137

　　이상 강왕의 말은 「강왕지고」 당시와 비교해서 '처음 떠오르는 태양'에서 '정오의 태양'으로 바뀌었는데, 정치적으로 이미 전성시대에 진입한 것이다. 이 편이 확실히 『위고문상서』에 속해 그 내용이 후대에 위조된 것일 수도 있고, 또 다른 대필자가 강왕을 위해 이 편의 원고를 작성한 것이며 강왕은 허수아비에 불과했을지도 모른다. 그러나 이 편은 확실히 전성시대의 강왕으로부터 나왔으며, 진실되게 강왕의 정치적 견해를 표현하고 있을 수도 있다. 이러한 정황과 관계없이 우리는 강왕이 확실히 대낮에 떠 있는 태양과 같은 정치지도자임을 알 수 있다. 그는 필공에게 은 유민을 다스리는 데에 있어 권선징악할 것을 요구하는데, 이는 그의 정치적 지혜를 가장 잘 보여주고 있다.

특히 은 유민을 '선인'과 '악인'으로 나누었다. 주공이나 군진이 이런 방식을 썼는지는 알 수 없다. 만약 일찍이 그런 일이 없었고, 강왕이 가장 먼저 창안한 것이라면, 이는 제도 창신의 가치를 지닌다. 이것의 정치적 기능은 장려와 징벌이라는 수단으로 통치를 실현하는 데 국한되는 것이 아니다. 더 큰 정치적 효과는 바로 '선인'과 '악인'의 확인을 통해 선인을 자기편으로 끌어들임과 동시에 미화하고, 악인을 배척하고 부정적인 것으로 묘사함으로써 오랜 기간 '결집'해온 은 유민 집단에 균열을 가하며 동질화된 은 유민을 이질화된 선인과 악인으로 나눌 수 있었다. 악행을 저지른 은 유민에게 악인이라는 표지를 붙여줬는데, 이는 그 사람의 평소 생활에서의 신분이 은 유민이 아니라 악인이라는 의미를 지닌다. 같은 이치로 선행을 한 은 유민에게 선인이라는 표지를 붙여주면 그들의 일상생활에서의 신분은 은 유민이 아니라 선인이 된다. 만약 집권자가 모든 은 유민을 식별하여 선인 혹은 악인이라는 식별 표지를 붙이면, 그 집단에서 오랫동안 이어져온 '은나라 사람'이라는 동질감을 효과적으로 희석시킬 수 있고, 전향적으로 선인의 신분을 추구하는 문화가 생길 것이다. 만약 그 집단이 모두 정부에서 제공하는 선인 표지를 받기를 원하면 절대 다수의 은 유민은 모두 선인이 될 수 있으며, 나머지 전향을 바라지 않는 소수는 더 이상 '은나라 백성'이 아니라 정부가 공인한 악인이 될 것이다. 오래지 않아 은 유민의 원래 신분은 존재하지 않게 되고, 그들은 주 왕실의 다스림을 받는 '선민善民'이라는 새로운 신분에 동의하게 될 것이다. '은나라 백성'의 '주나라 백성'으로의 변화는 은 유민 문제의 완벽한 해결이라는 의미를 지닌다.

강왕의 이런 생각은 조직을 통한 '사람의 조직화' 실현이다. 은 유민 집단은 당연히 조직화된 집단이지만, 이 집단은 주 왕실이 조직한 것도, 주 왕실의 규범에 의한 것도, 주 왕실이 주도적으로 조직한 집단도 아니다. 바로 이런 연유로 주 왕실은 이 집단을 잘 다스릴 수 없었고 오랜 기간 골칫거리로 남아 있었다. 이제 강왕이 요구한 기준에 따르면 근본적으로 그 집단 내부의 고유한 조직관계를 혁파할 수 있게 되었다. 이 집단은 주 왕실의 요구에 따라 새로 거듭난 조직이 되었다.

선과 악의 구분 기준은 무엇일까? 선인과 악인의 선별 기준은 무엇일까? 선발 절차는 어떠했을까? 눈에 보이게 붙여지는 표식 외에 선인은 어떤 우대를 받을 수 있었을까? 악인은 어떠한 부정적인 결과를 지게 되었을까? 이와 같은 문제는 집권자가 융통성 있게 장악할 수 있고, 실제 정황에 비춰 수시로 조정 가능한 것들이다. 다만 이러한 모든 기술적인 문제는 당연히 은 유민 집단을 정부의 지휘 아래 둬야 한다는 핵심적인 목표를 지향한다. 은 유민 집단의 지식인들로서는 이런 선별 작업이 그들을 탄압하는 것이지만, 주 왕실로서는 은 유민을 구박하는 것이 그들을 다스리는 최선의 책략인 셈이다.

강왕이 은 유민을 다스리는 정책은 우리에게 정치의 핵심 기술과 운용 목표를 보여줌과 동시에 '동족 통치族群治理'라는 심오한 주제를 보여주고 있다. 『상서』「주서周書」는 항상 국가통치적 관점에서의 은 유민 집단을 그려내고 있다. 은 유민 집단은 언제나 주 왕실의 골치 아픈 난제였다. 그들은 두 마음을 품고 통치에 불복했다. 덕의德義를 경시하고 겉치레만 추구했으며 반란을 획책하기까지 했다. 설령 주 왕실이 걸출한 정치가인 주공을 배출했더라도 이 문제를 완전히 해결하지는 못했다. 은 유민 통치가 곤란했던 까닭은 그 뿌리가 깊었다. 주 왕실과 은 유민의 관계는 중앙과 지방의 문제가 아니며, 정치 관계상의 문제는 더더욱 아니다. 그것은 동족 집단과 이민족 집단의 관계 문제이자 문화적 문제였다. 오랜 기간 두 민족 사이에는 결합과 왕래가 있었지만 그들은 각각의 역사 전통, 신앙 체계, 가치 기준, 왕래 규칙 등을 지니고 있었다. 헌팅턴의 '문명충돌론'을 빌리자면, 주 왕실과 은 유민 사이의 충돌 역시 '문명 충돌'의 특수한 모델이다. 바로 이런 특수한 의미에서의 문명 충돌은 은 유민 통치의 어려움을 근본적으로 결정짓고 있다.

주 왕실이 당면하고 있던 오래된 문제는 오늘날에도 여전히 각국의 정치인들을 시험에 들게 한다. 미국의 하와이 원주민 자치운동, 영국의 '북아일랜드' 문제, 캐나다의 퀘벡 문제, 러시아의 체첸 문제, 스페인의 바스크 독립운동 등이 있으며, 이런 문제는 일일이 열거할 수 없을 정도다. 중국도 마찬가지다. 이 편에서 전해주는 주 강왕의 견해는 우리가 가장 주목해야 할 사상적 유산일 것이다.

물론 이 편이 담고 있는 또 다른 정치사상 역시 나름의 가치를 지닌다. 가령 강왕이 필공에게 '항상의 도로 정사를 행하고常道爲政', 소박한 언사를 귀하게 여기며 기이한 것을 좋아하지 말라고 경계시킨 것 등이다. 이런 관점 역시 매우 정밀하다. '상도위정常道爲政'은 일면 간단해 보이지만 그리 쉬운 것이 아니다. 왜냐하면 대도는 소리도 없고 상도는 형체도 없기 때문에 상도의 구체적인 내용이 무엇인지는 깊이 헤아려볼 만한 문제다. 동아시아 문화에서 상도는 항구불변의 천도로 해석되며, 서양 문화에서 상도와 가장 근접한 개념은 자연법일 것이다. 상도나 자연법 할 것 없이 그것이 지향하는 바는 정치적 실천 가운데 마땅히 준수해야 할 기본 준칙이다. 상대적으로 고정된 문화 전통 속에서 사람들은 이와 같은 정치적 상도를 감지할 수 있으며, 또한 그것을 다듬어 공동체가 준수해야 할 기본 신조로 만든다. 이것이 바로 강왕이 필공에게 제시한 요구 사항이다. 정치적 실천에 있어 피해야 할 기이한 언사나 행동이란 곧 온건한 정치 풍조를 구현하는 것이다. 특수하게 민감하고 복잡한 국면에서 기이한 언행을 지나치게 하면 파멸로 이어지는 재난을 만날 수도 있다. 이런 관점에서 보면, 집권자는 기이한 언행을 과도하게 추구하지 말아야 한다.

또한 강왕은 강하지도 유하지도 않고, 혹은 너그러움과 엄격함을 겸비한 정치 책략을 제시했다. 이러한 관점 역시 주 왕실이 장기간 은 유민을 통치해온 경험에서 나온 것으로, 현대 중국의 '너그러움과 엄격함의 겸비寬嚴相濟'의 형사 정책과 상응하며, 정치철학과 법철학에서의 중용의 도를 구현한 것이다.

강왕이 필공에게 해준 정치적 격려도 특색 있다. 강왕은 시종일관 필공을 주공과 함께 거론하면서, 필공이 장차 수행하게 될 직책이 바로 일찍이 주공이 수행했던 직책이라는 점과, 또 주공이 완전히 해결하지 못한 은 유민 통치 문제가 필공의 손에서 완전하고 원만한 해결을 볼 수 있다는 점을 반복해서 강조하고 있다. 이는 필공에게 매력적인 미래를 그릴 수 있게 해주고, 더 나아가 주공을 뛰어넘는 정치적 명망을 얻게 해주는 것이다. 동시에 강왕은 필공이 담당해야 하는 사명을 문왕과 무왕의 사명과 직결시키는데, 이는 당시의 필공이 이미 개국공신의 반열에 올라 있었음을 의미한다.

제45편 군아君牙
교화의 정치와 법전의 정치

「군아君牙」는 주 목왕周穆王이 그의 대신大臣 군아君牙에게 내린 훈시를 기록하고 있다. 목왕은 강왕의 손자이자 소왕昭王의 아들이다. 주 왕조의 천자 계보 가운데 목왕은 남다른 면이 제법 많았는데, 후대에 전해진 『목천자전穆天子傳』은 그의 기이한 행적을 전문적으로 기록하고 있다. 물론 『목천자전』은 낭만적인 신화 이야기이지만, 이 편에 기록된 목왕의 정치관은 제법 충실한 사상사적 의의를 지닌다.

이 편은 목왕이 군아를 조정의 사도司徒로 임명하면서 직무에 대한 훈시를 했기 때문에 만들어졌다. 훈시에 담긴 정치관은 '상교常敎에 의한 치국, 법전에 의한 치국'으로 귀결될 수 있다.

상교의 다스림에 관한 「군아」의 원문은 다음과 같다.

오전五典을 널리 펴서 백성들의 법을 공경하고 조화롭게 하며, 네 몸을 바르게 하면 감히 바르지 않음이 없을 것이다. 백성들의 마음은 중中하지 못하니, 오직 너의 중中으로 해야 한다弘敷五典, 式和民則, 爾身克正, 罔敢弗正. 民心罔中, 惟爾之中.

여기에서 말한 '오전五典'은 곧 오상五常으로, 구체적으로 부모는 의롭고 자애로우며, 형제는 우애롭고 공손하며, 자식은 효성스러운 다섯 가지 윤상倫常의 가르침이다. 목왕은 다섯 상교로 백성을 다스리는 준칙을 삼아야만 백성들이 조화할 수 있고, 집권자가 자신을 천하 백성의 표준으로 삼아야만 백성들이 중심을 잡을 수 있다고 생각했다. 간단히 말해서, 만약 집권자가 상교를 솔선수범한다면 조화롭고 질서 있는 사회를 촉진해 천하를 효과적으로 다스릴 수 있다는 것이다.

법전의 다스림에 관한 「군아」의 원문은 다음과 같다.

> 너는 선정先正(군아의 할아버지와 아버지)의 옛 법을 따라서 본받아야 하니, 백성의 다스려지고 어지러움이 여기에 달려 있도다乃惟由先正舊典時式, 民之治亂在茲.

이 구절에 대한 『상서정의尙書正義』의 해석은 다음과 같다. "선왕의 신하가 행한 행적·옛 법전·문헌 등을 받들어야 하는 것이 곧 법이요, 백성이 다스려지고 다스려지지 않는 것은 바로 여기에 있으니, 그것을 사용한다면 백성이 다스려지며, 그것을 폐기한다면 백성은 혼란해질 것이다." 이 말은 곧 이전의 관례·법률·문건에 의거해 일을 판단해야 하는 것으로, 과거의 유효한 법칙을 존중한다면 백성을 잘 다스릴 수 있지만, 만약 그런 유효한 법칙을 폐기한다면 천하는 크게 어지러워질 것이다. 바꿔 말하면, 이는 규범에 의한 다스림을 행해야만 한다는 것이다.

그러나 단순히 다섯 상교의 가르침에만 의지해서는 효과적으로 사회를 안정시킬 수 없다. 이에 목왕은 다시 법률의 다스림을 제시한다. 이와 같은 통치 모델에 대해 "예를 벗어나면 형벌로 들어간다出禮則入刑"라는 후대의 간결한 설명이 있다. 가령 『후한서』「진총전陳寵傳」에 기록된 진총의 말이 대표적이다. "신은 듣건대 예경禮經이 300가지요 위의威儀가 3000가지이므로, 『상서』「여형」의 대형大刑은 200가지요, 오형五刑에 속하는 것이 3000가지라 합니다. 예가 없어지면 형을 취하게 되며, 예를 잃으면 형으로 들어가게 되니, 예와 형은 서로 표리가 됩니다."[138]

이 명구는 '예'와 '형'을 '상위 규칙'과 '하위 규칙'의 관계로 이해했다. 혹자는 '조정성調整性의 규칙'과 '징벌성懲罰性의 규칙'의 관계로 설명하기도 한다. 예禮는 '할 수 있는 것, 해서는 안 되는 것, 마땅히 해야 하는 것'을 규정하며 사람들을 인도하는 규범을 제공하고, 형刑은 예를 강제하고 보장하는 수단이며, 사람들이 예를 어겼을 때 그에 따르는 불리함을 규정한다. 이는 하나의 완전한 법률 규범으로, 예가 행위 방식을 규정한다면 형은 소극적인 효과를 규정한다. 만약 형이 없다면 예는 유효성과 강제성을 잃게 된다. 만약 예가 없다면 형의 징벌은 근원이 없는 물이자 뿌리 없는 나무가 될 것이다. '출례즉입형出禮則入刑'은 대체로 이런 의미다.

그런데 목왕이 강조한 상교와 법전의 다스림을 단순히 진총의 견해에 따라 이해하는 것은 옳지 않다. 왜냐하면 상교와 법률의 관계는 '상위'와 '하위'의 관계가 아닐 뿐만 아니라, 그 둘은 연관성이 있으면서도 상대적으로 독립된 사회 통치 모델을 대표하기 때문이다. 전자는 상교의 사회 통치적 의의를 주로 강조하면서 적극적인 측면에서 인간관계의 조화를 촉진하며, 집권자가 백성의 중심이자 상교의 모범과 화신化身이 될 것을 요구하기도 한다. 이것의 의미는 집권자의 언행은 다섯 상교의 정신을 대표할 수 있어야만 하고, 집권자는 자기 자신을 통해 발현된 상교로 사회와 백성들에게 영향을 끼쳐야만 한다는 것이다. 이러한 사회 통치 모델의 정신은 '화化'로 개괄할 수 있다. 여기에서의 '화'는 '감염感染' '시범示範' '솔선수범' '언행일치' '소리 없이 촉촉이 만물을 적신다潤物細無聲'139 등의 함의를 지닌다. 이와 동시에 '화'하는 과정 역시 가까운 곳에서부터 먼 곳으로 미치는데, 집권자는 자기 주변 사람들에게 영향을 끼쳐 상교 정신의 실마리를 그들에게 전달해주고, 그 사람들이 또 진일보해서 그 정신의 실마리를 그들 주변의 다른 사람들에게 전해주어, 이렇게 한 단계 한 단계씩 확충해나가면, 상교는 온 세상에 전해질 수 있고 작은 불씨가 결국에는 맹렬하게 타오를 수 있을 것이다. 만약 모든 사람이 상교로 자기 입신처사立身處事의 준칙을 삼는다면 온 천하는 화목和睦해질 것이다. 이것이 바로 '상교常教의 다스림'의 기본 모델이다.

   이와는 달리 관습·법전·문헌을 강조한 사회 통치는 이른바 현대사회의 법치에 가깝다. 비록 법전은 성문법이고 관례와 판례는 불성문법이긴 하지만, 이들은 모두 규칙의 연원이자 저장고다. 다섯 상교에 비해 이들 법률은 좀 더 구체적이고 정확하다. 이들 규칙은 모두 이전 군주와 대신들이 오랜 기간 실천해 효과적으로 각종 관계를 조정하고, 각종 모순을 해결할 수 있으며, 이들을 사회 통치에 운용함으로써 기본적인 질서를 세울 수 있었다. 이와 반대로 만약 이런 규칙을 버린다면 정치공동체의 사회생활은 큰 혼란에 빠진다. 따라서 집권자는 반드시 이전에 행해졌던 유효한 성문 규칙과 불성문 규칙을 장악·운용·준수해야 할 뿐만 아니라, 그것들로 사회 관계를 조정하여 통치를 실현해야만 한다. 이것이 바로 '법전法典의 다스림'의 기본 모델이다.

이 두 사회 통치 모델은 서로 다른 정신을 지닌다. 상교의 다스림은 주로 사람의 감정과 심리적인 측면에 영향을 준다. 비록 오상의 가르침이 기독교와 같은 종교는 아니지만, 기독교의 사회 통제 방식과 일정하게 비교가 가능하다. 기독교에 '선교'가 필요하다면, 오상의 가르침 역시 집권자(종교의 교주)의 '말로 전하고 몸으로 가르치는言傳身敎' 것이 필요하다. 이것과 비교해서, 법전의 가르침은 인간의 외재적 행위에 직접 작용하며, 인간의 행위를 직접 규정하는 방식이다. 즉 각종 행위에 상응하는 장려책과 징벌을 보유한다. 이 두 통치 모델이 병행되면서 서로 상충되지 않았기 때문에 목왕은 군아에게 둘 모두에 주의를 기울일 것을 요구할 수 있었다. 목왕의 요구에는 다음의 정치철학이 포함되어 있었다. 즉 사회를 다스리는 일은 사람의 물질세계와 외재 행위를 조정하는 데 신경 써야 하고, 정신세계와 감정활동의 조정에도 더욱 주의를 기울어야 한다는 것이다.

그런데 목왕은 상교의 다스림에 좀 더 무게를 둔다. 본문에서 통치의 근거인 '상교'에 다양한 성질이 있음을 알 수 있다. 첫째, 종교 교의적 성격인데, 사람의 정신세계를 안정시킬 수 있기 때문이다. 가령 '부자자효

父慈子孝'라는 장면에서 사람의 정신과 감정은 어떤 위안을 받을 수 있다. 또한 조상과의 소통은 상천과의 소통과 유사해서 조상의 슬하에 기대는 것은 상천의 슬하에 기대는 것과 같다. 이와 같은 풍경은 모두 상교의 종교성을 드러낸다. 둘째, 윤리적 성격이다. 사실 상교는 다섯 가지 인륜 관계를 처리하는 준칙이다. 그것의 최대공약수는 자아 결속과 자아 속박에 있으며, 이것이 바로 도덕 준칙의 기본 특징이다. 이외에도 상교는 '예악禮樂'과 밀접한 관계를 지닌다. 주공이 만들었다는 예악은 다섯 상교의 전환이자 구체화다. 역으로 말하면 상교는 예악제도의 정신을 구현한 것이다. 아마도 상교가 다양한 기능을 지니고 있기 때문에 통치의 모델로 선택될 수 있었을 것이다.

　이러한 치도관은 한대 동중서의 생각과 매우 유사한데, 그는 주 성왕에서 강왕에 이르는 치세는 '상교의 다스림'으로부터 나온 성과라고 여겼다. 그는 '성강成康의 치治'를 '진秦나라의 정치'와 비교했는데, 성강의 시대는 전성시대로서 감옥은 텅 비고 천하는 안정되었으니, 그 근원은 '교화'와 '인의仁誼'에 있었다. 이는 '상교의 다스림'의 결과라고 해도 과언이 아닐 것이다. 이와는 확실하게 대조되는 진秦나라는 일방적으로 '신불해申不害와 한비의 법'을 강조하여 '문덕文德'을 폐기하고 법률 조문만을 따져 사실과 정황을 살피지 않았으니, 착한 사람이 벌을 받고 악한 사람은 죄를 면하게 되었으며, 신하들은 겉으로만 군주를 모시는 예를 갖출 뿐 속마음으로는 군주를 배반하는 뜻을 품게 되었다. 이러한 환경에서는 얼마나 많은 사람을 징벌했는가와 무관하게 사회는 절대 다스려질 수 없다.

동중서가 두 모델의 차이점을 확실히 구별한 목적이 비록 법가를 축출하고 유가를 독존獨尊하는 데 있고, 다른 특정한 목표와 추구하는 바가 있었다고 할지라도 그의 이 같은 분석은 상당히 보편적인 정치원리를 잘 드러내준다. 정치는 사람의 외재적 행위에 주의를 기울여야 할 뿐만 아니라 사람의 내적 세계에도 관심을 둬야 한다. 정치는 반드시 사람에게 정신·사상·정감적인 측면의 지침을 줘 물질적인 이해에만 끌리지 않게 해야 한다. 과도하게 축소된 정치는 이미 온전한 정치가 아니다. 근본으로 돌아보면 정치란 일종의 '문화'다. 단지 '무력武力' '조잡粗雜' '야만野蠻' '형식形式', 특히 '기술화'의 수단과 방식으로만 국한시켜서는 정치의 수준에 도달하기 어렵다.

제46편 경명冏命

신복이 감당할 수 없는 무게

편명에 보이는 '경冏'은 백경伯冏을 가리킨다. 그는 주 목왕의 대신으로 목왕에 의해 왕실의 태복장太僕長에 임명되었는데, 이는 천자와 가장 가까운 직위로 오늘날의 대통령 비서실장에 해당된다. 임명하면서 목왕은 백경에게 훈시를 내려 「경명冏命」 편의 유래가 되었다.

『상서』의 다른 편들과 비교해서 이 편의 주제는 비교적 단순하며 내용도 명확하다. 목왕은 가장 먼저 백경에게 자기 자신은 천자로서 오로지 깊은 연못을 건너듯이 하며, 얇은 얼음을 밟는 듯하며, 한밤중에 일어나 과오를 피할 방법만을 생각한다고 알려준다.140 이어 역사를 회고하며, 문왕과 무왕의 대신들은 매우 충성스럽고 정직했으며 근신近臣과 시종侍從들도 마찬가지였기 때문에 문왕과 무왕이 근신勤慎한 군주가 되어 천하의 칭송을 얻게 되었다고 말한다.141 지금 자신은 천자로서 마찬가지로 충성스럽고 정직한 근신이 필요하다. 그대가 근신의 수장이 되어 나

(목왕)의 잘못을 바로잡고 또 한편으로 현량한 선비들을 그대의 수하로 선발해야 한다.142 마지막으로 목왕은 백경이 주의를 기울여야 할 규율을 알려준다. 만약 근신이 현량하면 군주는 성군이 되지만, 근신이 아첨만 하면 군주는 자신이 옳은 줄만 알게 된다. 따라서 현량한 근신이 있어야 성군이 될 수 있으며, 군자가 덕을 잃는 것은 모두 근신이 무덕하기 때문이다.143

목왕의 논리에 따르면, 성군은 현량한 근신으로부터 나오며, 성군이 못 되는 것은 현량한 근신이 없기 때문이라는 결론을 얻을 수 있다.

이는 확실히 성립되기 어려운 논법이다. 첫째, 성군이 되는가의 여부는 군주 자신의 몫이지 어떤 사람이 도와줘서 되는 것이 아니다. 평범한 군주는 아무리 고명한 신하가 있더라도 그 군주를 촌닭에서 봉황으로 바꿀 수는 없는 법이다. 플라톤이 시라쿠스를 세 차례 방문하여 그 군주를 철인의 성군으로 길러내려 했으나 매번 실패로 끝났는데, 한 번은 노예로 팔릴 뻔도 했다. 맹자의 운명도 별 차이가 없었으니, 그는 이리저리 분주하게 제 선왕, 양 혜왕, 등 문공滕文公의 주변을 서성이며 진심으로 성군의 방법을 알려줬으나 별다른 결과를 얻지 못했다. 지혜로운 플라톤과 맹자조차 촌닭을 봉황으로 기를 수 없었는데 하물며 조정의 근신들이야 별수 있겠는가? 따라서 일개 평범한 군주가 신복臣僕의 노력으로 성군이 된다는 것은 절대 있을 수 없는 천일야화일 뿐이다.

둘째, 만일 그 자신이 본래 성군이라면 절대 근신의 무덕으로 평범한 군주로 타락할 수는 없는 법이다. 무한한 권력과 끝없는 지혜 그리고 한없는 덕성을 가진 성군이 있다고 가정한다면, 한두 명의 형편없는 근신이 그를 망쳐놓을 수 있겠는가? 뿐만 아니라 근본적으로 실덕한 근신들이 성군 주변에서 오랫동안 시중들 수도 없으며, 오히려 성군 주변에 오기를 좋아하는 무덕한 신복은 도리어 성군의 감화를 받아 현량한 신하가 될 것이다. 성군은 태양과 같아 암흑과 같은 영혼도 그에게 감화를 입게 된다는 점을 알아야 한다. 만약 어떤 성군이 한두 명의 무덕한 신하조차 구원해내지 못한다면, 어떻게 성군이라 할 수 있겠으며 어떻게 사해를 비추는 태양이 될 수 있을까?

성군이 신복으로부터 나온다는 이런 근거 없는 논리가 『상서』와 같은 경전에 수천 년 동안 아무렇지 않게 전해져 내려온 이유는 무엇일까? 이것을 어떻게 해석해야 할까?

이 수수께끼를 풀기 위해 우리는 이 편 경문의 정황을 되돌아볼 필요가 있다. 이 편은 목왕이 자신의 '수석 신복'을 임명할 때 행한 훈시다. 이와 같은 공식 연설에서 목왕이 반드시 말해야 했던 것은 무엇일까?

첫째, 당연히 그 직무의 중요성을 강조해야 한다. '수석 신복'과 같은 직위는 아마도 당시에 인기 있는 직위는 아니었을 것이다. 비록 그 직위가 군주와 매우 가깝다고는 하지만 오히려 가신家臣에 가깝다. 그가 처리하는 사무는 일상 사무에 국한된 비교적 자질구레한 것들이다. 이런 지위에서 일을 잘하더라도 역사적으로 명예를 남기기는 쉽지 않다. 따라서 뜻이 원대한 중신을 그런 지위에 올려놓는다면 굴욕감을 느낄지도 모른다. 당시의 지사志士들은 그런 지위를 하찮게 생각했기 때문이다. 그러나 군주는 좀 더 능력 있고 계급이 높은 사람에게 그 지위를 맡기고자 한 것이 확실하다. 이러한 정황에서는 그 직위의 의의를 정치적으로 고양시켜야만 평범함이 신성성神聖性을 갖게 되고 걸출한 인재를 끌어들일 수 있게 된다. 아마도 이런 까닭에 주 목왕은 문왕과 무왕이 지성至聖의 군주가 된 이유는 바로 현량한 근신과 시종의 협력 때문이라는 전기 고사傳奇故事를 심혈을 기울여 만들었던 것이다.

둘째, 목왕은 자신을 낮추는 방식으로 수석 신복이 평범한 직위에서 노력하고 공을 세울 수 있도록 격려했다. 이 편에서 목왕은 스스로를 낮추면서 자신은 덕성의 측면으로는 아직 멀었다는 점을 말하고 있는데, 비록 이미 군주라는 지위에 있긴 하나 왕위를 이은 것은 자신이 천자의 집안에 태어나서이지 덕성이 높았기 때문이 아니라는 사실을 잘 알고 있었다. 덕성의 낮음과 지위의 높음 사이에 놓인 거대한 괴리는 자신을 불안하고 두렵게 만들어 한밤중에도 벌떡 일어나 과오를 반성하고 올바른 방법을 모색하는 지경에 이르렀다. 또한 목왕은 바로 이 같은 낮은 덕성과 수양의 부족으로 항상 잘못을 저지르므로 주변의 근신이 수시로 질정해줄 필요가 있었다. 근신의 도움이 있어야만 자신의 잘못을 고쳐나가 선왕이 남긴 업적을 지키고 그 얼굴에 먹칠을 하지 않을 수 있었다. 이외에도 목왕은 백경에게 수석 신복으로서 군주의 약점을 치료해주기를 바랐을 뿐만 아니라, 군주를 위해 일하는 근신 집단을 잘 이끌어 공동으로 왕의 결점을 치료하고 끊임없이 덕성을 제고시키기를 요구했다.

이 같은 간절한 언사 앞에 백경은 수석 신복으로서 희생을 무릅쓰고 충성을 다해 군주에게 보답했다. 『삼국지연의三國志演義』에서 유비劉備가 제갈량을 모시기 위해 수차례 찾아간 것도 이와 다르지 않다. 그러나 유비에게 있어 제갈량은 물고기가 물을 만난 격이지만, 신복으로서의 백경이 무슨 덕성과 능력이 있었기에 목왕이 이처럼 간절하게 요구하게 되었을까? 만일 이 편의 내용이 확실히 목왕 당시의 상황을 반영하고 있다면, 그가 백경을 임명한 것에는 또 다른 말 못 할 사정이 있었을 것이다.

그런데 만약 이 편이 『위고문상서』로서 후대인이 위조한 것이라고 한다면 위조자의 심리 상태를 엿볼 필요도 있을 것이다. 그것은 어쩌면 '제왕의 스승이 된다爲帝王師'는 심리였을지도 모른다. 누가 위조했든지 그는 확실히 지식인이며 그들 집단이 공동으로 추구한 것은 바로 '위제왕사'였다. 제자백가가 남긴 대다수의 글은 군주를 독자로 상정하고 있다. 온건한 공자나 맹자는 말할 것도 없으며 냉철한 한비와 상앙, 원만한 순자, 그 끝을 알 수 없는 노자가 남긴 많은 말과 문자는 한 구절로 귀결될 수 있는데, 바로 '군주를 어떻게 할 것인가?'다. 심지어 강호와 들풀野草의 기풍이 강한 묵자가 제창한 절검節儉·비공非攻과 같은 정치 이념도 군주에 대한 권고이며, 자유로운 영혼의 장자도 '천하를 다스린다治天下'에 반대하여 '천하를 있는 그대로 내버려둔다在宥天下'144는 말로 군주의 귀감을 제시했다. 다른 제자諸子들은 말할 것도 없다.

한대 이후로 지식인 그룹이 보편적으로 갖춘 이 같은 이상은 계속해서 이어져 내려왔다. 가령 가의賈誼를 살펴보자.

'한나라가 흥기한 지 20여 년에 천하가 화합했으니, 마땅히 정삭正朔을 개정하고 복색제도를 바꾸며 관명官名을 정하고 예악을 흥기시켜야 합니다.' 처음으로 의법儀法을 제정하여 색상은 황색을 숭상하고, 숫자는 5를 사용하며, 관명을 다 바꾸기를 주청했다. 문제文帝는 그럴 경황이 없어 주저했다. 그러나 모든 법령이 개정되고 여러 제후에 미치게 되었으니, 그것은 모두 가의가 발의한 것이었다. 이에 천자는 가의를 공경의 지위에 임명할 것을 논의했다.

여기에는 희미하나마 '제왕의 스승帝王師'으로서의 기상을 담고 있다. 그러나 가의의 고속 승진은 동료들의 시기를 불러일으킨다.

강후絳侯 주발周勃, 관영灌嬰, 동양후東陽侯 장상여張相如, 어사대부 풍경馮敬 등의 무리가 가의를 시기해 '낙양洛陽의 어린 초학자가 권력을 전횡하고 싶어 모든 일을 어지럽힌다'며 헐뜯었다. 이에 천자후天子后도 가의의 논의를 쓰지 말고 장사왕長沙王의 태부太傅로 삼을 것을 상소했다.

이는 '제왕의 스승'이라는 높은 지위에서의 몰락이다.

가의는 유배 가서 마음을 잡지 못했는데, 상수湘水를 건너면서 부賦를 지어 굴원屈原의 죽음을 기렸다. 굴원은 초나라의 현신으로 참소를 당해 유배되어 「이소부離騷賦」를 지었는데, 그 마지막에 '끝이로다! 나라를 망치는 자들이 나를 알아주지 않는구나!' 하며 마침내 강물에 투신하여 죽었다. 가의가 이를 떠올리며 안타까워했기 때

문에 스스로 비유한 것이다.¹⁴⁵

굴원과 가의는 똑같은 심경을 겪었다. 젊은 나이에 뜻을 품었으니, 품은 뜻의 목표는 바로 '제왕의 스승'이 되는 것이었다. 한때 군왕이 말을 듣고 계책을 따라줬을 때에는 그들에게 최고의 심리적 만족을 가져다줬다. 그러나 하루아침에 그 자리를 떠나게 되자 어찌할 바를 몰랐다. 굴원은 강물에 몸을 던졌고 가의는 33세의 나이로 죽고 말았다. 그들 두 사람의 신세는 동아시아의 전통적 지식인의 불행한 운명을 예견케 했다. 그들은 한결같이 '군주를 얻어 도를 행한다得君行道'는 뜻을 품었는데, 이런 이상은 큰 매력이 있긴 하나 극도의 허망함도 지녔으니, 흡사 이상李商隱(812?~858)의 「가생賈生」이라는 시에서 보이는 "대궐에서 어진 이 찾아 쫓겨난 신하 방문하니, 가의의 재주는 더 말할 것도 없었네. 안타까워라, 한밤중에 자리까지 당겨 앉은 것이 허사로다. 백성의 일 묻지 않고 귀신의 일만 물었다니"¹⁴⁶와 같다.

그러나 이와 같은 이상의 허망함으로 인해 그 이상은 무궁무진한 매력으로 충만하게 되며, 각 시대의 지식인들이 한없이 동경해 마지않고 「경명」과 같은 전기傳奇를 편찬해내게 되었다. 그들은 이번 고사를 만들면서 주 목왕의 입을 빌려 "근신의 신분으로 천자를 도와 성군으로 만든다"는 그들의 희망을 표현한 것이다. 비록 "신복이 성군을 만든다"라는 것은 그들의 환상에 지나지 않지만, 그런 환상이 있는 것은 환상이 아예 없는 것보다는 낫다.

전통 동아시아의 지식인들이 보편적으로 '제왕의 스승 되기'를 희망했다는 점은 그들이 대부분 군주를 독자로 여기고, 군주를 위해서 글을 지었음을 의미한다. 이것은 우리가 전통 문헌을 이해할 때 주의해야 할 측면이다.

제47편 여형呂刑
주 목왕의 법치 이념

경문의 내용으로 볼 때 「여형呂刑」은 주 목왕이 형법에 관해 담화한 기록으로 그의 형법 인식을 잘 드러내주고 있다. 그러나 『상서정의』의 해석에 근거해 보면, 경문에 기록된 논의들은 실제로 목왕의 대신 여후呂侯로부터 나왔다. 당시 여후는 주 왕실에서 사구司寇의 벼슬을 역임했고 삼공의 위치에 있었다. 그는 사법 영역의 책임자로서 목왕에게 진언하면서 형법과 관련된 문제를 진술했고, 이후에 그런 논의가 목왕의 이름으로 천하에 공포된 것이다.

이상의 설명에 따르면 이 편은 여후가 기초한 것으로 주로 여후의 관념을 반영하고 있으며, 역사적으로 봐도 확실하다. 그런데 그런 논의가 이미 목왕의 심의를 거치고 또한 목왕의 명의로 발표되었으므로 이는 목왕의 승인을 받은 것이기도 하다. 그러므로 이 편의 논의는 여후의 관념을 반영함과 동시에 목왕의 관념도 반영하고 있다. 좀 더 정확하게 말하면 주 왕실이 주도적으로 법률의식을 선양하고 있다는 점을 잘 보여준다.

이 편의 법치 이념은 덕성의 중시, 절차의 엄격함, 의심스러운 죄는 최소한의 형벌로 행함疑罪從輕, 공평무사한 사법, 사회적 효과 등 다섯 가지로 개괄해볼 수 있다.

'덕성의 중시'란 형법의 제정과 적용은 덕성이라는 최종 목표와 떨어질 수 없으며, 특히 가혹한 살육으로 이어져서는 안 된다는 점을 가리킨다. 본문에서는 그 부정적인 사례를 제시하고 있는데, 삼묘三苗의 형법은 남발되는 것이 모두 피비린내만 풍겼고 덕정의 모습은 찾아볼 수 없었기 때문에 상천이 그 민족을 전부 멸망시켜버렸다. 긍정적인 사례로는 당요唐堯가 세 현신의 보좌 아래 적당한 형벌로 백성을 다스렸기 때문에 덕정의 광채가 온 사방을 비추었다는 것이다. 목왕과 여후는 긍정과 부정의 사례로서, 제후와 백관에게 반드시 도덕적인 사람을 골라 백성을 다스려야 하며 덕성을 사법 행위의 귀감으로 삼아야 한다는 점을 경계시켰다.

'절차의 엄격함'이란 반드시 사전에 규정된 절차와 방법을 준수해야 한다는 것이다. 본문에서는 법정의 심리 절차에 대해 비교적 자세한 규정을 기록하고 있다. 원고와 피고가 모두 법정에 도착하면 법관은 '다섯 가지 방법'으로 안건을 심리해야만 한다. 얻어진 구두자백은 사실 검증을 거쳐 '오형五刑'147에 따라 판결한다. 만약 판결하기에 자료가 충분하지 못하다면 '오벌五罰(벌금형)'로 처리한다. 만약 오벌로 범인을 처리하지 못할 때에는 '오과五過(훈방조치)'로 처리한다. 이상의 처리 규정은 당시에 이미 분명한 법적 절차가 있었다는 사실을 잘 보여준다.

각종 형벌의 상형문자

행幸	집執	어圉	의劓	벌伐	월刖
고대의 수갑	양손을 '수갑'으로 채운 모양	수갑을 채워 감옥에 가둠	칼로 코를 벰	창으로 머리를 자름	다리를 자름

'의심스러운 죄는 최소한의 형벌로 행함'은 경형주의輕刑主義·겸억주의謙抑主義148의 법률관이다. 본문의 기록은 '의죄종경疑罪從輕' 원칙의 몇 가지 방법을 관철시키고 있다. 첫째, 오형과 오벌의 조건을 적용함에 있어 만약 의문이 있다면 반드시 가벼운 방향으로 결정해야 한다. 둘째, 백성이 검증한 증거에 의거해야만 한다. 관련 사실과 증거를 검증하지 않는다면 처리 안건의 근거가 될 수 없다. 셋째, 의죄종경 원칙을 구현하기 위해서는 구체적으로 다음과 같이 판결한다. 만약 '묵형墨刑'의 안건을 처리하는 데 의문이 있다면 형벌은 벌금 100환鍰으로 하며, '의형劓刑'의 안건을 처리하는 데 의문이 있다면 벌금 200환으로 한다. 이와 같이 유추해보면 '비형剕刑'의 안건은 벌금 500환, '궁형宮刑'의 안건은 벌금 600환, '사형死刑'의 안건은 벌금 1000환 등이 된다. 이러한 규정은 모두 의죄종경 원칙의 시행 세칙으로 볼 수 있다.

'공평무사한 사법'은 사법 관원들에게 제시한 요구다. 본문에서 소개한 부정적인 사례는 역시 삼묘의 군주들인데, 그들은 안건을 처리하면서 허장성세로 당사자들의 재물을 탈취해 형사사법 제도를 붕괴시키고

辟罪也

墨辟	劓辟	剕辟	宮辟	大辟
大傳非事而事之出入不以道義而諭不祥之詞者	觸易君命革輿服制度姦軌盜攘傷人者	決關梁踰城郭而略盜者姦悝盜即李悝盜法之所本	男女不以義交者此即李悝雜法之姦	並從大傳矯虔寇攘却略奪攘降叛寇賊

刑

墨刑	劓刑	剕刑	宮刑	大刑
周禮司刑鄭氏注云墨黥也先刻其面以墨窒之按說文點墨刑在面也重文作䵝	周禮注云劓截其鼻也按說文劓作劓云刑鼻也重文仍作劓	刑說文作跀斷足也周禮注跀斷足也劓作跀史記周紀並作臏擄周禮注稱周改臏作刖文駁異義云皋繇改臏為剕周有跀非剕刑同則本書作剕為是	周禮注云宮者男子則割其勢女子閉於宮中若今宦男女也	周禮作殺注死刑也夏侯等書謂為割頭

罰

墨罰百鍰	劓罰二百鍰	剕罰五百鍰	宮罰六百鍰	大罰千鍰
史記鍰作率夏侯歐陽說同鄭云鍰六兩	經云惟倍史作倍灑	經云倍差史記周紀集解馬融曰倍二百為四百差又四百之三分一凡五百三十三鍰三分一也正義中之差二百三分一合三百三十三鍰二兩也宮刑其罰五百臏刑既輕其贖宜加故犯之說非也按司馬氏差參二說戲鈍融說為長尤從之	史記正義本作五百	大傳夏后氏死罪罰千鍰一鍰六兩鄭注所出金鐵也死罪出三百七十五斤用財少爾按千鍰即千鍰

형벌비죄도刑罰比罪圖. 죄와 형벌의 비교해놓은 표.

정치질서와 풍속을 문란케 했으며 결국 멸망에 이른다. 따라서 이 편의 경문은 백관에게 반드시 경외하는 마음으로 형벌을 대해야 하며, 뇌물을 받는 법관은 모두 자업자득으로 멸망을 자초한다는 사실을 경계시킨다.

또한 사법의 '사회적 효과'를 지적하고 있다. 그 주요 내용은 관원들이 만들어내는 판결의 결과는 사회적 동의를 이끌어낼 수 있어야 한다는 점이다. 이와 관련하여 삼묘의 군주들이 언급된다. 그들은 중형重刑으로 백성을 괴롭혔고, 백성들은 견디다 못해 상천에게 하소연해 상천이 진노했다. 따라서 백관은 일단 판결을 내리면 사람들이 수긍할 수 있어야 하며, 만약 판결을 고치더라도 사람들이 납득할 수 있어야 한다는 점을 말한다.

이상으로 볼 때 '덕성의 중시'는 법치의 객관적 가치를 구현하고, '절차의 엄격함'은 법치의 제도화를 구현하며, '의죄종경'은 법치의 기술을 구현하고, '공평무사한 사법'은 법치의 관료에 대한 요구를 구현하며, '사회적 효과'는 사회적 요구에 대한 법치의 응답을 구현한다. 종합해보면 대체로 목왕과 여후의 법치에 대한 인식, 특히 형사법치刑事法治에 대한 인식을 알 수 있다.

「여형」의 법치 이념을 좀 더 깊이 이해하기 위해서는 다른 법치 이념과 비교해보는 것도 좋을 것이다. 아리스토텔레스는 『정치학』에서 다음과 같이 말하고 있다.

정치는 당연히 두 가지 의의를 포함한다. 이미 성립된 법률은 보편

적인 복종을 획득하고, 사람들이 복종하는 법률도 그 자체만으로
훌륭한 법률로 제정되어야만 한다.

이 구절이 구현하고 있는 법치 이념은 두 가지 요점을 포함하고 있
다. 첫째, 법률은 보편적인 복종을 얻는다. 둘째, 법률 자체가 훌륭한 것
이다. 이 두 가지 조건의 구분은 확실한 것 같지만 사실 거대한 해석의
공간이 존재하고 있다. 가령 '법률'의 범위는 무엇인가? '법률이 훌륭하
다'는 평가의 기준은 무엇인가? 누가 평가를 하는가? 이와 같은 문제들
은 좀 더 구체적인 설명을 필요로 한다. '보편적 복종'은 실천 과정에서
도 의문에 맞닥뜨리게 된다. 즉 모든 사람이 같은 법률에 복종하는 것이
'보편적 복종'이라 할 수 있는가? 현대 중국의 형사법치 집행에서 똑같
은 법률이 어떤 특수한 지역(예를 들어 소수민족지구)에서는 변형적으로
집행될 수 있는데, 이것은 '보편적 복종'을 위반하고 있는 것은 아닌가?
따라서 설령 '보편적 복종'이 '절대 진리'의 기준으로 보이더라도 사실은
그렇게 절대적이지 못하다.

현대 서양의 대다수의 법학자가 법치의 원칙 혹은 기준에 대해서 더
욱 자세한 논의를 진행하고 있다. 가령 조지프 라즈Joseph Raz(1939~)[149]
는 『법률의 권위The Authority of Law』에서 법치는 8항의 원칙을 포함하고
있다고 적고 있다.

1. 법률은 예측 가능하며 공개적이고 명확하다.
2. 법률은 상대적으로 안정적이다.

3. 특별법은 공개·안정·명확·보편적 규칙 아래 제정되어야 한다.
4. 사법 독립.
5. 자연정의自然正義의 원칙을 준수한다.
6. 법원은 다른 원칙을 겨냥한 집행적 심사권을 향유한다.
7. 법원은 접근하기가 용이해야 한다.
8. 범죄예방기구의 자유 재량권은 법률을 남용할 수 없다.

이 8조항의 원칙은 서양의 주류 법치 이론의 인식을 대표한다고 볼 수 있다.

현대 중국에서 집권자는 사회주의 법치 이론을 제시하고 있는데, 그 속에는 '법에 의거한 통치依法治國' '인민을 위한 법 집행執法爲民' '공평정의公平正義' '무한 봉사服務大局' '당의 영도黨的領導' 등 다섯 원칙을 포함하고 있다. 그 가운데 '법에 의거한 통치'는 사회주의 법치의 내용이며, '인민을 위한 법 집행'은 사회주의 법치의 본질적 요구 사항이고, '공평정의'는 사회주의 법치의 가치 추구이며, '무한 봉사'는 사회주의 법치의 중요 사명이며, '당의 영도'는 사회주의 법치의 근본적인 보증保證이다.

동서고금의 몇 가지 대표적인 법치 이념과 비교해보면 주목할 만한 현상을 발견하게 된다. 서양의 법치 이념 논의는 법률 규칙 자체에 편중되어 있다. 그러나 동아시아의 법치 논의는 종종 법률 이외의 요소들에 편중되곤 한다. 「여형」편에 보이는 법치 이념은 주로 법률과 덕성의 관계, 경형주의의 사법 정책, 법관의 청렴과 사법의 사회적 효과 등을 강조하고 있다. 이들은 모두 기본적으로 법률 외의 요소들이다. 현대 중국에서 유행하고 있는 사회주의 법치 이념도 마찬가지로 법률 외의 요소에 편중되어 있다. 다시 말해서 서양에서의 법치 이념은 주로 법률 내부에서 진행된 사고의 결과이지만, 동아시아 문화에서의 법치 이념은 주로 법률 외부에서 진행된 사고의 결과다. 이러한 분화의 근원은 바로 서양의 법률이 상대적으로 독립적인 사물과 현상으로, 법률을 관리하는 집단이 자율적인 법조인 공동체를 형성했고, 이러한 주체적 법률이 법률에 대한 전문화된 이론을 만들게 되었다. 그러나 동아시아의 법률은 서양식의 독립성을 갖추지 못했을 뿐만 아니라 법조인들도 서양과 같은 자주성이 없었다. 따라서 동아시아의 법률과 법치 문제에 대한 사고는 종종 정치·사회·윤리 등의 요소가 혼합되어 생겨났다.

　이상의 분석은 「여형」에서 보이는 법치 이념이 비록 조잡하긴 하나 동서고금의 법치 이념과 대화할 수 있는 잠재성을 갖추고 있음을 말하고 있다. 이는 곧 동아시아를 포함한 세계의 법치 관념사가 관자나 플라톤으로부터 시작되는 것이 아니라 그 이전의 주 목왕 시기로 소급될 수 있다는 점을 의미한다.

제48편 문후지명文侯之命
서주 말기의 5대 모순

「문후지명文侯之命」은 주 평왕平王이 진 문후晉文侯를 표창한 책명冊命이다. 주 목왕은 동주東周의 제1대 군주다. 역사의 흐름에 있어 주 평왕에 이르러 개창된 동주 시대는 주 왕실이 이미 막다른 길로 치닫고 있음을 잘 보여준다.

책명에서 가장 먼저 평왕은 문왕과 무왕을 회고하며, 그들의 덕성이 사방을 뒤덮었기 때문에 상천의 신임을 얻어 천명의 계승자가 되었고, 동시에 현신의 보좌로 마음 편히 자유자재로 상천의 맡긴 사명을 담당할 수 있었다는 점을 말한다.¹⁵⁰ 이어서 평왕은 다음과 같이 말한다.

정작 나 자신은 운이 나빠 부친은 돌아가시고 나라는 망하여 조상의 업적이 무너져버렸소! 그러나 아주 곤란한 시기에 그대 문후가 나에게 큰 도움을 줬소. 그대는 그대의 현조顯祖이신 당숙唐叔의 덕을 계승할 수 있고, 또한 문무文武의 도를 이어받을 수 있소. 그대는 우리 희주 왕실을 구원하고 이족 견융을 주멸하여 불후의 공훈을 세웠으니, 표창을 받아 마땅하오."151

마지막으로 평왕은 진 문후에게 조상 제사에 올릴 술 한 동이, 붉은색과 검은색의 활 각 1장, 붉은색과 검은색의 화살 각 100대, 4필의 말로 이루어진 포상품을 내린다.152

본문의 내용은 대체로 이와 같다. 얼핏 보면 보통의 공문서 문투로 특이하지도 않고 흥취도 없다. 그러나 가만히 주의를 기울여보면 미지근한 문장 뒤에 격하게 요동치며 심금을 울릴 만한 정치적 파란을 감추고 있다. 그 파란을 통해 희주 정치 내부의 권력관계를 엿볼 수 있으며, 당시의 정치적 형국에 대해서도 명확히 파악해볼 수 있다.

처음에 문왕과 무왕의 덕성과 광채를 칭송하고 있는데, 이는 도입부에 해당된다. 이어지는 "부친은 돌아가시고 나라는 망하여 조상의 업적이 무너졌다"는 것은 사실의 묘사다. "부친이 돌아가셨다"는 것은 주 유왕幽王의 죽음을 가리킨다. 애초에 평왕은 유왕의 아들 희의구姬宜臼로 일찍이 유왕에 의해 태자로 옹립되었다. 정황상 의구는 순조롭게 유왕을 대신해 천자의 임무를 맡게 되어 있었다. 그러나 '부친이 돌아가신 후 아들이 계승'하는 과정은 순리에 맞게 진행되지 못했다.

가장 먼저 정치적인 충격을 가져다준 것은 후대에 무척 잘 알려진 포사褒姒였다. 그녀는 유왕의 빈嬪(혹은 시첩侍妾)이었는데, 아들 백복伯服을 낳은 뒤 왕후 신씨申氏의 자리를 대신하고자 했고, 자신의 아들 백복이

포사 褒姒

의구가 선점한 태자의 지위를 대신할 수 있기를 바랐다. 포사가 유왕에게 제시한 요구의 실체는 '포사-백복'이 '신씨-의구'의 기존 구도를 교체하는 시도로 '두 모자' 사이의 경쟁이었다. 이미 '신씨-의구'는 우월한 지위를 점하고 있었고 '포사-백복'은 도전자였다. 그러나 도전자가 최고 중재자인 유왕의 지원을 얻자 도전은 잠시 성공을 거둔다. 유왕은 왕후 신씨를 폐하고 태자 희의구를 몰아내라는 명령을 내린다. 이 같은 각축 속에서 '신씨-의구'는 패배하고 '포사-백복'은 승리해 포사는 새로운 왕후가 되고 백복은 새로운 태자가 되었다.

만약 또 다른 정치적 역량의 개입이 없었더라면 이것으로 파란은 종결되었을 것이다. 그러나 쫓겨난 희의구가 도망쳐 나와 신씨의 부친인 신후申侯(외할아버지)를 찾는다. 신후는 신씨 가문의 이익을 수호하기 위해 장고 끝에 유왕에 대한 반격을 결정한다. 이를 위해 신후는 견융과 결탁해 동맹을 맺고, 결국 주 왕실을 패배시키고 유왕을 죽이는 데 성공한다. 이 새로운 각축 현장에서 신후는 본래 유왕의 장인이었고 장서丈婿 관계가 존속된 시기에는 긴밀한 정치적 동맹을 맺고 있었다. 그러나 유왕이 왕후를 폐하자 장서 관계는 파멸되어버렸다. 이 파멸은 신후 가문이 더 큰 재난을 만날 수 있음을 의미하기도 했다. 가령 쫓겨난 신씨가 권토중래하여 자신이 획득한 왕후 자리를 위협할 것이 두려워 포사가 계속 압박을 가해올 수도 있었고, 아예 가문을 멸할 수도 있었기 때문이다. 이런 생각이 들자 신후는 결사항전으로 유왕에게 직접 도전했던 것이다. 견융은 이족 가운데 주 왕실에 대한 충성도가 가장 낮았기 때문에 신후가 가장 빨리 손쉽게 끌어들인 동맹군이 되었다.

유왕은 비록 패망했지만 승리자는 신후, 희성姬姓의 적계 태자인 의구, 견융의 세 진영으로 나뉜다. 이들은 유왕을 공격할 때는 동맹을 맺었지만, 공동의 적이 사라지자 내부 갈등이 일어났다가 불구대천의 '피아 모순彼我矛盾'의 상황이 펼쳐졌다. 그들은 각자 단독으로 천명을 누리는 '여일인予一人'을 희망했다. 우선 태자 의구에게는 천자의 지위를 계승할 충분한 이유가 있었다. 신후 및 그의 아들 역시 "취하여 대신한다取而代之"[153]는 정치적 욕망을 품을 수 있었다. 마지막으로 오랜 기간 정치 변방에 있었던 견융 역시 천자의 숭고한 지위를 갈망할 수 있었다.

비록 관련 사료는 없지만, 이들 세 정치 세력 사이에 격렬한 전쟁이 있었을 것이라는 가정을 해볼 수 있다.(이와는 달리 기존 사료에는 신후가 자신의 기반을 토대로 다른 제후들과 함께 의구를 추대했다고 전한다.) 이런 가정을 뒷받침할 수 있는 근거는 다음과 같다. 만약 신후와 그의 아들이 '취이대지'의 행동을 하지 않고 일편단심으로 태자 의구를 보좌했다면, 태자가 평왕이 된 이후에 가장 먼저 표창해야 할 인물은 '문후文侯'가 아니라 '신후申侯'여야 하고, '문후지명文侯之命'은 '신후지명申侯之命'으로 고쳐져야 할 것이다. 이 같은 결과에 따라 추론해볼 수 있는 것은 확실히 신후는 '취이대지'의 욕망을 따라 행동했기 때문에 태자가 계위한 뒤에 공신이 되지 못했던 것이다. 평왕이 신후를 '제거'했다는 것은 신후 역시 그의 적이었음을 의미한다. 신후와 마찬가지로 견융도 유왕 사후에는 그의 적이 되었다. '문후지명'에서 평왕이 문후를 표창한 것도 그가 견융을 멸했기 때문이다.

이 세 정치 세력이 각축을 벌이는 과정에서 의구는 진 문후晉文侯와 다른 제후의 도움 아래 최후의 승리를 쟁취했고 풍랑은 지나갔다. 진 문후와 다른 제후들의 추대로 태자 의구는 군주의 지위를 계승해 그간의 정치 험로를 벗어나 안정된 시대를 열었다. '문후지명'의 발표는 '비상 정치'에서 '일상 정치'로의 회복을 선언한 것으로, 이것이 우리가 이 편을 이해하는 관점이라 할 수 있다.

이상의 분석을 통해 서주 말기와 동주 초기의 상황과 주요 정치 세력의 관계를 정리해볼 수 있다.

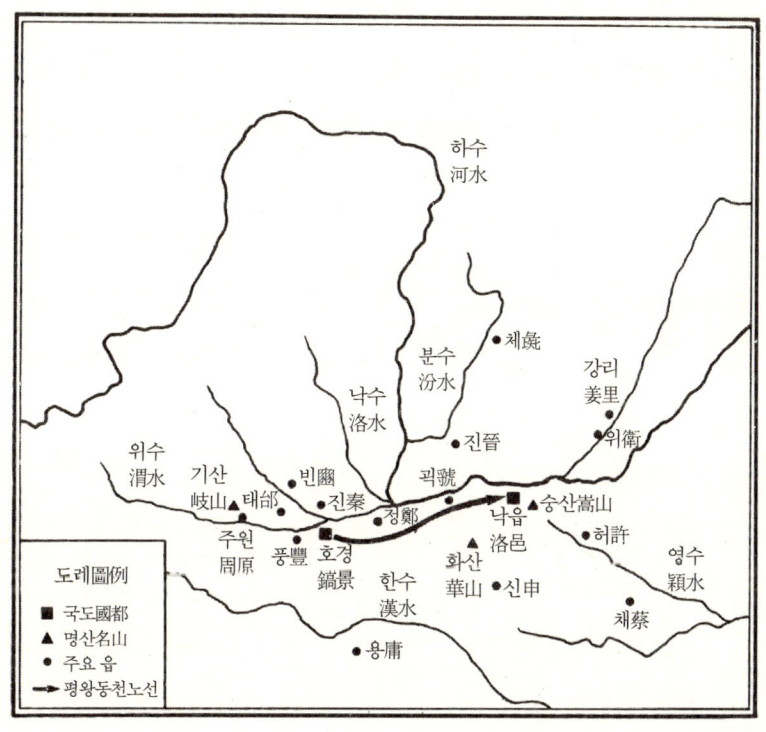

평왕의 동천東遷 노선도路線圖.

첫째, 집권한 종족과 주변 이족 간의 관계. 집권한 종족이 비교적 강성한 시기에 이족은 통상 집권자에게 복종하고 충성한다. 그러나 집권 집단이 쇠퇴한 시기에 이족은 도전할 기회를 엿보기 마련이다. 집권 종족에 대해 이족은 복종과 도전이라는 상반된 태도를 번갈아 내보인다. 유왕 이전에는 이족들이 왕실에 도전하는 예를 거의 볼 수 없다.(은상 유민들은 예외로 한다.) 그러나 이 편에서 견융은 희주 종족에 공개적으로 도전하는 것을 꺼리지 않는데, 이는 주나라가 이미 쇠퇴했음을 말해 준다.

둘째, 천자와 제후의 관계. 대부분의 제후와 천자는 혈연관계에 있기 때문에 통상 제후들은 천자를 지지하는 데 익숙해져 있다. 이러한 지지로 인해 집권 종족 내부의 질서를 유지하게 되고, 내부의 유혈충돌로 빚어지는 정치적 재난을 방지할 수 있다. 그런 까닭에 진 문후를 포함해 각 지역의 제후들이 한뜻으로 태자 의구를 추대하여 군주의 자리를 잇게 했고, 이런 선택은 정치질서를 중건하는 데 도움이 되었다. 만약 태자 의구를 추대하는 것을 거절했거나, 진 문후 혹은 다른 제후들이 '취이대지'를 도모했다면 제후들 사이의 전쟁은 그치지 않았을 것이며, 그러한 서로 죽고 죽이는 형국에서는 모두가 피해자가 될 뿐이다. 따라서 이성적으로 계위를 잇게 하는 정치적 공감대를 형성했던 것이다.

셋째, 천자와 외척外戚의 관계. 평소 이들의 관계는 안정적이며 외척은 천자의 친밀한 동맹자다. 그러나 왕후가 폐위되는 변고가 일어나면 외척은 천자의 적이 되고 만다. 만약 외척에게 충분한 힘이 없다면 실패의 운명을 받아들이기만 하면 된다. 그러나 힘이 강대해서 천자에 도전

할 만하다면 항쟁을 일으킬 수 있다. 물론 외척 역시 천자의 동원 능력을 헤아려봐야 한다. 만약 천자가 효과적으로 다른 제후들을 동원할 수 있다고 판단되면, 이는 곧 천자와 제후가 결성한 동맹에 도전하는 형상이 되므로 외척의 충동이 급격히 억제될 것이다. 그러나 당시 주 왕실의 동원력은 이미 무척 미약해져 있었다.

넷째, 천자와 태자의 관계. 현대사회에서 국가원수와 자녀의 관계는 절대 정치적 관계의 범주로 넘어올 수 없다. 그런데 서주 시기나 특정 전통 시대에는 이것 역시 전형적인 정치 관계이기 때문에 그 관계가 해결해야 할 것은 바로 최고권력의 계승 문제였다. 천자와 태자 관계에서 표면적으로는 천자가 태자를 선발, 확정하는 권력을 지닌다. 그러나 마음대로 그런 권력을 행사할 수는 없다. 왜냐하면 고정된 정치 계승 원칙(적장자 계승제)이 있기 때문이다. 의구의 태자 지위는 그렇게 형성된 것으로 법률로 규정된 것이었다. 유왕이 다수의 제후로부터 지지를 받지 못했던 것은 제후들에 대한 감화력이 없었기도 했지만, 그가 독단적으로 태자를 폐위한 행위가 대다수가 공인한 정치계승법을 위반했기 때문이기도 했다. 그는 자신의 '위반 행위'로 엄중한 대가를 치렀다.

다섯째, 왕후와 빈의 관계. 이들 관계는 정치 관계에 속하지 않았던 듯 보인다. 왕후와 빈은 사실 주복主僕 관계이며, 만약 빈이 왕후의 지위를 대신했다면 세자의 선발도 변화될 수 있었고, 이는 명백한 정치 효과를 만들어낼 수 있다. 또한 근본적으로 '왕가王家와 국가國家가 나누어지지 않은' 체제에서 군주의 가사家事는 곧 국사國事이며, 후궁의 일로 인해 국가 대사가 변화될 수도 있었다.

마오쩌둥毛澤東은 「논십대관계론十大關系」154의 말미에서 다음과 같이 말했다. "이 열 가지 관계는 모두 모순이다. 세상은 모순으로 구성되었다. 모순 없이는 세상도 없다. 우리 임무는 이런 모순을 정확하게 처리하는 것이다." 이 말을 모방해보면 「문후지명」에서 보이는 5대 정치 관계는 모두 모순이다. 우리 임무는 이런 모순을 정확히 처리하여 서주 말기와 동주 초기의 정치질서와 관계를 파악하는 데 도움을 주는 것이다.

제49편 비서費誓
방백 체제의 장단점

『상서정의』의 해석에 따르면 이 편의 주인공은 백금伯禽이다. 백금은 주공의 아들로서 오늘날 산동성 곡부曲阜(공자의 고향)에서 거처했다. 성왕의 친정親政 초기에 노후魯侯로 봉해졌다. 전통적인 견해에 따르면, 이 편은 서주 초기의 문헌이다. 그러나 위융량余永梁(1906~1950)155은 「비서적시대고費誓的時代考」156에서 「비서」의 화자는 백금이 아니라 춘추시대의 노 희공魯僖公(기원전 659~기원전 627 재위)이라고 지적한 바 있다. 필자는 위융량의 결론이 신뢰가 가는데, 그래야만 『상서』 각 편 간의 논리 관계가 들어맞기 때문이다.

우선 시간적인 순서로 볼 때, 『상서』 「주서周書」는 대부분 서주 시기의 문헌들이다. 다만 「비서」 앞의 「문후지명」과 뒤의 「진서秦誓」만 동주 시기와 관련된 정보를 반영하고 있다. 또한 엄밀히 말해서 「문후지명」의 기록은 서주와 동주의 과도기에 유왕이 어떻게 멸망했으며, 평왕이 어떻게 흥기했는지의 과정을 담고 있다. 마지막의「진서」편이 담고 있는 것은 기원전 627년의 내용이다. 시간 순서상「비서」에 기록된 사실史實은 바로「문후지명」과「진서」의 사이의 일이다.

또한 내재된 정신적인 측면으로 보면,「문후지명」은 주 왕실이 흥성을 지나 쇠퇴에 이르는 전환점이라 할 수 있다. 평왕은 제후의 도움 아래 천신만고 끝에 천자의 자리에 오른다. 이때 강력한 제후들이 전권을 휘두르는 기미가 이미 서서히 드러난다. 마지막 편인「진서」에는 아예 주나라 천자가 보이지 않는데, 주 천자는 정치적으로 이미 아무런 무게감이 없었다.「문후지명」과「진서」사이에 있는「비서」는 방백方伯(제후의 우두머리)이 주인공이다. 따라서『상서』가운데 마지막 세 편의 주인공은 곧 천자에서 방백으로, 다시 제후에 이르는 하향 노선을 그대로 보여주며, 주 왕실 패망의 기본 궤적과도 들어맞는다. 이상의 두 측면은 위용량의 의견과 같이 노 희공을「비서」의 주인공으로 확정하는 것이 타당하다는 점을 보여준다.

그런데 단지 위용량 한 사람의 견해로 대다수의 권위 있는 문헌을 뒤엎는 것은 신중치 못한 것 같다. 이 책의 취지 역시 사실史實을 고변考辨하는 데 있지 않고 동아시아 초기의 정치 관계를 투시해보는 데 있으므로, 아래에서는 백금인지 희공인지에 대한 구체적인 분변은 하지 않고 다만 잠정적으로 주인공을 노후魯侯로 칭하기로 한다.

그해에 '서주徐州의 융戎'과 '회포淮浦의 이夷'가 연합하여 노魯나라를 침략하는 분란을 일으키니, 노나라 동쪽 외곽 성문을 열지 못하는 지경에 이르렀다. 급박한 정황 속에 노후는 각 지역의 제후를 조직해서 침범해

온 적들을 공동으로 대적했다. '제후연합군'이 비費 땅에 이르자 노후가 전 군사들에게 담화를 발표하는데, 이것이 바로「비서」의 유래가 되었다.

본문의 기록을 살펴보면 노후의 담화는 세 가지를 강조하고 있다. 첫째, 전쟁의 사전준비에 관한 것이다. 그는 전 병력에게 갑옷·투구·방패·활과 화살·창·날카로운 칼 등의 각종 무기를 갖출 것을 요구했다. 또한 주위 백성들에게 사냥용 도구를 거둬들이고 사냥용 함정을 메워 군사용 우마牛馬에게 절대 상해를 입히지 말 것을 당부했는데, 만약 그렇지 않으면 일정한 징벌이 있을 것이라 했다.[157] 둘째, 군대 기강에 관한 것이다. 그는 병사들에게 실종된 우마나 도망친 노예들을 보면 절대 제멋대로 뒤쫓지 말 것을 요구했고 그렇지 않으면 일정한 징벌이 있을 것이라 했다. 만약 그런 우마나 노예를 찾으면 원래 주인에게 돌려줘야만 한다. 당연히 다른 사람의 우마를 강탈하거나 훔쳐서는 안 되며 다른 사람의 노예를 빼앗아도 안 된다. 그렇지 않으면 역시 일정한 징벌이 있을 것이라 했다.[158] 셋째, 군사작전에 관한 것이다. 노후는 병사들에게 갑술일甲戌日에 서융徐戎을 정벌할 것이라 했다. 병사들은 비상식량을 준비해서 정시에 도달해야만 하며, 시간을 어겨 도착한 병사는 사형에 처해질 것이다. 또한 병사들은 풀과 나무를 준비해 토목공사를 해야만 한다. 그렇지 않으면 일정한 형벌에 따라 징벌할 것이다.[159]

이는 모두 전쟁에서 필요한 조치들이며 한결같이 기술적인 것이면서 자질구레한 면도 있다. 그러나 무武에도 도가 있는 법이며 "나라의 대사는 제사와 전쟁이다國之大事在祀與戎." 당시의 국가 대사는 제사 아니면 전쟁이었다. 전쟁은 일종의 '비상사태'로 항상 국가 정치의 특징을 집중적으로 투영한다. 전쟁을 핵심으로 이 훈계를 통해 엿볼 수 있는 것은 무엇일까? 바로 서주의 많은 정치 제도 가운데 방백제도다.

『상서』각 편에서 방백은 종종 출현하고 있다. 문왕이 역임했던 '서백西伯' 신분이 바로 방백으로, 서백이란 은상 왕조 서쪽 지역의 방백이라는 말이다. 주나라 초기의 '삼감三監'이었던 관숙·채숙·무경도 모두 방백이었다. 후대의 필공·소공도 방백의 지위를 누렸다. 진晉·위衛·초楚·서徐 등도 유력한 방백들이었다. 이 편에 보이는 노후도 방백으로 보이는데, 그는 700리 범위 안의 제후들을 영도하고 감독하는 책임을 지는 상급 제후였다. 그는 정벌의 대권大權을 누리며 관할 지역의 병사와 백성들에게 명령을 하달하고 상벌도 내릴 수 있었다. 이것으로 방백이 제도로 공인된 정식 직급이었음을 알 수 있다. 그렇다면 도대체 방백이란 무엇일까?

다른 문헌들에서 방백은 각각 다르게 불리는데 후백侯伯이라고도 하고 목牧이라고도 한다. 단어의 의미상 '방方'은 사방 혹은 사방의 제후를 가리키고, 백伯은 곧 수령을 뜻한다. 정치학과 헌법학의 입장에서 볼 때, 방백은 지방 제도로 1950년대 중국의 '대구大區' 제도**160**와 유사하다.

『예기禮記』의 규정을 살펴보면, 제후는 독단으로 정벌을 행할 수 없는데, "천하에 도가 있을 때는 예악과 정벌은 천자로부터 나오며, 천하에 도가 없을 때는 예악과 정벌은 제후로부터 나온다天下有道, 則禮樂征伐自天子出, 天下無道, 則禮樂征伐自諸侯出."(『논어』「계씨季氏」) 따라서 국지적인 반란과 같은 긴급한 상황에서만 해당 지역을 관할하는 방백이 정벌권을 행사할 수 있다. 노후가 '서융' '회이淮夷'를 정벌한 것은 바로 그런 상황에 속한

상서 깊이 읽기 • 428

다. 그러므로 그는 700리 범위 안의 제후들을 통솔하여 군사작전을 전개할 수 있었다. 여기서 주목할 만한 것은 일반 제후들은 방백에게 책임을 지우고 방백은 천자에게 책임을 지우는데, 방백은 천자와 일반 제후 사이의 중간 계급의 역할을 하게 된다는 점이다.

긍정적인 측면으로 보자면 방백은 지방 제도를 발전시키고 완성하는 데 도움이 된다. 만약 수십 명 혹은 수백 명의 지방 제후가 모두 천자에게 책임을 지우면 천자는 직접 모든 제후에 대해 순시와 감독을 해야 하기 때문에 상당한 어려움에 직면하게 된다. 당시의 교통·통신의 조건은 매우 원시적이어서 정보 수집을 위한 비용이 많이 들고 기간도 오래 걸려 천자가 모든 제후의 정보를 파악하는 것은 거의 불가능했다. 이런 상황에서 천자와 일반 제후들 사이에 방백제도를 두었다.

방백은 지역 제후의 우두머리로서 두 신분을 겸임하고 있었다. 그들은 지방 혹은 한 구역의 정치지도자다. 방백을 통해서 구역 안의 각 제후를 수월하게 통합하여 하나의 정치공동체로 만들 수 있었다. 이를 확대해보면 천하의 모든 제후를 몇몇 방백에게 귀속시키면 수많은 제후 조직이 만들어지고, 제후 집단의 조직화를 실현하게 된다. 이러한 조직화가 바로 정치의 핵심 기술이다. 또한 그들은 정벌권을 향유하는 또 다른 천자로서 지방의 정치대리인임을 표방한다. 본래 정벌권은 천자만 향유하는 권력으로 그것을 방백에게 수여했다는 것은 천자의 권력을 위탁해 대리로 행사하도록 한 것이다. 효과 면에서 보면 이는 각 지역에 분포된 방백들을 통해 천자의 팔을 연장하여 온 천하의 통치를 실현하는 데 도움이 된다. 천자 입장에서 방백은 자기 손에 쥐여진 채찍과 같아 광활한 정치 공간에서 휘두를 수 있다.

한편 이것은 어느 정도의 위험성을 품고 있기도 한데, 특히 정벌권을 부여받은 방백이 가져올 수 있는 부정적인 뒤탈에 대해서는 경계해야 한다.

왜 정벌권이 천자의 전유물임을 강조해야만 했을까? 그것이 천자가 천자될 수 있는 근본적인 보장이자 중요한 징표이기 때문이다. 만약 제후가 천자와 마찬가지로 정벌권을 향유한다면 제후들 사이에 나타나는 모순도 모두 군사활동으로 해결하게 될 것이고, 그렇게 되면 천자를 어떤 지위에 둘 수 있을까? 천자는 최고 통치자의 신분을 어떻게 발휘할 수 있을까? 제후들이 서로 정벌할 수 있는 시기란 곧 무정부 시대나 전국시대로 달려가고 있다는 것을 의미하며, 천자는 이미 천하를 통제할 수 없는 상황임을 의미한다. 천자 입장에서 보면 악몽과도 같은 상황인데, 이른바 '춘추전국春秋戰國'이라 불리는 동주 시대에 그런 현상이 나타났다. 그런 시대에는 본질적으로 방백 또는 제후들이 주나라의 천자를 완전히 무시하며 천자의 정벌권을 거리낌 없이 행사한다.

따라서 방백이 과도하게 팽창하는 시기는 곧 천자가 쇠퇴·멸망하는 때다. 이런 정치 법칙은 이미 동주 시대에 나타났고 은상 시기에도 보인다. 『사기』 「주본기」에 따르면 은 주왕殷紂王이 "활·화살·큰 도끼·작은 도끼를 하사해 서백에게 정벌을 허했다賜之弓矢斧鉞使西伯得征伐." 문왕이 향유한 정벌권은 바로 주왕이 부여한 것이다. 그 결과 주왕은 점점 강대해진 방백 세력(주 무왕)에 의해 멸망하고 말았다.

일종의 지방 제도인 방백은 천자 입장에서는 양날의 칼과 같아서 천하 통치 실현에 도움이 되기도 했지만, 천자의 저승사자가 될 수도 있었다.

왜 희주 왕조는 은나라의 교훈을 받아들여 방백제도에 깃든 정치적 위기를 재빨리 제거하지 못했을까? 이 문제에 대한 희주 왕조의 역대 천자들의 대답은 "하지 않은 것이 아니라 할 수 없었다"일 것이다.

우리가 방백제도의 잠복된 위기를 볼 수 있듯 당사자인 천자들도 그것을 깨닫지 않을 수 없었다. 그러나 설령 그 문제를 보았더라도 그들은 해결할 수 없었다. 이유는 다수의 제후나 몇몇 방백의 정치·경제적 지위는 천자로부터 부여받은 것이 아니었기 때문에 천자가 인정할 수밖에 없는 현실이었다. 또한 천자가 먼저 존재하고 이후에 제후들이 있는 것이 아니었다. 그와는 반대로 주 무왕이 천자가 되기 전에 대다수의 제후는 이미 존재하고 있었다. 서주의 무왕이나 동주의 평왕 할 것 없이 그들은 모두 제후의 추대로 천자가 될 수 있었다. 이 말은 천자가 천하를 소유하는 숭고한 지위를 누리기는 하지만 그런 정치적 지위는 오히려 대다수 제후의 승인을 필요로 한다는 뜻이기도 하다. 가령 은주의 패망은 당연히 문왕과 무왕의 도전 때문이었지만, 제후들의 '불승인'으로 패망한 것이기도 하다.

이상한 점은 제후들은 이미 천자를 추대해서 천하의 소유자로 만들 수 있었을 뿐 아니라 또 다른 큰 세력의 제후를 추대해서 지역의 정치 지도자로 만들 수도 있었다는 데 있다. 이 말은 곧 방백의 탄생과 천자의 탄생은 똑같은 정치 법칙을 따르며 제후의 승인으로 탄생된다는 의미다. 방백은 천자가 임명할 수 있었는데 주나라 초기의 관管·노魯·제齊·위衛·연燕 등이 그렇다. 하지만 지역 내부적으로 세워진 것도 있었으니 대다수의 승인을 얻어 뽑힌 서徐 · 초楚와 같은 방백에게 천자는 단지 순응해서 확인만 해주는 존재일 뿐이었다.

방백제도에 잠복된 위기를 완전히 해결하지 못했기 때문에 상주商周 두 왕조는 모두 방백에게 멸망당했는데, 이는 상주 정치의 필연적인 산물이다. 마지막 시대의 천자는 그런 정치 제도의 희생양일 뿐이었다.

진시황을 시작으로 지방 제도는 '방백-제후' 체제에서 '군수郡守-현령縣令' 체제로 변화하며 한대 이후까지 줄곧 연용沿用되었다. 방백제도가 가져올 수 있는 위협을 제도적으로 해소하고자 한 것이다. 진대의 군수나 현령은 모두 황제의 피고용인이었다. 그러나 상주의 방백 · 제후들은 천자가 고용한 피고용인이 아니었고, 그들은 천자와 똑같은 주주들이었다. 천자가 대주주라면, 방백은 중간 주주, 제후들은 소액주주들이다. 비록 대주주가 가장 큰 표결권을 가지기는 했지만 중소 주주들의 고유 권리를 임의로 빼앗을 수는 없었다. 이와는 반대로 만약 중간 주주가 다수의 소액주주로부터 주식을 매입하여 주주권을 늘리면, 오히려 원래의 대주주를 교체할 수도 있었고 더 나아가 새로운 대주주가 될 수도 있었다. 문왕과 무왕은 바로 이러한 중간 주주가 대주주로 성장한 경우다.

제50편 진서秦誓

위정재인의 위기

「진서秦誓」는 『상서』의 마지막 편으로 춘추시대 진 목공秦穆公의 보고 내용을 기록하고 있다. 『상서』의 여러 편 가운데 제후국의 군주가 경문의 주인공이 되는 처음이자 마지막 편이다. 이러한 구성은 제후가 이미 주나라 천자를 대신해서 정치의 최고 발언권자가 되었고, 천자는 이미 몰락해 더 이상 언급할 것도 없는 지위가 되었음을 의미한다. 고유한 정치 전통에서 '예악과 정벌'은 마땅히 '천자로부터 나오는 것'이지만, 앞서 「비서」에서 이미 '방백으로부터 나오는 것'이 되었으며, 이 편에 이르러서는 상황이 더 악화되어 '제후로부터 나오는 것'으로 변질되고 말았다. 이러한 현실은 요순이 개창한 위대한 정치 전통이 종결을 고한 것을 의미하니, 마치 장엄하게 흘러온 영화가 그 '끝'을 알리고 대단원의 막을 내린 것과 같다. 진 목공의 보고서는 바로 이런 전통의 폐막사인 셈이다.

경문은 우리에게 다음의 내용을 알려준다. 당시는 기원전 627년으로 진 목공은 맹명시孟明視 · 서걸술西乞術 · 백을병白乙丙 등 세 사람에게 진군秦軍을 통솔해서 정鄭나라를 공격하게 했는데, 효산崤山에 이르러 진 양공晉襄公의 습격을 받는다. 진군은 대패했고 맹명시 등 세 사람도 포로로 잡히고 말았다. 그러나 진 양공은 그들을 석방시켜준다. 그들 세 사람은 패전한 장수가 되어 진秦나라로 돌아가 목공에게 보고하지만, 목공은 죄를 묻지 않고 도리어 군신들 앞에서 공개적으로 자신의 과오를 반성했다.

가장 먼저 목공은 이번 군사작전의 실패가 자신이 정확한 의견을 받아들이지 않았기 때문이라는 점을 인정했다. 왜냐하면 출정 전 노신老臣인 건숙蹇叔 · 백리해百里奚 등이 여러 번 만류했음에도 목공은 천박한 용맹스러움만 믿었고, 결과적으로 나라에 위해를 가져왔기 때문이다. 목공은 지금 이후부터는 반드시 사려 깊은 의견을 존중할 뜻을 내비치며, 아울러 아량이 넓고 남을 포용할 수 있는 대신들이 자신을 보좌하고 진나라의 자손 및 백성들을 보호해주기를 바랐다. 목공은 마지막으로 국가의 위기는 군주가 사람을 부리는 것이 합당하지 않음에 기인하며, 국가의 안녕은 군주가 사람을 부리는 것이 합당함에 기인한다고 말하면서 "나라가 위태로움은 한 사람 때문이며, 나라가 영화롭고 편안함은 또한 한 사람의 경사다"[161]라고 했다.

마지막 구절은 「진서」의 결론이자 『상서』 전체의 결론으로 볼 수도 있으니, 그 구절은 "정치는 사람에 달려 있다爲政在人"는 심원한 정치철학을 품고 있다.

'위정재인爲政在人'은 한편으로 "정치는 군주에게 달려 있다爲政在君主"라는 의미를 지닌다. 가령 군주가 사람을 알아보고, 등용하고, 정확한 의견을 듣는 일을 잘한다면 국가는 안정되어 편안해질 것이다. 만약 그 반대라면 국가는 위기에 처하게 된다. 다른 한편으로 '위정재인'이란 말은 "정치는 대신에게 달려 있다爲政在大臣"는 말이 될 수도 있다. 가령 성실하고 한결같으며 아량이 넓고 사려 깊은 대신들이 있다면, 온 백성도 그들 덕분에 보호를 받고 나라의 안녕도 보장될 것이다. 곧 '위정재인'은 우리가 말하는 '성군현신'을 근간으로 하는 훌륭한 정치의 모습이다. 이러한 풍경은 후대의 동아시아 역사 대대로 이어져 이상정치에 대한 동경의 주류를 형성하게 된다.

『중용』의 기록에 따르면, 노 애공魯哀公이 일찍이 공자에게 정치에 대해 물었는데 공자의 대답은 다음과 같았다.

> 문왕과 무왕이 실천한 정치는 모두 명명백백하게 목판과 죽간에 기록되어 있습니다. 만약 성군현신이 있다면 정치는 정상 궤도에 있지만 성군현신이 존재하지 않는다면 정치는 정체되고 말 것입니다. 그러므로 정치는 '사람'을 얻는 것이 가장 귀합니다. '사람을 취하는 것은 몸으로 하며, 몸을 닦는 것은 도로 하며, 도를 닦는 것은 인仁으로 합니다.'[162]

공자의 이 말은 '위정재인'에 관한 최고의 경전적 의의를 지니는 논의다. 그런데 공자는 위정재인의 역사와 현실을 구분하려 했다. 역사적으로 위정재인은 주로 성군과 현신 사이의 '황금조합'을 가리켰다. 또한 성군과 현신의 조합에서는 반드시 성군이 주도적인 역할을 해야 한다. 그러나 애공의 물음에 공자가 제시한 방안의 핵심은 "사람을 취하는 것은 몸으로 한다取人以身"는 것이다. 공자는 인재를 선택할 때 반드시 수신修身의 정도를 기준으로 할 것을 건의했다. 이런 중용의 도에 부합하는 사람은 대개 현신이기 때문에 위정재인은 위정재신의 다른 말이라고도 했다. 후대에 당 태종唐太宗이 『정관정요貞觀政要』에서 "위정의 요체는 오직 사람을 얻는 데 있으니, 그 재능 아닌 것을 쓴다면 훌륭한 정치는 기대하기 어렵다爲政之要惟在得人用非其才必難致治"고 말한 것과 같다.

그런데 위정재인은 현신을 필요로 하지만 성군 또한 필요로 한다. 그러나 공자가 애공에게 제시한 대책이나 당 태종의 명언에서도 성군을 겨냥한 요구는 없으며 관심도 없다. 성명聖明한 군주 없이 어떻게 현능한 신하가 있을 수 있겠는가? 설령 조정에 자질이 훌륭한 현신이 몇 있다고 하더라도 군주가 어리석다면 그들을 구별해내지도 못할 것이며 만족스럽게 이용하지도 못할 것이다. 역사적으로 이름이 드러난 수많은 현신이 거의 모두 좋은 결과를 얻지 못한 사실은 그런 법칙을 설명하기에 충분하다. 군이 빠져 있는 상황에서는 현신 역시 그 몸을 둘 곳이 없다. 이런 현상을 공자가 인식하지 못한 것은 아니었다. 그러나 공자는—뿐만 아니라 공자의 제자들도—선택의 여지가 없었던 정치세계에 처해 있었다. 공자는 "애공이 군주가 될 수 있는" 현실적인 정치 조건으로 위정재인을 이야기하고 있다. 이미 군주를 선택할 여지가 없는 상황에서 신하를 선택해야만 했던 것이다.

결국 결정적인 문제는 군주는 언제나 고정적이며 선택의 여지도 없다는 점인데, 적장자 계승의 원칙에 비춰보면 적장자가 법적으로 후임 군주가 된다는 점이다. 그들의 성현 여부와는 상관없이 모두 군주의 지위를 유지하게 된다. 군주가 '성군'의 기준으로 선발되는 것이 아니기 때문에 요순과 같은 성군이 될 가능성도 희박하다. 엄격한 의미에서의 성군은 강림할 수 없고, 현신 역시 그들의 역량을 쉽게 발휘할 수 없다. 가령 레이황Ray Huang(黃仁宇, 1918~2000)[163]이 『만력십오년萬曆十五年』에서 말하는 것과 같이, 장거정張居正·해서海瑞·척계광戚繼光 등은 훌륭한 신하들이었지만, 만력萬曆 황제는 시종일관 "마음에 두지 않았다." 정치 또한 잘된 것이 없어 말할 가치도 없었다.

만력 황제 주익균朱翊鈞, 태학사大學史 장거정, 신시행申時行, 남경도찰원도어사南京都察院都御史 해서海瑞, 계주총병관薊州總兵官 척계광, 지부知府 신분에서 관직을 내던진 명사名士 이지李贄 등은 신체의 상해를 당하거나 명예를 잃어 그들 가운데 어느 누구도 자신의 공적과 덕행을 온전히 지키지 못했다. 같이 언급되는 인물들인 풍보馮保, 고공高拱, 장경張鯨, 정 귀빈鄭貴妃, 복왕 상순福王常洵, 유대유俞大猷, 노당盧鏜, 유정劉綎 등도 모두 결말이 좋지 못했다. 이는 결코 개인적인 원인으로 해석할 수는 없으며, 제도가 이미 산이 다 깎이고 물이 다 마른 상태가 되어 위로는 천자로부터 아래로는 서민에 이르기까지 모두가 희생양이 되어 화를 만나지 않은 사람이 없었다.

매우 사실적인 저작인 『만력십오년』은 성군현신과 같은 정치 이상의 파멸을 잘 설명하고 있으며, 동시에 위정재인이라는 정치 신조의 허망함을 잘 보여주고 있다.

다시 이 편의 경문으로 돌아가보자. 진 목공이 지난번 군사작전 실패를 구실로 진행한 자아비판은 실질적으로 거창한 사상사적 의의를 담고 있지는 않다. 다만 그가 서두에서 천명한 위정재인은 수천 년의 동아시아 정치사상에 지대한 영향을 끼친다. 아마도 그런 거대한 영향 때문이었거나 혹은 그러한 정치사상에 동의함으로써 『상서』의 편집자가 경전의 압권壓卷으로 만들었을 것이다. 그러나 레이황의 말처럼 세상에 성군은 없고 현신도 발붙일 틈이 없으니 위정재인은 다만 헛바퀴가 도는 것일 뿐이다.

위정재인이 이상 정치의 탄탄대로를 열어젖히기에는 역부족이었지만, 장구한 역사에서 줄곧 쇠퇴하지 않고 성행한 이유는 그것이 군주와 사대부 쌍방의 수요를 충족시켰기 때문이다. 군주 입장에서 '정치의 요체는 사람을 얻는 것'이라는 관점은 엘리트가 적극적으로 권력의 핵심에 접근할 수 있도록 격려하고 진력을 다하게 하는 데 도움이 된다. 당 태종이 과거에서 진사進士들이 줄줄이 배출되는 것을 보고는 "천하의 영웅들이 내 활집 속으로 들어오는구나!"라며 기뻐한 것과 같이, 엘리트 계층을 자신의 손아귀에 넣음으로써 권력 집단 전체 세력을 강화할 수 있었고 동시에 민간에서의 이반 세력을 최대한 분산시킬 수도 있었으니, 군주의 장기집권의 바람을 충족시키기에 충분했다.

다른 한편 사대부 계층의 입장에서는 현신의 신분으로 정치에 참여한다는 것은 일종의 공리적인 추구이자 정신적인 기탁이었다. 가령 현신의 신분으로 "임금을 도의 경지로 이끈다引君入道"는 것은 사대부가 성군을 배양하는 것이며, 성군을 원동력으로 삼아 훌륭한 정치를 건설한다는 의미다. 현신의 신분으로 '득군행도得君行道'하는 것은 사대부가 군주라는 '정치적 장치'를 이용해 자신의 이상을 실현하는 것이다. '인군입도'나 '득군행도'는 모두 사대부 계층의 '천하를 자신의 소임으로 삼는다'는 정치적 콤플렉스를 만족시켜준다.

이상의 두 측면을 결합해보면, 위정재인의 강조는 역대 군주와 사대부 계층이 공모한 결과라는 사실을 알 수 있다.

1911년 신해혁명을 거치면서 전통적인 군주는 이미 제도적으로 종결되었고 성군현신의 이상도 두 번 다시 거론되지 않았다. 그러나 위정재인의 관념은 여전히 사람들 마음속에 잔존하고 있다. 1922년 5월 차이위안페이蔡元培, 후스胡適, 량수밍梁漱溟, 왕충후이王寵惠, 탕얼허湯爾和, 뤄원간羅文幹 등은 『노력주보努力周報』를 통해 「우리의 정치적 주장我們的政治主張」이라는 글을 공동으로 발표했다. 그 글에서는 군벌의 혼전으로 나라가 편한 날이 없고 정치가 정상적이지 않은 이유는, 선인들은 스스로 고결하다며 정치에 참여하길 꺼려 결과적으로 악당들이 정권을 잡게 되었기 때문이라고 주장했다. 그들은 지식인 가운데 '좋은 사람'을 뽑아 '좋은 정부'를 조직하는 것만이 부패한 정치를 개혁할 수 있는 방법이라고 여겼다. 이것이 이른바 좋은 정부의 주장으로, 그것이 성공하지도 못했고 또한 성공할 수도 없었다는 것은 실천적으로 증명되었다. 그러나 사상사적인 측면에서 그것은 새로운 시대의 사대부 계층의 위정재인에 대한 부단한 추구를 잘 보여주며, 동시에 고대의 「진서」나 『상서』가 현대사회에 미치는 끊임없는 영향이기도 하다.

후기後記

명실상부한 『상서尙書』 '독서기讀書記' 한 권을 베이징대출판사에서 펴내게 되었다. 우선 출판사 바이리리白麗麗 편집주간의 전폭적인 지원과 정성에 감사드린다.

책에 넣을 적합한 그림을 위해 광서光緒 31년(1905)에 간행된 『흠정서경도설欽定書經圖說』을 요청했을 때 그 일부분을 복사할 수 있게 도와준 시난西南대학 도서관의 추주邱竹 선생에게 특별히 감사드린다. 이 책에 들어간 그림은 대부분 이 고서古書로부터 나왔다. 광서 연간의 이름 모를 강남의 화백들에게도 감사를 드린다. 그들이 『상서』의 상형문자를 독자들이 지금 보고 있는 정밀한 그림으로 바꾸어놓았기 때문이다.

그림과 글이 잘 어울리기를 원했지만 무리한 욕심이리라. 강남 화백들의 그림에 믿음이 가지 않는 것이 아니라, 나 자신의 글에 큰 자신이 없기 때문이다. 그림을 충분히 음미한 뒤에 물러서서 그다음을 구하기를 바라며, 나의 글이 고풍스럽고 단아한 그림을 망가뜨리지 않기를 바란다. 만약 그런 희망도 실현할 수 없다면 그림의 주석으로나마 읽히길 바랄 뿐이다.

2011년 중하仲夏

위중

옮긴이 주註

제1부

1 정현鄭玄(127~200)의 자字는 강성康成이고 후한後漢의 학자다. 후한 말의 경학經學 성과를 망라하여 금문今文경학과 고문古文경학을 융관融貫했다.
2 페이샤오퉁費孝通(1910~2005)은 중국의 저명한 사회학자이자 인류학자다. 대표적인 저서로는 『향토중국鄕土中國』과 『강촌경제江村經濟』가 있으며, 주요 논저는 그의 문집에 수록되어 있다. 『향토중국』은 한국에 『중국사회의 기본구조』라는 제목으로 번역출판되었다.
3 전한前漢 말의 외척 세력이었던 왕망王莽(기원전 45~기원후 23)은 한 고조漢高祖의 영혼으로부터 선양을 받았다고 하여 스스로 황제에 즉위하여 신新나라를 건국했는데 그 실상은 찬탈과 다름없었다. 왕망의 신은 곧 망하고 후한後漢시대로 접어든다. 위안스카이袁世凱(1859~1916)는 청淸 말엽의 군인이며 중화민국 초기의 정치가다. 무술변법을 계기로 청나라의 실권을 차지했고, 쑨원孫文과의 대타협으로 선통제를 제위에서 끌어내려 중국 2000년 제국사에 종지부를 찍은 인물이기도 하다. 쑨원과의 약정에 따라 임시대총통에 올랐지만 제위에 오르고자 하는 욕망이 있어 스스로 황제라 칭하며 역사를 되돌리는 오류를 범했다.
4 「아테네 헌정The Constitution of the Athenians」은 아리스토텔레스와 그의 제자들이 고대 아테네의 정치체제에 대해 적은 글이다. 기원전 330~기원전 322년에 완성되었으며, 1879년 이집트에서 파피루스로 발견되었다. 문서는 두 부분으로 구성되어 있다. 첫째 부분은 1~41장까지로 알크마이온Alcmaeonidae의 재판에서 기원전 403년 사이의 헌법의 차이점을 다루고 있다. 둘째 부분은 도시국가의 헌법으로 참정권과 재판 등의 조항을 기록하고 있다.

5 백공百工은 곧 백관百官으로 각종 전문 부서를 말한다. 『예기禮記』「곡례曲禮」의 육공六工에 토공土工·금공金工·석공石工·목공木工·수공獸工·초공草工이 있고, 『주례周禮』에 나무를 다스리는 공인과 쇠를 다스리는 공인과 가죽을 다스리는 공인과 색깔을 칠하는 공인과 진흙을 두들겨 만드는 공인이 있었다.

6 창오산蒼梧山은 중국 후난성湖南省 닝위안寧遠의 동남쪽으로 알려짐. 일명 구의九嶷라고도 한다.

7 「대우모」曰若稽古大禹曰, 文命敷於四海, 祗承于帝. 曰, 后克艱厥后, 臣克艱厥臣, 政乃乂, 黎民敏德.

8 「대우모」帝曰, 俞. 允若茲, 嘉言罔攸伏, 野無遺賢, 萬邦咸寧. 稽于衆, 舍己從人. 不虐無告, 不廢困窮, 惟帝時克.

9 「대우모」益曰, 都, 帝德廣運, 乃聖乃神, 乃武乃文. 皇天眷命, 奄有四海, 爲天下君.

10 「대우모」禹曰, 惠迪吉. 從逆凶. 惟影響.

11 「대우모」益曰, 吁, 戒哉. 儆戒無虞, 罔失法度, 罔遊于逸, 罔淫于樂. 任賢勿貳, 去邪勿疑, 疑謀勿成. 百志惟熙. 罔違道, 以干百姓之譽, 罔咈百姓, 以從己之欲. 無怠無荒, 四夷來王.

12 「대우모」禹曰, 於, 帝念哉. 德惟善政. 政在養民. 水·火·金·木·土·穀惟修, 正德·利用·厚生惟和, 九敍惟歌, 九敍惟歌. 戒之用休, 董之用威, 勸之以九歌, 俾勿壞.

13 「대우모」帝曰, 俞. 地平天成, 六府·三事允治, 萬世永賴, 時乃功.

14 「대우모」帝曰, 格汝禹. 朕宅帝位, 三十有三載, 耄期倦于勤. 汝惟不怠, 總朕師.

15 「대우모」禹曰, 朕德罔克, 民不依. 皐陶邁種德, 德乃降, 黎民懷之. 帝念哉. 念茲在茲, 釋茲在茲, 名言茲在茲, 允出茲在茲. 惟帝念功.

16 「대우모」帝曰, 皐陶, 惟茲臣庶, 罔或干予正. 汝作士, 明于五刑, 以弼五敎, 期于予治, 刑期于無刑, 民協于中. 時乃功. 懋哉.

17 「대우모」皐陶曰, 帝德罔愆. 臨下以簡, 御衆以寬. 罰弗及嗣, 賞延于世. 宥過無大, 刑故無小. 罪疑惟輕, 功疑惟重. 與其殺不辜, 寧失不經. 好生之德, 洽于民心. 茲用不犯于有司.

18 「대우모」帝曰, 俾予從欲以治, 四方風動, 惟乃之休.

19 요가 순에게는 다만 "진실로 그 중을 잡으라允執厥中"고 간단히 말했는데, 순이 우에게 명할 때엔 "인심유위人心惟危, 도심유미道心惟微, 유정유일惟精惟一, 윤집궐중允執厥中"이라고 구체적으로 말했다. 이 16자의 핵심 키워드로 인해 송대 이후의 『상서』는 '정치와 사업'의 측면뿐만 아니라 성인聖人의 심법心法을 전하는 경전으로 더욱 존숭되며, 동시에 수많은 철학적 논쟁을 낳는다.

20 「대우모」帝曰, 來禹, 洚水儆予. 成允成功, 惟汝賢. 克勤于邦, 克儉于家, 不自滿假, 惟汝賢. 汝惟不矜, 天下莫與汝爭能. 汝惟不伐, 天下莫與汝爭功. 予懋乃德, 嘉乃丕績. 天之曆數在汝躬, 汝終陟元后. 人心惟危, 道心惟微. 惟精惟一, 允執厥中. 無稽之言勿聽, 弗詢之謀勿庸. 可愛非君, 可畏非民. 衆非元后何戴. 后非衆罔與守邦. 欽哉. 愼乃有位, 敬修其可願. 四海困窮, 天祿

永終. 惟口出好興戎. 朕言不再.

21 「대우모」禹乃會羣后, 誓于師曰, 濟濟有衆, 咸聽朕命. 蠢茲有苗, 昏迷不恭, 侮慢自賢, 反道敗德. 君子在野, 小人在位. 民棄不保. 天降之咎. 肆予以爾衆士, 奉辭伐罪. 爾尚一乃心力, 其克有勳.

22 「대우모」三旬. 苗民逆命. 益贊于禹曰, 惟德動天, 無遠弗屆. 滿招損, 謙受益, 時乃天道. 帝初于歷山往于田, 日號泣于旻天于父母. 負罪引慝, 祗載見瞽瞍, 夔夔齋慄, 瞽亦允若. 至誠感神, 矧茲有苗.

23 「고요모」曰若稽古皐陶曰, 允迪厥德, 謨明弼諧.

24 「고요모」禹曰, 俞, 如何.

25 「고요모」皐陶曰, 都慎厥身修思永, 惇敍九族, 庶明勵翼. 邇可遠在茲.

26 「고요모」禹拜昌言曰, 俞. 皐陶曰, 都在知人, 在安民.

27 「고요모」禹曰, 吁咸若時, 惟帝其難之. 知人則哲, 能官人. 安民則惠, 黎民懷之. 能哲而惠, 何憂乎驩兜. 何遷乎有苗. 何畏乎巧言令色孔壬.

28 「고요모」皐陶曰, 都亦行有九德. 亦言其人有德, 乃言曰, 載采采. 禹曰, 何. 皐陶曰, 寬而栗, 柔而立. 愿而恭, 亂而敬, 擾而毅, 直而溫, 簡而廉, 剛而塞, 彊而義, 彰厥有常, 吉哉. 日宣三德, 夙夜浚明有家. 日嚴祗敬六德, 亮采有邦. 翕受敷施, 九德咸事, 俊乂在官, 百僚師師, 百工惟時, 撫于五辰, 庶績其凝. 無教逸欲有邦, 兢兢業業, 一日二日萬幾. 無曠庶官. 天工人其代之. 天敍有典, 勅我五典, 五惇哉. 天秩有禮, 自我五禮, 有庸哉. 同寅協恭, 和衷哉. 天命有德, 五服五章哉. 天討有罪, 五刑五用哉. 政事懋哉懋哉. 天聰明, 自我民聰明. 天明畏, 自我民明威. 達于上下. 敬哉有土.

29 서태후西太后로 불린다. 청말 동치제同治帝(재위 1861~1874, 목종穆宗)와 광서제光緖帝(재위 1874~1908, 덕종德宗) 시기에 섭정하면서 50년간 무소불위의 권력을 행사한 인물이다.

30 1 강령 – 군주의 덕
  2 노선 – 지인 – 9가지 표준
   안민 – 사람 – 군신의 덕: 형이상 → 법철학, 정치철학
   제도 – 오륜, 오등, 오형: 형이하 → 정치학, 법학

31 공자의 손자이며 이름은 급伋이다. 『중용中庸』을 저술한 것으로 알려져 있다.

32 전한의 금문학자인 동중서董仲舒, 하휴何休의 『춘추공양전』에 대한 해석을 근거로 공자가 『춘추』에 암시해둔 미언대의微言大義를 밝히고, 서양 민주주의 사상을 접합시켜 이를 사회개혁의 도구로 삼으려고 한 청대의 학파. 장존여莊存與를 필두로 공자진龔自珍, 캉유웨이康有爲, 담사동譚嗣同, 량치차오梁啓超 등이 이에 속한다.

33 Axial Age는 차축시대車軸時代 혹은 기축시대機軸時代라고도 번역된다. 독일의 철학자 카를 야스퍼스Karl Theodor Jaspers(1883~1969)가 『역사의 시원과 목적에 관해서Vom Ursprung und Ziel der Geschichte』에서 기원전 800년에서 기원전 200년 사이에 동서양을

막론하고 위대한 사상가들이 출현하여 인류 문명에 결정적 영향을 끼치는 철학과 문화가 형성
되었다는 점에 착안하여 규정한 용어다.
34 통상 '삼대'는 동아시아 고대의 국가인 하夏·은殷·주周를 가리키지만, 여기서는 하 이전의 요·
순·우 시기를 뜻한다. 우가 순으로부터 제위를 선양받은 뒤 하나라가 시작되며, 우 이후로는
선양이 아닌 장자계승제로 바뀐다.
35 「익직」 禹拜日, 都帝, 予何言. 予思日孜孜. (皐陶曰, 吁如何.) 禹曰, 洪水滔天, 浩浩懷山襄陵,
下民昏墊. 予乘四載, 隨山刊木, 曁益奏庶鮮食. 予決九川, 距四海, 濬畎澮, 距川, 曁稷播奏庶
艱食鮮食. 懋遷有無化居, 烝民乃粒, 萬邦作乂.
36 「익직」 禹曰, 都帝, 慎乃在位. (帝曰, 俞.) 禹曰, 安汝止, 惟幾惟康. 其弼直, 惟動丕應, 徯志以
昭受上帝. 天其申命用休.
37 「익직」 帝曰, 吁臣哉鄰哉, 鄰哉臣哉. (禹曰, 俞.) 帝曰, 臣作朕股肱耳目. 予欲左右有民. 汝翼.
予欲宣力四方. 汝爲. 予欲觀古人之象. 日·月·星辰·山·龍·華蟲作會, 宗彝·藻·火·粉米·黼·
黻, 絺繡以五采, 彰施于五色, 作服. 汝明. 予欲聞六律·五聲·八音, 在治忽, 以出納五言. 汝
聽. 予違, 汝弼. 汝無面從, 退有後言. 欽四鄰. 庶頑讒說, 若不在時, 侯以明之, 撻以記之, 書用
識哉. 欲竝生哉. 工以納言, 時而颺之, 格則承之庸之, 否則威之.
38 「익직」 禹曰, 俞哉. 帝光天之下, 至于海隅蒼生. 萬邦黎獻, 共惟帝臣. 惟帝時舉. 敷納以言, 明
庶以功. 車服以庸, 誰敢不讓, 敢不敬應. 帝不時, 敷同日奏罔功.
39 요 임금의 아들. 「요전」에서 신하들이 요 임금의 계승자로 단주를 추천하지만, 요 임금은 자신
의 아들임에도 불구하고 성품이 불량하고 덕성이 부족하다는 이유로 선택하지 않는다.
40 「익직」 無若丹朱傲, 惟慢遊是好, 傲虐是作, 罔晝夜額額, 罔水行舟, 朋淫于家, 用殄厥世. 予創
若時, 娶于塗山, 辛·壬·癸·甲. 啓呱呱而泣, 予弗子, 惟荒度土功, 弼成五服, 至于五千, 州十有
二師, 外薄四海, 咸建有長, 各迪有功. 苗頑弗卽工. 帝其念哉.
41 「익직」 帝曰, 迪朕德, 時乃功惟敍. 皐陶方祗厥敍, 方施象刑惟明.
42 「익직」 帝庸作歌曰, 勅天之命, 惟時惟幾. 乃歌曰, 股肱喜哉, 元首起哉, 百工熙哉. 皐陶拜手
稽首, 颺言曰. 念哉. 率作興事, 慎乃憲. 欽哉. 屢省乃成, 欽哉. 乃賡載歌曰, 元首明哉, 股肱良
哉, 庶事康哉. 又歌曰, 元首叢脞哉, 股肱惰哉, 萬事墮哉. 帝拜曰, 俞, 往欽哉.
43 예악禮樂은 원시 종교제의에서 그 원형을 찾아볼 수 있으며, 역사를 통해 변모하면서 오늘날
완비된 형식으로 우리에게 익숙해져 있다. 하은夏殷 시대를 지나며 무격巫覡의 지위와 제례의
형태가 많은 변화를 겪으면서 예와 악도 이미 종교 의식의 부분에서 이탈할 수 있는 여건을 충
분히 갖추고 있었다. 은의 멸망 이후 인문화가 본격적으로 시작되는 주周에 이르러 오늘날 우
리가 부르는 예악이란 이름이 처음 등장하며, 정치적으로나 종교적으로 새로운 해석을 요구하
게 된다. 주공은 기존의 무격 종교 전통을 계승하면서 대외적으로 은의 잔족 세력들을 무마하
고 왕권의 강화와 정치적 안정을 위해 새로운 질서로서 '제예작악'을 단행하기에 이른다. 주공
이 행한 '제예작악'의 의미는 정치적인 의도에서 출발하기는 했지만 그 가운데 윤리적이고 당

위적인 의미를 부여하려는 노력도 엿볼 수 있다. 그러한 주대의 예악은 공자에 이르러 천天과 인간 그리고 성정性情의 패러다임을 아우르는 학습 도구로서 그 위상을 지니게 된다. 무너져 가는 주의 문화를 일으켜 세우려고 노력한 공자는 인仁과 의義라는 최고 덕목과의 결부를 통해 예와 악을 단순한 의식이나 형식이 아닌 심성의 수양과 도덕의 함양이라는 새로운 패러다임의 철학 체계로 재구성하게 된다.

44 주공周公은 문왕文王의 아들이자 무왕武王의 동생이다. 성은 희姬, 이름은 단旦이다. 형인 무왕을 도와 은殷 주왕紂王을 정벌하여 주나라를 세우는 데 공을 세우고, 무왕 사후 조카인 성왕成王을 섭정하며 초기 주나라의 안정에 기여한다. 노魯나라의 공公으로 봉해졌다.

제2부

1 경전이나 고전 원문에 후세 사람들이 해석이나 설명을 덧붙인 것으로, 동아시아 경전해석학에서 보이는 독특한 방식이다. 특히 조선성리학은 주자朱子가 설명하고 해석한 『사서집주』 등의 주석만을 절대시한 특징을 보인다.
2 한우충동汗牛充棟: 책이 매우 많음을 뜻하는 말로, 책을 수레에 담아 끌게 하면 소가 땀을 흘릴 지경이고, 집에다 쌓으면 그 높이가 대들보에 닿을 정도라는 뜻이다.
3 「우공」의 맨 마지막은 "東漸于海, 西被于流沙, 朔南暨聲敎, 訖于四海. 禹錫玄圭, 告厥成功"으로, 동서남북 사방이 다스려져 우가 검은 옥으로 만든 규圭로써 완수되었음을 선언하는 것으로 끝을 맺는다.
4 「요전」 참고.
5 『상서』를 구성하는 각 편을 문체별로 구분하면 전典, 모謨, 훈訓, 고誥, 서誓, 명命 등 6가지로 분류할 수 있다. '전典'은 성왕聖王의 역사나 중요한 사실을 기록한 것, '모謨'는 신하가 임금에게 의견을 진술하는 것, '훈訓'은 신하가 임금에게 가르침을 내리는 것, '고誥'는 임금이 신하에게 담화를 내리는 것, '서誓'는 임금이 무리(특히 군대)에게 맹세하는 것, '명命'은 책명冊命 또는 임금이 어떤 명령을 내리는 것을 말한다. 이외에 「반경盤庚」편과 같이 인명人名으로 제목을 삼은 것, 「서백감려西伯戡黎」편과 같이 사건으로 제목을 삼은 것, 「홍범洪範」편과 같이 내용으로 제목을 삼은 것도 있으며, 이들도 위의 6가지 문체에 귀속될 수 있다. 공영달孔穎達은 『상서정의尙書正義』에서 공貢, 가歌, 정征, 범范 등을 추가해서 『상서』의 문체를 10가지로 분류하기도 했다.
6 「감서」 有扈氏, 威侮五行, 怠棄三正. 天用勦絶其命. 今予惟恭行天之罰.
7 당唐나라 때 공영달 등이 칙명으로 『역易』『서書』『시詩』『춘추春秋』『예기禮記』 등의 유가 경전을 편수하여 『오경정의五經正義』를 완성한다. 남북조시대라는 혼란기를 거치면서 흩어지고 소

실되었던 경전을 수집·정리했다는 데 큰 의의가 있으며, 주로 남조南朝의 학설이나 특정 학파의 학설만이 채택되면서 학문의 고정화와 경학의 경직성을 불러왔다는 비판을 받기도 한다. 『상서정의』는 '고문古文'인 『공안국전』을 중심으로 편집한 '고문상서'로서, 이후 송명대에 이르기까지 『상서』경학의 주류를 형성한다. 그러나 『고문상서』는 청대에 이르러 『공안국전』이 위서로 증명되었고, 이후 『금문상서』에 그 위상을 내어준다.

8 『상서정의』의 "堯有丹朱, 舜有商均, 夏有觀扈, 周有管蔡"은 본래 『국어國語』「초어 상楚語上」에서 "故堯有丹朱, 舜有商均, 啟有五觀, 湯有大甲, 文王有管蔡"을 인용한 것이다. 『상서정의』의 '夏有觀扈'는 본래 '啟有五觀'으로 오관五觀은 계의 아들인 태강太康의 5형제로. 뒤에 이어지는 「오자지가五子之歌」에 다시 이들이 등장한다.

9 「감서」 左不攻于左, 汝不恭命. 右不攻于右, 汝不恭命. 御非其馬之正, 汝不恭命. 用命賞于祖, 弗用命戮于社. 予則孥戮汝.

10 「오자지가」 民惟邦本, 本固邦寧.

11 「오자지가」 其二曰 訓有之, 內作色荒, 外作禽荒, 甘酒嗜音, 峻宇彫牆, 今失厥道, 亂其紀綱, 乃底滅亡.

12 장대張岱는 명말 청초의 문인. 자字는 종자宗子, 석공石公이고 호號는 도암陶庵이며, 접암거사蝶庵居士로 불린다.

13 「오자지가」 其三曰, 惟彼陶唐, 有此冀方. 今失厥道, 亂其紀綱. 乃底滅亡.

14 「오자지가」 其四曰, 明明我祖, 萬邦之君. 有典有則, 貽厥子孫. 關石和鈞, 王府則有. 荒墜厥緒, 覆宗絕祀.

15 「오자지가」 其五曰, 嗚呼曷歸. 予懷之悲. 萬姓仇予, 予將疇依. 鬱陶乎予心, 顏厚有忸怩. 弗慎厥德, 雖悔可追.

16 '군인남면지술君人南面之述'은 『한서』「예문지」에서 제자諸子와 구가九家를 설명하면서 나오는 말로, 유가儒家의 기원은 교육을 담당하던 사도司徒의 직에서 나온 것으로 인군人君을 도와 음양에 순응하여 교화를 편 반면, 도가道家는 사관史官에서 나와 성패成敗·존망存亡·화복 禍福·고금古今의 도를 기술하여 요체로 삼고 청허淸虛와 비약卑弱으로 처신하는 군인남면君人南面의 술로 요堯의 극양克讓이나 『주역周易』 「겸괘謙卦」 사상과 부합한다고 설명한다.

17 "재주복주載舟覆舟"란 배를 띄우기도 하고 엎어버리기도 한다는 말로, 『순자』「왕제」의 "군주가 배라면 백성은 물로서, 물은 배를 띄우기도 하고 엎어버리기도 한다君者舟也, 庶人者水也, 水則載舟, 水則覆舟" 등에 보인다.

18 애초 『상서』의 원형이 된 것은 아마 주周나라의 성왕들, 특히 주공周公의 언행을 기록한 것이었을 것이다. 전국시대를 거치면서 주나라뿐만 아니라 하·은의 성왕과 현신 및 그 이전의 요·순·우 등의 고대 성왕의 행적까지 기록되면서 『상서』의 편은 3000여 편에 달했다고 전해진다. 진秦의 통일을 전후해서 『상서』의 각 편은 흩어져버렸고, 전한前漢의 복승伏勝이라는 사람에 의해 『상서』 28편만이 다시 세상에 알려지고 국가의 정식 판본이 된다. 당시 한나라에서 통용

되던 글자로 기록되었기 때문에 이를 '금문상서今文尙書'라 칭한다. 그러나 복승이 전한 『상서』 외에도 재야在野에는 전국시대의 문자로 쓰인 3000여 편의 『상서』 일부 잔편들이 유전되고 있었으니 잔편들은 옛 문자로 쓰여 있었기 때문에 '고문상서古文尙書'라 칭하게 되었다. 특히 공자의 후손이 공안국孔安國이 주석을 가했다고 전해지는 『고문상서』 58편은 후한後漢에 이르러서는 기존의 『금문상서』의 자리를 대신했고, 거기에 정현鄭玄의 주석이 더해져 『상서』의 정식 판본으로 통용되었다. 후한後漢 이후 동아시아는 여러 민족과 국가들이 난립하는 정치적 혼란기를 겪게 되었고 그러는 사이 『상서』 등의 경전은 다시 흩어져 소멸된다. 그런데 별안간 동진東晉의 매색梅賾이 소실된 '공안국전孔安國傳 상서尙書'를 찾았다며 그것을 학관學官에 세운다. 그 이후 매색이 올린 『공안국전 고문상서』는 수백 년간 『상서』의 기본 판본으로 자리매김한다. 송명宋明 시대를 거치면서 많은 학자가 '공안국전 상서'에 대해 회의를 품기 시작했으며, 결국 청대淸代의 염약거閻若璩는 『상서고문소증』에서 매색의 '공안국전 상서'가 위조된 문헌임을 증명하기에 이른다. 이후 『금문상서』 28편과 구별해서 『위고문상서僞古文尙書』 또는 『위공전僞孔傳』으로 부르고 있다. 결국 『위고문상서』의 출현은 북방 민족에게 대륙을 빼앗기고 쫓겨 내려온 남방의 한족 정권의 위기의식의 표출인 것이다.

19 양즈수이揚之水는 중국의 문사학가文史學家다. 본명은 자오리야趙麗雅. 고고학考古學의 성과를 바탕으로 문학작품을 연구해 고대 시가의 명물名物을 정밀하게 고찰했다. 저서에는 『시경명물신증詩經名物新證』 『시경별재詩經別裁』 『선진시문사先秦詩文史』 등이 있다.

20 정전政典은 선왕先王의 정치와 당시의 전장典章제도를 기록한 전적으로 오늘날의 헌법과 같은 것이다.

21 "명정언순名正言順"은 『논어』 「자로」 3장에 나오는 말이다. "名不正, 則言不順, 言不順, 則事不成, 事不成, 則禮樂不興, 禮樂不興, 則刑罰不中, 刑罰不中, 則民無所措手足." 즉 명분이 바르지 못하면 말이 순리에 맞지 않고, 말이 순리에 맞지 않으면 일이 이루어지지 못하고, 일이 이루어지지 못하면 예악禮樂이 일어나지 못하고, 예악이 일어나지 못하면 형벌刑罰이 알맞지 못하고, 형벌이 알맞지 못하면 백성들이 손발을 둘 곳이 없어진다.

22 『좌전』 양공 4년. 無終子嘉父使孟樂如晉, 因魏莊子納虎豹之皮, 以請和諸戎. 晉侯曰 "戎狄無親而貪, 不如伐之." 魏絳曰 "諸侯新服, 陳新來和, 將觀于我. 我德則睦, 否, 則攜貳. 勞師于我, 而楚伐陳, 必弗能救, 是棄陳也. 諸華必叛. 戎, 禽獸也, 獲戎失華, 無乃不可乎?" 『夏訓』有之曰: '有窮后羿……'" 公曰 "后羿何如?" 對曰 "昔有夏之方衰也, 后羿自鉏遷于窮石, 因夏民以代夏政. 恃其射也, 不修民事, 而淫于原獸, 棄武羅·伯困·熊髡·尨圉, 而用寒浞. 寒浞, 伯明氏之讒子弟也, 伯明后寒棄之, 夷羿收之, 信而使之, 以為己相. 浞行媚于內, 而施賂于外, 愚弄其民, 而虞羿于田. 樹之詐慝, 以取其國家, 外內咸服. 羿猶不悛, 將歸自田, 家眾殺而亨之, 以食其子, 其子不忍食諸, 死于窮門. 靡奔有鬲氏. 浞因羿室, 生澆及豷, 恃其讒慝詐偽, 而不德于民, 使澆用師滅斟灌及斟尋氏. 處澆于過, 處豷于戈. 靡自有鬲氏, 收二國之燼, 以滅浞, 而立少康. 少康滅澆于過, 后杼滅豷于戈, 有窮由是遂亡. 失人故也. 昔周辛甲之為大史也, 命百官,

官箴王闕. 于「虞人之箴」曰: '芒芒禹迹, 畫爲九州, 經啓九道, 民有寢廟, 獸有茂草, 各有攸處, 德用不擾. 在帝夷羿, 冒于原獸, 忘其國恤, 而思其麀牡. 武不可重, 用不恢于夏家. 獸臣司原, 敢告僕夫.'「虞箴」如是, 可不懲乎?"

23 탕湯은 하夏나라 마지막 왕인 걸왕桀王을 정벌하고 상商나라를 개창한 왕이다.

24 이상 언급된 「제고帝告」「이옥釐沃」「탕정湯征」「여구汝鳩」「여방汝方」편은 모두 현재 전하지 않는다.

제3부

1 「탕서」今爾有衆, 汝日, 我后不恤我衆, 舍我穡事, 而割正夏. 予惟聞汝衆言, 夏氏有罪, 予畏上帝. 不敢不正. 今汝其日, 夏罪其如台. 夏王率遏衆力, 率割夏邑. 有衆率怠, 弗協日, 時日曷喪, 予及汝皆亡. 夏德若玆. 今朕必往. 爾尚輔予一人, 致天之罰. 予其大賚汝. 爾無不信, 朕不食言. 爾不從誓言, 予則孥戮汝, 罔有攸赦.

2 「한서」「유림전」轅固, 齊人也. 以治詩孝景時爲博士, 與黃生爭論於上前. 黃生曰 "湯武非受命, 乃殺也." 固曰 "不然. 夫桀紂荒亂, 天下之心皆歸湯武, 湯武因天下之心而誅桀紂, 桀紂之民弗爲使而歸湯武, 湯武不得已而立, 非受命而何?" 黃生曰 "'冠雖敝必加於首, 履雖新必貫於足.' 何者? 上下之分也. 今桀紂雖失道, 然君上也. 湯武雖聖, 臣下也. 夫主有失行, 臣不正言匡過以尊天子, 反因過而誅之, 代立南面, 非殺而何?" 固曰 "必若云, 是高皇帝代秦卽天子之位, 非邪?"

3 원문은 "食肉毋食馬肝, 未爲不知味也, 言學者毋言湯武受命, 不爲愚"이다. 말의 간에는 독이 있으므로 먹지 않는 것이다. 탕무湯武혁명에 대해서도 탕무湯武를 살인자로 보는 것은 경의經義에 위배된다는 것을 빗대어 말한 것이다.

4 「중훼지고」仲虺乃作誥曰, 嗚呼惟天生民有欲. 無主乃亂. 惟天生聰明時乂. 有夏昏德, 民墜塗炭. 天乃錫王勇智, 表正萬邦, 纘禹舊服. 玆率厥典, 奉若天命.

5 원문은 '총림시대叢林時代'로 되어 있으며, 그 속뜻은 질서가 잡히기 이전의 약육강식의 자연법칙이 지배하는 야만의 시대를 의미한다. 따라서 문맥에 따라 '야만의 시대'로 번역했다.

6 「사기」「하본기」에 "걸은 덕행에 힘쓰지 않고 무력으로 백성들을 해쳤으므로 이때부터 백성들은 더욱 견딜 수 없었다. 걸은 탕湯을 소환하여 하대夏臺에 가두었다가 얼마 안 되어 석방시켰다. 탕은 덕을 수양했으므로 제후들이 모두 그에게 귀순했다"고 전한다. 桀不務德而武傷百姓, 百姓弗堪, 乃召湯而囚之夏臺, 已而釋之, 湯修德, 諸侯皆歸湯.

7 「중훼지고」夏王有罪, 矯誣上天, 以布命于下. 帝用不臧, 式商受命, 用爽厥師. 簡賢附勢, 寔繁有徒. 肇我邦于有夏, 若苗之有莠, 若粟之有秕. 小大戰戰, 罔不懼于非辜. 矧予之德, 言足聽

聞. 惟王不邇聲色, 不殖貨利. 德懋懋官, 功懋懋賞. 用人惟己, 改過不吝. 克寬克仁, 彰信兆民. 乃葛伯仇餉, 初征自葛. 東征西夷怨, 南征北狄怨. 曰, 奚獨後予. 攸徂之民, 室家相慶曰, 徯予后. 后來其蘇. 民之戴商, 厥惟舊哉.

8 구족九族은 고조·증조·조부·부친·자기·아들·손자·증손·현손까지의 동종同宗 친족을 통틀어 이르는 말. 자기를 본위로 직계친은 위로 4대 고조, 아래로 4대 현손에 이르기까지이며, 방계친은 고조의 4대손이 되는 형제·종형제·재종형제·삼종형제를 포함한다. 또는 구이九夷를 가리키기도 한다. 구이는 견이畎夷·우이于夷·방이方夷·황이黃夷·백이白夷·적이赤夷·현이玄夷·풍이風夷·양이陽夷 등이다.

9 「중훼지고」佑賢輔德, 顯忠遂良, 兼弱攻昧, 取亂侮亡, 推亡固存, 邦乃其昌. 德日新, 萬邦惟懷, 志自滿, 九族乃離. 王懋昭大德, 建中于民. 以義制事, 以禮制心, 垂裕後昆. 予聞, 曰, 能自得師者王. 謂人莫己若者亡. 好問則裕. 自用則小.

10 이윤伊尹은 상나라의 현신賢臣으로 『상서』에 자주 등장하며, 전국시대에 이르러 성인의 반열에 오른다. 주나라 주공 등과 같이 후대에 많이 회자되는 인물이다.

11 「탕서」夏王滅德作威, 以敷虐于爾萬方百姓. 爾萬方百姓, 罹其凶害, 弗忍荼毒, 並告無辜于上下神祇. 天道福善禍淫. 降災于夏, 以彰厥罪. 肆台小子, 將天命明威不敢赦. 敢用玄牡, 敢昭告于上天神后, 請辠有夏. 聿求元聖, 與之戮力, 以與爾有衆請命. 上天孚佑下民, 罪人黜伏. 天命弗僭, 賁若草木, 兆民允殖. 俾予一人輯寧爾邦家. 茲朕未知獲戾于上下, 慄慄危懼, 若將隕于深淵.

12 「탕고」凡我造邦, 無從匪彝, 無卽慆淫. 各守爾典, 以承天休. 爾有善, 朕弗敢蔽, 罪當朕躬, 弗敢自赦. 惟簡在上帝之心. 其爾萬方有罪, 在予一人. 予一人有罪, 無以爾萬方. 嗚呼, 尙克時忱. 乃亦有終.

13 경학經學은 경전해석학, 즉 경전을 해석하는 학문이다. 경은 성인의 언행을 기록한 것으로 후대 사람들이 함부로 지우거나 글자를 마음대로 바꿀 수는 없었다. 또한 시간이 흐르면서 경문과 그 의미에 대한 부가적인 설명이 필요했는데, 여기서 동양의 독특한 설명 방식인 주소注疏의 형태가 출현한다. 주소는 경문 아래에 작은 글씨로 경의 글자를 훈해訓解하고 그 의미를 설명하는 방식이다. 이로부터 "성경현전聖經賢傳(성인의 경문을 짓고, 후대의 현인이 전을 지었다)"의 공식이 성립된다. 경학사는 곧 경전을 해석해온 역사다.

14 「이훈」曰, 嗚呼, 古有夏先后, 方懋厥德, 罔有天災. 山川鬼神, 亦莫不寧, 曁鳥獸魚鼈咸若. 于其子孫弗率. 皇天降災, 假手于我有命. 造攻自鳴條, 朕哉自亳. 惟我商王, 布昭聖武, 代虐以寬, 兆民允懷. 今王嗣厥德. 罔不在初. 立愛惟親, 立敬惟長. 始于家邦, 終于四海.

15 이상을 "삼풍십건三風十愆"이라 통칭한다. 즉 무풍巫風(2가지: 가무·무가), 음풍淫風(4가지: 화貨·색色·유遊·전畋), 난풍亂風(4가지: 모성언侮聖言·역충직逆忠直·원기덕遠耆德·비완동比頑童) 등 모두 10가지다. 한편 『한비자』 「십과十過」에는 군주가 범할 수 있는 10가지 허물을 다음과 같이 지적하고 있다. 1. 작은 충성을 구하면 큰 충성을 방해받게 된다. 2. 작은 이익

에 구애받으면 큰 이익을 손해보게 된다. 3. 행동이 비뚤어 제후들에게 무례하면 몸을 망친다. 4. 정사에 힘쓰지 않고 음악만을 즐기면 막다른 상태에 빠진다. 5. 탐욕하여 빈둥거리며 이익만을 좋아하면 나라를 망치고 목숨을 잃는다. 6. 여자와 음악에 빠져 국정을 돌보지 않으면 나라가 망한다. 7. 도성을 떠나 멀리 유람하고 간하는 사람을 무시하면 자신을 위험하게 만든다. 8. 잘못을 저지르면서 충신의 말에 귀 기울이지 않고 자기 혼자 생각대로 행동하면 명성을 잃고 남의 비웃음을 사는 시초가 된다. 9. 안으로 자신의 역량을 헤아려보지 않고, 밖으로 제후들에게 의지하려고 든다면 국토를 깎일 우환에 이르게 된다. 10. 나라가 작은데도 예의를 지키지 않고 간하는 신하의 말을 받아들이지 않으면 대가 끊기는 정세가 된다. "十過: 一曰, 行小忠, 則大忠之賊也; 二曰, 顧小利, 則大利之殘也; 三曰, 行僻自用, 無禮諸侯, 則亡身之至也; 四曰, 不務聽治而好五音, 則窮身之事也; 五曰, 貪愎喜利, 則滅國殺身之本也; 六曰, 耽於女樂, 不顧國政, 則亡國之禍也; 七曰, 離內遠遊而忽於諫士, 則危身之道也; 八曰, 過而不聽於忠臣, 而獨行其意, 則滅高名爲人笑之始也; 九曰, 內不量力, 外恃諸侯, 則削國之患也; 十曰, 國小無禮, 不用諫臣, 則絕世之勢也."『韓非子』「十過」

16 「이훈」嗚呼, 先王肇修人紀, 從諫弗咈, 先民時若. 居上克明, 爲下克忠. 與人不求備, 檢身若不及. 以至于有萬邦. 茲惟艱哉. 敷求哲人, 俾輔于爾後嗣. 制官刑, 儆于有位曰, 敢有恆舞于宮, 酣歌于室, 時謂巫風. 敢有殉于貨色, 恆于遊畋, 時謂淫風. 敢有侮聖言, 逆忠直, 遠耆德, 比頑童, 時謂亂風. 惟茲三風十愆, 卿士有一于身, 家必喪. 邦君有一于身, 國必亡. 臣下不匡, 其刑墨. 具訓于蒙士.

17 「예기」「곡례曲禮」에 보인다. "禮不下庶人, 刑不上大夫."

18 「이훈」嗚呼嗣王, 祇厥身念哉. 聖謨洋洋, 嘉言孔彰. 惟上帝不常, 作善降之百祥, 作不善降之百殃. 爾惟德罔小, 萬邦惟慶. 爾惟不德罔大, 墜厥宗.

19 「주역」「건괘乾卦」의 6개의 양효陽爻 가운데 5번째를 구오九五라 칭하며, 임금의 자리를 상징한다.

20 「태갑 상」편은 태갑을 동궁桐宮으로 보내어 반성하게 했다는 내용이다. 전문은 다음과 같다. "惟嗣王, 不惠于阿衡. 伊尹作書曰, 先王顧諟天之明命, 以承上下神祇, 社稷宗廟, 罔不祇肅. 天監厥德, 用集大命, 撫綏萬方. 惟尹躬克左右厥辟宅師. 肆嗣王丕承基緒. 惟尹躬先見于西邑夏, 自周有終. 相亦惟終. 其後嗣王, 罔克有終. 相亦罔終. 嗣王戒哉. 祇爾厥辟. 辟不辟, 忝厥祖. 王惟庸罔念聞. 伊尹乃言曰, 先王昧爽丕顯, 坐以待旦, 旁求俊彦, 啓迪後人. 無越厥命以自覆. 慎乃儉德, 惟懷永圖. 若虞機張, 往省括于度則釋, 欽厥止, 率乃祖攸行. 惟朕以懌, 萬世有辭. 王未克變. 伊尹曰, 茲乃不義, 習與性成. 予弗狎于弗順. 營于桐宮, 密邇先王, 其訓無俾世迷. 王徂桐宮居憂, 克終允德."

21 「태갑 중·하」편은 태갑이 다시 돌아온 이후에 이윤이 훈계를 기록하고 있다.

22 유선劉禪(207~271)은 촉한의 두 번째 황제로 유비의 장남이다.

23 캉유웨이康有爲(1858~1927). 자는 광하廣夏. 호는 장소長素. 중국 청나라 말기 및 중화민국

초의 학자이자 정치가로 무술변법戊戌變法이라 불리는 개혁의 중심 지도자. 공자를 정치가로 간주했으며, 공자가 편성한 육경六經을 공자의 정치이론서라고 생각했다. 특히 『공양전』에 그 핵심 사상이 들어 있다고 보았다.

24 「태갑 하」臣罔以寵利居成功. (孔穎達 疏) 四時之序, 成功者退. 臣旣成功, 不知退謝, 其志貪欲無限, 其君不堪所求, 或有怨恨之心, 君懼其謀, 必生誅殺之計, 自古以來, 人臣有功不退者皆喪家滅族者衆矣. 經稱臣無以寵利居成功者, 爲之限極以安之也. 伊尹告君而言及臣事者, 雖復汎說大理, 亦見已有退心也.

25 「함유일덕」曰, 嗚呼天難諶, 命靡常. 常厥德, 保厥位, 厥德匪常, 九有以亡. 夏王弗克庸德, 慢神虐民. 皇天弗保, 監于萬方, 啓迪有命, 眷求一德, 俾作神主. 惟尹躬曁湯, 咸有一德, 克享天心, 受天明命, 以有九有之師, 爰革夏正. 非天私我有商, 惟天佑于一德. 非商求于下民, 惟民歸于一德. 德惟一, 動罔不吉, 德二三, 動罔不凶. 惟吉凶不僭在人, 惟天降災祥在德. 今嗣王新服厥命. 惟新厥德. 終始惟一, 時乃日新. 任官惟賢才, 左右惟其人. 臣爲上爲德, 爲下爲民. 其難其愼, 惟和惟一. 德無常師, 主善爲師. 善無常主. 協于克一. 俾萬姓咸曰大哉王言. 又曰一哉王心. 克綏先王之祿, 永底烝民之生.

26 The Bible(NIV) "Romans" 4~11. a seal of the righteousness that he had by faith

27 『대학大學』경經 1장. 원래 「대학」은 『소대례기』(『예기』) 가운데 한 편이었는데, 그 내용의 심오함과 철학성으로 인해 후대 학자들이 크게 주목했다. 특히 신유학新儒學(성리학) 시대에 주자가 새로운 주석과 편집을 가하여 한 권의 책으로 분리시켰다. 전통적으로 「대학」의 저자는 공자의 제자 증자曾子로 알려져 있으며, 주자 이후 사서四書의 반열에 올라 경전으로 존숭되었다.

28 육구연陸九淵(1139~1192). 호는 존재存齋·상산象山. 남송南宋의 유학자. 주자가 도문학道問學을 보다 존중한 데 비해 상산은 존덕성尊德性을 존중했다. 주자는 격물치지格物致知의 성즉리설性卽理說을 제창했고, 상산은 치지致知를 주로 한 심즉리설心卽理說을 제창했다.

29 왕수인王守仁(1472~1528). 호는 양명陽明. 명대明代의 유학자. 육상산의 사상을 계승하여 지행합일知行合一, 치양지致良知 등을 원리로 하는 양명학陽明學을 개창했다.

30 장칭蔣慶(1953~). 자는 우쉬勿恤, 호는 판산써우盤山叟. 장쑤江蘇 쉬저우徐州 출생. 중국의 정치학자. 주요 저서에는 『공양학인론公羊學引論』 『정치유학政治儒學-당대 유학의 전향적 특질과 발전當代儒學的轉向特質與發展』 등이 있다.

31 호연지기浩然之氣: 『맹자』 「공손추 상」 편에 나오는 말로, 사람의 마음에 차 있는 너르고 크고 올바른 기운. 敢問夫子, 惡乎長? 曰 我知言, 我善養吾浩然之氣.

32 왕양명이 모함을 받아 귀주貴州 용장龍場으로 유배가게 되는데, 그곳에서 양명학의 요지가 되는 "치양지致良知"를 대오각성했다고 전해짐.

33 「함유일덕」嗚呼天難諶, 命靡常.

34 『사기』 「공자세가」에 보인다. 太山壞乎! 梁柱摧乎! 哲人萎乎!

35 반경盤庚이 도읍을 은殷으로 옮긴 후 상商나라를 은殷나라 혹은 은상殷商이라고도 불렀다.

36 한유韓愈(768~824). 자는 퇴지退之. 중국 당나라의 문학가 겸 사상가. 산문의 문체개혁文體改革과 시에 있어 지적인 흥미를 정련된 표현으로 나타낼 것을 시도하는 등 문학적 공을 세웠다. 이는 송대 이후 중국 산문 문체의 표준이 되고 제재題材의 확장을 가져오는 등의 영향을 미쳤다.

37 한유는 「진학해進學解」에서 "주고은반周誥殷盤, 길굴오아佶屈聱牙"라 하여, 「주서周書」의 고誥와 「상서商書」의 반경盤庚은 문장이 까다롭고 난삽하여 해석하기가 매우 까다로운 문장이라 평했다.

38 유월俞樾(1821~1906). 자는 음보蔭甫. 호는 곡원曲園. 전집 『춘재당전서春在堂全書』 가운데 『군경평의群經平議』『제자평의諸子平議』『고서의의거례古書疑義擧例』가 역작으로 알려져 있다.

39 「盤庚中」盤庚作, 惟涉河以民遷. 乃話民之弗率, 誕告用亶. 其有衆咸造, 勿褻在王庭. 盤庚乃登進厥民. 曰, 明聽朕言. 無荒失朕命. 嗚呼古我前后, 罔不惟民之承. 保后胥戚. 鮮以不浮於天時. 殷降大虐, 先王不懷. 厥攸作, 視民利用遷. 汝曷弗念我古后之聞. 承汝俾汝, 惟喜康共. 非汝有咎比於罰. 予若籲懷茲新邑, 亦惟汝故. 以丕從厥志. 今予將試以汝遷, 安定厥邦. 汝不憂朕心之攸困, 乃咸大不宣乃心, 欽念以忱動予一人. 爾惟自鞠自苦, 若乘舟. 汝弗濟, 臭厥載. 爾忱不屬, 惟胥以沈. 不其或稽, 自怒曷瘳. 汝不謀長以思乃災. 汝誕勸憂. 今其有今罔後. 汝何生在上. 今予命汝一. 無起穢以自臭. 恐人倚乃身, 迂乃心. 予迓續乃命於天. 予豈汝威, 用奉畜汝衆. 予念我先神后之勞爾先, 予丕克羞爾, 用懷爾然. 失于政, 陳于茲, 高后丕乃崇降罪疾曰, 曷虐朕民. 汝萬民乃不生生, 暨予一人猷同心, 先后丕降與汝罪疾曰, 曷不暨朕幼孫有比. 故有爽德, 自上其罰汝. 汝罔能迪. 古我先后旣勞乃祖乃父. 汝共作我畜民, 汝有戕則在乃心. 我先后綏乃祖乃父. 乃祖乃父乃斷棄汝, 不救乃死. 茲予有亂政同位, 具乃貝玉, 乃祖乃父丕乃告我高后曰, 作丕刑於朕孫. 迪高后, 丕乃崇降弗祥. 嗚呼今予告汝不易. 永敬大恤, 無胥絶遠, 汝分猷念以相從, 各設中於乃心. 乃有不吉不迪, 顚越不恭, 暫遇姦宄, 我乃劓殄滅之, 無遺育. 無俾易種於茲新邑. 往哉生生. 今予將試以汝遷, 永建乃家.

40 「盤庚下」盤庚旣遷, 奠厥攸居, 乃正厥位, 綏爰有衆. 曰, 無戱怠, 懋建大命. 今予其敷心腹腎腸, 歷告爾百姓于朕志. 罔罪爾衆. 爾無共怒協比, 讒言予一人. 古我先王, 將多于前功, 適于山, 用降我凶德, 嘉績于朕邦. 今我民用蕩析離居, 罔有定極. 爾謂, 朕曷震動萬民以遷. 肆上帝將復我高祖之德, 亂越我家. 朕及篤敬, 恭承民命, 用永地于新邑. 肆予沖人, 非廢厥謀, 弔由靈. 各非敢違卜, 用宏茲賁. 嗚呼邦伯·師長·百執事之人, 尙皆隱哉. 予其懋簡相爾, 念敬我衆. 朕不肩好貨, 敢恭生生. 鞠人謀人之保居, 敍欽. 今我旣羞告爾于朕志若否. 罔有弗欽. 無總于貨寶. 生生自庸. 式敷民德, 永肩一心.

41 「盤庚上」盤庚遷于殷. 民不適有居. 率籲衆慼, 出矢言. 曰, 我王來旣爰宅于茲, 重我民無盡劉. 不能胥匡以生, 卜稽曰, 其如台. 先王有服, 恪謹天命. 茲猶不常寧, 不常厥邑, 于今五邦. 今不承于古, 罔知天之斷命. 矧曰其克從先王之烈. 若顚木之有由櫱. 天其永我命于茲新邑, 紹復先王

之大業, 底綏四方. 盤庚斆于民, 由乃在位, 以常舊服, 正法度曰, 無或敢伏小人之攸箴. 王命衆
悉至于庭, 王若曰, 格汝衆. 予告汝訓, 汝猷黜乃心, 無傲從康. 古我先王, 亦惟圖任舊人共政.
王播告之修, 不匿厥指. 王用丕欽, 罔有逸言, 民用丕變. 今汝聒聒, 起信險膚, 予弗知乃所訟.
非予自荒茲德. 惟汝舍德, 不惕予一人. 予若觀火. 予亦拙謀作乃逸, 若網在綱, 有條而不紊. 若
農服田力穡, 乃亦有秋. 汝克黜乃心, 施實德于民, 至于婚友, 丕乃敢大言, 汝有積德, 乃不畏戎
毒于遠邇, 惰農自安, 不昏作勞, 不服田畝, 越其罔有黍稷. 汝不和吉言于百姓, 惟汝自生毒. 乃
敗禍姦宄, 以自災于厥身, 乃旣先惡于民, 乃奉其恫. 汝悔身何及. 相時憸民, 猶胥顧于箴言, 其
發有逸口. 矧予制乃短長之命. 汝曷弗告朕, 而胥動以浮言, 恐沈于衆. 若火之燎于原, 不可嚮
邇, 其猶可撲滅. 則惟汝衆自作弗靖. 非予有咎. 遲任有言曰, 人惟求舊, 器非求舊, 惟新. 古我
先王, 暨乃祖乃父, 胥及逸勤. 予敢動用非罰. 世選爾勞, 予不掩爾善, 玆予大享于先王, 爾祖其
從與享之, 作福作災. 予亦不敢動用非德. 予告汝于難, 若射之有志. 汝無侮老成人, 無弱孤有
幼. 各長于厥居, 勉出乃力, 聽予一人之作猷. 無有遠邇, 用罪伐厥死, 用德彰厥善. 邦之臧, 惟
汝衆. 邦之不臧, 惟予一人有佚罰. 凡爾衆, 其惟致告. 自今至于後日, 各恭爾事, 齊乃位, 度乃
口. 罰及爾身, 弗可悔.

42 「열명 상」王宅憂亮陰三祀. 旣免喪, 其惟弗言. 羣臣咸諫于王曰, 嗚呼知之曰明哲. 明哲實作則.
天子惟君萬邦, 百官承式. 王言惟作命. 不言, 臣下罔攸稟令. 王庸作書以誥曰, 以台正于四方,
台恐德弗類, 玆故弗言. 恭默思道, 夢帝賚予良弼. 其代予言. 乃審厥象, 俾以形旁求于天下. 說
築傅巖之野, 惟肖. 爰立作相, 王置諸其左右. 命之曰, 朝夕納誨, 以輔台德. 若金, 用汝作礪, 若
濟巨川, 用汝作舟楫. 若歲大旱, 用汝作霖雨. 啓乃心, 沃朕心. 若藥弗瞑眩, 厥疾弗瘳. 若跣弗
視地, 厥足用傷. 惟曁乃僚, 罔不同心, 以匡乃辟, 俾率先王, 迪我高后, 以康兆民. 嗚呼欽予時
命, 其惟有終. 說復于王曰, 惟木從繩則正. 后從諫則聖. 后克聖, 臣不命其承. 疇敢不祗若王之
休命.

43 「열명 중」乃進于王曰, 嗚呼明王, 奉若天道, 建邦設都, 樹后王君公, 承以大夫師長. 不惟逸豫,
惟以亂民. 惟天聰明, 惟聖時憲, 惟臣欽若, 惟民從乂. 惟口起羞, 惟甲胄起戎. 惟衣裳在笥, 惟
干戈省厥躬, 王惟戒玆, 允玆克明, 乃罔不休. 惟治亂在庶官. 官不及私昵, 惟其能. 爵罔及惡
德. 惟其賢. 慮善以動. 動惟厥時. 有其善, 喪厥善. 矜其能, 喪厥功. 惟事事, 乃其有備. 有備無
患. 無啓寵納侮. 無恥過作非. 惟厥攸居, 政事惟醇. 黷于祭祀, 時謂弗欽. 禮煩則亂. 事神則
難.

44 청천靑天은 말 그대로 맑은 하늘이라는 뜻과 함께 '이상적인 정치' '훌륭한 정치인이나 관료'라는
의미다.

45 융제肜祭는 제사지낸 다음 날 지내는 제사로 우제又祭라고도 한다.

46 『태평어람太平禦覽』, 『제왕세기帝王世紀』에 따르면 조기祖己와 조경祖庚은 모두 고종高宗 무
정武丁의 이복아들이다. 조기가 적장자로서 일찍이 세자로 책봉되었으나, 일찍 죽은 것으로
나온다. 무정 사후에 조경이 왕이 되었고, 조기는 후대에 왕으로 추존되었다. 『상서』「고종융

일」편의 주인공이 의심받은 것도 고종 무정의 아들인 조기의 언행이 아랫사람의 행동이라고 하기에는 약간 불손한 면이 많았기 때문이기도 하며, 여러 정황상 조기가 손아래 동생인 조경에게 훈계한 말로 볼 여지가 충분하다.

47 「고종융일」高宗肜日, 越有雊雉. 祖己曰, 惟先格王, 正厥事. 乃訓于王曰, 惟天監下民, 典厥義. 降年有永有不永, 非天夭民, 民中絶命. 民有不若德, 不聽罪, 天旣孚命, 正厥德. 乃曰其如台. 嗚呼王司敬民. 罔非天胤. 典祀無豐于昵.

48 "國之大事, 在祀與戎"은 『좌전』성공 13년에 보인다.

49 「고요모」에 보인다.

50 「서백감려」西伯旣戡黎. 祖伊恐. 奔告于王. 曰, 天子, 天旣訖我殷命. 格人元龜, 罔敢知吉. 非先王不相我後人. 惟王淫戲用自絶. 故天棄我, 不有康食. 不虞天性, 不迪率典. 今我民罔弗欲喪. 曰, 天曷不降威, 大命不摯, 今王其如台.

51 「서백감려」王曰, 嗚呼, 我生不有命在天.

52 「서백감려」祖伊反曰, 嗚呼, 乃罪多參在上. 乃能責命于天. 殷之卽喪. 指乃功, 不無戮于爾邦.

53 왕의 직할구역.

54 키케로Marcus Tullius Cicero(기원전 106~기원전 43). 로마 공화정 시대의 정치가. 그는 자연법을 만인이 가지는 이성에 기초한 법, 전 세계와 전 우주를 관철한 보편법이라고 했으며 그 후 로마법 완성에 영향을 미쳤다.

55 동중서董仲舒(기원전 176?~기원전 104?). 중국 전한前漢 때의 학자. 그는 한대의 사상·문화를 유교를 중심으로 통일시킴으로써 이후 2000여 년에 걸친 동아시아 역사에서 유교가 중요한 역할을 행사할 수 있게 하는 정치적 토대를 마련한 것으로 평가받는다.

56 「미자」微子若曰, 父師·少師, 殷其弗或亂正四方. 我祖厎遂, 陳于上. 我用沈酗于酒, 用亂敗厥德于下. 殷罔不小大好草竊姦宄. 卿士師師非度. 凡有辜罪, 乃罔恆獲. 小民方興, 相爲敵讎. 今殷其淪喪, 若涉大水, 其無津涯. 殷遂喪, 越至于今. 曰, 父師·少師, 我其發出狂. 吾家耄遜于荒. 今爾無指告予. 顚隮若之何其.

57 「미자」父師若曰, 王子, 天毒降災, 荒殷邦. 方興沈酗于酒. 乃罔畏畏, 咈其耈長, 舊有位人. 今殷民, 乃攘竊神祇之犧牷牲, 用以容將食無災. 降監殷民, 用乂讎斂. 召敵讎不怠. 罪合于一. 多瘠罔詔. 商今其有災, 我興受其敗. 商其淪喪, 我罔爲臣僕. 詔王子, 出迪. 我舊云刻子, 王子弗出, 我乃顚隮. 自靖人自獻于先王. 我不顧行遯.

58 법가法家: 춘추전국시대(기원전 770~기원전 221)의 제자백가 가운데 하나로, 강력한 법치주의적 패도霸道를 기치로 내세웠다. 전국시대에 이르러 전제 지배 체제를 지향하는 군주에게 채용되었고, 특히 진秦나라의 중앙집권적 고대 제국이 형성되는 데 이론적 기초를 제공함으로써 전국시대를 통일할 수 있는 기틀을 마련했다. 대표적인 법가 사상가는 상앙商鞅·신불해申不害·한비韓非가 있다.

제4부

1 희姬는 주 왕가의 성姓이다. 은왕殷王의 성姓은 자子다.
2 포락지형炮烙之刑은 기름을 바른 구리 기둥을 숯불 위에 걸쳐 달군 후 그 위로 죄인을 맨발로 건너가게 하는 형벌로, 특히 옳은 말을 하는 충간자忠諫者는 모두 이 형에 처했다고 한다.
3 『삼국지연의三國志演義』에서는 왕윤이 양녀 초선貂蟬을 이용한 '연환지계連環之計'로 동탁과 여포 사이를 갈라놓았다.
4 자산子産(기원전 585?~기원전 522?)은 춘추시대 정鄭나라의 재상이다. 성은 희姬, 이름은 교僑이며, 자산은 자다.
5 고대 악기樂器의 총칭으로 금金·석石·사絲·죽竹·포匏·토土·혁革·목木의 서로 다른 재료로 만든 악기. 혹은 팔방八方의 풍風이라는 설도 있다. 『여씨춘추』「유시有始」에 "東北日炎風, 東方日滔風, 東南日熏風, 南方日巨風, 西南日淒風, 西方日飂風, 西北日厲風, 北方日寒風"이라 한다.
6 황종黃鍾·태주大簇·고선姑洗·유빈蕤賓·이칙夷則·무역無射이다. 고대 음악의 표준으로서 이것을 기준으로 장단長短·고저高低·청탁淸濁을 조율했다.
7 취퉁쭈瞿同祖(1910~2008). 중국의 역사학자. 후난湖南 창사長沙 출신.
8 『사기』「은본기」에 따르면, 주 왕조의 역대 계보는 다음과 같다. 1) 후직后稷—2) 불줄不窋—3) 자국子鞠—4) 공류公劉—5) 경절慶節—6) 황복皇僕—7) 차불差弗—8) 훼유毀隃—9) 공비公非—10) 고어高圉—11) 아어亞圉—12) 공숙조류公叔祖類—13) 고공단보古公亶父—14) 계력季歷—15) 창昌(문왕文王)—16) 발發(무왕武王). 그 가운데 공류는 후직后稷의 증손자이자 문왕의 11대 선조로서, 하나라 말엽에 덕망을 얻어 사람들이 모여들었고, 이후 주나라의 기틀을 다진 것으로 알려진 인물이다. 『시경』「대아·공류公劉」 등에 그에 대한 행적이 전해진다.
9 「무성」偃武修文, 歸馬于華山之陽, 放牛于桃林之野.
10 「무성」建官惟賢, 位事惟能.
11 「무성」惇信明義, 崇德報功.
12 「무성」垂拱而天下治. 손을 소매에 넣은 채로 있어도 저절로 천하가 잘 다스려지는 것을 말한다.
13 구스타프 휴고Gustav Hugo(1764~1844). 독일의 법학자. 역사법학파에 속한다.
14 프리드리히 사비니Friedrich Karl von Savigny(1779~1861). 독일의 법학자. 법 형성의 주체를 민족정신에서 구하는 역사법학파를 창시했다. 1급 로마니스트로서 로마법을 민족 정신의 표현이라 보고, 『현대 로마법 체계』를 저술해 독일 민법학의 기초를 구축했다. 국제 사법학의 수립에도 공헌했다.
15 「홍범」一五行. 一日水, 二日火, 三日木, 四日金, 五日土. 水日潤下, 火日炎上, 木日曲直, 金日從革, 土爰稼穡. 潤下作鹹, 炎上作苦, 曲直作酸, 從革作辛, 稼穡作甘.

16 「홍범」二五事. 一曰貌, 二曰言, 三曰視, 四曰聽, 五曰思. 貌曰恭, 言曰從, 視曰明, 聽曰聰, 思曰睿. 恭作肅, 從作乂, 明作哲, 聰作謀, 睿作聖.

17 「홍범」三八政. 一曰食, 二曰貨, 三曰祀, 四曰司空, 五曰司徒, 六曰司寇, 七曰賓, 八曰師.

18 「홍범」四五紀. 一曰歲, 二曰月, 三曰日, 四曰星辰, 五曰曆數.

19 「홍범」五皇極. 皇建其有極, 斂時五福, 用敷錫厥庶民. 惟時厥庶民, 于汝極, 錫汝保極. 凡厥庶民, 無有淫朋, 人無有比德, 惟皇作極. 凡厥庶民, 有猷有爲有守, 汝則念之. 不協于極, 不罹于咎, 皇則受之. 而康而色, 曰予攸好德, 汝則錫之福. 時人斯其惟皇之極. 無虐煢獨, 而畏高明. 人之有能有爲, 使羞其行. 而邦其昌. 凡厥正人, 旣富方穀. 汝弗能使有好于而家, 時人斯其辜. 于其無好德, 汝雖錫之福, 其作汝用咎. 無偏無陂, 遵王之義. 無有作好, 遵王之道. 無有作惡, 遵王之路. 無偏無黨, 王道蕩蕩. 無黨無偏, 王道平平. 無反無側, 王道正直. 會其有極, 歸其有極. 曰, 皇極之敷言, 是彝是訓, 于帝其訓. 凡厥庶民, 極之敷言, 是訓是行, 以近天子之光. 曰, 天子作民父母, 以爲天下王.

20 「홍범」六三德. 一曰正直, 二曰剛克, 三曰柔克. 平康正直, 彊弗友剛克, 燮友柔克. 沈潛剛克, 高明柔克. 惟辟作福, 惟辟作威, 惟辟玉食. 臣無有作福作威玉食. 臣之有作福作威玉食, 其害于而家, 凶于而國. 人用側頗僻, 民用僭忒.

21 「홍범」七稽疑. 擇建立卜筮人, 乃命卜筮. 曰雨, 曰霽, 曰蒙, 曰驛, 曰克, 曰貞, 曰悔. 凡七. 卜五. 占用二. 衍忒. 立時人作卜筮. 三人占, 則從二人之言. 汝則有大疑, 謀及乃心, 謀及卿士, 謀及庶人, 謀及卜筮. 汝則從, 龜從, 筮從, 卿士從, 庶民從. 是之謂大同. 身其康彊, 子孫其逢吉. 汝則從, 龜從, 筮從, 卿士逆, 庶民逆, 吉. 卿士從, 龜從, 筮從, 汝則逆, 庶民逆, 吉. 庶民從, 龜從, 筮從, 汝則逆, 卿士逆, 吉. 汝則從, 龜從, 筮從, 卿士逆, 庶民逆, 作內吉, 作外凶. 龜筮共違于人, 用靜吉, 用作凶.

22 「홍범」八庶徵. 曰雨, 曰暘, 曰燠, 曰寒, 曰風, 曰時. 五者來備, 各以其敍, 庶草蕃廡. 一極備凶. 一極無凶. 曰休徵. 曰肅, 時雨若. 曰乂, 時暘若. 曰哲, 時燠若. 曰謀, 時寒若. 曰聖, 時風若. 曰咎徵. 曰狂, 恆雨若. 曰僭, 恆暘若. 曰豫, 恆燠若. 曰急, 恆寒若. 曰蒙, 恆風若. 曰王省惟歲, 卿士惟月. 師尹惟日. 歲·月·日時無易, 百穀用成. 乂用明, 俊民用章, 家用平康. 日·月·歲時旣易, 百穀用不成. 乂用昏不明, 俊民用微, 家用不寧. 庶民惟星. 星有好風, 星有好雨. 日月之行, 則有冬有夏. 月之從星, 則以風雨.

23 「홍범」九五福. 一曰壽, 二曰富, 三曰康寧, 四曰攸好德, 五曰考終命. 六極. 一曰凶短折, 二曰疾, 三曰憂, 四曰貧, 五曰惡, 六曰弱.

24 원문은 '무원불계無遠弗屆'로 '아무리 멀어도 닿지 않는 곳이 없다'는 뜻이다. 출전은 「대우모」다.

25 왕망王莽(기원전 45~기원후 23)은 한대의 정치가로 자는 거군巨君이다. 자신이 옹립한 평제平帝를 독살하고 제위를 빼앗아 국호를 신新으로 명명했다. 한나라 유수劉秀에게 피살되었다.

26 맹자는 왕도와 패도를 엄격히 구별했는데 인의와 덕이 안으로 충실하여 그것이 선정善政으로

나타나는 것이 왕도이며, 인정을 가장하고 권력정치를 행하는 것은 패도라고 했다. 성선性善에 입각해서 모든 사람은 '차마 하지 못하는 마음不忍人之心'을 갖는데, 왕이 이러한 불인인지정不忍人之政을 행하면 왕도정치를 구현할 수 있다고 했다. 또한 농업사회였기 때문에 왕도정치의 경제적 기초가 토지의 균등 분배에 있다면서 정전제井田制를 통해 양생養生과 상사喪事에 여한이 없게 하는 것이 왕도의 시작이라고 주장했다.

27 원문은 '총림사회叢林社會'이며, 「중훼지고仲虺之誥」 편의 '야만의 시대叢林時代'와 같은 의미로 쓰였다.

28 송宋(960~1279)은 960년 조광윤趙匡胤이 오대五代 최후의 왕조 후주後周로부터 선양을 받아 개봉에 도읍하여 세운 나라다. 국호는 송宋이었으나 춘추시대의 송宋, 남북조시대의 송宋 등과 구별하기 위해 황실의 성씨를 따라 조송趙宋이라고도 부른다. 송나라는 지나친 문치주의 표방으로 국력이 약화되어 북방 민족들의 압박을 받게 된다. 1004년 북쪽의 요나라가 남하하자 진종은 요나라에 매년 재물을 보내는 것으로 화의를 맺고(단연지맹澶淵之盟), 또한 요나라의 침공과 동시에 서쪽의 탕구트족은 서하라는 이름의 나라를 세워 송나라에 반기를 들었으나 이것도 1044년 재물을 보내는 것으로 화의를 맺게 된다(경력화약慶曆和約). 결국 1127년 금나라의 확장에 밀려 장강 이남으로 옮기기 전을 북송北宋, 이후 임안에 도읍을 옮긴 것을 남송南宋이라고 불러 구분했다. 북송·남송을 모두 합쳐 송 왕조라고도 한다.

29 「여오」 德盛不狎侮. 狎侮君子, 罔以盡人心. 狎侮小人, 罔以盡其力.

30 「여오」 不役耳目, 百度惟貞. 玩人喪德. 玩物喪志. 志以道寧, 言以道接.

31 「여오」 不作無益害有益, 功乃成. 不貴異物賤用物, 民乃足. 犬馬非其土性不畜, 珍禽奇獸, 不育于國. 不寶遠物, 則遠人格. 所寶惟賢, 則邇人安.

32 「여오」 嗚呼夙夜罔或不勤. 不矜細行, 終累大德. 爲山九仞, 功虧一簣. 允迪茲, 生民保厥居, 惟乃世王.

33 「금등」 旣克商二年, 王有疾弗豫. 二公曰, 我其爲王穆卜. 周公曰, 未可以戚我先王. 公乃自以爲功, 爲三壇同墠. 爲壇於南方, 北面周公立焉. 植璧秉珪, 乃告太王·王季·文王. 史乃祝曰, 惟爾元孫某, 遘厲虐疾. 若爾三王, 是有丕子之責于天, 以旦代某之身. 予仁若考. 能多材多藝, 能事鬼神. 乃元孫不若旦多材多藝. 不能事鬼神. 乃命于帝庭, 敷佑四方. 用能定爾子孫于下地. 四方之民, 罔不祗畏. 嗚呼無墜天之降寶命. 我先王亦永有依歸. 今我卽命于元龜, 爾之許我, 我其以璧與珪, 歸俟爾命. 爾不許我, 我乃屛璧與珪. 乃卜三龜, 一習吉. 啓籥見書, 乃幷是吉. 公曰, 體王其罔害. 予小子, 新命于三王, 惟永終是圖. 茲攸俟, 能念予一人. 公歸, 乃納冊于金縢之匱中. 王翼日乃瘳.

34 「금등」 武王旣喪, 管叔及其羣弟, 乃流言於國曰, 公將不利於孺子. 周公乃告二公曰, 我之弗辟, 我無以告我先王. 周公居東二年, 則罪人斯得.

35 「금등」 于後公乃爲詩以貽王. 名之曰鴟鴞. 王亦未敢誚公.

36 「금등」 秋大熟未穫. 天大雷電以風, 禾盡偃, 大木斯拔, 邦人大恐. 王與大夫盡弁, 以啓金縢之

書, 乃得周公所自以爲功. 代武王之說. 二公及王, 乃間諸史與百執事. 對曰, 信, 噫公命. 句. 我
勿敢言. 王執書以泣曰, 其勿穆卜. 昔公勤勞王家, 惟予沖人弗及知. 今天動威, 以彰周公之德.
惟朕小子其新逆. 我國家禮亦宜之. 王出郊, 天乃雨反風. 禾則盡起. 二公命邦人, 凡大木所偃,
盡起而築之. 歲則大熟.

37 로스코 파운드Roscoe Pound(1870~1964). 자연과학과 사회과학 및 프래그머티즘 pragmatism을 기초로 하는 법철학을 주창한 미국의 법학자. 노스웨스턴대, 시카고대, 하버드대 교수를 역임했다. 주요 저서에『코먼 로의 정신The Spirit of the Common Law』(1921), 『법률사관Interpretation of Legal History』(1923), 『미국 형사소송Criminal Justice in America』(1930) 등이 있다.

38 「미자지명」王若曰, 猷殷王元子, 惟稽古崇德象賢. 統承先王, 修其禮物, 作賓于王家. 與國咸休, 永世無窮.

39 「미자지명」嗚呼乃祖成湯. 克齊聖廣淵. 皇天眷佑. 誕受厥命. 撫民以寬, 除其邪虐. 功加于時, 德垂後裔.

40 「미자지명」爾惟踐修厥猷, 舊有令聞. 恪慎克孝, 肅恭神人. 予嘉乃德. 曰篤不忘. 上帝時歆, 下民祇協. 庸建爾于上公, 尹茲東夏.

41 가루견보架漏牽補: 새는 곳을 막고 해진 데를 깁는다는 말로 임시변통을 뜻한다.

42 소강小康: 대동大同과 같이 도가 행해지는 태평세대는 아닌, 그럭저럭 안정된 사회를 말한다. 『예기』「예운」편에 나온다.

43 장장莊莊은 장자이며, 선선禪은 불교의 선이다. 중국의 저명한 학자 리쩌허우李澤厚가 「만술장선漫述莊禪」이라는 논문에서 장자와 선의 정신세계가 시공을 떠나 자유롭게 왕래한다는 내용을 쓴 바 있다.

44 「재재」汝若恆越曰. 我有師師司徒·司馬·司空·尹旅. 曰, "予罔厲殺人. 亦厥君先敬勞. 肆徂厥敬勞. 肆往姦宄殺人歷人宥. 肆亦見厥君事, 戕敗人宥."

45 『좌전』성공 4년에 보인다. "사일史佚의 「지지」에 '우리 종족이 아니면 그 마음은 반드시 다르다'고 했으니, 초나라가 비록 강대하나 우리 종족이 아니므로 어찌 우리를 아낄 수 있겠습니까? 史佚之志有之, 曰非我族類, 其心必異. 楚雖大, 非吾族也, 其肯字我乎?"

46 휘호 흐로티위스Hugo Grotius(1583~1645). 네덜란드의 법학자로 근대 자연법의 원리에 입각하여 국제법의 기초를 확립했다. 저서에 『전쟁과 평화의 법』이 있다.

47 클리퍼드 기어츠Clifford Geertz(1926~2006). 미국의 인류학자로 상징인류학으로 문화를 설명했다.

48 「재재」肆徂厥敬勞. 肆往姦宄殺人歷人宥. 肆亦見厥君事, 戕敗人宥.

49 『노자老子』57장. 法令滋彰, 而盜賊多有.

50 「재재」皇天旣付中國民, 越厥疆土于先王. 肆王惟德用, 和懌先後迷民. 用懌先王受命. 已若茲監. 惟曰, 欲至于萬年惟王. 子子孫孫永保民.

51 왕궈웨이王國維(1877~1927). 중국 청말의 문학자·고증학자. 신해혁명으로 일본에 망명했다. 저서에 『인간사화人間詞話』『송원희곡사宋元戲曲史』『관당집림觀堂集林』 등이 있다.
52 「소고」嗚呼皇天上帝, 改厥元子, 茲大國殷之命. 惟王受命, 無疆惟休, 亦無疆惟恤. 嗚呼曷其奈何弗敬. 天旣遐終大邦殷之命. 茲殷多先哲王在天. 越厥後王後民, 茲服厥命. 厥終智藏瘝在. 夫知保抱攜持厥婦子, 以哀籲天. 徂厥亡出執. 嗚呼天亦哀于四方民, 其眷命用懋. 王其疾敬德.
53 세라 앨런Sarah Allan(1945~). 미국의 한학자. 동아시아 고대 신화와 문명에 관심을 갖고 갑골, 청동기, 죽간 연구를 진행했다. 저서로는 *The shape of the turtle: myth, art, and cosmos in early China*(1991), 중국어판 『龜之謎: 商代神話, 祭祀, 藝術和宇宙觀硏究』(1992), *The way of water and sprouts of virtue*(1997), 중국어판 『水之道與德之端: 中國早期哲學思想的本喩』(2002), 국내 번역 『공자와 노자, 그들은 물에서 무엇을 보았는가』 등이 있다.
54 「맹자」「양혜왕 상」 편에 제나라 선왕宣王과 맹자의 문답이 보인다. 제 선왕은 제 환공과 같은 패자가 되는 것에 관심이 많았고, 맹자가 강조하는 왕도정치를 끝내 이해하지 못했다.
55 장순후이張舜徽(1911~1992). 저명한 중국 역사문헌학자. 주요 저서에는 『노동인민창물지勞動人民創物志』『중국사회의 분석中國社會之分析』『사학삼서평의史學三書平議』『설문해자표주설文解字約注』『광문자몽구廣文字蒙求』『정학총저鄭學叢著』『청인필기조변淸人筆記條辨』『중화인민통사中華人民通史』 등이 있다.
56 「논어」「위정」 편. 공자께서 말씀하셨다. "정치를 덕으로 하는 것은, 비유하자면 북극성이 제자리에 머물러 있으면 여러 별이 그것을 향하는 것과 같다子曰 爲政以德, 譬如北辰居其所, 而衆星共之."
57 에드워드 쇼네시Edward L. Shaughnessy(夏含夷)(1952~). 중국사 연구자. 현재 미국 시카고대 동아시아언어문명학과 헐리 크릴 석좌교수. 저서로는 *The Cambridge History of Ancient China*(1999), *China: Empire and Civilization*(2005), *Rewriting Early Chinese Texts*(2006), *Chinese Wisdom: Philosophical Insights from Confucius, Mencius, Laozi, Zhuangzi and Other Masters*(2010) 등이 있다.
58 「다사」我聞曰, 上帝引逸. 有夏不適逸, 則惟帝降格, 嚮于時夏. 弗克庸帝, 大淫泆有辭. 惟時天罔念聞. 厥惟廢元命, 降致罰. 乃命爾先祖成湯革夏, 俊民甸四方.
59 개역개정판 「성경」「창세기」 16:24~28.
60 「무일」周公曰, 嗚呼我聞曰, 昔在殷王中宗, 嚴恭寅畏, 天命自度. 治民祗懼, 不敢荒寧. 肆中宗之享國, 七十有五年.
61 지청知靑의 상산하향上山下鄕이란 1949년 중국 해방 이후 도시 재건과 교육열로 인해 농촌의 많은 인구가 도시로 몰려들자, 이러한 문제를 해결하기 위해 중국 공산당은 당의 간부나 교육받은 젊은 지식인들을 농촌으로 보내 생산에 참여하게 함으로써 국가의 종합적 발전을 기획하는 '상산하향上山下鄕' 운동을 펼치게 된다. 문화대혁명 시기에는 침체된 농촌사회를 위해 수

많은 젊은 학생을 농촌으로 보내기도 했으며, 사상적으로 문제가 있다고 판명되는 사람들도 예외 없이 농촌이나 변방 지역에서 노동을 통해 사상개조를 받아야만 했다. 중화인민공화국 초기 공산당이 주도했던 '상산하향' 운동은 이러한 역사적 과정을 거치면서 도농 간의 인력 수급이나 생산 문제를 해결하기 위해 전개되었다. 지청은 지식청년의 준말이다.

62 고종高宗이 아버지 소을小乙의 상을 당하여 3년상을 치른 것을 의미한다.

63 태왕太王은 문왕의 할아버지 고공단보古公亶父이고, 왕계王季는 문왕의 아버지다. 태왕과 왕계는 주周 혁명 이후 왕으로 추숭되었다.

64 「무일」文王卑服, 卽康功田功. 徽柔懿恭, 懷保小民, 惠鮮鰥寡. 自朝至于日中昃, 不遑暇食, 用咸和萬民. 文王不敢盤于遊田, 以庶邦惟正之供. 文王受命惟中身. 厥享國五十年.

65 「맹자」「양혜왕 하」所謂故國者, 非謂有喬木之謂也, 有世臣之謂也.

66 「맹자」「양혜왕 하」國君進賢, 如不得已, 將使卑踰尊, 疏踰戚, 可不慎與? 左右皆曰賢, 未可也, 諸大夫皆曰賢, 未可也, 國人皆曰賢, 然後察之, 見賢焉, 然後之 (…) 如此, 然後可以爲民父母.

67 「사기」「맹자순경열전」游事齊宣王, 宣王不能用. 適梁, 梁惠王不果所言, 則見以爲迂遠而闊於事情. 當是之時, 秦用商君, 富國彊兵, 楚魏用吳起, 戰勝弱敵. 齊威王宣王用孫子田忌之徒, 而諸侯東面朝齊. 天下方務於合從連衡, 以攻伐爲賢, 而孟軻乃述唐虞三代之德, 是以所如者不合. 退而與萬章之徒序詩書, 述仲尼之意, 作孟子七篇.

68 후대에 공자와 그 문하의 뛰어난 제자들은 성인의 칭호를 부여받는데, 안회顔回는 복성復聖, 증자曾子는 종성宗聖, 자사子思는 술성述聖, 맹자孟子는 아성亞聖으로 추존되었고, 공자는 대성지성문선왕大成至聖文宣王에 오른다.

69 '계미수공주차癸未垂拱奏箚'란 '계미년(1163)에 수공전에서 올린 차자箚子'라는 뜻이다. 「계미수공주차」는 모두 3편이며, 아래에 인용된 3주奏는 「계미수공주차」 가운데 세 번째 차자의 내용이다.

70 위섬지魏掞之(1116~1173). 자는 원리元履, 자실子實. 호헌胡憲의 제자이며 주자의 친구였다. 예부禮部에 응시했으나 낙방하자 더 이상 과거에 응하지 않고 간재艮齋에서 학문을 수양했기 때문에 그를 간재 선생艮齋先生이라고도 불렀다.

71 「채중지명」王若曰, 小子胡, 惟爾率德改行, 克慎厥猷. 肆予命爾侯于東土. 往卽乃封. 敬哉.

72 「채중지명」爾尙蓋前人之愆, 惟忠惟孝. 爾乃邁跡自身, 克勤無怠, 以垂憲乃後. 率乃祖文王之彝訓, 無若爾考之違王命.

73 「채중지명」皇天無親. 惟德是輔. 民心無常, 惟惠之懷. 爲善不同, 同歸于治. 爲惡不同, 同歸于亂.

74 「태서중」에 보인다. "상천은 우리 백성이 보는 것으로부터 보며, 상천은 우리 백성이 듣는 것으로부터 듣는다. 백성이 허물이 있는 것은 나 한 사람에게 (책임이) 있으니, 이제 짐은 반드시 정벌하러 가리라天視自我民視. 天聽自我民聽. 百姓有過, 在予一人. 今朕必往."

75 「오자지가」에 보인다. "그 첫째는 황조께서 교훈을 남기시니, '백성은 가까이할지언정 얕잡아보아서는 안 된다. 백성은 나라의 근본이니, 근본이 견고해야 나라가 안녕하다' 하셨다其一日, 皇

祖有訓. 民可近, 不可下. 民惟邦本. 本固邦寧."

76 오늘날 중화인민공화국을 이끈 마오쩌둥을 '구세주大救星'로 선전했다.
77 『맹자』「이루 상」에 보인다. "그러므로 오직 인자만이 높은 지위에 있어야 하는 것이니, 인하지 않으면서 높은 지위에 있으면, 이는 그 악을 여러 사람에게 펴는 것이다是以惟仁者, 宜在高位, 不仁而在高位, 是播其惡於衆也."
78 당나라 시인 백거이白居易(772~846)의 「부득고원초송별賦得古原草送別」 중 한 구절이다.
   언덕 위에 우거진 풀들離離原上草
   해마다 한 번 시들었다 무성해진다네一歲一枯榮
   들불을 놓아도 다 타지 않고野火燒不盡
   봄바람 불면 다시 돋아난다네春風吹又生
   방초는 멀리 뻗어 옛길을 덮고遠芳侵古道
   맑은 하늘 푸른빛은 황폐한 성까지 닿네晴翠接荒城
   또 그대를 떠나보내니又送王孫去
   이별의 슬픔 가득하다네萋萋滿別情
79 공자진龔自珍(1792~1841). 청나라 후기의 학자, 사상가, 시인이다. 자는 슬인瑟人, 이옥爾玉이며, 호는 정암定庵, 일명은 공조鞏祚다.
80 『예기』「월령」에서 밤새 울며 아침이 오기를 기다리는 새라고 한다. 갈단渴旦이라고도 한다.
81 추안핑儲安平(1909~1966?). 중화민국 시기의 저명한 평론가. 『관찰觀察』의 사장이자 주편. 중화인민공화국 성립 이후 당국과 마찰을 빚다가 문화혁명기에 숙청된 것으로 알려짐.
82 1901년 7월 29일 청의 광서제는 '팔고문' 형식과 무과 폐지 등 과거제도의 개혁을 지시하는 조칙을 내렸고, 1904년 5월의 과거시험을 끝으로 중국의 과거제도는 역사 속으로 사라진다. 이보다 앞서 조선은 1894년 갑오개혁 때 과거제도를 폐지했다.
83 중국에서 국유기업은 국가의 주요 기간산업이 집중적으로 포진되어 있었고, 개혁 이후의 급격히 줄어들었음에도 여전히 전체 기업 체계의 골간을 형성하고 있었다. 수차례에 걸쳐 시행된 다양한 개혁 노력에도 불구하고, 경영 메커니즘의 전환과 경영 상태 호전에 실패했다. 이러한 상황을 타개하기 위해 1997년 9월의 제15차 당대회에서 당시 장쩌민江澤民 총서기는 '개혁과 재편'을 양대 축으로 하는 '국유기업의 총체적 개혁 구상'을 제기했다.
84 「주관」 惟周王撫萬邦, 巡侯·甸, 四征弗庭, 綏厥兆民, 六服羣辟, 罔不承德, 歸于宗周, 董正治官.
85 백규百揆는 요순 시대에 여러 정사를 총괄한 1인으로, 주대周代의 총재冢宰와 같은 직위다. 사악四岳은 안으로 사시四時의 정사를 관할하고, 밖으로 방악方岳의 일을 주관하며 모두 4명이다. 주목州牧은 「순전舜典」에서 보이는 12주를 다스리는 자이고, 후백侯伯은 주목의 다음이 되어 제후를 총괄하는 자다.
86 「주관」 曰, 唐虞稽古, 建官惟百. 內有百揆·四岳, 外有州牧·侯伯. 庶政惟和, 萬國咸寧. 夏商官倍. 亦克用乂. 明王立政, 不惟其官, 惟其人.

87 『주관』立太師·太傅·太保. 茲惟三公, 論道經邦, 燮理陰陽. 官不必備, 惟其人.
88 『주관』少師·少傅·少保, 日三孤. 貳公弘化, 寅亮天地, 弼予一人.
89 『주관』冢宰掌邦治, 統百官, 均四海. 司徒掌邦敎, 敷五典, 擾兆民. 宗伯掌邦禮, 治神人, 和上下. 司馬掌邦政, 統六師, 平邦國. 司寇掌邦禁, 詰姦慝, 刑暴亂. 司空掌邦土, 居四民, 時地利. 六卿分職, 各率其屬, 以倡九牧, 阜成兆民.
90 『주관』六年五服一朝. 又六年王乃時巡, 考制度于四岳. 諸侯各朝于方岳, 大明黜陟.
91 『주관』王曰, 嗚呼凡我有官君子, 欽乃攸司, 愼乃出令, 令出惟行. 弗惟反. 以公滅私, 民其允懷. 學古入官, 議事以制, 政乃不迷. 其爾典常作之師. 無以利口亂厥官. 蓄疑敗謀, 怠忽荒政. 不學牆面, 蒞事惟煩.
92 미네르바의 부엉이는 로마 신화에서 미네르바와 항상 함께 다니는 신조神鳥 부엉이로서 지혜를 상징한다. 19세기 독일의 철학자 헤겔은 『법철학』(1820) 서문에 "미네르바의 부엉이는 황혼녘이 되어야 날갯짓을 한다die Eule der Minerva beginnt erst mit der einbrechenden Dämmerung ihren Flug"라는 유명한 경구를 남겼다. 헤겔이 『법철학』에서 미네르바의 부엉이를 언급한 것은 미네르바의 부엉이(즉 지혜 또는 철학)가 낮이 지나고 밤에 그 날개를 펴는 것처럼, 철학은 앞날을 예측하는 것이 아니라 이미 이루어진 역사적 조건이 지나간 뒤에야 그 뜻이 분명해진다는 의미다.
93 『논어』「안연」19. 季康子問政於孔子曰 如殺無道, 以就有道, 何如? 孔子對曰 子爲政, 焉用殺? 子欲善, 而民善矣. 君子之德, 風, 小人之德, 草, 草上之風, 必偃.
94 '정치적 올바름political correctness; politically correct'(약칭 PC)이란 다민족국가인 미국 등에서 정치적Policial인 관점에서 차별, 편견을 없애는 것이 올바르다Correct는 의미에서 사용한 용어다. 일반적으로 흑인이나 여성, 그리고 동성연애자 등과 같은 사회적 약자에게 모멸감을 주는 행동이나 경멸적인 언어를 사용하지 않는 건전한 도의성을 의미한다.
95 질제質帝는 후한의 10대 군주로 본명은 유찬劉纘이며, 즉위하자마자 양기梁冀, 양태후梁太后 남매에게 독살당한다.
96 『후한서』「황보장단열전皇甫張段列傳」夫君者舟也, 人者水也. 群臣乘舟者也, 將軍兄弟操楫者也. 若能平志畢力, 以度元元, 所謂福也. 如其怠弛, 將淪波濤. 可不愼乎!
97 『사기』「태사공자서太史公自序」儒者則不然. 以爲人主天下之儀表也, 主倡而臣和, 主先而臣隨. 如此則主勞而臣逸.
98 사마담司馬談(?~기원전 110). 한대 태사령太史令을 지냈으며, 천문·역법을 주관하고 황실의 전적典籍을 관장했다. 『상서』『국어』등 선진 전적에 근거하여 사서를 편찬했는데, 그가 죽은 뒤 아들 사마천이 이어받아 『사기』를 완성했다.
99 황종희黃宗羲(1610~1695)는 중국 명말 청초의 학자이자 사상가다. 자는 태충太冲, 호는 남뢰南雷·이주梨洲다. 명나라가 망하고 청나라가 들어서자 절조를 지켜 이민족 왕조에서 벼슬하지 않았다. 유종주劉宗周를 스승으로 삼아 양명학의 전통을 승계했으나 공리공론을 배제하

며 객관적 사실을 중히 여겼다. 또한 사학에도 전심하여 경학사학經學史學의 겸수兼修에 의한 경세치용經世致用의 학풍을 개발해 청조의 학문에 큰 영향을 줬다. 저서에는 『명이대방록明夷待訪錄』『명유학안明儒學案』『송원학안宋元學案』『역학상수론易學象數論』 등이 있고, 그가 이룬 절동학파浙東學派에서 만사동萬斯同, 전조망全祖望, 장학성章學誠 등의 우수한 사학자가 나왔다.

100 『명이대방록』「원군原君」今也以君爲主, 天下爲客, 凡天下之無地而得安寧者, 爲君也. 是以其未得之也, 屠毒天下之肝腦, 離散天下之子女, 以博我一人之産業, 曾不慘然, 曰"我固爲子孫創業也". 其旣得之也, 敲剝天下之骨髓, 離散天下之子女, 以奉我一人之淫樂, 視爲當然, 曰"此我産業之花息也". 然則爲天下之大害者, 君而已矣. 向使無君, 人各得自私也, 人各得自利也. 嗚呼! 豈設君之道, 固如是乎!

101 『관당집림觀堂集林』「주서고명고周書顧命考」古禮經旣佚, 後世得考周室一代之古典者, 惟此篇而已.

102 「고명」惟四月哉生魄, 王不懌. 甲子, 王乃洮頮水, 相被冕服, 憑玉几. 乃同召太保奭·芮伯·彤伯·畢公·衛侯·毛公·師氏·虎臣·百尹·御事.

103 「고명」王曰, 嗚呼疾大漸惟幾. 病日臻, 旣彌留. 恐不獲誓言嗣. 茲予審訓命汝. 昔君文王·武王, 宣重光, 奠麗陳敎則肄, 肄不違, 用克達殷集大命. 在後之侗, 敬迓天威, 嗣守文武大訓, 無敢昏逾. 今天降疾殆弗興弗悟. 爾尙明時朕言, 用敬保元子釗, 弘濟于艱難. 柔遠能邇, 安勸小大庶邦. 思夫人自亂于威儀. 爾無以釗冒貢于非幾.

104 원문은 "茲旣受命還, 出綴衣于庭"이다. 정현은 흉사를 예감한 신하들이 상례에 쓸 옷을 미리 준비한 것으로 보았다.

105 「고명」太保命仲桓·南宮毛, 俾爰齊侯呂伋, 以二干戈, 虎賁百人, 逆子釗於南門之外, 延入翼室, 恤宅宗.

106 「고명」丁卯, 命作冊度.

107 「고명」越七日癸酉, 伯相命士須材. 狄設黼扆綴衣.

108 「고명」牖閒南嚮, 敷重篾席黼純. 華玉仍几.

109 「고명」西序東嚮, 敷重底席綴純. 文貝仍几.

110 「고명」東序西嚮, 敷重豐席畫純. 雕玉仍几.

111 「고명」西夾南嚮, 敷重筍席玄紛純. 漆仍几.

112 「고명」越玉五重, 陳寶. 赤刀·大訓·弘璧·琬琰, 在西序. 大玉·夷玉·天球·河圖.

113 「고명」在東序. 胤之舞衣, 大貝·鼖鼓, 在西房. 兌之戈, 和之弓, 垂之竹矢, 在東房.

114 「고명」大輅在賓階面. 綴輅在阼階面. 先輅在左塾之前. 次輅在右塾之前.

115 「고명」二人雀弁執惠, 立于畢門之内. 四人綦弁, 執戈上刃, 夾兩階戺. 一人冕執劉, 立于東堂. 一人冕執鉞, 立于西堂. 一人冕執戣, 立于東垂. 一人冕執瞿, 立于西垂. 一人冕執銳, 立于側階.

116 「고명」王麻冕黼裳, 由賓階隮.

117 「고명」 卿士·邦君麻冕蟻裳, 入卽位.
118 「고명」 太保·太史·太宗, 皆麻冕彤裳. 太保承介圭, 上宗奉同·瑁, 由阼階隮. 太史秉書, 由賓階隮, 御王册命.
119 「고명」 曰, 皇后憑玉几, 道揚末命, 命汝嗣訓, 臨君周邦, 率循大卞, 爕和天下, 用答揚文武之光訓.
120 「고명」 王再拜興答曰, 眇眇予末小子, 其能而亂四方, 以敬忌天威.
121 「고명」 乃受同·瑁. 王三宿, 三祭, 三咤. 上宗曰, 饗.
122 「고명」 太保受同降盥, 以異同秉璋以酢, 授宗人同拜. 王答拜. 太保受同祭嚌. 宅授宗人同拜. 王答拜.
123 「고명」 太保降收. 諸侯出廟門俟.
124 「논어」「자로」3 子路曰 衛君, 待子而爲政, 子將奚先? 子曰 必也正名乎! 子路曰 有是哉! 子之迂也, 奚其正? 子曰 野哉! 由也. 君子於其所不知, 蓋闕如也. 名不正, 則言不順, 言不順, 則事不成, 事不成, 則禮樂不興, 禮樂不興, 則刑罰不中, 刑罰不中, 則民無所措手足. 故君子名之, 必可言也, 言之, 必可行也, 君子於其言, 無所苟而已矣.
자로: 위衛나라 군주가 선생님을 기다려 정사를 하려고 하십니다. 선생께서는 장차 무엇을 우선하시렵니까?
공자: 반드시 이름名을 바르게 하겠다.
자로: 선생님, 이렇게 세상 물정을 모르실 수 있습니까? 어떻게 바로잡을 수 있겠습니까?
공자: 천박하구나, 유由여! 군자는 자기가 알지 못하는 것에는 말하지 않고 가만히 있는 법이다. 이름이 바르지 못하면 말이 순하지 못하고, 말이 순하지 못하면 일이 이루어지지 못하고, 일이 이루어지지 못하면 예악이 일어나지 못하고, 예악이 일어나지 못하면 형벌이 알맞지 못하고, 형벌이 알맞지 못하면 백성들이 손발을 둘 곳이 없어진다. 그러므로 군자가 이름을 붙이면 반드시 말할 수 있으며, 말할 수 있으면 반드시 행할 수 있는 것이니, 군자는 그 말에 대하여 구차히 함이 없을 뿐이다.
125 「강왕지고」 王出在應門之內. 太保率西方諸侯, 入應門左. 畢公率東方諸侯, 入應門右. 皆布乘黃朱. 賓稱奉圭兼幣曰, 一二臣衛, 敢執壤奠. 皆再拜稽首, 王義嗣德. 答拜.
126 「강왕지고」 太保曁芮伯, 咸進相揖, 皆再拜稽首曰, 敢敬告天子. 皇天改大邦殷之命, 惟周文武誕受羑若. 克恤西土. 惟新陟王, 畢協賞罰, 戡定厥功, 用敷遺後人休. 今王敬之哉. 張皇六師, 無壞我高祖寡命.
127 「강왕지고」 王若曰, 庶邦侯·甸·男·衛, 惟予一人釗報誥. 昔君文武丕平富, 不務咎. 厎至齊信, 用昭明于天下. 則亦有熊羆之士, 不二心之臣, 保乂王家, 用端命于上帝. 皇天用訓厥道, 付畀四方. 乃命建侯樹屛, 在我後之人. 今予一二伯父, 尙胥曁顧綏爾先公之臣服于先王. 雖爾身在外, 乃心罔不在王室. 用奉恤厥若, 無遺鞠子羞.
128 「강왕지고」 羣公旣皆聽命, 相揖趨出. 王釋冕, 反喪服.
129 「필명」 王若曰, 嗚呼父師, 惟文王·武王, 敷大德于天下, 用克受殷命. 惟周公左右先王, 綏定

厥家. 迪殷頑民, 遷于洛邑, 密邇王室, 式化厥訓. 既歷三紀, 世變風移, 四方無虞, 予一人以寧. 道有升降. 政由俗革. 不臧厥臧, 民罔攸勸. 惟公懋德, 克勤小物, 弼亮四世, 正色率下. 罔不祗師言. 嘉績多于先王. 子小子垂拱仰成.

130 「필명」 王曰, 嗚呼父師, 今予祗命公, 以周公之事. 往哉, 旌別淑慝, 表厥宅里, 彰善癉惡, 樹之風聲. 弗率訓典, 殊厥井疆, 俾克畏慕.

131 「필명」 申畫郊圻. 愼固封守, 以康四海.

132 「필명」 政貴有恒, 辭尙體要. 不惟好異.

133 「필명」 商俗靡靡, 利口惟賢. 餘風未殄. 公其念哉.

134 「필명」 我聞曰, 世祿之家, 鮮克由禮. 以蕩陵德, 實悖天道. 敝化奢麗, 萬世同流. 玆殷庶士, 席寵惟舊. 怙侈滅義. 服美于人, 驕淫矜侉, 將由惡終, 雖收放心, 閑之惟艱.

135 「필명」 王曰, 嗚呼父師, 邦之安危, 惟玆殷士. 不剛不柔, 厥德允修.

136 「필명」 惟周公克愼厥始. 惟君陳克和厥中. 惟公克成厥終. 三后協心, 同厎于道. 道洽政治, 澤潤生民. 四夷左衽, 罔不咸賴. 子小子永膺多福.

137 「필명」 公其惟時成周, 建無窮之基, 亦有無窮之聞. 子孫訓其成式惟乂. 嗚呼罔曰弗克. 惟旣厥心. 罔曰民寡. 惟愼厥事. 欽若先王成烈, 以休于前政.

138 「後漢書」권76 「郭陳列傳」曰 臣聞禮經三百, 威儀三千, 故甫刑大辟二百, 五刑之屬三千, 禮之所去, 刑之所取, 失禮則入刑, 相爲表裏者也.

139 두보杜甫의 「춘야희우春夜喜雨」 구절이다.
　　좋은 비는 계절을 알아好雨知時節
　　봄이 되니 내리네當春乃發生
　　바람 따라 밤에 몰래 들어와隨風潛入夜
　　소리없이 촉촉이 만물을 적시네潤物細無聲
　　들길은 구름이 낮게 깔려 어둡고野徑雲俱黑
　　강 위에 뜬 배만 홀로 빛나네江船火獨明
　　새벽에 붉게 젖은 곳을 보니曉看紅濕處
　　금관성에 꽃들이 활짝 피었네花重錦官城

140 「경명」 王若曰, 伯冏, 惟予弗克于德. 嗣先人宅丕后, 怵惕惟厲. 中夜以興, 思免厥愆.

141 「경명」 昔在文武, 聰明齊聖, 小大之臣, 咸懷忠良. 其侍御·僕從, 罔匪正人. 以旦夕承弼厥辟, 出入起居, 罔有不欽. 發號施令, 罔有不臧. 下民祗若, 萬邦咸休.

142 「경명」 惟予一人無良. 實賴左右前後有位之士. 匡其不及, 繩愆糾謬, 格其非心, 俾克紹先烈. 今予命汝作大正. 正于羣僕·侍御之臣. 懋乃后德, 交修不逮. 愼簡乃僚, 無以巧言令色, 便辟側媚. 其惟吉士.

143 「경명」 僕臣正, 厥后克正. 僕臣諛, 厥后自聖. 后德惟臣. 不德惟臣. 爾無昵于憸人, 充耳目之官, 迪上以非先王之典. 非人其吉, 惟貨其吉. 若時癏厥官. 惟爾大弗克祗厥辟. 惟予汝辜.

144 『장자』「재유在宥」 편에 보인다.

145 『漢書』「賈誼傳」誼以爲漢興二十餘年, 天下和洽, 宜當改正朔, 易服色制度, 定官名, 興禮樂. 乃草具其儀法, 色上黃, 數用五, 爲官名悉更, 奏之. 文帝廉讓未皇也. 然諸法令所更定, 及列侯就國, 其說皆誼發之. 於是天子議以誼任公卿之位. 絳·灌·東陽侯·馮敬之屬盡害之, 乃毁誼曰:"雒陽之人年少初學, 專欲擅權, 紛亂諸事." 於是天子後亦疏之, 不用其議, 以誼爲長沙王太傅. 誼旣以適去, 意不自得, 及渡湘水, 爲賦以吊屈原. 屈原, 楚賢臣也, 被讒放逐, 作離騷賦, 其終篇曰:"已矣!國亡人, 莫我知也."遂自投江而死. 誼追傷之, 因以自諭.

146 이상은李商隱(812?~858). 당唐나라 말기의 시인. 「賈生」宣室求賢訪逐臣, 賈生才調更無倫. 可憐夜半虛前席, 不問蒼生問鬼神.

147 오형五刑은 묵墨, 의劓, 비剕, 궁宮, 대벽大辟이다. 묵墨은 이마에 먹물로 죄목을 새기는 형벌, 의劓는 코를 베는 형벌, 비剕는 발꿈치를 베는 형벌, 궁宮은 음형淫刑으로 남자는 거세去勢하고 부인婦人은 유폐시킨다. 대벽大辟은 사형死刑이다.

148 겸억주의謙抑主義란 경미한 사건에 대해서는 형벌을 가하지 않는다는 형법 이론이다.

149 조지프 라즈Joseph Raz(1939~). 정치철학자. 법실증주의를 주장한다. 그는 옥스퍼드대 베일리얼Balliol대학, 컬럼비아 로스쿨 등에서 법학 교수를 역임했고, 현재 킹스칼리지런던 객원교수로 있다. 주요 저서에는 *The Authority of Law*(1979; 2009), *The Concept of a Legal System*(1970; 1980), *The Morality of Freedom*(1986) 등이 있다.

150 「문후지명」王若曰, 父義和, 丕顯文武, 克愼明德. 昭升于上, 敷聞在下. 惟時上帝, 集厥命于文王. 亦惟先正, 克左右昭事厥辟. 越小大謀猷, 罔不率從. 肆先祖懷在位.

151 「문후지명」嗚呼閔予小子, 嗣造天丕愆, 殄資澤于下民. 侵戎我國家純, 卽我御事, 罔或耆壽俊在厥服. 予則罔克. 曰, 惟祖惟父, 其伊恤朕躬. 嗚呼有績, 予一人永綏在位. 父義和, 汝克昭乃顯祖, 汝肇刑文武, 用會紹乃辟, 追孝于前文人. 汝多修扞我于艱. 若汝予嘉.

152 「문후지명」王曰, 父義和, 其歸視爾師, 寧爾邦. 用賚爾秬鬯一卣, 彤弓一, 彤矢百, 盧弓一, 盧矢百, 馬四匹. 父往哉. 柔遠能邇, 惠康小民, 無荒寧, 簡恤爾都, 用成爾顯德.

153 취이대지取而代之는 직역하면 '취하여 그것을 대신한다'는 의미로 『사기』「항우본기項羽本紀」에서 그 어원을 찾을 수 있다. 항우의 집안은 대대로 초나라 장수를 지냈다. 항우는 어릴 때 글을 배웠으나 다 마치지 않았고, 검술을 배우는 것 또한 다 마치지 않았다. 이에 대하여 숙부인 항량項梁이 화를 내자, 항우는 "글은 자기 이름을 쓸 줄 아는 것으로 족하고, 검술은 한 사람을 대적하는 것이어서 배울 만한 것으로는 충분치 않으니, 저는 만인萬人을 대적하는 것을 배우겠습니다"라고 말했다. 그리하여 항량이 항우에게 병법을 가르쳤는데, 항우는 크게 기뻐했으나 그 뜻만 대략 알고 나서는 역시 끝까지 배우려 들지 않았다. 나중에 항량은 사람을 죽이고 항우와 함께 원수를 피하여 오중吳中에서 살았다. 오중에 있을 때 시황제始皇帝가 회계산會稽山을 유람하고 절강浙江을 건너갔다. 항우는 항량과 함께 황제의 행차를 구경하면서 "저 사람의 자리를 취하여 내가 대신할 것이다彼可取而代也"라고 말했다. 항량은 깜짝

놀라 항우의 입을 막으며 "허튼소리 하지 마라. 삼족이 멸하게 된다"라고 꾸짖었으나, 속으로는 항우가 범상치 않다고 생각했다.

154 「논십대관계론十代關系」는 1956년 4월 중국공산당 중앙정치국 확대회의에서 마오쩌둥이 제출한 보고서로 사회주의 건설이 안고 있는 기본적인 문제에 대한 설명이다. 마오쩌둥 생전에 발표되지 못하고 1976년 12월 26일 『런민일보』에 원문이 약간 수정되어 전문이 발표되었다. 10개 항의 관계는 다음과 같다. 1. 공업과 농업, 중공업과 경공업과의 관계. 2. 연해공업과 내륙공업과의 관계. 3. 경제건설과 국방건설과의 관계. 4. 국가, 생산단위, 생산자 개인 간의 관계. 5. 중앙과 지방 간의 관계. 6. 한족과 소수민족의 관계. 7. 당과 당 바깥의 관계. 8. 혁명과 반혁명과의 관계. 9. 시是와 비非와의 관계. 10. 중국과 외국과의 관계.

155 위용량余永梁(1906~1950)은 고사변파古史辨派의 주요 인물로서 갑골문, 금문 관련 연구에 업적을 남겼다. 칭화대학清華大學, 중산대학中山大學 등에 재직했으며, 저서로는 『기산씨반記散氏盤』『은허문자고殷虛文字考』『서남민족연구西南民族研究』등이 있다.

156 구제강顧頡剛의 『고사변古史辨』제2책에 수록되어 있다.

157 「비서」善敕乃甲冑, 敽乃干, 無敢不弔, 備乃弓矢, 鍛乃戈矛, 礪乃鋒刃, 無敢不善. 今惟淫舍牿牛馬, 杜乃擭, 敜乃穽, 無敢傷牿. 牿之傷, 汝則有常刑.

158 「비서」馬牛其風, 臣妾逋逃, 勿敢越逐. 祗復之. 我商賚汝. 乃越逐不復, 汝則有常刑. 無敢寇攘, 踰垣牆, 竊馬牛, 誘臣妾. 汝則有常刑.

159 「비서」甲戌, 我惟征徐戎. 峙乃糗糧, 無敢不逮. 汝則有大刑. 魯人三郊三遂, 峙乃楨榦, 甲戌, 我惟築. 無敢不供. 汝則有無餘刑, 非殺. 魯人三郊三遂, 峙乃芻茭, 無敢不多. 汝則有大刑.

160 대행정구大行政區(약칭 대구大區)는 1949~1954년 중화인민공화국이 설립한 성省보다 한 단계 높은 일급 행정구역이다. 당시 화베이華北, 시베이西北, 둥베이東北, 화둥華東, 중난中南, 시난西南 등 6개의 대행정구를 두었다.

161 「진서」邦之杌陧, 曰由一人. 邦之榮懷, 亦尙一人之慶.

162 『중용』哀公問政, 子曰 文武之政, 布在方策, 其人存, 則其政擧, 其人亡, 則其政息. 人道敏政, 地道敏樹, 夫政也者, 蒲蘆也. 故, 爲政在人, 取人以身, 修身以道, 修道以仁.

163 레이황Ray Huang, 黃仁宇(1918~2000). 중국 명사明史 전공의 저명한 사학자. 후난湖南 창사長沙 태생. 제2차 세계대전 후 미국으로 건너가 미시간대에서 역사학을 전공함. '대역사관大歷史觀'을 주칭하여 이름이 알려짐. 저서에 『만력십오년萬曆十五年』(국내에는 『1587, 만력 15년 아무 일도 없었던 해』로 출판) 등이 있음.

옮긴이의 말

『상서』는 잘 알려진 동양의 고전 가운데 하나이지만, 일반 독자들이 접근하기에는 꽤 난해한 구석이 많다. 난해하다는 것이 고전의 매력이기도 하지만, 언어 장벽으로 인해 널리 읽히지 못하고 박제되어버리는 결과를 가져오기도 한다. 그런 상황에서 이 『'상서'독서기』는 고전을 좀 더 쉽게 풀어서 대중에게 친근하게 다가가도록 만든 좋은 본보기가 될 것으로 기대한다.

이 책은 현대 중국의 법학자가 쓴 『상서』독서기다. 법학자의 눈으로 본 『상서』는 과연 어떤 모습일까? 서문에서 밝히고 있듯이 저자가 중점을 두고 있는 부분은 '정치'다. 동양 고대의 정치가 어떻게 법과 함께 형성되었는지를 상당히 구체적으로 밝히고 있다. 경학가는 '문자고훈'에, 사상가는 '철학적 해석'에, 사학자는 '역사적 해석'에 치중해온 기존의 연구와는 색다른 해석이 가해진다는 점이 이 책의 특징이자 장점이라 할 수 있다.

『상서』에는 이미 우리의 생활 속 깊숙이 들어와 익숙해진 개념이나 구절이 많다. 예를 들면 '선양禪讓'(「순전」), '오행五行'(「홍범」), '암탉이 울면 집안이 망한다?'(「목서」) 등이다. 이들 개념은 그 나름의 역사적·정치적 함의를 지니고 있다. 이 책은 이러한 숨어 있는 함의를 명백히 밝히고 있기에 책을 읽는 재미를 한층 더한다.

이 책을 읽고 난 독자들은 직접 『상서』를 펼쳐들고 싶어질 것이다. 그러나 고전을 이해하는 데 있어 가장 큰 장벽은 역시 '언어'다. 가장 좋은 방법은 한문을 익혀 원전을 직접 보는 것이겠지만, 현실적으로 쉬운 일이 아니다. 아쉬운 대로 이 책과 같은 해설서를 통해서라도 많은 사람이 『상서』를 읽었으면 하는 것이 옮긴이의 바람이다. 인문학뿐만 아니라 물리학, 천문학, 생물학 등의 관점에서도 다양한 접근이 이뤄지고 또 그를 통해 고전으로서의 『상서』가 아닌 우리 가까이서 살아 숨 쉬는 『상서』가 되었으면 한다.

옮긴이의 부주의와 부족함으로 저자의 원의가 제대로 전달되지 못한 것이 있을까 조심스럽지만, 부디 독자들께서 이런 점까지 헤아려서 읽어주시기를 바란다.

끝으로 좋은 책을 소개해주고 번역을 맡겨준 글항아리에 사의를 표하며, 번역에 있어 대의大義를 밝히고 항상 격려해주신 임옥균林玉均 선생님께 감사의 말씀을 전한다.

2013년 2월
역산歷山 아래 한림한거翰林閒居에서 옮긴이 적다

상서 깊이 읽기

초판인쇄	2013년 2월 25일
초판발행	2013년 3월 4일

지은이	위중
옮긴이	이은호

펴낸이	강성민
기획	노승현
편집	이은혜 김신식 박민수
마케팅	최현수
온라인마케팅	김희숙 김상만 이원주 한수진
독자모니터링	황치영

펴낸곳 (주)글항아리 | 출판등록 2009년 1월 19일 제406-2009-000002호

주소	413-756 경기도 파주시 문발동 파주출판도시 513-8
전자우편	bookpot@hanmail.net
전화번호	031-955-8891(마케팅) 031-955-2670(편집부)
팩스	031-955-2557

ISBN	978-89-6735-041-3 03100

글항아리는 (주)문학동네의 계열사입니다.

이 도서의 국립중앙도서관 출판시도서목록(CIP)은 e-CIP홈페이지(http://www.nl.go.kr/ecip)와 국가자료공동목록시스템(http://www.nl.go.kr/kolisnet)에서 이용하실 수 있습니다.
(CIP제어번호: CIP2013000758)